21世纪高等院校公共课精品教材

MARKET RESEARCH AND FORECAST

市场调查与预测

（第三版）

丁洪福 战颂 主编

东北财经大学出版社
Dongbei University of Finance & Economics Press
大连

图书在版编目（CIP）数据

市场调查与预测 / 丁洪福，战颂主编．—3版．—大连：东北财经大学出版社，2021.3（2022.6重印）
（21世纪高等院校公共课精品教材）
ISBN 978-7-5654-4132-5

Ⅰ．市…　Ⅱ．①丁…②战…　Ⅲ．①市场调查-高等学校-教材②市场预测-高等学校-教材　Ⅳ．F713.5

中国版本图书馆CIP数据核字（2021）第031556号

东北财经大学出版社出版
（大连市黑石礁尖山街217号　邮政编码　116025）
网　　址：http：//www.dufep.cn
读者信箱：dufep@dufe.edu.cn
大连永盛印业有限公司印刷　　东北财经大学出版社发行
幅面尺寸：185mm×260mm　　字数：477千字　　印张：20
2021年3月第3版　　2022年6月第2次印刷
责任编辑：田玉海　　责任校对：贺　欣
封面设计：冀贵收　　版式设计：钟福建
定价：45.00元

教学支持　售后服务　　联系电话：（0411）84710309

如有印装质量问题，请联系营销部：（0411）84710711

第三版前言

本书自出版以来，受到广大教师的欢迎，被众多高校选用，多次加印。近几年，市场调查与预测理论与实践有所更新，教材使用中还有很多有益的反馈，因此，我们对本书予以修订，以回报读者。

随着我国市场经济体制的不断完善，企业所面临的竞争压力逐渐加大，如何深入了解市场、认识市场、预知未来的市场已经成为企业面临的头等大事。尤其是随着大数据的兴起，数据获取的手段和方法已经发生了很大的改变，这对于企业的市场调查与预测活动提出了更高的要求。为了有效地开展市场调查与预测工作，不仅仅需要专业的方法和技术，同时也要求具备丰富的实践经验。本书在编写以及修订的过程中，注重对理论知识的应用，更多地加入实践演示与训练，期望能够为学生日后的实践工作提供一定的帮助。

本书力争做到对理论问题用简练、通俗的语言进行阐述，对操作性的方法和技巧的介绍给予充足的篇幅，并尽力做到具体、细致、实用。尤其注重学生对统计分析软件的掌握，要求学生必须能够熟练应用一种统计软件。每一章的开头部分学习内容以最新、最典型的案例引出将要阐述的问题，以增强教材的可读性。本书突出强调对学生市场调查技能的培养，每一章的后面都有实践训练的内容，以便能够检验学生的学习效果。

本书总共分为11章，其中，辽宁石油化工大学李树玲负责编写第1、2、8章；辽宁石油化工大学丁洪福负责编写第4、5、6、7章；辽宁石油化工大学战颂负责编写第3、9、10、11章。全书由主编丁洪福、战颂统稿、定稿。

为方便选用本教材的老师授课，本教材配有电子课件和章末综合训练的答案要点，授课教师请注册登录东北财经大学出版社网站（www.dufep.cn）免费下载。

本书的出版，得到了东北财经大学出版社编辑人员的大力支持和帮助，在编写过程中参阅、引用了许多市场调查与预测方面的著作、教材，在此一并表示感谢！

由于时间仓促，编写水平有限，书中难免存在不妥甚至错漏之处，敬请广大读者批评指正。

编者

2021年元月

目　录

第1章　导　论

学习目标与要求

● 知识点

1. 市场的含义、功能及类型。
2. 市场环境的特征。
3. 市场营销管理及其过程。
4. 市场信息的含义及类型。
5. 市场信息的作用及发展趋势。
6. 市场营销信息系统的构成。

● 技能点

1. 理解市场信息的含义及类型。
2. 掌握市场营销信息系统的构成。

【引导案例】

合理收集Android用户个人信息

Android开发者经常会接到项目经理提出的收集用户信息的需求。同时，开发者也需要收集一些真实用户信息来辅助开发或者进行优化。

1. 为产品经理收集信息

为产品经理收集的信息往往是最复杂，主要收集的内容是一些用户操作，比如进入了某个页面，点击了某个按钮。其作用是帮助产品经理修改UI设计，改善用户体验。比如，收集用户的登录信息，要记录用户因为什么事件进行的登录，是点赞、预定、评论还是其他，记录点赞、评论的内容的ID，然后要记录是在哪个页面进行的登录、使用何种方式进行的登录等。然后要记录登录成功与否，失败的原因等。这样的记录遍布项目，几乎每个按钮、每个页面、每次和服务器的交互都会进行记录，而且为了保证数据的准确性，不止在一个三方平台进行记录。

2. 为开发者收集信息

客户端开发者和后台开发者都需要收集用户信息。客户端的开发者会比较在意用户手机的配置和性能信息。这些信息包括：(1) 用户屏幕分辨率。因为一些UI控件经常需要考虑屏幕适配的问题，太大或太小的屏幕都会使显示效果不一样，搞清楚各类屏幕的占比有利于开发者掌握重点。(2) 用户手机品牌、型号。获得用户的手机品牌不仅可以做相应的优化，还可以观察到用户群体的消费能力和收入阶层。(3) 屏幕DPI。一些控件在过密或过疏的屏幕中显示可能异常，需要获得这部分受灾用户占比以便做出决策。(4) RAM、ROM大小，这是一个手机性能的重要指标，到底是做一个界面炫酷内存消耗大的应用，还是做一个结构简单内存小的应用，需要参考这个指标。通常收集哪些信息根据开发者的兴趣而定。为后台开发者收集的信息通常包括：(1) 每个用户调用的网络接口的名称，以及HTTP请求结束的时间，响应码记录每个HTTP接口的请求速度，方便后台开发人员针对特定接口进行优化。(2) 每个HTTP请求返回字符串的长度。过长的字符串会增加网络失败的概率，收集一些超长的接口为后面的开发工作提供引导。(3) 用户的网络情况，比如是2G、3G、4G、5G还是wifi信号，以及相应的信号强度。查看在不同的网络状态下，配合前面的记录身临其境的感受用户的状态，进行有针对性的优化。另外，还会收集手机CPU的型号、版本，手机网卡的MAC地址等用于区分不同的客户和设备。

3.为数据挖掘者收集信息

为数据挖掘者收集的信息更为丰富、灵活，并注重分析信息之间存在的逻辑关系。比如，收集手机当前连接wifi的SSID和MAC，这样可以确定用户连接到哪一个wifi热点，并且可以根据这个热点和信号强度判断出用户的准确位置。如果在数据库中发现多个不同用户共同连接过同一个热点，那么这些用户一般具有某种特殊的关系，比如是亲戚或者同事，或者是在同一个旅馆、饭店住宿、就餐过的用户。同时，收集用户可以收到的附近wifi信号，SSID和MAC低级及信号强度，可以判断用户的地理位置。得到用户所在的地理位置信息，就可以有选择地向用户推送可能感兴趣的热点，比如用户可能感兴趣的餐馆、浏览过某餐馆的人也浏览过的其他餐馆、你的朋友都喜欢的餐馆、位于旅馆附近的餐馆等信息。同时也可以告诉销售人员哪里的潜在用户人数最多。

资料来源：红黑联盟.合理收集Anddroid用户个人信息分析实战[EB/OL].[2016-08-09].https://www.2cto.com/kf/201608/535428.html.有删减和修改

1.1 市场的含义、功能和类型

企业市场营销管理的实质是对消费者需求的管理，市场营销活动是与市场有关的企业活动。因此，企业要想获得经营的成功，实现成功营销，就必须分析和研究其所在的市场，了解和把握消费者的需求。

1.1.1 市场的含义

1.市场的时空概念

按照人们习惯上的时空观念，可以把市场定义为集中进行商品买卖的场所。

我们对市场这个概念并不陌生，一提起市场，人们脑海中就会浮现出人声鼎沸、商品琳琅满目的农贸市场、服装市场或夜市、早市。在我们的日常生活当中，我们通常把市场看作一个有形的场所，在这个场所中集中进行实体商品买卖。市场当中集合了大量的卖者和买者，买卖双方以自主的、自愿的、公平的方式进行交易，买卖双方可以通过不同形式的交换获得他们各自想要的东西。在科技高度发达的今天，市场及市场上交易的内容也可以是虚拟的、无形的，如网络市场、期货市场。比如，目前我国的头部网上交易平台淘宝、京东都是巨大的市场。

2.不同学科对于市场的界定

市场的含义是广泛的，不同的学科对市场有不同的理解和定义。

（1）经济学的市场概念。

经济学家认为，市场是一个抽象的商品经济范畴，“哪里有社会分工和商品生产，哪里就有‘市场’”。具体来说，经济学中的市场是买卖双方及交易规则的集合。在一定的交易条件和价格机制下，市场是稀缺资源的有效分配者，市场的本质和核心是实现商品交换。

（2）管理学的市场概念。

管理学家认为，市场是供需双方在共同认可的一定条件下所进行的商品或劳务的交换活动，因而通常认为，管理学更侧重从具体的交换活动及运行规律来认识市场。例如，美国学者W.奥德森和K.科克斯认为：“市场包括生产者和消费者之间实现商品和劳务的潜在交换的任何一种活动。”

（3）市场营销学的市场概念。

营销大师菲利普·科特勒指出：“市场是由一切具有特定欲望和需求并且愿意和能够以交换来满足这些需求的潜在顾客所组成。”正如科特勒的市场概念中所体现的要点，在市场营销学中，所谓市场，就是指在一定时期和一定地点具有购买力并具有购买欲望的人，或者说是消费者或顾客。因此，市场的规模或大小，事实上是由具有需求并拥有他人所需的资源而且愿意以其所拥有的资源进行交换的人数决定的。站在营销的角度，我们常常把卖方的集合称为行业，买方的集合称为市场。并且，在营销者眼中，合格有效的市场应包含三个要素，即有某种需要的人、具有为满足这种需要的购买能力和购买欲望，用公式表示就是：

市场=人+购买力+购买欲望

市场的这三个要素相互制约、缺一不可，只有三者结合起来才能构成现实的市场，才能决定市场的规模和容量。

（4）综合把握市场的内涵。

通过综合市场的各种定义，可将市场的内涵归纳为以下四个层面：首先，市场是商品交换的场所和领域；其次，市场是商品生产者和商品消费者之间各种经济关系的总和；再次，市场是有购买力的需求；最后，市场是现实和潜在的顾客。

1.1.2 市场的功能

市场功能是指市场内要素之间的相互作用、相互制约，并通过市场机制所发挥出来的调节机能。这种调节机能具体表现为调节社会生产、交换、分配和消费环节的能力。

1.资源配置功能

市场的资源配置功能是指市场作为社会资源的配置者，按照市场运行的内在规律，以市场导向、价格机制来调节生产要素在国民经济各部门之间的分配。

2.经济联系功能

市场的经济联系功能是指市场作为国民经济的纽带和桥梁，将各地区、各产业部门、相关企业或将企业和消费者联结为一个有机整体。在经济全球化条件下，这种联结还可以突破一国的界限，形成国家与国家之间的经济交往或资源互补。

3.利益分配功能

市场的利益分配功能是指市场通过经济杠杆，如价格、利率、汇率、税率或工资等信号的强弱的变化，实现将经济利益在各个市场主体之间进行分配和再分配。

4.技术进步功能

市场的技术进步功能是指市场具有将竞争不断引向深入，打破阻碍生产力发展的种种障碍，起到推动技术进步及提高劳动生产率的作用。市场的技术进步功能具体体现在：（1）促使技术创新和发明不断出现，使技术水平迅速提高；（2）促使技术转移和运用日益迅速，对企业经济效益的提高起到更为重要的作用；（3）促使整个社会的劳动生产率不断提高，使生产力得到越来越迅速的发展。

5.信息传递功能

市场的信息传递功能是指由于市场信息为市场主体所拥有，并且存在着数量和程度上的差别，因此市场信息在各个经济主体之间不断传递，从而起到调节和支配各经济主体经济活动的作用。在市场经济条件下，市场是最重要、最灵敏的经济信息源，是经济信息的汇集点。市场的信息传递功能体现在经济信息在经济活动中不断传递，引起市场主体根据经济信息及其变化不断调整自己的经济活动，从而对社会经济发展发挥作用。

6.社会服务功能

市场的社会服务功能是市场作为商品和生产要素的交易场所以及社会经济的调节者，为保证生产、流通、分配和消费的顺利进行所必须具备的服务机能，包括资金融通、风险分担、信息传播、商品度量、秩序维护等方面的内容。

1.1.3 市场的类型

分析市场的类型是对市场体系进行研究的基础，市场的类型可以按照市场的主体、市场的客体、市场的时序性质和市场的地域性质进行划分。

1.按市场的主体来分类

（1）按照购买者的购买目的和身份划分，市场可分为：生产者市场、消费者市场、中间商市场和政府市场。

（2）按照企业的角色划分，市场可分为：购买市场和销售市场。购买市场是指企业在市场上是购买者，其购买生产要素。销售市场是指企业在市场上是销售者，其出售自己的产品。

（3）按照市场上购买者的人文标准划分，市场可分为：妇女市场、儿童市场、老年人市场等。

（4）按照市场上的竞争者的竞争结构或状况划分，市场可分为：完全竞争市场、完全垄断市场、不完全竞争市场和寡头垄断市场。

2.按市场客体（交易对象）的性质来分类

（1）按照交易对象的最终用途来划分，市场可分为：生产资料市场和生活资料市场。

（2）按照交易对象是否具有物质实体来划分，市场可分为：有形市场和无形市场。

（3）按照交易对象的具体内容不同来划分，市场可分为：商品市场、技术市场、劳动力市场、金融市场、信息市场。

3.按照市场的时序性质（时间标准）来分类

按照市场中商品运行过程中交易行为构成的时序性，市场可以划分为现货市场和期货市场。现货市场是即期交易的市场，一般由各种集中形态的批发交易市场与零售交易市场构成。期货市场是商品经济发展到一定阶段的产物，是集先进的市场管理手段和发达的市场交易程序、现代化信息技术为一体的商品运行载体，它与现货市场有本质的区别。期货交易是非即期契约交易的市场，整个交易活动不仅在固定的交易场所内进行，而且要遵循特定交易制度和交易规则，如会员制度、公平交易制度、履约保证制度等。

4.按照市场的地域性质（地域空间分布）不同来分类

按照市场主体支配客体的活动范围，可将市场分为国内市场和国际市场两大类型。国内市场指商品经济关系以国内范围为活动空间的市场，主要又可以分为城市市场和乡村市场，或者按地域划分为北方市场、南方市场、内地市场、沿海市场等。国际市场是在世界范围内，通过对外贸易和国际营销等活动形成相互联系的各国市场的总体。

1.2 市场与企业

1.2.1 企业的含义

企业是指购买生产资源并组织这些资源从事生产经营活动并向社会提供产品或服务从而获取利润的独立经济组织。企业的目标是实现利润最大化。利润最大化这一目标是在市场上通过企业的经营决策实现的。企业通过为社会提供商品或服务的使用价值，实现自身的获利目标。在日趋激烈的市场竞争环境条件下，企业的经营决策必须建立在通过科学的市场调研活动获得可靠的市场信息，并就市场环境发展趋势进行科学预测的基础上。

企业面对的是一个复杂多变的市场。不同的市场区域在人口、经济、技术、自然、社会文化和政治法律等方面千差万别，同时各个市场又是不断发展和变化的，因此企业在实施市场营销活动和其他经营决策的同时面临着风险和机遇。企业要想在市场上获得成功，实现利润最大化的目标，就必须认真对市场进行研究和分析，了解并掌握有关市场的详细信息，才能做出科学的营销管理决策，才能准确地选择目标市场、有效地进入市场，并有针对性地制定市场营销策略。

在市场经济条件下，市场和企业是既相互依赖又相互制约的矛盾统一体。离开了市场，企业的资本循环运动就难以有效进行，企业就无法生存。没有了企业，市场就缺少了主体，从而也就不复存在。无论是市场对于企业还是企业对于市场，都具有极其重要的作用。

1.2.2 市场与企业的相互作用

1.市场对企业的作用

（1）市场是企业生存和发展的基础。

市场是企业生存和发展的条件和土壤，任何企业的经营活动都是在一定的市场环境中进行的，市场是一切企业活动的中心。从企业生产经营的目的来看，企业与市场的关系是共生的、相互依赖和互为前提的，如果不了解市场环境的特点、不调查市场需求，而是将企业的产品强行推向市场，其后果只能是产品卖不出去、价值无法实现，从而使产品大量积压，致使企业资金流断裂，面临破产的风险。所以说，市场与企业的关系是：市场是企业所生产的产品实现“惊险跳跃”的平台，这个跳跃如果不成功，产品就无法从生产者手中顺利转换到消费者手中，那么企业将被市场所淘汰，最终退出市场。因此，市场是企业产品实现价值的场所。企业不仅应该重视市场对企业的决定性影响，不断适应市场及市场的变化，而且应该善于识别存在于市场中的需求和市场的发展变化趋势，善于把握和创造市场机会，从而使企业得以发展壮大。

（2）市场引导并检验企业经营行为。

市场由众多的买者、卖者和双方的交易关系构成，因而市场的不断变化是必然的。一个企业不能构成市场的全部内容，也不可能满足市场中的所有需求，甚至不能了解市场中的所有需求。企业必须在市场的引导下，确定某一个或几个具体的细分市场，满足目标顾客的某种或几种特定的需求，并不断根据目标顾客市场需求的变化调整自己的产品和经营行为，适应不断变化的市场需求。另外，由于市场需求是不断变化的，消费者的偏好是随着自身生活条件等市场环境的改变而不断变化的，这样就形成了大量的市场机会和新的需求空间。企业的趋利性会使企业不断发掘那些潜在的市场机会，这一过程是企业的创造过程，也是企业领先于市场需求并引导市场需求的过程，这种创造过程和创造的价值最终还要受到市场的检验。那些最终能够适应市场需求的产品、服务或企业经营决策，会在赢得市场后实现企业盈利的目的，使企业的成长和发展迈上新台阶；反之，如果不能适应市场需求，企业所投入的资源就会遭受损失，无法收回成本，从而阻碍企业的成长和发展。

（3）市场为企业带来威胁的同时，也提供了机会。

有市场必然有竞争，无论是处于哪个行业中的企业，无论是生产一种产品还是提供多元化的产品和服务，企业都必须面对来自同行业的竞争者、潜在的加入者、替代者、上游供应商的讨价还价能力、下游买方的讨价还价能力等方面的竞争威胁，即面对迈克尔·波特所说的“五种竞争力量”的竞争威胁。竞争给企业带来了威胁和挑战，但同时也给企业带来了发展机遇和不断变大变强的动力。在优胜劣汰的角逐中存活下来的企业，通过了残酷的市场竞争，为企业的生存和发展积累了经验、积蓄了力量，能够获得企业成长和发展的机会。

2.企业对市场的作用

市场需求和企业的产品生产活动是共生的，有市场需求就会有产品生产，有了产品生产又会进一步拓展市场需求，这是市场需求和企业的产品生产的共生规律。在市场经济条件下，在非垄断行业中，企业往往不能决定市场，只能适应市场需求，不断地调整企业生产经营活动，以创造市场（影响市场）或适应市场。

（1）创造市场。

所谓创造市场，即创造新的消费需求，将消费者的需求引导至一个新领域，或者创造一种新的消费方式或新的生活方式。例如，索尼公司打破了“投公众所好”的工商企业界的成规，奉行“最大限度地发挥技术人员的技能，自由，开朗，建设一个欢乐的理想王国”的经营哲学，不断“创造需求”，从而创造市场。20世纪70年代末，索尼创始人盛田昭夫根据提着笨重的盒式录音机听音乐的人所给予的灵感，研发出了“随身听”（walk-man，一种超小型的放音机），改变了世界几百万人、几千万人的音乐欣赏方式，从而解决了音乐爱好者“想欣赏音乐，又怕妨碍别人，但也不能整天坐在录音机旁，想边走边听，又碍于录音机太重，无法忍受”的难题。盛田昭夫颠覆了人们的想象，开创了全新的市场需求，也开拓了一种全新的产品市场。这里，索尼公司的创造市场是以企业的技术创新为先导的。当然，产品、企业乃至行业的技术创新都可能创造市场，比如计算机技术的产生将世界全面引入了信息时代，改变了人们的生活方式；网络技术的产生，颠覆了传统的沟通方式和购物方式。另外，创造市场也可以通过市场空间范围的拓展得以实现，例如，很多著名的跨国大公司，都放眼于全球市场，以开拓国际市场为目标，使本企业的产品在整个国际市场中都占有重要的位置，例如美国的宝洁公司、可口可乐公司和德国的大众汽车公司都是如此，它们开拓广阔的国际市场，与尽可能大的市场共生，致力于将企业不断做大做强。

【案例 1-1】

开拓“荒岛”市场

曾经有个鞋厂打算开发某个岛的市场，老板派了一个业务员去该岛了解市场，该业务员到了岛上后看到那里的人都是赤脚的，就马上告知老板岛上的人都不穿鞋，没有市场。

过了一段时间，老板又派了另外一个业务员到岛上了解市场，这个业务员同样看到岛上的人都是赤脚不穿鞋的，他马上给老板打电话汇报说：“岛上市场潜力很大，因为每个人都不穿鞋，如果每个人都买鞋的话，市场的销量一定非常可观。所以应该赶紧组织生产和运输以便尽早占领市场。”老板得到了两个截然相反的意见，决定派更为稳妥的人去调查。这次去的调查员到了岛上后，对当地的宏观环境和市场环境做出了深入、全面、客观的市场调查，他不但研究了岛上人的脚形特征，还研究了岛上人的生活风俗和习惯，随后向老板汇报了岛上的客观情况，并让老板按照收集到的信息根据岛上居民的脚部畸形情况特制适合他们所穿的鞋子的样品。另外，该调查员又策划并实施了一系列的营销策略：他在该岛一个非常出名的广场上捐赠建造了一个人物雕像，并选择了一个该岛非常重要的节庆日给雕像揭幕，还请来了当地非常著名的主持人主持揭幕礼。当主持人倒数“三、二、一”揭开覆在雕像身上的幕布时，一座岛上人都崇拜的人物的雕像出现在大家眼前，雕像脚上穿着他们公司所设计的鞋子，这时候许多人穿着节日的盛装和他们公司设计的美丽的鞋子翩翩起舞。于是，这家鞋厂的鞋很快在岛上畅销了起来。

可见，第三个调查员做了充分的调研和准备工作，并采取了有针对性策略的行动，开创了市场，获得了成功。

资料来源：百度文库.

（2）适应市场。

所谓适应市场，就是企业针对现有的市场需求，进行产品的开发、改良或换代，安排企业的市场营销活动，做到与市场需求相匹配。不是每一个行业、每一个企业、每一种产品都能创造市场，绝大多数企业能做的只有适应市场。适应市场是企业与市场关系中最一般的关系，是企业必须具备的能力，绝大部分企业和产品在市场竞争中都会选择适应市场的策略。当然，适应市场会使企业置身于激烈的市场竞争之中。例如，服装市场当中的绝大多数生产企业，在这个成熟且竞争激烈的行业当中，并不以引领时尚为目标，而是选择跟随潮流而动，流行什么就生产什么。其模仿时尚引领者，追随时尚的趋势，尽可能在产品质量、样式、价格、服务、便利等方面降低成本，在与众多市场领导者和类似竞争者的常规竞争中赢得生存和发展的空间。适应市场也表现为迎合消费者的消费需求，根据消费者的偏好进行生产经营的决策安排。例如，在中国市场上，鉴于中国消费者的健康饮食理念和饮食偏好，“肯德基”进入中国市场一段时间后就为适应中国消费者的口味和饮食习惯而进行了改变。

【案例1-2】

“肯德基”为中国而变

在人们普遍质疑“洋快餐”的营养性与安全性的同时，肯德基却自己曝出“传统洋快餐产品选择少、难以达到营养平衡”的缺陷，在中国16个城市提出“拒做传统洋快餐，全力打造符合中国国情的新快餐”的口号。随后，在1 500家肯德基餐厅推出了全新的“蔬果搭配餐”取代原有的“经济豪华套餐”，这项全国性的产品结构调整是其“为中国而改变”倡议的具体措施，意味着以肯德基为代表的“洋快餐”中国市场战略的重要转型。肯德基将其符合中国国情的“新快餐”，概括为“美味安全、高质快捷，营养均衡、健康生活，立足中国、创新无限”。新套餐中以蔬菜玉米沙拉、果汁饮料取代了传统的薯条、碳酸饮料。中国百胜餐饮集团副总裁、肯德基品牌总经理朱宗毅说：“我们打造新快餐的决心是毋庸置疑的，我们坚信肯德基的蔬果搭配餐更符合消费者的健康生活需求。”

肯德基在全力打造“新快餐”的同时，其所属的百胜餐饮集团也于2005年针对中国消费者开创了专门的中式快餐品牌——东方既白。东方既白的一整套管理系统和标准都和肯德基一样，唯一不同的是主推的是各式适合中国人口味的中式菜肴，如风味绝佳的粥品、极具特色的东坡焖肉以及鱼香肉丝包子。

基于对中国快餐市场大趋势变化的准确把握，针对全新消费潮流和竞争态势，肯德基做出了这次战略转型，与中国传统餐饮文化的对接开拓出全新的市场增长空间，强化和提升了其在中国餐饮市场的地位。

资料来源：孙禁，闫殿清.肯德基、麦当劳：洋快餐开启转型［J］.广告主，2005（12）.

市场既能够为企业的发展带来机遇，也会为其带来威胁，机遇与威胁都是客观存在的，但是作为与市场相互促进和互动的企业来说，只有在调查和研究市场的基础上，才能通过创造市场和适应市场这一途径，在激烈的市场竞争中获得发展。

1.3 市场信息与市场调查

企业开展市场营销活动的目的是通过比竞争对手更快、更好、更有效地满足目标市场上客户的需求，赢得竞争优势，从而获得合理的利润收入。要实现这一目标，就必须通过市场营销调研，广泛收集市场信息，明确目标市场的需求以及竞争对手的战略和战术。

1.3.1 信息以及信息的特征

目前，随着计算机技术和网络技术的发展和广泛使用，信息的价值越来越受到企业的重视。人们对于“信息”存在不同角度和层次的定义。比如，从信息（information）包含的内容来界定，信息就是资讯、消息、情报、资料或数据。从信息的作用角度来看，有人把信息定义为：“信息是人们对外界事物的某种了解和认识，它能减少人们决策时的不确定性。”也有学者从认识论的角度给信息下定义，认为“信息是被反映的事物的属性”或“信息是客观世界中各种事物运动的状态和方式的表征”。

信息具有以下基本特征：

（1）客观性。信息的客观性是指信息是事物的变化和状态，是客观存在的反映，不以人们的意志为转移。

（2）普遍性。信息的普遍性是指信息无时不有、无处不在。只要事物存在着并运动着，就有信息存在。

（3）传递性。信息的传递性是指信息可以通过声音、语言、文字、图像、手势、符号等载体或媒介进行传递。

（4）共享性。信息的共享性是指信息可以在众多主体之间进行共同利用和共享。

（5）可转换性。信息的可转换性是指信息可以从某种形态转换成另一种形态，例如，可以将以声音形式存在的信息录制成光盘。

1.3.2 市场信息的含义及类型

1.市场信息的含义

市场信息是指在一定的时间和条件下，同商品交换以及与之相联系的生产与服务有关的各种消息、情报、数据、资料的总称。

市场信息具有以下属性：①社会性。它联系着商品生产、分配、交换和消费等一切市场活动。②多源性。市场营销管理人员通常可以通过企业网站、竞争对手的产品和产品说明书、有关媒体的宣传与介绍、文献资料、公司年报或者专业杂志等来源获得市场信息。③时效性。在一定时期内有价值的市场信息如果错过了市场时机，就会变得毫无价值，甚至会给企业造成损失。④可传递性。市场信息从信息源产生以后，可以通过传输渠道传递给不同的信息接收者。通过信息的传递，既可以有效地发挥信息的作用，又可以实现信息发出者或接收者的利益，也可以实现不同主体对于信息的共享，达成对信息的高效利用。⑤系统性。市场信息是由若干具有特定内容和相关性质的市场现象组成的，彼此联系、相互作用、相互制约，并随时间的变化而变化，各种因素之间有着直接或间接的制约关系。⑥价值性。市场信息的价值性表现为它可以为使用者带来效益或者提升效率。

市场信息一般通过文字、数据、凭证、报表、符号、广告、商情等表现和传递。

2.市场信息的类型

可以按照不同的角度对市场信息进行分类：

（1）从信息的来源看，可分为内部信息和外部信息。

内部信息是指来源于企业内部生产经营过程和管理过程的信息，比如企业的销售记录中的销售量、销售利润、销售增长率、销售配额等。外部信息是指来源于企业外部市场环境系统当中的信息，比如竞争对手的发展战略、新产品种类及价格，以及广告推广策略等。

（2）从产生的时间看，可分为历史信息、当前信息和预测信息。

历史信息反映已经发生的市场运行现象和过程，是市场参与者发生过的经济活动所产生的各种信息。当前信息反映的是正在发生的市场运行现象和过程。预测信息则能够反映出市场未来的发展变化趋势。

（3）从信息的产生过程来看，可分为原始信息和加工信息。

原始信息是指未被加工整理过的信息，原始信息能够客观地反映事物的真实状况，但是未经加工过的原始信息的价值通常较小。比如，不经整理和加工的市场调查中的调查问卷的答案和数据就是原始信息，而这些问卷答案和数据只有在经过加工整理之后才具有价值。加工信息是指按照一定的目标和要求对原始信息进行了分类、汇总、整理、分析等处理程序后所得到的信息。比如，市场调查后的汇总报表、统计数据等。加工信息是经过人的主观处理之后得到的信息，所以加工信息在某些情况下可能出现“失真”现象。在实际操作中，如果加工处理信息的方法和手段选择得当，可以在某种程度上提高加工信息的质量。

（4）从市场信息的特征来看，可以分为定性信息和定量信息。

定性信息是指那些非量化形式的，能够对市场上各种事物及其发展趋势的性质进行阐述的信息。例如，“我国手机市场规模巨大”“某种产品未来的市场前景可观”。

定量信息是指那些以计量形式表示的，能够对市场上各种事物的表征进行量化表达的信息，反映出了事物的量的规定性。例如，“某产品的市场占有率提升5%”“企业的年销售净利润增加200万元”。

（5）从市场信息的内容来看，可分为产品信息、价格信息、渠道信息、促销信息、供求信息等。

1.3.3 市场信息的作用及发展趋势

1.市场信息的作用

在市场情况瞬息万变、市场竞争异常激烈的今天，及时、全面、准确地掌握市场信息成为企业制定正确的市场决策、获得市场优势、决胜市场的重要条件。因此，重视市场信息的获取、加工、有效开发和利用，是企业的必然选择。市场信息的作用体现在以下几个方面：首先，市场信息连接生产和消费，是生产与消费之间的纽带。在市场经济条件下，企业生产什么、生产多少是由消费需求决定的。有关消费需求的市场信息从消费者传递给生产企业，为生产企业指导生产。商品生产出来之后，企业又可以通过市场信息向消费者传递商品信息，引导消费需求。其次，市场信息是企业科学地制订营销计划、进行经营决策的基础。及时、全面、准确的市场信息反映了企业经营的客观市场环境，反映了企业市场经营活动的动态和效果。企业只有依据及时、全面、准确的市场信息才能制订科学的计划和决策，才能尽量减少决策中的不确定性和风险。最后，市场信息是实现营销控制的必要条件。市场营销控制是指按既定的营销目标，对企业的营销活动进行监督、检查，以保证营销目标实现的管理活动。由于市场环境不断变化，企业在营销活动中必须时刻注意市场的变化，进行信息反馈，以此为依据来修订营销计划，对企业的营销活动进行有效的控制，使企业的营销活动能按预期目标进行。

2.市场信息发展的趋势

在当前的市场经济条件下，市场信息发展的趋势呈现出以下特点：

（1）市场信息量急剧增加；

（2）企业对市场信息处理与传递的速度大大加快；

（3）市场信息的处理技术与方法不断发展；

（4）市场信息处理系统化以及市场信息网络化。

1.3.4 市场营销信息系统

将企业的市场环境和企业的营销管理人员衔接起来的是市场营销信息系统。所谓市场营销信息系统，就是由人员、计算机程序及相关数据所构成的相互作用的复合体，企业借以收集、挑选、分析、评估和分配适当、及时和准确的相关信息，为营销管理人员改进市场营销计划、执行和控制工作提供依据。市场营销信息系统收集各种市场营销信息，并将这些信息进行加工、整理和分析，形成有价值的数据，营销管理者和企业管理者依据这些数据制订各种计划、方案和决策。

市场营销系统有四个重要的组成部分：

（1）内部报告系统。内部报告系统是指在企业经营过程中形成的有关生产数据、销售记录、库存管理信息、财务信息、会计信息、客户服务信息等企业内部信息。在决策制定过程中，尤其是市场预测过程中，这些内部数据往往具有巨大的价值。

（2）市场营销情报系统。市场营销情报系统是指营销管理人员用以了解营销环境发展趋势信息的各种来源和程序。利用市场营销情报系统，可以获得关于营销环境最新进展的信息。

（3）市场营销调研系统。市场营销调研系统是指通过观察法、调查法或实验法来收集与营销环境或市场需求相关的信息，并对信息进行评价的过程。通常来讲，企业的市场营销调研部门从事的工作主要包括市场调查、消费偏好测试、销售分析、广告效果评价等。

（4）市场营销分析系统。市场营销分析系统是指从改善企业经营效益的角度出发，借助各种数据分析模型和信息处理技术，帮助营销管理者分析复杂市场信息和数据的信息系统，通常该系统中包括一些复杂的统计程序和模型，需要借助计算机和专业人员来完成。

1.3.5 市场信息与市场调查

市场调查就是系统地收集、分析并报告与企业经营活动或市场营销活动有关的市场情报的活动。市场调查是获取市场信息的手段和方法。为了及时、全面并准确地收集和处理市场信息，以便为企业科学地制定经营决策提供可靠依据，企业需要建立具有专业市场调查知识和经验、拥有专门市场调查人才的市场调查部门，或者可以通过专门的市场调查机构取得这些数据和情报。

1.4 市场调查与市场预测的关系

市场调查和市场预测之间存在着密不可分的联系，二者被认为是一个连贯市场分析过程的两个阶段。一方面，从时间的连续性来看，只有将市场调查与预测作为一个连贯的工作，对市场的分析研究才能更系统、更全面，也才能为科学的决策提供更准确的依据。另一方面，从方法论的角度来看，市场预测有赖于市场调查。市场预测必须根据市场调查的资料做出，市场调查资料的水平和质量在很大程度上决定着市场预测的水平和质量。因此，市场调查是市场预测的基础，市场预测是市场调查的延伸和深化。市场调查在各方面的发展和完善，为市场预测的发展创造了条件，也必然会促进市场预测水平的进一步提高。

1.4.1 市场调查与市场预测的联系

市场调查与市场预测之间的联系主要表现为市场调查是市场预测的基础和前提。这种联系突出表现在以下几个方面：

首先，市场调查可以为市场预测提供方向。企业在市场营销活动过程中，需要处理的问题和矛盾很多，通过市场调查分析，可以发现问题的症结所在，从而使问题能较顺利地得到解决。即使不能完全解决问题，也可以为市场预测提供研究方向，帮助企业确定市场预测的目标。

其次，市场调查可以为市场预测提供必需的信息资料。为保证企业市场预测结果的准确性，预测必须建立在大量翔实可靠的数据信息资料基础上，并采用科学的方法对市场信息进行分析，从中找出规律。市场调查正是企业获得大量翔实可靠资料的信息来源，通过市场调查得到的数据资料为市场预测模型的建立与求解提供了有力支撑，并保证了预测结果的可靠性和准确性。

再次，市场调查方法丰富和充实了预测技术。市场调查的方法大都比较简单，容易操作和实施。正因如此，建立在市场调查基础之上的市场预测才更容易展开，市场预测的技术也才可能在市场调查的基础上得以扩展和提高。比如，市场预测定性预测技术当中的“专家意见法”就是吸收了市场调查的方法，并经过反复实践而形成的。同时，有些简单的市场调查方法，如问卷调查法、访问座谈法等，若在调查内容中加进预测项目，同样可以得到准确的预测结果。

最后，市场预测的结论要依靠市场调查来检验和修正。市场预测是在市场调查的基础之上，通过对客观规律的掌握和认识进行的，是在科学的理论和方法下做出的有科学依据的估计和假设。但是，市场预测终究是一种估计和假设，其与客观现实之间的匹配性和一致性还有待检验。也就是说，市场预测的结果是否准确，最终还有待市场发展实践的检验。因此，市场调查不仅能够检验前一段的预测结果，还能够分析、论证预测成功或失误的原因，总结经验和教训，不断提高市场预测水平。另外，在做出预测以后，也可以通过市场调查获得新的动力。

1.4.2 市场调查与市场预测的区别

虽然市场调查与市场预测存在着密不可分的联系，但是二者之间也有本质的区别。市场调查不同于市场预测，其不同点主要表现在以下几个方面：

首先，二者研究的侧重点不同。市场调查是要系统地搜集、记录、整理有关市场供求等方面的信息和资料，分析市场情况，了解市场的客观实际情况，发现事实真相，所以市场调查的描述性研究更多，更侧重于对市场现状和历史的研究。而市场预测属于预测性研究，着重探讨市场供求关系的发展趋势及各种影响因素，目的是对未来的市场做出推断和估计，因此更侧重于对市场未来趋势和影响因素的研究。

其次，二者研究的结果不同。虽然市场调查和市场预测的最终目的都是通过对市场的研究为企业的管理决策提供依据，但是，市场调查的结果是市场的各种数据、资料和调查报告，其内容相对广泛，数据的数量也比较庞大，因而通常作为经济管理部门和企业日常决策的依据。而市场预测的结果是关于未来市场发展的预测报告，市场预测的内容比较具体，是根据科学的方法得到的对未来情况的合理估计，主要为企业制订计划和管理决策服务。

最后，二者在研究过程中所使用的方法不同。市场调查的方法多属于定性研究，而市场预测的方法则多是建立在定性分析基础上的定量预测，通常需要运用一些数学和统计的预测模型。

本章小结

市场调查与预测是企业把握市场脉搏的工具和手段，“没有调查就没有发言权”，企业通过对市场进行调查制定企业的科学决策。本章作为本书的开篇，介绍了关于市场、企业方面的简要知识，分析了市场信息与市场调查之间的关系，最后就市场调查与市场预测之间的区别与联系进行了分析。从市场营销的视角来看，市场是有购买力的需求，是由现实和潜在的顾客构成的。要把握市场中现实和潜在的顾客的需求必须做好市场调查工作。另外，对企业而言，在日趋激烈的市场竞争条件下，其经营决策必须建立在通过科学的市场调研活动获得可靠的市场信息，并就市场环境发展趋势进行科学预测的基础上。在市场情况瞬息万变、市场竞争异常激烈的今天，能否及时、全面、准确地掌握市场信息成为企业制订正确的市场决策，获得市场优势，决胜市场的重要条件。因此，重视市场信息的获取、加工、有效开发和利用，是企业的必然选择，市场调查活动也是企业市场营销信息系统的重要组成部分。最后，本章指出市场调查与预测是既有联系又有区别的贯穿市场分析过程的两个阶段。企业在进行市场调查与预测工作时不可将两者混为一谈，也不可割裂二者之间的紧密联系。

综合训练

1.1 单项选择题

1.“市场是买卖双方及交易规则的集合”，这是（　　）对市场的定义。

A.经济学　　B.管理学　　C.市场营销学　　D.市场学

2.生产者市场、消费者市场、中间商市场和政府市场是按照（　　）划分的市场类型。

A.企业的角色　　B.市场上购买者的人文标准

C.购买者的购买目的和身份　　D.交易对象的最终用途

3.来源于企业生产经营过程和管理过程的信息，比如企业的销售记录中的销售量、销售利润、销售增长率、销售配额等，属于（　　）。

A.定性信息　　B.外部信息　　C.加工信息　　D.内部信息

4.企业的会议记录原来是以文字记录形式记载的，现在进行了改革，以影像资料形式进行记载，这属于信息的（　　）。

A.客观性　　B.传递性　　C.可转换性　　D.共享性

5.市场营销信息系统中的（　　）是指营销管理人员用以了解有关环境发展趋势的信息的各种来源和程序。利用该系统，可以获得关于环境最新进展的信息。

A.内部报告系统　　B.市场营销情报系统

C.市场营销调研系统　　D.市场营销分析系统

1.2 多项选择题

1.在营销者眼中，合格有效的市场应包含（　　）。

A.人　　B.信息

C.购买力 D.购买欲望

E.需求

2.市场功能是指市场内要素之间的相互作用、相互制约，并通过市场机制所发挥出来的调节机能。下列属于市场的功能的有：( )。

A.利益分配功能 B.技术进步功能

C.社会服务功能 D.经济联系功能

E.资源配置功能

3.按照信息的来源，可以将市场信息分为（ ）。

A.历史信息 B.预测信息

C.内部信息 D.外部信息

E.原始信息

4.下列属于信息的特性的有：( )。

A.可传递性 B.不可知性

C.客观性 D.连续性

E.共享性

5.下列对市场调查与预测的关系的阐述正确的有：( )。

A.市场调查与市场预测既有联系，又有区别

B.市场调查可以为市场预测提供方向

C.二者在研究过程中所使用的方法不同

D.二者研究的侧重点不同

E.市场调查可以为市场预测提供必需的信息资料

1.3 思考题

1.市场的基本功能是什么？

2.市场的类型可以从哪些方面进行划分？包括哪些基本的类型？

3.市场与企业之间存在怎样的相互作用？

4.市场信息包括哪些类型？

5.市场信息对于企业具有怎样的作用？

6.什么是市场营销信息系统？

7.市场营销信息系统的构成包括哪些部分？

8.简要回答市场调查与市场预测的关系。

1.4 实践与训练

收集某个你所感兴趣的企业的产品市场信息，分析某个品牌的市场定位与竞争对手定位的异同，试着对该企业的目标市场消费者进行调研，验证该企业产品的市场定位策略。

第2章　市场调查基本原理

学习目标与要求

● 知识点

1. 市场调查的含义及特征。
2. 市场调查的类型。
3. 市场调查的原则及步骤。
4. 市场调查的内容。
5. 市场调查的机构类型。
6. 市场调查人员的素质。

● 技能点

1. 掌握市场调查的原则及步骤。
2. 掌握市场调查报告的内容。

【引导案例】

加多宝公司的营销洞察与成功定位

20世纪90年代初，加多宝公司从王老吉凉茶创始人王泽邦的后人那里获得了其祖传凉茶秘方和工艺的独家授权。然而，由于“王老吉”国内商标被广药集团持有，因此，加多宝公司只能从广药集团手中租赁“王老吉”商标的使用权，在中国大陆生产和销售凉茶。1996年初，加多宝公司推出了自主设计的310ml红色罐装“王老吉”凉茶产品，其广告是“健康家庭，永远相伴”，获得了市场一定的认可，在接下来的几年中，其凉茶销量逐年上升。

然而，到了2000年前后，公司的发展遭遇“天花板”，凉茶销售额始终徘徊在亿元大关上下，停滞不前。在消费者心目中，它既是凉茶，又是饮料，因此难以给人留下独特深刻的印象。公司管理层意识到，若想继续发展壮大，进而走向全国，就必须重新审视整个凉茶市场及公司经营现状，获取关于市场和消费者的关键洞察，在此基础上对公司的产品和品牌重新进行定位。

2002年底，加多宝公司与成美营销顾问公司进行合作，试图分析和解决这一问题。为了了解有关市场和消费者的真实信息，进而获取关于市场和顾客的有力洞察，成美的研究人员一方面对红罐王老吉自身和主要竞争对手的信息进行收集和研究；另一方面，组织加多宝的一线员工、产品经销商以及零售终端的相关人员开展大量深入的访谈工作，在上述工作的基础上，调研团队聘请市场调查公司进行消费者调查，以掌握顾客的心理和行为特征。

调查研究发现，处于广东和浙南两个区域的消费者对公司红罐王老吉产品的认知比较混乱：凉茶始祖王老吉的品牌让消费者觉得它是一款凉茶产品，但其采用的锡罐包装又让消费者觉得它是一种饮料。此外，调查研究还发现，凉茶概念在中国其他很多地区尚未深入人心，导致在最初的7年时间里，红罐王老吉的销售主要集中在广东和浙南，而且始终无法走出这两个区域。这两个原因给加多宝的营销推广造成了不小的困难：如果作为“凉茶”进行推广，虽然公司能发挥差异化的优势，可是产品适应面比较窄，不利于可持续发展；如果作为“饮料”进行推广，虽然适应面比较广，但是公司又必须面对饮料市场的激烈竞争。

那么，红罐王老吉对消费者到底意味着什么？加多宝公司应该如何确定其产品定位？通过进一步的市场和消费者调研发现，消费者在潜意识里希望有一款可以预防上火的饮品，让他们能够没有顾虑地尽情享受生活，例如吃煎炸食品和香辣美食、与好友一起烧烤撸串、通宵达旦地观看足球赛事等，而不用过于担心身体上火影响工作和生活状态。为了实现可持续发展，突破增长瓶颈，2003年，加多宝公司明确其红色罐装王老吉产品是在饮料行业进行竞争，并将自身定位为“预防上火的饮料”，能为顾客提供独特的价值——“喝红罐王老吉能预防上火，让消费者尽情享受生活”。

通过调研获取市场和胡可洞察，加多宝公司重新确定了产品定位，并将“预防上火”的概念与其产品紧密结合。经过精心设计，公司采用红罐包装，并围绕红罐包装进行广告创意。2003年至今，加多宝公司的品牌主画面一直沿用一个大红罐和“怕上火”的广告语。这使得红罐、“怕上火”和凉茶三者紧密结合到一起，深深地烙印在消费者的脑海中。

加多宝的定位策略取得了意想不到的成功。2004年，公司全面启动央视广告投放，带动全年销售额突破10亿元大关。2005年，又竞标拿下央视黄金时段，“怕上火，喝王老吉”的广告语走进千家万户。2004年的雅典奥运会与2006年的德国世界杯，加多宝公司紧紧围绕“怕上火，喝王老吉”的品牌定位，连打两张体育营销牌。就这样，加多宝公司终于突破了困扰其多年的亿元“天花板”。从1996年至2012年的17年间，公司营业额从无到有，仅2002年到2011年10年间，王老吉凉茶销售额就提升了100倍。

正如加多宝故事中所强调的那样，好的产品和营销计划需要以对顾客需求的全面了解为前提。公司还需要有关竞争者、经销商及市场中其他角色和力量的充足信息。但也不能仅仅停留在收集信息的层面，营销人员还必须利用信息获得强大的顾客洞察和市场洞察。

资料来源：阿姆斯特朗，科特勒.市场营销学(中国版)［M］.12版.王永贵，郑孝莹，等译.2017:97-98.

2.1 市场调查的产生和发展

市场调查的产生和发展与社会经济发展密不可分，市场调查是随着近代商品生产和商品交换的发展而出现的，经济的发展是市场调查产生和发展的基础和动力。

2.1.1 市场调查产生的原因

市场调查之所以能够被企业自觉实践，并形成系统的理论，从而上升为一门专业的学科，是伴随着市场经济的形成和发展进行的，其具体动因包括如下几个方面：

1.买方市场的形成

买方市场是指在商品供过于求的条件下，买方掌握着市场交易主动权的一种市场形态。买方市场的形成是商品经济发展和社会生产力全面提高的结果。买方市场的主要特征表现为：市场商品丰富、货源充沛，消费者能够任意挑选商品；卖者之间在产品的花色、品种、服务、价格、促销等方面展开激烈竞争；消费者需求是企业生产与经营的核心等。在买方市场的条件下，能否根据市场的消费需求来组织生产，适应市场消费需求的变化，对企业和商品生产者的生死存亡具有重要意义。因而，企业为了能够在激烈的市场竞争中求得生存和发展，为了把自己的产品顺利地销售出去，就必须研究消费者的需求偏好以及消费心理和购买行为过程，即必须开展针对消费者的市场调查活动。

2.市场竞争的日益加剧

随着商品经济的发展和社会生产力水平的不断提高，人们的生活水平得以不断提高，购买力也不断加强，从而也涌现了越来越多的以满足人们日益增长的各项需求为目的的企业，社会商品日益丰富。在这种情况下，生产企业的竞争不断加剧，它们不但在争夺消费者方面进行竞争，而且在原材料、资金、人才、技术等诸多资源方面进行竞争。在目前的市场竞争条件下，谁能够更准确地把握住市场需求，并比竞争对手更快、更有效地满足市场需求，才可能获得消费者的青睐，才可能成为市场当中的胜利者。因此，除了对市场需求进行调查之外，企业还必须对市场竞争者进行全方位的市场调查，真正做到“知己知彼，百战不殆”，才能在激烈的市场竞争中取得胜利。

3.消费者需求的多样化和多变性特征明显

在市场营销观念之下，企业的一切经营活动均是以满足消费者的需求为中心的，企业成功的关键也是要抓住消费者的需求。只有消费者的需求得到了满足，才能顺利实现产品的价值和企业的目标。然而，消费者的需求是多样性的，不同的消费者具有不同的偏好，而且同一个消费者在不同条件下也会具有不同的偏好。另外，消费者的需求也是多变的，随着时间、地点、收入、职业甚至情绪的变化，消费者都有可能改变其需求。因此，要掌握消费者的多样化、多变性的需求，企业就必须借助先进的市场调查手段。

2.1.2 市场调查产生和发展的过程

从全球视角来看，率先开始进行市场调查理论研究和系统实践的是市场经济建立较早并且发展较快的美国，市场调查的产生和发展经历了萌芽阶段、发展阶段和深入创新阶段三个历史时期。

1.萌芽阶段：市场调查的产生

在西方资本主义社会形成早期，作为企业自觉实践的市场调查就已经开始产生了，但是，由于受到科技水平和经营管理水平的限制，市场调查还未发展成为一门专业的学科，也没有形成系统的理论，只是积累了一些市场调查和统计分析的经验。美国的市场调查理论研究和系统实践始于20世纪前期，当时资本主义开始步入垄断阶段，商品经济迅速发展，市场不断扩大，企业之间的竞争日益激烈，资本主义经济危机的影响也日益加深。这个时期企业迫切需要了解市场变化及竞争对手的市场活动，以便能够更好地制定生产经营决策和改进销售措施。因此，市场调查工作日益受到企业界的重视，学术界也开始对市场调查进行系统的研究。于是，在20世纪前期，很多大学开始建立市场调查研究所并开设了市场调查的相关课程，与市场调查相关的学术论文开始陆续发表，并产生了一批有影响的著作。其中较有代表性和影响力的是1911年由柯蒂斯出版公司（美国当时最大的出版公司）聘请市场调查研究所经理佩林所编写的一本有关市场调查的专著——《销售机会》。《销售机会》是一本有关市场研究的专著，内容包括美国各大城市的人口分布、人口密度、收入水平等相关资料，该书也提出了访问调查法、观察调查法、统计分析法等市场调查分析方法。因为此书，佩林也被推崇为市场调查学科（在市场调查的理论和实践方面）的先驱。

在这一时期，美国的企业也开始应用市场调查技术为企业营销服务，成立市场调研部，并获得了成功。1915年，美国橡胶公司成立了商业调研部。1917年，斯威夫特公司也成立商业调研部。

1919年美国芝加哥大学教授邓肯出版了《商业调研》，这是市场调研方面的第一本学术专著。1921年，怀特出版了《市场分析》，这是第一本有关市场调查与分析的手册书。1929年在美国政府的主持下，全美展开了一项分销调查，内容涉及市场结构、商品销售通路、中间商和分配渠道、中间商的经营成本等，为企业提供了较为系统和准确的市场活动资料，这次调查被视为美国市场调查史上的里程碑。20世纪30年代，美国市场营销学会宣告成立，并出版了《市场调研技术》等著作，为市场调查这门学科的形成和发展奠定了重要基础。1937年美国市场营销协会资助的出版物《市场调查技术》问世，该书汇集了有关市场调查理论和实践两方面的知识，市场调查正式成为大学商学院的课程之一。同年，布朗的《市场调查与分析》出版，该书一经推出就作为市场调查方面的教材而被广泛使用。但是，在市场调查作为一门学科的创建初期，与市场调查有关的理论方法大部分局限于平均数、长期趋势、单相关等内容，经济计量在市场调查学中也仅有初步的发展和使用。市场调查所涉及的理论知识和方法论都还处于发展的初级阶段。在市场调查的建立阶段，陆续确立了实地调查法、观察法和实验法，也开始发展了调查表法和抽样理论。

2.发展阶段：市场调查的成长与提高

20世纪30年代末到50年代初是市场调查业的发展提高阶段。在这个阶段，市场调查的方法得到了进一步发展。30年代末和40年代初，样本设计技术获得很大进展，抽样调查兴起。调查方法的革新使得市场调查方法应用得更加广泛。40年代在Robert Merton的领导下，又创造了“焦点小组”方法，使得抽样技术和调查方法取得很大进展。1946年，著名社会学家莫顿和邓德尔在《美国社会学》上发表专文，对“焦点小组”方法进行了系统的论述，并且在其后的几十年里，一直应用于商业性的市场调查中。20世纪40年代后，有关市场调查的书籍陆续出版，越来越多的大学商学院开设了市场调研课程，教科书也不断推陈出新。在此期间，配额抽样、随机抽样、消费者固定样本调查、问卷访问、统计推断、回归分析、简单相关分析、趋势分析等理论也得到了广泛的应用和发展。

3.深入创新阶段：市场调查的现代化

20世纪50年代后，市场调查学进入了一个深入创新的大发展阶段，主要是调查方法的创新、分析方法的发展和电脑技术的应用，以及互联网调查的产生。第二次世界大战结束后，西方资本主义国家进入了经济迅速发展阶段。市场经济空前繁荣，企业竞争激化，激烈的竞争促使企业的经营理念由生产导向转变为市场消费需求导向。消费导向的市场要求企业更加重视对市场的调查研究和市场情报的搜集工作。市场调查业进入了迅速发展阶段。在西方，市场调查业经过多年的发展，已经形成了相当的规模。西方国家大约73%的公司都设立有市场调查和研究部门。美国有1 300多家公司直接从事市场调查和咨询服务业，美国企业每年花在市场调研方面的费用超过100亿美元。市场调查的结果在企业的决策中起着举足轻重的作用。社会和企业对市场调查的普遍重视和广泛应用，又反过来促进了市场调查这一学科的发展。很多大学已经把市场调查作为重要课程，有关市场调查的书籍、教材、报纸、杂志得到大量的出版发行。市场调查的理论、方法、技术越来越高级化、系统化、实用化。

在深入创新阶段，由于计算机的出现及计算机技术的应用，市场信息的收集、整理和分析等过程都实现了电脑化。调查数据的分析、储存和提取能力大大提高。同时，各种调查技术，如动态分析、运筹学运用、态度测量表、多元回归分析、数理模式、计算机模拟、经济计量模型、决策理论和方法都得到创新和发展。计算机的普及又促进了各种分析工具的应用，如SPSS、SAS等。这些分析工具大大提高了分析速度、简化了分析过程，进一步推进了市场调查业的计算机化。通过计算机进行的大量的抽样调查和统计软件的开发使市场调查业成为一个具有发展前景的新兴产业，产生了一大批著名的市场调查公司。1994年，美国前50家最大的市场调查公司的营业额已经达到40亿美元，其中最大的市场调查公司D&B的年营业额达到20亿美元之巨，并且其中有64%的营业额是来自海外市场。

随着互联网的普及以及网络技术的不断完善，市场调查业以及有关市场调查的理论和方法仍在不断发展和完善。并且，由于经济全球化的发展和跨国公司的日益增多，市场调查行业也呈现出了全球化的趋势，如AC尼尔森公司在世界很多国家开展业务，是世界第一大市场调查公司，并已成为中国最大的市场研究机构。

2.1.3 市场调查在我国的兴起和发展

在我国，市场调查行业是在20世纪80年代兴起的，大约40年的发展历程虽短，但已经经历了从官办市场调查与预测行业、信息服务咨询到管理咨询的几个阶段。20世纪80年代初，政府开始创办主要集中于投资、科技和财务咨询领域的市场调查与预测行业。例如，为了推动科技成果转化，原国家科委和中国科协创办和扶持了一批科技咨询公司。虽然该时期出现的市场调查与预测行业是非市场化的，但其创立和出现使人们开始认可和重视信息的价值。我国市场化的商业性市场调查机构起步相对较晚。随着中国市场经济的建设和发展，20世纪80年代末90年代初开始出现了一批外资和民营的信息咨询、市场调查公司，开始为企业提供规范化、市场化的咨询服务。行业内公认的中国第一家独立的商业性专业市场调查公司“广州市场研究公司（GMR）”成立于1988年。1990年前后，市场调查行业在中国迅速发展。当时，一部分从事市场调查与预测的专业咨询企业，如零点调查公司、盖洛普（中国）咨询公司、华南国际市场研究公司等脱颖而出，以其专业化的服务赢得市场，我国的市场调查业进入了一个蓬勃发展的阶段。20世纪90年代中期，市场经济日益发展，国外市场调查与预测公司大批进入中国，从此市场调查与预测行业告别了

"点子"时代，进入了专业化的发展时期。

目前，我国大约有2 000家调研企业（不包括纯粹的咨询公司），其中大多数为中小规模的执行公司，研究性质的公司只有几百家。在这几百家公司中，生存能力较稳定且规模较大的企业多为国外知名调查机构在中国的独资或合资公司，共20家左右，它们主要以各行业内较为知名的外资或合资客户为服务对象。与之形成对照的是，内资企业的调研需求普遍不足，许多以内资客户为主要服务对象的调研机构由于很难生存而先后倒闭。在参加CRMA最新调查的全国范围内的134家调研企业中，年营业额超过2亿元人民币的排名前几位的超大型调查公司共4家，而且都在北京，分别是RI China（华南国际）、CTR（央视市场研究）、CSM（央视索福瑞媒介研究）、IPSOS（益普索）；年营业额在1亿～2亿元人民币的调研公司全国共5家，分布在北京、上海、广东三地，分别为北京特恩斯市场研究、新华信国际信息咨询、AC尼尔森（中国）市场研究、艾杰比尼尔森市场研究、广州诚予国际市场信息研究；年营业额在0.5亿～1亿元人民币的调研公司多些，包括慧聪、勺海、零点、盖洛普、思纬、新生代等。

在中国的市场调研行业蓬勃发展的30多年间，中国的市场调研行业营业额总量在全球的排名从30多年前的倒数几名上升到目前的第7位。我国调研业的年度营业额从1995年的3.5亿元逐年攀升为2011年的近80亿元。

综合来看，目前国内调查业的现状可概括如下：起步晚，规模偏小，地域发展不平衡，业务面较窄，经验欠缺，现实需求不足，收费及服务标准不一致，缺乏成熟完善的行业规范和管理。另外，专业人才匮乏、调查分析技术水平较低这些因素使本应成为知识密集型行业的国内调查业目前还基本处于劳动密集阶段，尤其绝大多数内资调研企业能够提供给客户的还仅仅是原始或粗加工的数据。目前，与发达的国外调研服务行业相比，我国的市场调查服务还远远没有达到高知识、高技术含量的程度。

可见，市场调查在我国的发展是比较缓慢的。发展缓慢的主要原因在于：（1）全国市场调查机构很多，但真正规模较大且实际运转良好的却是极少数。（2）本土市场调查机构诚信水平偏低，调查的供给方与需求方缺乏有效的信息沟通，调查常与实际脱节。（3）虽然我国调查业的市场潜力极大，但目前仍处于艰难的启动阶段，国内的调查市场仍需培育和开发。

2.1.4 市场调查的发展趋势

展望未来，在世界范围内，市场调查主要有以下四个发展趋势。

1.市场调查的地位日益提高

在信息化、全球化的背景条件下，企业的竞争日趋激烈，企业对市场的反应速度要求越来越高。精准的决策和迅速的市场反应要求企业能够利用市场调查信息提高预测和决策的准确性和效率。因此，企业对市场调查工作也日益重视，在市场调查方面的投入也将日益增加。市场调查在企业经营管理中的地位和作用也将更加重要，市场调查活动是企业营销活动的重要环节，是决定企业营销活动成败的关键，因而也是企业实现其生存和发展目标的关键。

2.市场调查体系将愈加完善，机构趋向多元化

目前，市场调查行业中的机构主要由专业市场调查公司、管理咨询公司、政府的市场

调查机构、企业的市场调查部门以及大专院校的市场调查研究机构以及一些媒体公司构成。在未来，这些市场调查机构将更加充分地发挥其各自优势进行市场调查工作。并且，还会有一些与市场调查业务相关的机构加入到市场调查体系当中，例如，一些新闻机构、网站，使市场调查体系得到不断完善和扩充，市场调查机构也将更加多元化。例如，一些权威新闻机构，如英国的路透社、美国的AOL、中国的CCTV等，都拥有庞大的、全面的社会和经济信息数据库，其信息网络遍布全世界，可以在极短的时间内获取信息、收集数据，从而为信息用户提供相关数据；一些有实力的网站，如谷歌、雅虎、新浪、网易等也均拥有庞大的信息网络和数据库，而且还具有强大的在线调研功能，可以迅速帮助信息用户提供或收集所需信息资料。

3.市场调查的方法将更加先进

为保证企业经营决策的科学性，为之提供资料和信息的市场调查要更加准确，在调查方法上将更加趋于多种调查方法的结合应用，网络调查将得到发展与普及。此外，各种高科技技术将更广泛地应用于市场调查中，与市场调查有关的统计软件将不断地得到开发，这也将推动市场调查方法更加趋于成熟和完善。

4.行为科学将在市场调查中被更广泛地采用

在未来的市场调查中，对消费者心理和行为的研究将更加受到重视，因此，心理学、社会学、管理学中的行为科学方法将在市场调查活动中得到进一步的应用。市场调查逐步成为信息产业的重要组成部分，发挥越来越重要的作用。

2.2　市场调查的含义、特征和作用

2.2.1　市场调查的含义

市场调查的含义有狭义和广义之分。狭义的市场调查是指以科学的方法和手段收集消费者购买产品的情况，包括对商品的购买、消费动机等购买活动的调查。市场调查的主要任务就是对企业目标市场的消费者的产品购买动机、购买行为、满意度、态度与认知等方面的市场信息进行收集、整理和分析，以便使企业能够更好地满足消费者的需求，获得市场营销的成功。广义的市场调查是指通过有目的地对一系列资料、情报、信息进行收集、判断、筛选、解释、传递、分类和分析来了解现有的和潜在的市场，并以此为依据做出经营决策，从而达到进入市场、占有市场并取得预期效果的目的。广义的市场调查不仅包括对消费者进行的调查研究，还包括对企业的营销环境和全部营销活动的情况进行调查研究，例如在宏观层面上对整体经济状况、政府的政策和法律法规、社会文化环境状况的调查以及在微观层面上对竞争对手的产品、价格、分销以及渠道策略的调研。

事实上，一般可以将市场调查理解为运用科学的方法，有目的地、系统化地搜集、记录、整理有关市场营销的信息和资料，分析市场情况，了解市场的现状及发展趋势，为市场预测和营销决策提供客观的、正确的资料。市场调查的英文名称是“marketing research”，该名词有时也被译作“市场研究”、“营销研究”或“市场调研”等，因此，市场调查通常也被称为“市场研究”、“营销研究”或“市场调研”。

2.2.2　市场调查的特征

市场调查是一种营销职能，它通过信息将消费者、顾客和公众与市场营销者连接起

来，这些信息有助于市场营销者识别和确定市场机会及企业经营中的问题，并用于计划、执行和评估营销活动。

市场调查具有如下特征：

1.全过程性

市场调查并不是单一的资料收集、整理和分析活动，而是一个系统的全过程性活动。企业的市场调查活动需要经过周密策划、精心组织和科学实施，调查过程包括一系列的工作环节、步骤、活动和成果，市场调查活动也包括对市场信息的判断、收集、记录、整理、分析、研究和传播等多项活动。

2.社会性

市场调查的社会性主要体现在调查主体与调查对象具有社会性。市场调查的主体是具有丰富知识的专业人员。市场调查的对象则是在心理、行为、认知、态度等方面千差万别的社会人。另外，市场调查的社会性还体现在市场调查内容具有社会性。例如，某网络零售平台为调查消费者网络购物行为特征而进行的市场调查，人们的网络购物行为是具有社会性的。

3.目的性

市场调查是有目的的企业活动。企业的市场调查活动对资料的收集、整理和分析是经过计划、组织并有控制地实施的，是企业为解决市场营销问题，为营销决策提供信息而开展的活动。市场调查的目的性也说明："营销调查本身并不是目的，它是服从于企业市场营销活动的，是企业市场营销活动不可缺少的有机组成部分。"

4.不确定性

市场调查会受多种因素影响，其中很多影响因素本身都是具有不确定性的。市场调查的环境背景、调查者的水平和主观认识、调查对象的客观状况和情绪等，都有可能随时发生变化，如果只是僵化地了解某一事物，而不去考察其存在的变数和不确定性，也就难以得到正确的调查结论。

5.科学性

市场调查的科学性表现为市场调查要用到科学的方法、科学的技术手段，并进行科学的分析，最终得到科学的结论。市场调查必须建立在对市场调查知识和方法的深刻理解和把握的基础之上，只有掌握科学的调查方法，才能得到准确的结论。

另外，为了在时间和经费一定的情况下获得更多更准确的资料和信息，必须对调查的过程进行科学的安排。采用什么样的调查方式、选择谁作为调查对象、问卷如何拟定才能达到既明确表达意图、又使调查者易于回答的效果，这些都需要进行认真的研究；运用社会学和心理学等方面的知识，以便与被调查者更好地交流；在汇集调查资料的过程中，要使用计算机来对大量信息进行准确严格的分类和统计；对资料所作的分析应由具有一定专业知识的人员进行，以便对汇总的资料和信息做出更深入的分析；分析人员还要掌握和运用相关数学模型和公式，从而将汇总的资料以理性化的数据表示出来，精确地反映调查结果。

6.时效性

市场调查的时效性表现为应及时捕捉和抓住市场上任何有价值的信息，及时分析，及时反馈，为企业在经营过程中适时地制定和调整营销策略提供依据。在市场调查工作开始进行之后，要充分利用有限的时间，尽可能全面、系统地收集所需要的资料和情报。否则，调查工作的拖延，不仅会增加费用支出，造成浪费，也会贻误时机，使营销决策滞后，对企业市场营销等经营活动的顺利进行极为不利。

2.2.3　市场调查的作用

从整个国际市场来看，目前的市场体现出以下基本特征：经济全球化深入发展，市场竞争的范围日益扩大，竞争程度也日趋激烈；市场经济高度发展，商品生产的规模扩大，商品品种、花色繁多，消费者可选择范围扩大；生活水平的提高使消费者的需求量不断增加，需求日益个性化，需求变化加快。面对这种日趋复杂的市场状况，企业要想在市场竞争中获得一席之地，就必须通过市场调查来充分掌握市场信息，以利于做出正确的经营决策。

市场调查在企业经营管理中的作用主要体现在以下几个方面：

首先，通过市场调查，能够及时了解市场，掌握市场信息，充实和完善市场信息管理系统，为企业编制生产和经营计划、制定科学的经营决策提供依据。企业必须生产能够满足消费者某种需求的产品，才能使产品的价值得以实现，从而使企业获得生存和发展的机会。企业必须通过市场调查来获得消费者的需求信息，掌握消费者的需求现状、把握消费者的需求变化趋势，并对其未来的需求进行预测，这样才能制定出符合消费者需求的经营决策，使企业获得市场上的成功。

其次，通过市场调查，可以更好地了解消费者，以便提供更好的产品和服务，从而更好地适应市场，提高企业的市场竞争能力。通过市场调查，企业可以获得更多的市场信息和数据，及时了解市场动态和发展方向，认识其变动规律，正确进行市场决策；通过市场调查，企业可以发现差距，找出改进的路径和方法；通过市场调查，企业可以找准市场、提供市场所需的优质产品和服务，建立企业和品牌信誉；通过市场调查，以客观的市场现状和趋势为依据，企业可以正确地进行预测和决策，比竞争对手更快更有效地满足消费者的需求，提高市场竞争力，获得市场竞争优势。

再次，通过市场调查，可以帮助企业促进商品销售、提高市场份额。企业可以通过开展市场调查活动，了解消费者在不同时间、不同区域、不同环境背景条件下的需求特点，掌握消费者的购买心理和购买动机，从而制定正确的市场营销策略，扩大商品销售和提高市场份额。

另外，进行市场调查有利于企业开拓市场，开发新产品。随着科学技术的进步和商品经济的发展，产品的生命周期不断缩短，商品更新换代步伐加快。企业通过市场调查，能够更好地掌握竞争对手的商品销售状况和新产品变化趋势，从而制定相应的新产品开发策略和有效的产品策略。

最后，通过市场调查，可以促使企业改善经营管理，提高经济效益。搞好市场调查就是要使企业了解市场、适应市场、占领市场、开拓市场，使其在激烈的市场竞争中立于不败之地。

2.3　市场调查的类型与内容

2.3.1　市场调查的类型

按照不同的角度和区分标准，可以将市场调查划分为不同的类型。区别并确定不同市场调查项目的类型，有利于正确设计市场调查方案，并有利于市场调查活动的顺利开展。

1.按照市场调查的内容，可以将市场调查分为文案调查和实地调查

（1）文案调查。

文案调查也叫二手资料调查或间接调查，是指利用企业内部和外部现有的各种信息、情报，对调查内容进行分析研究的一种调查方法。文案调查通常是查询各种企业内外部的历史和现实的资料，从中收集调查问题的有关信息。根据调查的实践经验，文案调查常被作为调查的首选方式。几乎所有的调查都开始于收集现有资料，只有当现有资料不能满足企业的需要时，才进行实地调查。文案调查可以帮助企业发现问题并为开展实地调查创造条件。而且，文案调查具有简单、快速、节省调查费用、不受时空限制等优点。

（2）实地调查。

实地调查是指在周密的调查计划之下，由调查人员直接实施的向被调查者收集原始资料的过程。原始资料也叫第一手资料，是首次搜集到的资料的统称，系经过调查人员亲自搜集整理和直接经验所得。实地调查法包括观察法、实验法和访问法。实地调查在借助科学的研究方法的基础上，能够得到比较真实的资料和信息。

2.根据市场调查范围，可以将市场调查分为专题性调查和综合性调查

（1）专题性调查。

专题性调查是为了解决某个具体的问题而开展的市场调查。一般情况下，专题性调查所涉及的范围较小，调查目的明确，所需投入的资源较少、时间较短。企业市场营销活动调研中的很多调查都是属于专题性的。例如，顾客的产品满意度调研、产品包装测试、品牌知名度调查、消费者购买意向调查等。

（2）综合性调查。

综合性调查是调查主体为了了解市场（或某些方面）的总体情况而开展的全面调研。综合性调研涉及的问题较多而且复杂，调查通常需要耗费较多的人力、物力和精力，调查时间长，数据分析复杂，决策难度大。例如，某企业为进军国际市场所做的市场调查或者企业为开发新产品所做的市场调查。

3.按照市场调查的组织方式，可以将市场调查分为全面市场调查和非全面市场调查

（1）全面市场调查。

全面市场调查又称为普查，是对调查对象总体的全部单位进行的调查，目的是了解市场的一些至关重要的基本情况，对市场状况做出全面、准确的描述，从而为制定有关政策、规划提供可靠的依据，例如我国的人口普查。全面市场调查的结果比较准确，可靠性高，但是，由于调查的对象总体的数量比较庞大，所以调查难度较大，成本较高，往往需要投入大量的人力、物力和时间。

（2）非全面市场调查。

非全面市场调查是仅对总体中的部分单位进行的调查，往往和抽样技术结合进行。非全面市场调查又可分为典型调查、重点调查和抽样调查。典型调查是从总体中选择具有代表性的部分单位作为典型进行的调查，其目的是通过对典型单位的调查来认识同类市场现象总体的规律及本质。重点调查是从调查对象总体中选择少数重点单位进行调查，其目的是通过对这些重点单位的调查来了解市场总体的基本情况。抽样调查是根据概率原则抽出适当样本进行的调查，其结果可以控制，是在市场调查中应用较多的一种调查方法。

4.按照市场调查的功能，可以将市场调查分为探索性调查、描述性调查、因果性调查和预测性调查

（1）探索性调查。

探索性调查是指当市场情况不十分明确时，为了发现问题，找出问题的症结所在，明确进一步深入调查的具体内容和重点而进行的非正式的调查。探索性调查是为了掌握和理解调查者所面临的市场调查问题的特征和与此相联系的各种变量的市场调查，通常用于探寻企业所要研究的问题的一般性质。研究者在研究之初对所要研究的问题或范围还不很清楚，不能确定到底要研究哪些问题，更不了解问题的性质如何。探索性调查的目的只是发现问题、形成假设，帮助调查者认识和理解所面临的问题，而不涉及如何解决问题。探索性调查的结构一般也只是试验性的、暂时的，常常作为进一步研究的基础。所以，探索性调查常常是正式调查之前所做的准备工作的一部分，能够在正式调查之前帮助调查者将问题定义得更准确、帮助确定相关的行动方向。探索性调查所需的信息往往不是精确定义的，调查过程也较灵活，属于非结构性调查。

（2）描述性调查。

描述性调查是通过详细的调查和分析，对企业经营活动或市场营销活动的某个方面进行客观的描述。大多数的市场营销调查都属于描述性调查，比如，对竞争对手的市场占有率的调查、企业品牌知名度的调查、新产品市场潜力的调查、消费者需求偏好的调查等。描述性调查往往是因果关系调查的基础。描述性调查可以说明两个变量之间存在的某种联系，例如描述性调查可以发现广告投放和产品销售额之间存在的一些关系或联系，但是不能提供足够的证据证明广告投放的增加会提高产品的销售额，广告投放与产品的销售额之间确切的因果关系必须通过因果关系研究来进行论证。描述性调查主要的目的是对市场调查问题的各种变量做出尽可能准确的描述，回答“是什么”“何时”“如何”的问题。描述性调查研究是结论性研究的一种，其研究的结果就是要描述某些事物的性质，比如某个事物的特征或功能，也就是市场的某个方面的特征或功能。

（3）因果性调查。

因果性调查就是要找出关联现象或变量之间的因果关系，即说明某个变量是否引起或决定着其他变量的变化。因果关系调查的目的就是寻找足够的证据来证明因果之间的联系。因此，因果关系调查是一种结论性调查，需要确定自变量（起因）、因变量（结果），并确定因变量与自变量之间的相互关系的性质。

（4）预测性调查。

正确的预测是企业制定市场营销战略和具体方案的基础和前提。预测性调查是指为了预测市场供求变化趋势或企业生产经营前景而进行的具有推断性的调查。其目的在于掌握未来市场的发展趋势，为经营管理决策和市场营销决策提供依据。为了推断和了解市场的未来变化趋势，企业通常需要进行预测性调查。预测性调查对企业的长期生存和发展具有极其重要的意义。

探索性调查、描述性调查、因果性调查以及预测性调查的研究设计并不是绝对独立地进行的。根据调查项目的性质，某些调查项目可能涉及多种调查类型。四种调查类型的选择原则如下：

首先，如果对调查问题的情况一无所知，那么调查研究就要从探索性调查开始。在整

个调查方案设计的框架中，探索性调查往往是最初的步骤，但并不是每一个方案设计都要从探索性调查开始。例如，某企业过去比较稳定的产品销售量突然急剧下降，企业需要通过调查获得信息来制定重振市场销量的决策。这时，企业就需要首先进行探索性调查，来了解是什么原因导致销售量下滑，从而对所调查问题进行准确的分析。比如，通过探索性调查了解到，竞争对手的新产品开发和市场投放以及本企业产品的质量下降是引发本企业产品销售量下降的主要原因。

其次，在探索性调查的基础上，多数情况下还应继续进行描述性调查或因果关系调查。在前面的例子中，企业要想制定科学的决策来重振市场销量，就必须通过描述性调查来了解竞争对手的新产品开发和市场投放对本企业的销量的影响是什么样的，本企业产品质量下降又是怎样影响产品销量的。然后通过因果关系调查来确定竞争对手的新产品开发和市场投放以及本企业产品质量下降与产品销售量下降之间的确切的因果关系是怎样的。

最后，预测性调查是以描述性调查和因果性调查为基础的，是描述性调查或因果性调查的进一步深化和拓展。

5.按市场调查的形式，可以将市场调查分为可行性调查、检验性调查和试验性调查

（1）可行性调查。

可行性调查是企业在开拓市场、试制、生产和新产品上市之前开展的营销调研。通过调查市场的动态以及消费者的反应，掌握企业内部和外部的情况和条件，对新产品、新市场进行可行性调查，提出选择性方案，为企业正确制定营销决策提供依据。

（2）检验性调查。

检验性调查是检查、分析、评价和验证既定决策方案的调研活动。例如，通过对市场销售量的变化情况进行测试来评价和验证产品包装改良决策的正确与否。检验性调查通常采用与成本、利润、销售额、市场占有率等相关的指标进行评价和验证。

（3）试验性调查。

试验性调查是通过一定的试验设计，借助一定的仪器和设备对商品的物理性能、化学性能等质量性的数据和指标进行观察和测试，通过试验的方式，了解消费者对商品性能的反应，为改善工艺流程、改进包装材料、提高商品质量提供科学的依据。

6.按市场调查的内容属性，可以将市场调查分为定性市场调查和定量市场调查

（1）定性市场调查。

定性市场调查是对市场的性质和内容的调查，如对市场的经济环境、人口、政策、消费者或竞争者等方面的定性描述和分析，为企业制定决策提供基本依据。

（2）定量市场调查。

定量市场调查主要是指收集和了解有关市场变化的各种数据，并对这些数据进行量化和模型分析，预测市场情况和变化趋势。

7.按市场调查的时间和连续性，可以将市场调查分为一次性市场调查、定期市场调查和经常性市场调查

（1）一次性市场调查。

一次性市场调查，也称作临时市场调查，是指为了解决某一特定的市场问题而专门组织的一次性调查。例如，企业为了做出投资开发新产品、开拓新市场、建立新的经营机构的决策，根据市场某些特殊情况而开展的临时性市场调查活动。一次性市场调查的目的在

于收集事物在某一特定时点上的水平、状态等资料。

（2）定期市场调查。

定期市场调查，是指企业根据市场情况和经营决策的要求，每隔固定的一段时间就进行一次的调查，其目的在于获得事物全部发展变化过程及结果的信息资料。其具体形式包括月末调查、季末调查、年终调查等。

（3）经常性市场调查。

经常性市场调查又称不定期市场调查，是指根据实际需要而组织的连续调查。它是结合日常登记和核实资料，通过定期报表而进行的一种经常的、连续不断的调查。这种调查不必专门组织调查机构，而是利用原有的机构和力量，通过层层上报和汇总资料取得全面资料。经常性调查必须建立在日常登记制度和规范的统计报表的基础上。可以说，经常性调查是日常性的、常规化的市场调查活动，需要坚持。

8.其他分类

市场调查还可以从很多不同的角度进行分类。例如，根据市场调查主体的不同，可以将市场调查分为政府调查、社会组织调查和个人调查；根据开展调查的区域范围的不同，可以将市场调查分为地方性市场调查、地区性市场调查、全国性市场调查和国际性市场调查；根据市场调查的目标不同，可以将市场调查分为市场增长性调查、市场开拓性调查、市场收益性调查和市场稳定性调查等。

2.3.2　市场调查的内容

市场调查是市场营销活动的起点，它通过一定的科学方法对市场进行了解和把握，在调查活动中收集、整理、分析市场信息，掌握市场发展变化的规律和趋势，为企业进行市场预测和决策提供可靠的数据和资料，从而帮助企业确立正确的发展战略。要做好市场调查工作，必须首先明确市场调查的内容。

市场调查的内容涉及很多方面，企业既可以通过市场调查来了解一个国家的政治、经济、社会文化和人口状况，也可以通过市场调查来掌握消费者的消费需求特征，还可以通过市场调查来获知竞争对手的产品、价格、促销及渠道等营销策略。因此，可以从宏观和微观两个方面来把握市场调查的内容。

1.市场营销宏观环境调查

市场营销的宏观环境包括人口环境、经济环境、技术环境、自然环境、政治法律环境以及社会文化环境，因此市场营销的宏观环境调查可以从这样几个方面展开。

（1）人口环境调查。

人口的数量和结构能够影响市场的需求总量和需求结构，人口因素和人口的收入情况决定了一国市场的现实需求量和潜在需求量。企业市场调查中的基础数据资料往往包括一些人口统计变量数据。人口环境调查的具体内容主要涉及如下几个方面。

①总人口。

总人口是一国或某一地区的人口总量，人口总量和市场规模息息相关，在经济持续发展的前提下，总人口的增加就意味着市场规模的扩大。随着世界人口数量的不断增长，尤其是发展中国家人口数量的持续增长，世界市场格局将持续变化或增长。例如，随着我国人口数量的持续增长和人民生活水平的不断提高，我国已经成为世界瞩目的潜力巨大的市场。

②人口结构。

人口结构是指一国总人口的地理分布、性别、年龄、民族、种族、职业和家庭等的构成状况。人口结构与市场需求和消费者的需求特征密切相关，例如：居住在农村和城市、沿海和内陆的人口在需求构成和消费习惯方面有很大的差别；性别的差异也会导致消费者在购买对象、渠道偏好、购买频率、购买动机和购买行为特征方面存在差异，女性消费者求“美”的动机往往比男性消费者更强烈，因此更偏好化妆品、服装等商品，更愿意花费时间和精力逛街购物，其购买行为也更容易受到外界的影响；处于不同年龄阶段的消费者的消费内容往往不同，年轻人往往在教育、穿着打扮、娱乐、社交等方面的支出较多，而老年人则更注重养生保健；不同民族和种族的消费者具有不同的文化背景、宗教信仰和风俗习惯，因此在消费习惯上存在较大差别，对饮食、着装、宗教及节日用品方面的需求就不同；不同职业的消费需求差异也比较明显，脑力劳动者和体力劳动者对于文教用品的支出存在较大差异，比如，作为城市白领的“小资”一族已经成为我国社交、文娱、奢侈品的重要消费群体；家庭规模趋于小型化的变化趋势也体现在了市场需求的变化上，比如，对住房、汽车、家政服务的需求的增加以及对粮食、调料等食品的包装小型化的偏好趋势。

③人口的迁移和流动。

人口迁移是指人口在两个地区之间的地理流动或者空间流动，这种流动通常会涉及永久性居住地由迁出地到迁入地的变化。人口流动是人口在短期离开后又返回原居住地的现象，一般指离家外出工作、读书、旅游、探亲或参军一段时间，未改变定居地的人口移动。从世界范围来看，人口迁移和流动呈现出三大趋势和特点。首先，人口从不发达国家向发达国家迁移。例如，美国是一个典型的移民国家，因而也是个多民族国家。其次，人口从农村流向城市迁移。例如，随着我国市场经济的发展以及城市化的建设，人口呈现向城市尤其是向核心城市集中的趋势，我国每年的春运就能够很好地说明这种人口流动特点。最后，人口从城市流向郊区。在一些国家，尤其是经济发达国家，随着城市交通的日益拥挤、污染的日益严重，许多人将住宅从拥挤的城市核心区迁往郊区。企业的市场调查应注意人口迁移和流动的动向，从而抓住这部分人口的需求，占领市场。例如，人口构成中外来移民较多的国家的企业在进行市场调查时应注意了解不同民族的消费者的不同风俗、不同生活习惯和需要，从而更好地满足不同消费者的需求。

（2）经济环境调查。

经济环境与企业的生产和投资条件以及消费者的购买力密切相关，因此企业必须高度关注经济环境方面的动向。对经济环境的调查，可以从生产和消费两个方面进行。

①生产方面。与企业生产活动和投资活动密切相关的经济环境主要包括一个国家和地区的国民收入和GDP、经济发展水平和增长速度、通货膨胀、能源供应、资源条件以及产业结构和行业发展状况等方面。因此有关生产的经济环境调查也通常从以上几个方面展开。

②消费方面。能够说明一个国家或地区的消费状况的经济环境调查往往包括对居民收入、消费水平、消费结构、物价指数、物价水平、社会商品零售总额等方面内容的调查。

（3）技术环境调查。

“科学技术是第一生产力”，企业要在市场竞争中获得成功，就必须密切关注技术环境的发展变化，了解技术环境的变化和知识经济时代的发展对企业市场营销的影响，以避免“营销近视症”，合理、适时进行新产品开发和投放决策。在对技术环境进行调查时，应注意对新技术、新材料、新产品、新能源、新工艺、新设备等方面的现状和发展趋势的调查，掌握国内外与本企业所在行业和领域相关的技术的发展水平和趋势。

（4）自然环境调查。

自然环境的发展变化也会给企业带来一些市场机会或造成某些市场威胁，所以企业应注意对自然环境进行调查分析。自然环境调查的内容通常包括对自然资源、生态环境、地质条件、气候条件等方面的调查。例如，某化工企业在选择新工厂厂址时对备选厂址进行了全面的自然环境调查，从资源条件、环境保护、地质条件等方面进行调查，力求找到一个就近、低成本获得原材料资源，远离城市居民区、能够避免公众指责企业对环境造成污染和危害，并且地质条件较好、不易发生地质灾害从而避免对工厂安全性产生威胁的厂址。

（5）政治法律环境调查。

由于企业的市场营销决策要受到企业所在国或目标市场国的政治和法律环境的强制约束和影响，因此企业应该通过政治法律环境调查来了解对市场形成影响并制约国内外政治经济形势的国家有关政策和法律法规。政治法律环境调查的内容通常包括对国家制度和政策、国家或地区之间的政治关系、政治和社会稳定性、招商引资政策以及相关法律法规的调查。政治法律环境调查通常可以采用文案调查的方法进行，也可结合实地调查的方法。

（6）社会文化环境调查。

社会文化是指一个社会的民族特征、价值观念、生活方式、风俗习惯、伦理道德、教育水平、语言文字、社会结构等的综合。社会文化因素往往通过影响消费者的思想和行为来影响企业的市场营销活动，因此企业应重视对社会文化的调查研究，从而制定适合目标市场社会文化环境的营销策略。社会文化调查的内容主要包括对目标市场的语言文字、宗教信仰、价值观、审美观、风俗习惯、教育程度等方面的调查研究。

2.市场营销微观环境调查

（1）消费者调查。

消费者调查是指对消费者的消费行为进行的调查，主要是针对消费者的使用习惯和态度的调查，又称U&A研究。企业市场营销活动的中心就是满足消费者的需求。为了能够更准确地把握消费者的需求并比竞争对手更快更好地满足消费者的需求，企业必须系统地设计消费者调查活动。消费者市场调查的目的主要是了解消费者需求数量、结构及变化。通常，消费者调查的具体内容包括以下几个方面：①消费者（现实的和潜在的消费者）的数量及地区分布情况调查；②消费者的购买数量和购买能力调查；③不同消费者群体（细分市场）的人口统计特征及需求偏好调查；④消费者的购买动机、购买习惯和购买行为调查；⑤消费者的认知、态度、满意度调查。例如，消费者对品牌的认知和态度将决定消费者产生对产品的需求后是否愿意将该品牌作为备选品牌，消费者对产品使用后的满意度和评价会决定消费者是否会再次购买该产品，这些信息都是企业开展市场营销活动的重要依据。

【案例 2-1】

"十一"黄金周国内旅游市场调查

根据文化和旅游部的统计测算，2019年国庆假期，全国共接待国内游客7.82亿人次，同比增长7.81%；实现国内旅游收入6 497.1亿元，同比增长8.47%，国庆假期成为名副其实的"十一"黄金周。调查还表明，66.4%的游客假日期间参观了人文旅游景点，59.45%的游客参观了历史文化街区，86.36%的游客参与了两项以上文化活动。红色旅游成为国庆假日旅游市场主旋律，78.84%的游客参与了各式国庆庆祝活动。中共一大会址、南湖红船、杨家岭、西柏坡、古田会议旧址、香山革命纪念地等红色旅游景区迎来客流高峰。

调查还表明，自驾游、夜间游成为国庆假日旅游新亮点。假日期间，"自驾游"关键词搜索热度上涨35%，甘肃、青海、新疆、贵州等地自驾路线登上热搜榜；30.57%的游客选择了自驾出游。调查显示，44.96%的游客长假期间参与了夜间旅游活动，夜间游方兴未艾。

为迎合旅游市场消费者的需求，旅游经营者应设计开发丰富多彩的文化旅游活动，让游客获得不一样的体验，提升游客的满意度和获得感。

资料来源：张雪. 旅游需求旺，市场消费火［N］. 经济日报，2019-10-8.有修改.

（2）市场竞争状况调查。

市场竞争状况调查就是明确竞争对手并收集竞争对手信息的过程。通过竞争状况调查可以了解本企业在市场上的竞争地位，从而更有效地制定企业的市场营销策略。

市场竞争状况调查一般包括如下几个方面：

①确定竞争对手，获取竞争对手的基本信息。竞争对手的基本信息一般包括：公司基本注册信息，公司背景、股东情况，公司的产品、产能、销量等生产经营情况，公司内部管理组织架构，公司人力资源状况，公司的战略目标以及策略导向等。

②市场分布及份额调查。了解本企业和竞争企业的市场覆盖情况以及市场占有率，确定本企业产品在市场上的地位，从而制定相应的市场营销战略和策略以提高市场份额，提高本企业在市场当中的竞争力。

③市场营销活动调查，包括产品调查、价格调查、营销渠道调查和促销调查。其主要是通过调查研究确定本企业产品、价格、渠道、促销策略应如何制定和对具体的实施效果进行评价。例如，企业的产品调查所要获得的主要信息包括：消费者对本企业产品质量、性能等方面的评价、意见和要求，消费者对本企业产品需求的发展变化，产品包装测试，产品的顾客满意度，产品所处的生命周期阶段以及产品的销售额、销售量、利润率、市场占有率等历史数据。

除了宏观和微观的市场基本环境的调查之外，市场调查的内容还包括市场需求调查、市场供给调查、市场营销调查（产品调查、价格调查、分销调查和促销调查）以及关于企业经营的一些其他方面的调查，例如组织结构调查、资本调查、上市公司的财务状况调查等。

2.4 市场调查的原则和步骤

在消费者需求多样性和多变性并存、市场竞争异常激烈的市场条件下，市场调查对于任何企业来说都是必要的而且是重要的一项工作，企业必须重视市场调查工作。企业要做好市场调查工作必须遵循一定的市场调查原则并按照科学的市场调查步骤进行。

2.4.1 市场调查的原则

作为企业决策依据的科学合理的市场调查活动必须遵循以下几个原则进行：

1.实事求是原则

市场调查是市场调查人员对企业内外部的信息资料、情报、数据等进行收集、筛选、加工、整理和分析的活动，市场调查可以为企业确定营销目标、制订工作计划和经营决策提供依据。只有在准确、客观的信息基础之上所确定的目标、所制订的计划和所做出的决策才可能是科学合理的。市场调查对于所获信息的准确性和客观性的要求非常高，这就要求市场调查工作必须能够从客观实际出发、避免主观性、避免以偏概全。坚持实事求是是市场调查的基本原则，也是首要原则。

2.时效性原则

战略或战术决策的机遇具有时效性，机遇千载难逢而又转瞬即逝，抓住了就会成为企业成功的契机，错过了可能给企业带来危机。作为决策的基础的市场调查工作必须遵循时效性原则，即市场调查应当及时捕捉市场上所有有价值的情报、信息，及时加工整理、分析和反馈，要为市场调查确定一个合理的时间框架，尽量快速、高效地完成市场调查工作，从而保证所获得的信息和结论的时效性。过时的信息是没有价值的。为保证决策的支持信息及时有效，市场调查工作的展开应该及时，处理相关数据应该及时，提交调研报告也应该及时。否则，容易出现信息迟滞，影响预测和决策的准确性和效果，甚至导致错误的决策，给企业造成难以挽回的损失。尤其在市场环境瞬息万变、市场机会稍纵即逝的现代市场条件下，对市场信息时效性的要求更高。

3.系统性原则

市场调查工作还必须坚持系统性原则。所谓系统性，是指在市场调查过程中，对信息资料的收集、加工、整理和利用必须强调全面、系统地反映市场的变化和特征，形成完整的资料系统。坚持市场调查的系统性首先要求将市场调查看作一个系统过程，需要全面、综合地考虑各个环节、步骤间的关系，稳妥有效地推进市场调查进程，包括在市场调查之前必须做好充足准备，明确调查对象、调查主体与客体、调查目的、调查方案等，在市场调查过程中也必须做好数据统计分析工作，在市场调查完成之后要做好市场调查报告。只有全面系统的市场信息才能够反映出企业所面临的市场环境的全貌，使企业在制定决策时能够综合考虑对企业经营活动存在影响的各方面因素，保证决策的准确性，避免失误和损失。

4.经济性原则

市场调查是一项耗费资源的活动，需要企业投入一定的人力、物力和时间才能够有效完成。因此，在完成调查目标并保证调查结果的准确性的同时，应该尽可能保证市场调查的经济性，力求以最少的投入取得最好的调查效果。所谓经济性，是指在开展市场调查过程中，对市场信息资料的收集、加工、整理和利用必须注重节约、高效和经济性，即市场调查方案的设计应尽量在保证调查内容全面和调查结果准确的前提下，减少调查费用开支；或者在费用相同的情况下，提高调查效果。例如，由于大规模的实地调查的成本费用往往较高，所以那些可以通过二手资料获得的信息应尽量利用二手资料，即通过文案调查获得。

5.科学性原则

市场调查不是简单地收集情报和信息的活动，为了在一定的投入下获得最理想的调查结果，必须对调查的过程进行科学的安排。市场调查的科学性原则就是指在开展市场调查过程中要树立科学的思想、遵循科学的制度、坚持科学的标准并采取科学的方法。科学的市场调查思想能够使市场调查参与者明确市场调查的意义，保证在市场调查过程中坚持实事求是的客观态度，从而保证调查结果的准确性。科学的市场调查制度可以明确市场调查人员的职责，并建立严格的检查、考核、奖惩等制度，从而保证调查进程按计划进行及调查结果准确可靠。科学的标准能够保证对信息数据的严格审核，从而保证信息的价值和调查结果的可靠。另外，只有采用科学的调查方法和工具，才能提高市场调查的效率，保证调查结果的准确性。

6.适用性原则

在现今这个信息爆炸的信息时代里，存在着数量庞大的、方方面面的数据资料，但不是所有的资料对于企业都具有价值。过多的、不恰当的信息资料不但会浪费调查者和决策者的时间、精力、财力，还可能造成对决策者的干扰，造成决策失误。因而，应坚持市场调查的适用性原则。所谓适用性，是指在市场调查过程中对信息的收集、加工、整理和利用要合理、适当。由于市场调查的目的不同、调查的对象不同、决策的问题不同，对市场信息的类型及内容的要求也存在差别。调查者应该根据不同的调查需要，收集和利用恰当的信息资料，以达到市场调查的目的。

2.4.2 市场调查的步骤

市场调查工作涉及面较广，是一项复杂、细致的工作。为了确保市场调查的质量，使市场调查工作能有序、高效地进行，必须加强对市场调查的组织，合理安排市场调查的程序。所有类型的市场调查工作，基本都要按照五个步骤来完成，即确定调查问题、设计调查方案、数据的采集、数据的分析以及撰写市场调查报告，如图2-1所示。

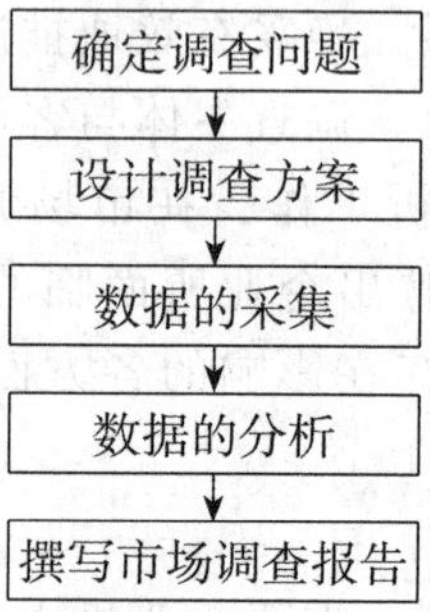

图2-1 市场调查的主要步骤

1.确定调查问题

进行市场调查首先要确定调查问题，即明确为什么要进行此项调查，通过调查要了解哪些问题，调查结果的具体用途是什么。确定市场调查问题是开展市场调查工作的关键起点，只有对市场调查问题有清晰的认识和准确的把握，市场调查项目才能有效地实施。

确定市场调查问题并不是简单的工作，需要进行大量的、细致的工作，包括三个主要的流程，即确定问题过程中的调查、分析问题的背景、明确决策问题和调查问题。

（1）确定问题过程中的调查。

确定问题过程中的调查，是为了更科学、更准确地确定调查问题所进行的调查。确定问题过程中的调查工作主要包括与决策者进行交流、向专家咨询意见、二手资料的收集和分析以及定性调研等。

①与决策者进行交流。市场调查是企业经营管理决策的基础，因此，弄清决策者面临什么样的决策问题以及决策者需要什么样的调查信息，作为决策的依据是市场调查人员在确定问题过程中需要掌握的重要信息。另外，通常决策者是市场调查项目的出资者和提出者，对企业情况有比较深入和全面的了解，因此有必要与决策者进行交流以了解其进行调研的目的。

②向专家咨询意见。与不同类型的专家交流、咨询其意见，尤其是向市场调查专家咨询意见，有助于加强对市场调查问题的了解和认识。通常，向专家咨询意见不必采用正式的调查问卷，而可以采取非结构化的人员访谈形式。但是，即便是采取非结构化的访谈，在访谈之前也必须准备好一系列的沟通主题，以获得专家在这些重要问题方面的真知灼见。向专家咨询意见的一个难点是如何找到相关的专家并得到他们的配合。

③二手资料的收集和分析。收集和分析二手数据可以为明确和解决当前问题提供有价值的信息，这也是收集原始数据的先决条件。二手资料是已有的资料和数据，二手资料比较容易得到，而且相对来说比较便宜，并能很快地获取。因此，在现有二手资料没有充分收集和分析之前，不应该急于考虑进行调研收集原始数据。另外，通常二手资料是为其他目的而不是为手边的问题收集的，对当前问题的帮助在一些重要方面可能是有缺陷的，例如资料的相关性和准确性不够，收集二手资料的目的、性质和方法不一定适合当前的情况等。而且，二手资料也可能缺乏准确性，或者过时。因此，有必要事先对收集到的二手资料进行分析和评价。

④定性调研。定性调研是为了更准确地确定调查问题，而对问题和潜在的影响因素所做的初步的定性研究。这种定性调查往往是基于小样本的、非结构化的、探索性的研究。可以采用的定性调研方法主要有深层访谈法、座谈会法、德尔菲法等。

（2）分析问题的背景。

分析问题的背景有利于认识和把握问题和机会。分析问题的背景通常可以从以下几个方面展开。首先，要掌握和分析企业层面及企业所属行业层面的相关历史资料和发展趋势，主要包括销售量、市场份额、利润情况、技术水平、消费者状况等。其次，要分析决策者的目标。目标通常也包括两个层次，团体目标和决策者个人目标。团体目标有时比较概括和抽象，比如“提升企业的市场地位”“增强企业的核心竞争力”等，因而应善于对团体目标进行分解并将其具体化。决策者个人的调研目标往往是为自己的决策提供支持。在确定市场调查问题时应注意处理好不同目标之间的协调问题。再次，分析企业的各种资源。企业资源情况对市场调查工作构成了成本限制。为了将调研问题确定在适当范围之内，应掌握企业的资金、成本和时间、研究能力等方面的约束条件。解决市场调查问题所需要的信息，并不一定是最全面、最丰富和最精确的信息，而可能是在一定的成本费用条件下最有价值的信息。最后，还要了解企业经营相关的宏观和微观环境背景，如政治经济文化背景、消费者偏好及消费趋势等，也要对市场调查所具备的技术条件背景进行了解。

（3）明确决策问题和调查问题。

明确决策问题和调查问题的过程即是将通过前述步骤明确了的企业经营管理决策问题转化为市场调查问题的过程。经营管理决策问题要回答决策者怎么做，而市场调查问题需要回答的是需要什么信息以及怎样以最好的方式获得这些信息。

2.设计调查方案

设计调查方案是一个系统的过程，包括确定调查目的和调查内容、确定调查对象和调查单位、确定调查方式和调查方法、安排调查进度、确定经费预算以及制订具体的组织计划，如图2-2所示。

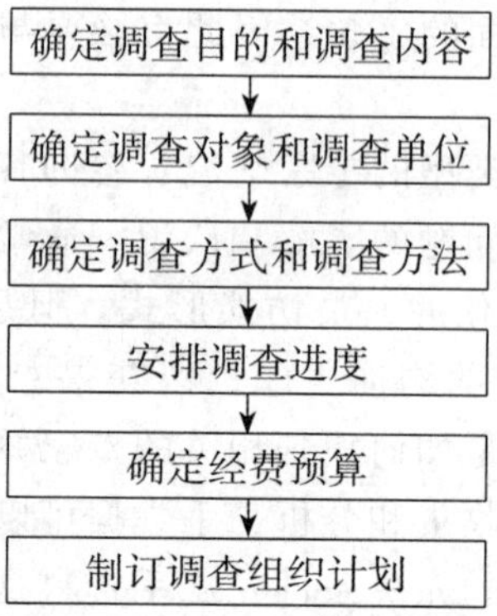

图2-2 调查方案设计流程

（1）确定调查目的和调查内容。

确定调查目的，就是要明确在调查中要解决哪些问题，通过调查要取得什么样的资料，取得这些资料有什么用途等。衡量一个调查设计方案是否科学，主要就是看方案的设计是否能够体现调查目的的要求。

在确定调查目的的基础上，才能进一步确定调查的内容，即确定有哪些具体的调查项目。调查项目是项目调查单位所要调查的主要内容，确定调查项目就是要明确要向被调查者了解哪些问题。确定调查内容应保证无疏漏、无多余，即所有的重要项目都不能遗漏，而无关紧要的项目则应避免。

（2）确定调查对象和调查单位。

确定调查对象和调查单位，主要是为了解决向谁调查和由谁来具体提供资料的问题。调查对象是根据调查目的、任务而确定的接受调查的总体，它是由许多性质相同的调查单位所组成的。确定调查对象的关键在于科学地确定调查对象的定义，明确地规定接受调查的总体的范围与界限。调查单位是所要调查的社会经济现象总体中的个体，即调查对象中独立的具体单位，也是调查实施中需要具体回答各个调查问题的承担者。调查单位的确定取决于调查目的和调查对象，调查目的和对象不同，调查单位也有不同。另外，调查单位的确定还要受调查方式的影响。如果采取普查方式，调查总体中所包含的全部单位都是调查单位；如果采取抽样调查方式，则可以利用各种抽样方法选取总体中的不同样本单位作为调查单位。

（3）确定调查方式和调查方法。

选择适当、有效的调查方法，是设计调查方案的一个重要环节。市场调查中收集资料的方法包括普查和抽样调查等。具体的调查方法有文案调查法、访问法、观察法和实验法等。在调查时，采取何种调查方式、方法不是固定和统一的，而是取决于调查对象和调查任务。在适应调查问题的需要的前提下，同一个问题可以采用不同的调查方法，同样的调查方法也可以适用于不同的调查问题。总之，为了准确、及时、全面地取得市场信息，应注重对多种调查方式、方法的结合运用。

(4) 安排调查进度。

市场调查必须遵循时效性原则，这就需要对调查时间和调查进度进行周密的安排。调查时间是指调查在什么时间进行，需要多长时间完成。不同的调查问题，不同的调查方法的采用，有不同的最佳调查时间。只有对调查时间进行科学、合理的设计和安排，才能得到准确的调查结果。比如，调查零售店的客流情况，应选择在不同时间段进行调查才不至于以偏概全；对于家庭住户的消费结构和消费习惯所进行的家庭留置问卷调查则应有较长的调查周期。

安排好调查进度必须对调查期限进行合理确定。确定调查期限即是规定调查工作的开始时间和结束时间，包括从设计调查方案到提交调查报告的整个工作进度，也包括各个阶段的起始时间，其目的是使调查工作能及时开展、按时完成。为了保证调查信息的时效性，应尽可能缩短调查周期。

通常，一个市场调查项目的进度安排需要考虑的内容包括如下几个方面：①总体方案论证、设计；②抽样方案设计；③问卷设计、测试、修改和定稿；④调查员的挑选与培训；⑤调查实施；⑥数据的处理、录入和分析；⑦调查报告的撰写；⑧进行有关鉴定、召开发布会和发表、出版。

(5) 确定经费预算。

市场调查的经费预算是对企业市场调查活动费用的匡算，是企业投入调研活动的资金费用使用计划。它规定调查活动所需的经费总额、使用范围和使用方法，是企业调研活动得以顺利进行的保证。市场调查经费的多少与调查范围、调查规模、调查方法、调查难易程度有关。市场调查项目在进行经费预算时，通常考虑如下几个方面：①总体方案策划费（设计费）；②抽样方案设计费（实验方案设计费）；③调查问卷设计费及测试费；④调查问卷印刷费；⑤调查实施费（包括调查费、培训费、交通费、调查员劳务费、礼品或答谢金费、复查费等）；⑥数据统计分析费（包括上机、统计、制表、作图、购买必需品等）；⑦调研报告撰写费；⑧专家咨询费；⑨其他费用（包括折旧、耗材费，项目办公费，上交管理费或税金，鉴定费，新闻发布会及出版印刷费用等）。

在进行经费预算时，应将可能涉及的费用尽可能考虑全面，以免将来出现一些不必要的麻烦而影响调查的进度和效果，但切不可随意多报乱报，不合实际的经费预算会影响调查方案的审批或竞争。

(6) 制订调查组织计划。

调查组织计划是指保证调查实施的具体工作计划，主要包括调查的组织管理、调查项目组的设置、人员的甄选和培训、调查的指令控制等。

上述所列的调查方案设计的六个方面的内容，并没有穷尽调查设计的全部。完整的调查设计包括更多的内容，如问卷设计、抽样设计都在调查设计的范畴之内，这些内容我们将在后面的章节进行介绍和讨论。

专栏2-1

北京稻香村新店选址消费者市场调查方案

一、调查背景

北京稻香村食品有限责任公司是一家具有百年历史的中华老字号食品企业。北京稻香村从1984年初复业到现在，已经走过了30多个年头，取得了令人瞩目的成绩。目前，北京稻香村已拥有100多家连锁店，300多个销售网点，迈出了开创有特色社区专卖店的第一步。

小赵大学毕业后想自己创业，正好小赵表哥在北京经营一家稻香村店，生意非常兴隆。小赵居住在北京西城区某小区，附近有一家临街门铺正在出租。该门铺面积适合，附近有大型居民社区，人口密集，交通便利。小赵想租下这家门铺，开一家稻香村分店。为此，小赵将对门铺附近居民开展一次稻香村新店铺选址调查活动，以全面了解附近居民的基本情况及对稻香村食品的消费需求。

二、调查目的

（1）了解附近居民及家庭基本状况。

（2）了解附近居民购买北京稻香村产品的相关情况。

（3）了解附近居民对北京稻香村新店铺的消费需求、意见等。

三、调查对象

稻香村新店铺附近小区居民。

四、调查内容

调查内容涉及居民对北京稻香村消费情况，如购买次数、地点、消费金额、影响因素、评价以及居民对新店铺的要求和意见等；同时还包括居民基本状况，如年龄、职业、家庭人口数和消费支出水平等。

五、调查方式及方法

（1）调查方式。此次调查采用抽样调查方式。以这家门店为圆心，在方圆1 000米区域内选定8个居民小区，每个小区计划样本100人，计划调查总样本为800人。

（2）调查方法。以街头拦截式访问方法为主，入户访问方法为辅。

六、分析方法

在对调查数据审核、汇总整理的基础上，运用频数分析、因素分析等方法对数据进行分析。

七、调查时间进度安排

本次调查时间为3月1—31日，分三个阶段进行：

（1）调查准备阶段（3月1—10日）：主要查阅、收集相关资料，设计调查方案，设计调查问卷及打印等。

（2）调查实施阶段（3月11—16日）：主要抽选调查样本，实地发放、回收调查问卷等。

（3）调查数据处理阶段（3月17—31日）：主要整理调查数据，分析研究，全面总结调查工作，得出调查结论，完成调查报告。

八、调查经费预算

调查问卷打印费100元，实地调查人员劳务费400元，礼品费400元，其他费用100元，总计1 000元。

九、调查人员安排

此次实地调查小组共5人。小赵负责全面监督和控制；其他4人为调查访问员，每人完成2个居民小区的各100份调查问卷。

资料来源：胡丽霞，陈捷.市场调查与预测[M].北京：科学出版社，2012.

3.数据的采集

在调查方案通过审批之后，就进入到调查资料的数据采集阶段。这个阶段的主要任务是组织调查人员按照调查方案的要求和工作计划的安排，通过文案调查和实地调查系统地收集各种资料数据。

数据的采集是调查实施的过程，是关系市场调查成败的关键。数据采集的关键又在于调查实施过程中严格的组织管理和质量控制。完整的数据采集过程包括选择、培训和管理市场调查人员，核实现场工作以及评估市场调查人员，如图2-3所示。不同类型调查方法下，数据采集的步骤是不同的，如电话调查、人员访问调查、邮寄调查和电子化调查的各个步骤的相对重要性是有所差异的。

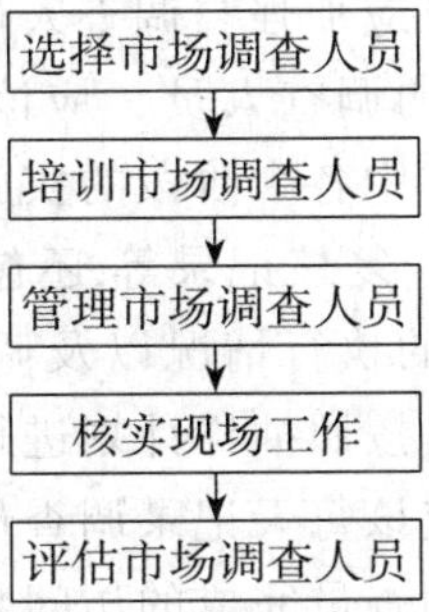

图2-3 数据采集过程

（1）选择市场调查人员。

选择合格的市场调查人员是数据采集工作顺利开展的前提。在选择市场调查人员时应考虑的因素包括：①调查人员与调查对象的匹配情况；②调查人员的职业道德水平；③调查人员的语言沟通能力。

（2）培训市场调查人员。

市场调查人员培训能够保证市场调查人员调查行为的规范化。培训的质量直接关系调查访问的实施人员的访问成效以及所有的调查员是否以同样的态度对待调查工作，从而保证调查结果的真实性和准确性。

①培训的方法。一般来说，市场调查实施人员的培训可以采用集中讲授法、以会代训法、以老带新法、模拟训练法和实习锻炼法等几种方法。

②培训的基本内容。培训内容包括三大部分：政策法规和规章制度培训、访问技巧和基本要求培训以及项目专项培训。

政策法规和规章制度培训是对市场调查活动的相关国内外政策法规以及各个市场调查机构本身的内部管理方法的培训。其目的是保证市场调查人员的活动能够遵守相关准则与惯例、政策规定与管理要求。

访问技巧和基本要求培训主要是对调查人员如何接触调查对象、如何问问题、如何追问、如何控制表情、如何记录，以及如何结束访谈等操作性技巧的培训。

项目专项培训是市场调查操作实施人员在系统地经历了访问技巧和基本要求培训后，在正式参与市场调查项目之前必须接受的培训。市场调查项目专项培训一般包括以下四个部分：第一，项目基本情况介绍，如项目背景、涉及范围、访问形式、访问地概况、调查产品情况等。第二，调查问卷介绍，主要对问卷的各个问题及各项指标做相应的解释，对问卷填写的格式要求进行必要的说明。第三，操作人员职责说明，如每人承担的访问量，访问选样如何进行，问卷递交时间、地点等。第四，模拟调查，可以采取培训人员与操作实施人员之间、操作实施人员相互之间用调查问卷互相轮换访问的方式进行。如果有条件，应安排非正式调查区域的实地访问作为模拟训练。

（3）管理市场调查人员。

在市场调查实施过程中，需要对调查人员的工作进行检查和监督，从而保证调查员按照培训中所要求的方法和要求进行访问。市场调查操作人员的管理工作主要有：①质量控制。这是指对调查实施人员的调查过程是否准确进行检查与控制。主要的控制手段是检查回收的问卷，检查现场的记录是否规范，检查问卷是否完整，检查调查要求是否得到贯彻落实等。如发现问题，检查督导人员应加强与调查人员的沟通，了解调查人员的困难，帮助其解决问题。对于工作质量较差的调查人员，应该再次培训或者进行替换。②文档管理。文档管理主要是建立对现场操作中各个阶段的实施情况进行记录的文件档案，包括问卷收发表、入户接触表、陪访报告、复核记录等,还包括对调查人员工作时间和费用的记录，以便了解单位成本、工作进度的执行情况以及调查人员的操作性困难等。③抽样控制。抽样控制就是保证调查人员严格按照抽样计划进行调查，而不是为了省时省力随便选取样本进行调查。因此，督导人员应该每天记录调查员访谈的数据，包括未找到的调查对象数量、被拒绝的访问数量、每个调查员完成的访问数量等数据。④调查员的报告。在调查活动展开的过程中，调查员应定期提交工作报告，汇报调查过程中的情况,也可以开展经验交流会，组织调查员进行座谈，总结、交流经验和体会，研究处理棘手问题的方法，从而提高市场调查工作的质量。

（4）核实现场工作。

核实现场工作是对调查人员完成工作情况的抽查，即通过对受访者再一次进行访问以检查访问工作的真实性。核实现场工作有利于避免调查员伪造调查问卷的行为，并有利于保证调查结果的质量。核实工作的内容包括：①访问情况。向受访者求证调查过程，核实受访者是否接受过调查，调查的时间和地点是否属实等。有时也需要对调查人员放弃的样本进行核实，以避免调查人员以样本拒绝访问为由放弃对样本的访问。②问卷内容的真实性。对问卷中的关键问题进行再次询问，核查与调查员的记录是否一致，防止调查人员在问卷访问过程中为了省时省力而在问卷填写过程中弄虚作假。③调查人员的工作态度。向受访者了解调查人员的工作态度，包括现场的表现，是否有礼貌，是否赠送了礼品，让受访者对调查员的工作进行评价。

在进行现场核实工作时，应注意核实是需要成本和投入的，因而核实工作的工作量不宜很大。另外，如果出现了复核结果和调查结果不符的情况，也要具体问题具体分析，因为这种偏差可能是受访者本人的记忆偏差造成的。

（5）评估市场调查人员。

评估市场调查人员有利于帮助市场调查人员了解自身的工作状况，并有利于建立高质量的调查工作团队。评估市场调查人员应该有明确的评估标准，并就该标准对市场调查人员进行事前的沟通。主要的评估标准包括以下几个方面：①成本和时间。对调查人员每次调查的总成本进行评价和比较，以及对调查人员实际调查时间、旅行时间和管理时间进行评价和比较，对时间和成本的评估有利于提高市场调查的效率，节约调查成本。②调查质量。根据调查质量对调查人员进行评估，包括介绍是否恰当、提问是否准确等。③调查成功率。市场调查人员的调查成功率能够作为判断其工作表现的依据。对于那些成功率高的调查人员，可以推广其成功经验并予以一定的奖励；对于那些成功率低的调查人员，需要考虑进行可以加强其调查技巧的培训。

4.数据的分析

数据的分析工作主要包括数据的处理和分析两个主要的阶段。

（1）数据处理。

数据处理是把调查中采集到的数据转换为适合于汇总制表和数据分析的形式的过程，是市场调查过程中的重要环节。数据处理是比较费时费力的工作，也是一项极其细致的工作，但对数据的最终质量和统计分析的准确性有很大的影响。市场调查表（调查问卷）的数据处理过程如下：①问卷检查。对回收问卷的完整性和访问质量进行审核，通过审核筛选出合格问卷，并确定哪些问卷需要补做或作废。②数据编辑。数据编辑是为了提高问卷数据的准确性和精确性而进行的再次检查，目的是筛选出问卷中不清晰、不完整或不一致的答案。③编码。编码是指给每一个问题的每一种可能答案赋予一个数值代码，把填写的文字信息转化为可机读的数字代码，以便于数据的录入、处理和制表。④录入。录入是指将合格的调查问卷的答案按照数据代码录入计算机。应注意的是，现代化的计算机辅助调查的数据采集过程和录入过程是同时完成的，可以大大降低在数据处理过程中所产生的人为失误和偏差。

（2）数据分析。

目前，数据的分析工作主要是由计算机来完成的。数据分析是运用计算机统计分析技术对采集到的原始数据进行运算处理，并由此对研究总体进行定量的描述与推断。因而，数据分析人员应该熟悉各种统计分析方法和统计分析软件的操作和运用。目前，国内比较常用的统计分析软件包括SAS、SPSS、Excel等。就统计分析的技术而言，在市场调查中常用的统计方法有描述统计、参数估计、列联分析、相关和回归分析以及多元统计分析等。具体内容我们会在后面的章节中进行介绍。

5.撰写市场调查报告

市场调查报告是市场调查人员以书面形式反映市场调查内容及工作过程，并提供调查结论和建议的报告。市场调查报告是市场调查研究成果的集中体现，撰写得好坏将直接影响整个市场调查研究工作的成果质量。一份好的市场调查报告，能给企业的市场经营活动提供有效的导向作用，能为企业的决策提供客观依据。

（1）市场调查报告的类型。

按照市场调查报告内容重心的不同，可将其分为三种类型。

①数据型报告。数据型报告的内容以提供调查所获数据为中心，通常以表格等形式提供统计结果，是调查报告中最为简单的形式。由于市场调查中可能涉及大量的问题（变量很多），因而在数据统计和处理时应注意处理方式和变量间的组合，尽可能按照需求方的需要提供数据报告。按照一般的原则，报告要提供常规统计数据，如单变量的描述统计，主要变量与受访者背景材料结合的列联表等。

②分析型报告。分析型报告是以数据型报告为基础，对数据所反映的情况进行进一步分析的报告。其内容中心除了提供数据，还要提供对数据所反映问题的分析。分析型报告是专门的市场调查机构向客户提供的调查报告的主要形式。分析型报告除了有表现常规性统计结果的表格之外，还要有对表中数据的进一步分析，并将这种分析用文字表述出来。

③咨询型报告。咨询型报告是在分析型报告基础上的进一步扩展，其内容中心除了提供调查统计结果数据、进行分析之外，还包括提供决策的意见和建议、经营活动的咨询方案。这种报告的工作需要由不同专长的分析人员协作及专家参与来共同完成。咨询型报告所涉及的范围已经超出了传统的、以提供调查结果为主要内容的调查机构的服务范围，主要由功能更全面的专业管理咨询机构来完成。

（2）市场调查报告的内容。

关于市场调查报告的内容，不同类型的报告内容有较大差异，无法一概而论。分析型报告是专门的市场调查机构向客户提供的调查报告的主要形式，具有典型意义，因而我们就以分析型报告为例，探讨市场调查报告的内容。分析型调查报告的内容和框架一般包括如下几个方面：

①封面。封面包括报告题目、研究人员或组织的相关信息、委托单位的名称和报告完成日期。

②目录。目录分为内容目录、表目录、图目录和附件目录。

③概要。概要是对整个报告的简明概括，是对要点的提取。概要中一般要包括对调查目的、调查时间、地点、调查的主要结果、结论和建议的简要描述，通常2～3页。概要应该安排在整个报告的前面，但是，其起草应在报告的其他部分完成之后进行。好的概要能够提升报告对客户的吸引力，因而在概要中应能突出调查报告的亮点。

④引言。引言部分主要是提供调查项目的背景信息，如项目来历、研究目标、方法以及报告的目的等。如果需要，引言还可以对报告中章节的内容以及他们之间的联系做简单的介绍。

⑤数据分析。数据分析部分包括对数据分析方案的描述和对数据分析策略和技术的合理性的解释和证实。通常应使用简单、非技术性的语言对数据分析技术进行描述。

⑥研究结果。这部分是对调查所取得的主要结果的阐述，通常是调查报告中最长的部分，是整个调查报告的核心。通常可以根据不同的内容，将这部分的内容划分为若干章节，每个章节都有讨论的中心问题、用于说明该问题的数据、对该问题的解释以及对问题进行分析的结果。章节的安排应该层次清晰，逻辑性强。研究结果应能体现所有调查所获的数据，并就这些数据进行分析。

⑦结论和建议。这部分主要是根据研究结果，结合调查目标及所研究的问题，得出主要的结论，并在结论的基础上，提出建议。所提出的建议应该现实、可行、可操作，并可直接被用到决策制定中。

⑧附录。为了使主报告内容更紧凑、流畅，有些必要的细节内容可以用附录的形式给出。这些内容包括：在调查设计以及数据采集中所遇到的问题和处理方法，如抽样设计的主要特点，抽样框的建立，无回答情况及处理程序等。在数据处理中采用的计算机软件和程序系统也可以列入附录中。

2.5　市场调查的机构与人员

企业可以选择自己进行市场调查研究工作，也可以选择专业的市场调查机构进行市场调查。如果企业选择雇用专业的市场调查公司进行市场调查工作，则正确地选择市场调查公司就成为调查项目成功与否的关键。如果企业决定自行进行市场调查工作，就必须雇用素质全面的市场调查人员，以保证市场调查工作的顺利开展。市场调查人员是市场调查工作的主体，其数量和素质直接决定了市场调查工作的结果。

2.5.1　市场调查机构

1.市场调查机构的类型

目前市场上从事市场调查工作的机构大致可分为如下几类：

（1）外资或合资专业市场调查公司。

目前在中国颇具实力的外资或合资专业市场调查公司包括AC尼尔森、盖洛普中国咨询有限公司、索福瑞媒介公司、GFK专项研究公司等。这类公司资金雄厚、经验丰富，其客户主要是一些跨国公司。它们的优势在于经验丰富、技术先进、管理规范严格，质量控制水平与国际接轨，人员素质也较高；不足之处是它们对于中国市场的情况不够了解，而且其价格相对于国内机构较高，是许多规模有限的国内企业所负担不起的。

【案例2-2】

AC尼尔森公司

AC尼尔森是荷兰VNU集团下属公司，是全球领先的市场调查研究、资讯和分析服务的提供者，服务对象包括消费品行业和服务行业，以及政府和社会机构。AC尼尔森在全球100多个国家里有超过9 000个客户，其为客户提供专业的服务来测量竞争激烈的市场的动态、理解消费者的态度和行为，以及形成能促进销售和增加利润的高级分析性报告。

AC尼尔森于1984年来到中国，并于1992年开始在中国开展零售研究，迄今，在中国的零售研究业务已增长了10倍左右。目前，其零售研究覆盖全国主要城市和城镇的50多类非耐用消费品，定期为客户提供有关产品在各地的零售情况报告。AC尼尔森公司为有意在中国开展业务的客户提供准确而精练的见解和资讯，使他们能够对迅速增长的消费品市场做出商业投资和战略决策。AC尼尔森公司曾在中国100多个城市进行专项研究，内容包括单项和连续的定性、定量分析，从而帮助各行各业了解他们的消费者。AC尼尔森开发的独创研究工具包括顾客满意度研究（customer QTM）、测量品牌资产的优胜品牌（winning brands TM），以及广告研究服务，充分利用其全球的研究经验，为中国客户服务。

AC尼尔森公司的广告研究服务能够连续监测电视报刊广告投放情况，并根据公布广告定价计算广告花费。其结果可用来衡量媒介、产品和品牌所产生的收益，判断哪些广告载体在何时何处效果较好，同时了解竞争品牌的广告动态，从而帮助企业完善自身的广告策略，其素材丰富的广告库更是可以随时提供各类产品的广告创意。目前，AC尼尔森的广告监测服务已覆盖全国300多个城市的1 000个电视频道和300多种报纸杂志，并在全国10个主要城市提供电视收视研究服务，覆盖相当于全国超过60%的广告市场。此外，AC尼尔森还提供大量先进软件，以及建模和分析服务。这些产品帮助客户综合广泛的信息，加以评估，判断发展机会和计划未来的市场营销活动。

资料来源：智库百科．AC尼尔森市场研究公司［EB/OL］. http://wiki.mbalib.com/wiki/AC尼尔森市场研究公司.

（2）各级政府部门组织的调查机构。

我国由政府部门组织的市场调查机构就是指国家统计局及下属各级统计局。国家统计局及下属各级统计局的主要职能包括承担组织领导和协调全国及地方的统计工作；组织进行全国和各级地方的国民经济核算工作；拟订各项普查计划、组织普查工作、汇总整理和提供普查数据；组织实施各行各业的统计调查，汇总整理和提供统计数据；组织实施有关社会资源、社会生活、社会发展等方面的基本情况的统计调查，汇总整理和提供相关方面的基本统计数据等。

由于各级政府部门组织的调查机构能够发挥国家机关的资源优势，收费相对较低，信息资源全面、稳定，能够获得社会生活各个方面、各行各业的全面而丰富的相关资料和数据，因此成为许多企业和研究人员进行市场调查的优质二手数据资料来源。但由于政府部门的调查机构不得从事商业性调查项目，其统计数据往往也只是涉及宏观经济和社会生活的宏观方面，无法为企业的具体市场经营活动提供恰当、全面、准确的商业信息。

（3）新闻单位、大学和研究机关的调查机构。

很多电视台、杂志社和报社以及大学和研究机构也都开展独立的市场调查活动，借助媒体或发行出版物等发布科研成果，定期或不定期地公布一些市场调查信息。例如：央视市场研究股份有限公司（简称CTR）是中国最大的市场调查和媒介研究公司，是中国国际电视总公司和世界领先的市场研究集团TNS共同组建的股份制合资企业。CTR的媒介与消费行为研究是针对普通人群和特定目标人群的连续性研究，它包括CNRS、CBES、CTLS、TEENS和CUSS等多个产品，分别针对中国城市居民、商务人士、高端女性、青少年和大学生等具有不同特征的人群，对他们的媒介接触与产品消费习惯和生活方式等进行了全面、深入的研究。其中，CNRS作为中国同类调查中样本量最大的同源数据研究，提供了丰富的读者信息及城市居民在130多个品类和6 000多个品牌上的消费习惯信息。

（4）专业性市场调查机构。

专业性市场调查机构是指专门从事市场调查研究、提供咨询服务的公司。这类企业通过承接市场调查任务、提供商业信息，指导企业的生产经营活动或提供市场营销策略建议，为工商企业服务，谋取自身的经济利益。目前，专业性的市场调查机构主要包括以下三种类型的公司：①综合性市场调查公司。这类公司专门收集各种市场信息，当有关单位和企业需要时，只需缴纳一定的费用，就可以随时获得所需数据资料。同时，它们也承接各种调查委托，涉及调查范围较广，综合性较强。②咨询顾问公司。这类公司一般是由资深的专家、学者和富有经验的专业调查人员组成，为工商企业和社会机构提供咨询服务，充当顾问。除了可以接受工商企业的委托，代理或参与市场调查设计或具体的调查工作以外，这类公司为委托方提供的咨询建议需要建立在市场调查的基础之上，并对咨询目标进行可行性分析。③广告公司的调查部门。很多大型广告公司都设有市场调查部门，承接市场调查业务。另外，广告公司为了制作出能够吸引消费者、打动消费者的广告，取得良好的广告效果，也必须对市场环境和消费者进行调查。

（5）企业自设的市场调查部门。

一些实力雄厚、管理经验丰富的大型企业和组织，会根据自身生产和经营的需要，设立专门的市场调查部门，从而使市场调查工作成为企业固定性的、经常性的工作，以便更好地为企业自身把脉，严密监测市场动态，更快、更准确地制定企业的经营决策。例如，宝洁公司早在1925年便成立了市场调查部门，投入大量的人力物力资源来获取有关消费者需求的资料。

2.市场调查机构的选择

雇用市场调查机构的第一步是对现有市场调查公司进行筛选，从而选择符合企业市场调查项目要求的调查公司。对市场调查公司的选择一般分为两步：

第一步，要从现有的市场调查公司名录中选出几个重点市场调查公司，以备进一步的接触。市场调查公司名录可以通过查阅报纸杂志、行业报道等文献资料获得，也可以上网搜索专业调查公司网站，还可以借助查询“号码百事通”、电话黄页以及其他公司推荐等手段。当然，获取市场调查公司的基本信息不是问题的关键，问题的关键在于如何选择符合自身要求、能够达到本企业市场调查目的的市场调查公司。

第二步，通过与市场调查公司的进一步接触，对备选市场调查公司进行评价。企业与市场调查公司接触的方式有两种：利用电话或网络等间接方式的接触和直接拜访的接触。不论采用哪种方式与市场调查公司联系，最后要达到的目的都是相同的，即通过联系来了解市场调查公司，以便进行评估。

在评估市场调查公司时，一般要考虑以下几个方面的因素：

（1）市场调查公司的声誉。

声誉好的市场调查公司是指在业界拥有极佳口碑的市场调查公司，通常它们能够按照双方签订的合同按时且保质保量地完成调查项目，并恪守商业道德，不会产生弄虚作假的市场调查行为。企业通常可以通过搜索成功的市场调查实例来查找完成该市场调查的调查公司。

（2）市场调查公司的规模。

公司规模一般是指一家公司在员工数量、构成，以及资产等方面所具有的规模。评价市场调查公司的规模，可以通过员工数量、办公场所环境和空间大小、分支机构多少，以及拥有的专业设施等来衡量和评价。

（3）市场调查公司的经验。

“经验”可以指调查公司成立时间的长短，但更主要的应该是指调查公司所承接过的调查项目的多少。市场调查公司完成过的市场调查项目越多，公司的员工就越富有经验，调查技术越完善，市场调查工作就越娴熟；并且成立时间越长，越富有经验的市场调查公司往往管理制度越健全，市场调查的标准也越严格。

（4）市场调查公司的人员素质。

人员素质主要是指市场调查公司员工的一些基本素质，包括思想品德、教育程度、业务素质和责任心等。关于市场调查公司的人员素质我们将在下文进行更加全面的阐述。

(5) 市场调查公司的报价。

市场调查公司的报价是企业在选择调查公司时必须重点考虑的因素，任何公司都不可能接受其报价超出公司市场调查项目预算的市场调查公司。但是，企业也必须认识到，高质量往往意味着高价格，因此为了保证调查项目的完成质量就不能单纯追求价格低廉的市场调查公司。所以，在对市场调查公司进行选择时，不是要选择低价的公司，而是要找质量能够符合要求并且价格适当的调查公司。

专栏2-2

全球著名市场调查公司

一、尼尔森

尼尔森（Nielsen）也称AC尼尔森（ACNielsen），是全球著名的市场调查公司，1923年由现代市场研究行业的奠基人之一的阿瑟·查尔斯·尼尔森先生创立。尼尔森根据客户的具体需求来定制调查方案。对于一般性的调查需求，尼尔森拥有一套在全球范围内得到认可的专有调查产品和方法，为客户提供最有力的可比性标准化数据。尼尔森的主要客户是快速消费品的零售商和制造商，对于全球市场，同时也服务于汽车业、金融业、电信业和其他消费品集中行业。

二、凯度

凯度（Kantar）是全球最大的研究、分析和咨询网络之一。集团在全球60个国家或地区有160个办事机构。它致力于帮助客户更好地理解其市场、品牌和消费者，从而制定更卓有成效的商业决策。

Kantar隶属于WPP集团，Kantar集中了各式各样杰出的市场营销预测和咨询企业——他们都是各自领域的专家，而且能无缝地合作，帮助客户从全盘和战略高度解决商业问题。旗下有众多优秀的市场研究和咨询公司。这些公司都是各自领域的专家，能够提供全方位的、战略性的解决方案，为客户解决其业务问题。

三、艾美仕

艾美仕市场研究公司（IMS Health）是全球领先的为医药健康产业提供专业信息和战略咨询服务的公司。艾美仕市场研究公司在全世界的100多个国家开展市场研究服务，在亚太区的18个国家都设有分支机构，是制药和保健行业全球领先的市场情报资源提供商。

四、益普索

益普索（Ipsos）是全球领先的市场研究集团，于1975年成立于法国巴黎，1999年在巴黎上市，是全球唯一由研究专业人士拥有并管理的市场研究集团。2011年，益索普以5.25亿英镑的价格收购安吉斯集团旗下的市场调研机构Synovate公司，这使得益普索成为世界第三大市场调研机构。而Synovate的加入，也让益索普拥有一个真正的全球性网络。

五、捷孚凯

总部位于德国纽伦堡的捷孚凯（GfK）集团，是全球五大市场研究集团之一，拥有80年的发展历史，是享誉全球的市场研究企业。经过长期的发展和积累，GfK集团目前在全球范围内的市场研究业务，涉及耐用消费品调查、消费者调查、媒体调查、医疗市场调查和专项研究等方面，并确立了绝对的专业性权威。其中特别是在耐用消费品调查方面，GfK集团在全球位居第一，GfK集团率先做到并且成为唯一的在全球范围内统一进行耐用消费品零售调查和研究的企业，以其权威的市场零售研究服务于很多大型的产品制造商和零售连锁企业，并且已经成为很多著名跨国企业及大型零售连锁企业的长期战略合作伙伴，为这些企业在全球范围内的业务推进做出了重要贡献。

六、美国市场资源公司

美国信息资源公司（IRi）是全球大数据分析的引领者和领先的市场研究公司，致力于为消费者、零售以及非处方医疗企业提供创新性解决方案及服务的全球领导者。其服务内容主要涉及六个方面：客户研究、品牌研究、满意度和忠诚度计划、新产品测试、广告效果评估以及分销策略。其市场研究理念包括三大要素：中立且行之有效的研究方法，了解数据背后含义的经验，专注于可行和务实建议的实施。客户包括快消品制造商和零售商，以及相关行业公司，如快餐店和化妆品店等。

七、维思达特

维思达特公司（Westat）是一个由雇员拥有的股份制研究公司。公司服务于美国国家政府机构，企业，基金会，以及州政府和地方政府。自1961年成立以来，以其杰出的技术和管理经验服务，公司已成为全美一流的合同研究（CRO）机构之一，并在世界许多国家建立了办事处。该公司在为客户设计，执行，及评估各种研究计划方面也具有独特的技巧和丰富的经验，并专长于流行病学研究，疾病监测，干预研究，临床试验管理，调查系统研发和测试，项目评估，及质量和定量等统计方法。维思达特的宗旨是设计及支持用以促进人类健康的科学研究。近30年来，维思达特与国际政府机构，医疗中心，大学院校，及非政府组织机构进行过多种合作。

八、邓韩贝

邓韩贝（Dunnhumby）在亚洲、欧洲、非洲、美洲均设有办事处，雇有2000多名员工，旗下还拥有社交媒体营销公司BzzAgnet和广告科技创新公司Sociomantic。

九、英德知

英德知（Intage）是亚洲第一最大规模，全球排名第9位的市场研究公司。在多年的市场调查研究中，公司形成了属于自己的品牌研究方式。品牌研究主要是通过一系列指标测试完成，包括品牌知名度，品牌忠诚度，品牌定位以及品牌联想等。具体指标还包括品牌形象，品牌购买率，品牌渗透率，品牌形象标识，品牌流失与品牌满意度等。

十、伍德麦肯兹

伍德麦肯兹（Wood Mackenzie）是全球能源和金属行业最权威的资讯来源和专业顾问。其针对能源及资源产业价值链的每个环节——从勘探到下游成品市场及其他——进行深入分析并提供建议，帮助客户制定最优商业决策，把握先机。我们研究和评估全球数千种资产和公司。

资料来源：佚名.全球市场研究公司排名［EB/OL］.［2016-06-26］. http://m.chinabgao.com/.

2.5.2　市场调查人员

市场调查人员是调查工作的主体，其数量和质量直接影响市场调查的结果，因此，市场调查机构必须根据调查工作量的大小及调查工作的难易程度，配备一定数量的有较高素质的工作人员。

按照市场调查的客观要求，调查人员应具备以下几个方面的基本素质。

1.思想品德素质

与从事其他工作的员工一样，市场调查人员应具备良好的思想品德素质，应该具有强烈的事业心和高度的社会责任感；应该具备良好的职业操守和道德修养，工作中能够坚持实事求是、公正无私，工作态度端正，对工作认真负责。

2.业务素质

市场调查人员应具有广博的知识，善解人意，懂得人之常情；应具备较强的语言、文字表达能力和人际沟通能力，善于同各类人打交道，能与各种人真诚相处；应具备正确的理解力和判断力，具有能够分析、判断、鉴别综合资料的能力；市场调查人员应有礼貌、有涵养，举止得体，能引起他人好感，容易获得他人的信任；市场调查人员还应具有服从精神，能够做到忠诚服务于自己所从事的调查任务和工作。

3.身体素质

市场调查具有很强的时效性，一个调查项目往往需要在一定的时间期限内完成，因此市场调查人员在工作中往往需要加班加点，劳动时间长、劳动强度大。市场调查人员应该具有健康的体魄、旺盛的精力和蓬勃的朝气。

本章小结

本章主要对市场调查的产生和发展、含义和作用、类型与内容、原则和步骤以及机构与人员方面的基本知识和原理进行了介绍。市场调查就是指运用科学的方法，有目的地、系统化地搜集、记录、整理有关市场营销的信息和资料，分析市场情况，了解市场的现状及发展趋势，为市场预测和营销决策提供客观的、正确的资料的过程。市场调查的产生动力源自买方市场的形成，市场竞争的加剧以及消费者需求所显现出的多样化和多变性的特征。市场调查可以按照不同的角度和区分标准（如根据调查内容、调查范围、调查组织方式等），划分为不同的类型。区别并确定不同市场调查项目的类型，有利于正确设计市场调查方案，并有利于市场调查活动的顺利开展。市场调查的内容涉及很多方面，但基本可以从宏观和微观两个方面来把握。市场调查活动必须遵循实事求是、时效性、系统性、经济性、科学性和适用性的原则。所有类型的市场调查工作，基本都要按照确定调查问题、设计调查方案、数据的采集、数据的分析以及撰写市场调查报告这五个步骤来完成。本章的最后对市场调查机构的类型和机构选择的步骤及标准进行了阐释，这有利于企业科学地进行市场调查机构的选择决策。另外，从事市场调查工作的人员应具备良好的思想品德素质、较高的业务素质和过硬的身体素质。

综合训练

2.1 单项选择题

1.以科学的方法和手段收集消费者购买产品的情况，包括对商品的购买、消费动机等购买活动的调查是指（　　）。

A.广义的市场调查　B.狭义的市场调查　C.经济调查　D.社会调查

2.通常（ ）所涉及的范围较小，调查目的明确，所需投入的资源较少、时间较短。

A.探索性调查 B.描述性调查 C.专题性调查 D.综合性调查

3.如果对调查问题的情况一无所知，那么调查研究就要从（ ）开始。

A.探索性调查 B.描述性调查 C.因果性调查 D.预测性调查

4.（ ）是企业在开拓市场、试制、生产和新产品上市之前开展的营销调研。

A.预测性调查 B.实验性调查 C.检验性调查 D.可行性调查

5.根据市场调查的（ ），可以将市场调查分为定性调查和定量调查。

A.主体 B.性质 C.范围 D.目标

2.2 多项选择题

1.按照市场调查的客观要求，调查人员应具备的基本素质包括：（ ）。

A.思想品德素质 B.身体素质

C.业务素质 D.心理素质

E.能力素质

2.在评估和选择市场调查公司时，通常要考虑的因素包括：（ ）。

A.市场调查公司的报价 B.市场调查公司的规模

C.市场调查公司的人员素质 D.市场调查公司的经验

E.市场调查公司的声誉

3.下列属于市场调查工作的原则的是：（ ）。

A.时效性 B.科学性

C.实事求是 D.经济性

E.目的性

4.按照市场调查的功能，可以将市场调查分为：（ ）。

A.检验性调查 B.探索性调查

C.描述性调查 D.因果性调查

E.预测性调查

5.下列属于市场调查的特征的是：（ ）。

A.确定性 B.科学性

C.目的性 D.阶段性

E.社会性

2.3 思考题

1.调查、了解市场调查在我国的发展情况。

2.市场调查的发展趋势如何？

3.什么是市场调查？市场调查对企业有何作用？

4.市场调查包括哪些类型？

5.简要回答市场调查应坚持的原则。

6.试阐述市场调查的主要步骤。

7.市场调查报告的内容通常包括哪些方面？

8.从事市场调查工作的机构包括哪些类型？

9.企业应如何选择市场调查机构?

10.市场调查人员应具备哪些素质?

2.4 实践与训练

假设某餐饮企业计划在校园内开设一家特色餐厅，尝试开展一次市场调查活动，自行设计调查的主题并确定调查内容，最后为该餐饮企业提供一份调查报告并对项目方案提出合理建议。

第3章　市场调查方式

学习目标与要求

● 知识点

1.全面市场调查的含义及特点。

2.全面市场调查的原则、方式和实施步骤。

3.典型调查的含义及特征。

4.典型调查的理论基础、流程及应用。

5.典型单位的选择。

6.重点调查的含义、特征。

7.重点调查与典型调查的区别。

8.重点调查的方式和流程。

● 技能点

1.掌握全面调查的含义及原则。

2.掌握典型调查的含义及典型单位的选取。

3.掌握重点调查的含义及与典型调查的区别。

【引导案例】

全国70个大中城市房地产价格统计调查方案

一、调查目的和任务

调查目的：一是以翔实的数据资料反映房地产市场的价格变化趋势，服务于各级党政决策，服务于国民经济核算，服务于企业和社会公众的信息需求，引导和促进房地产业持续、健康发展；二是满足国民经济宏观调控及预警和完善我国价格统计指标体系的需要。

调查任务：

1.调查和搜集房地产市场中的各种价格，及时、准确地掌握各种价格资料。

2.编制房屋销售、房屋租赁、物业管理和土地交易等价格指数，科学地计算各种房地产价格，准确反映房地产价格变动幅度和市场发展趋势。

3.结合房地产投资规模、投资效益和市场变化等主要指标，积极开展统计分析，及时客观地反映新情况、新问题并提出合理的政策建议，为国家宏观决策和社会主义市场经济运行服务。

4.定期向各级国家部门和全社会公布各种房地产价格统计信息。

二、调查对象和调查单位

房地产价格调查在全国70个大中城市进行。调查对象包括：

1. 各级政府房地产行政主管部门，如房地产管理局、土地管理局、房屋土地交易中心等。

2. 房地产企业。

3. 房地产经营机构。

4. 物业管理企业。

5. 有关企事业单位、机关团体及部分居民。

三、调查项目

1. 房屋销售价格。房屋销售价格主要包括新建房销售价格和二手房销售价格两部分。

2. 房屋租赁价格。房屋租赁价格是指各类房屋的市场租金，主要包括住宅（经济适用房、廉租房、普通住宅和高档住宅）租金和非住宅（办公楼、商业营业用房和其他用房）租金等。

3. 物业管理价格。物业管理价格是指物业管理企业按照物业服务合同的约定，对房屋及配套的设施和相关场地进行维修、养护、管理，维护相关区域的环境卫生和秩序，而向业主所收取的费用。物业管理价格主要包括住宅、办公楼和商业营业用房物业管理价格等。

4. 土地交易价格。土地交易价格是指房地产开发商或其他建设单位在开发之前，为取得土地使用权而实际支付的价格，不包括土地的后续开发费用、税费、各种手续费和拆迁费等。土地交易价格主要包括居住用地价格、工业用地价格、商业营业用地价格和其他用地价格等，土地交易方式主要包括拍卖、招标、挂牌销售、市场转让、市场抵押等。

四、调查地点和调查方式、方法

调查地点：房地产价格调查在北京、天津、上海等全国70个大中城市进行，调查范围为市辖区。调查城市名单及辖区区划编码见附录。

调查方法：房地产价格调查为非全面调查，采用重点调查与典型调查相结合的方法。

调查方式：采用报表与调查员实地采价相结合的方式。

为保证房地产价格指数的科学性和可靠性，在选择调查单位时应遵循以下原则：

1. 代表性强。为保证调查资料的可靠性和连续性，选择的调查单位要规模大、实力强，营业额占当地总营业额比重较大，经营状况比较稳定。选择调查单位时，要统筹考虑项目因素。一般来说，大的房地产经营服务项目具有较强的代表性。

2. 兼顾不同类型企业。调查对象不仅要选择国有企业，也要选择集体、合资、外资等企业。

3. 兼顾各种用途的房地产项目。新建房的调查项目要包括经济适用房、普通住宅、高档住宅、办公楼、商业营业用房等，并要考虑其地段、结构等因素。在选择土地调查项目时，要考虑其级别、用途、交易方式等因素。

4. 兼顾不同地理位置的房地产项目。由于存在着级差地租，不同地理位置的房地产单位面积价格差异较大。所以在选择调查单位时，要兼顾不同地理位置（地段）的房地产项目。

所选调查单位的房地产营业额总值一般应占本地区总额的75%以上。选中的调查单位对全部交易项目按房地产类型（编码）填报调查表。

五、调查组织实施计划

1.房屋销售价格数据采集办法：房屋销售价格实行月报。

2.房屋租赁、物业管理和土地交易价格数据采集办法：房屋租赁、物业管理和土地易价格实行季报。

3.数据采集过程中需要注意的问题：房地产交易往往是一次性交易。因此在进行房地产价格调查时，要综合考虑房地产类型、区域、地段、结构等统计口径的一致性，保证上期、报告期价格是同质可比的。

4.资料上报时间和上报方式：省级调查总队在搜集汇总各调查城市调查资料后，房屋销售价格月报要将汇总结果和原始资料一同于月后3日前（房屋租赁、物业管理和土地交易价格季报于季后月3日前）以FTP传输方式或其他指定方式，按要求上报国家统计局城市司。省内上报时间和上报方式由各省自定。

资料来源：佚名.全国70个大中城市房地产价格统计调查方案［EB/OL］.［2010-03-01］. http://house.china.com.cn/bookview_146188.htm.

在市场调查的过程中，我们要解决究竟是对调查对象的全体开展调查，还是从调查总体中抽取部分单位进行调查的问题，这就是选择市场调查方式的目的所在。市场调查方式主要包括全面市场调查、典型市场调查、重点市场调查、抽样市场调查、个案市场调查等。各种调查方式有各自的优缺点，根据不同的调查对象和目的可以有针对性地运用各种方式进行调查。

3.1 全面市场调查方式

3.1.1 全面市场调查的含义及特点

1.全面市场调查的含义

全面市场调查又称市场普查，它是指调查者为了搜集一定时空范围内调查对象的较为全面、准确、系统的调查资料，对调查对象的全部个体单位进行逐一的、无遗漏的全面调查，即为了特定的调查目的而专门组织的一次性全面调查。

市场普查的目的是通过了解市场的一些至关重要的基本情况，对市场状况做出全面、准确的描述，从而为市场制定有关政策、计划提供可靠的依据，如普查商业机构和人员数、对某种类商品的库存量进行普查等。

普查在实际应用中有宏观、中观和微观之分。也就是说，并不一定所有的普查都在全国范围内做，也可以在地区或部门范围内做，甚至可以在企业中做。只要是对调查对象的全部单位逐个进行调查，都可称为普查。

（1）宏观全面市场调查。它是全国范围内的全面市场调查，如工业普查、农业普查、第三产业普查、经济普查、人口普查等。

（2）中观全面市场调查。它是一定地区或一定行业（部门）范围内的全面市场调查，如IT行业普查、烟草行业普查、电力行业普查、某市商业网点普查或产业单位普查等。

（3）微观全面市场调查。它是企业组织的员工基本情况普查、员工忠诚度全面测评、设备物资普查、销售渠道全面调查等。

2.全面市场调查的特点

市场普查可以有两种方式：一种是由上级制定普查表，由下级根据具体情况填报，如对某种类商品的库存量进行普查，就是各基层单位根据日常业务记录的库存数据，填报到上级统一制定的普查表中；另一种方式是组织专门的市场普查机构，派出专门的调查人员，对调查对象进行直接登记。

普查的特点主要有以下几个方面：

（1）普查资料的准确性和标准化程度比较高，作为制定政策、计划的依据，作为市场预测的资料，其可靠程度比较高。

市场普查资料的准确性是通过普查过程中对各种规定的遵守实现的。普查中的各种规定包括：①普查项目必须简明。在普查中，调查对象广、参加人员多、组织工作复杂，因此项目不宜太多，必须尽可能简明，这样才能保证调查资料的准确性。②普查的时间必须统一。普查必须搜集同一时间的市场现象资料，避免搜集资料时出现重复或遗漏，造成调查误差。③迅速完成普查任务。进行普查，必须在尽可能短的时间内，迅速完成调查任务。

（2）普查最适合于了解宏观、中观、微观市场的一些至关重要的基本情况，了解调查总体的特征。

普查是了解国情、省情、地情的最重要的方法，它对于了解总体的某些基本特征是非常适用的。例如，与市场需求量有直接关系的人口因素，其一些基本情况都可以在人口普查的数据中找到，可以利用这些数据分析人口因素对市场的影响，如人口总量及其变动对市场需求总量的影响；人口的年龄、性别、职业等构成对市场各类商品需求量的影响等。如果再把人口普查资料与商业网点及人员数资料进行对比分析，还可以计算商业网点密度等重要指标。

（3）普查的费用比较高，其对人力、财力、物力和时间的花费都比较大。

普查作为一种全面调查方法，由于涉及面广、调查工作量大，所以费用较高。考虑到这一点，普查只有在非常需要的时候才进行，不宜过多采用，它属于一次性调查，而不是经常性调查。普查往往是按一定时间间隔进行的，如我国的人口普查10年开展一次。2020年11月，我国进行了第七次全国人口普查。

总之，在非常必要的情况下，必须进行市场普查来了解一些市场至关重要的基本情况。在准确、全面反映市场总体的某些特征方面，普查的作用是明显的，是其他调查方式无法替代的。

3.1.2 全面市场调查的方式

1.普查员直接登记式

普查员直接登记式调查由聘请和培训过的调查员依据调查表或问卷，深入调查单位进行观察、询问和登记。这样的方式要注意降低设计误差和普查员登记误差。

2.被调查者自填式

被调查者自填式调查将调查表或问卷下放到企业、事业等基层单位，各基层单位根据原始记录和现成资料进行填报。这样的方式要注意降低设计误差和被调查者的填报误差。

3.1.3 全面市场调查的原则

为了确保全面市场调查的质量，必须重视调查的组织工作，做到统一领导、统一方案、统一要求、统一行动。在组织全面市场调查时，应遵循以下原则：

（1）必须统一规定调查项目。全面市场调查的量大、点多、情况复杂，只有规定统一的调查项目，才便于综合和汇总，从而确保调查资料的质量。

（2）必须统一规定调查的标准时点。为了使全面市场调查获得的资料具有一致性和可比性，所调查的资料必须能够反映这一时点上的基本情况。

（3）必须选择适当的调查时间。根据全面市场调查的任务、条件以及调查对象的特点，选择最适当的调查时间，力求使调查资料具有相当的定量性和系统性。

（4）必须统一调查的步骤和方法。要确保调查资料具有一定的时效性，调查范围内调查样本和调查点必须同时行动，在方法和步骤上要协同一致。

3.1.4 全面市场调查的实施步骤

全面市场调查的实施步骤如图3-1所示：

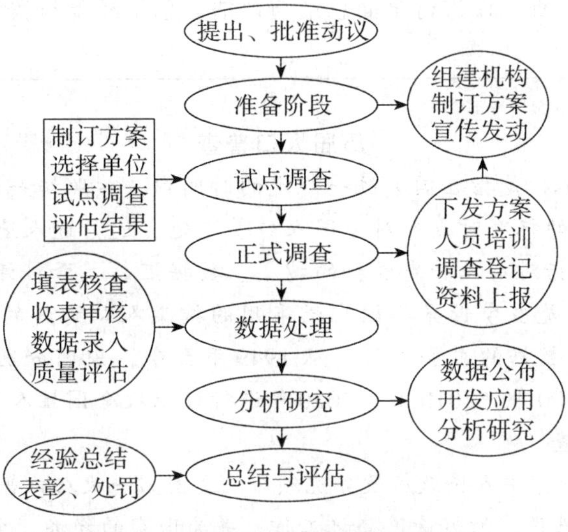

图3-1 全面市场调查实施步骤图

1.准备阶段

准备阶段主要是根据决策的信息需求提出全面市场调查的动议，并论证其必要性和可行性。动议获得决策者批准后，即可组建调查机构，制订全面市场调查方案，开展宣传鼓励工作。其中全面市场调查方案的制订是准备阶段的重要任务，它是根据全面调查的组织原则，对调查工作所作的通盘考虑。其内容包括总则，调查对象、范围和调查方法，调查的内容和时间，调查表、主要内容和标准，调查的组织实施，调查经费安排，数据处理与质量控制，数据发布与开发利用，表彰与处罚，附则等。

2.试点调查

试点调查是根据制订的全面市场调查方案，选择若干调查点作为试点单位，模拟全面调查工作的全过程，以取得组织实施全面市场调查的经验，检验全面市场调查方案的科学性、可行性，发现问题和缺陷，为进一步改进和完善调查方案提供依据。为了保证试点调查的有效实施，应注意抓好制订试点方案、选择试点单位、组织试点调查、评估试点结果、修改和完善正式调查方案等工作。

3.正式调查

正式调查阶段包括下放正式调查方案，要求各调查点组建调查队伍，认真学习调查方案和有关文件，对调查员进行业务培训，在此基础上组织正式的调查登记工作或调查表的填报工作，将调查表按照规定的时间上报到指定的汇总机关。

4.数据处理

数据处理阶段的主要工作包括数据处理程序编制、软件使用培训、调查表人工审核、数据质量抽样复检、数据录入、计算机审核、数据校正、数据汇总、数据备份、数据上报、建立数据库、数据存储和数据管理等。

5.分析研究

分析研究阶段的主要工作包括数据质量评估确认，经批准后组织对外公布；利用调查数据进行多方面的开发和分析研究，为决策者提供多种形式的信息服务。

6.总结与评估

总结与评估即对调查工作进行全面总结与评估，总结经验与教训，表彰先进，处罚违纪违规的单位和个人。

专栏3-1

历届人口普查

人口普查（census）是指在国家统一规定的时间内，按照统一的方法、统一的项目、统一的调查表和统一的标准时点，对全国人口普遍地、逐户逐人地进行的一次性调查登记。人口普查工作包括对人口普查资料的搜集、数据汇总、资料评价、分析研究、编辑出版等全部过程，它是当今世界各国广泛采用的搜集人口资料的一种最基本的科学方法，是全国基本人口数据的主要来源。从1949年至今，中国分别在1953年、1964年、1982年、1990年、2000年、2010年和2020年进行过七次全国性人口普查。

1.第一次人口普查

1953年4月3日，中央人民政府政务院颁布《全国第一次人口普查办法》，为准备全国及地方人民代表大会选举，做好选民登记工作，并为国家的经济、文化建设提供确实的人口数字，决定开展全国第一次人口普查。普查登记的标准时间为：1953年6月30日24时。

1954年11月1日，国家统计局发表了《关于全国人口普查登记结果的公报》，公布了这次普查的主要数字：全国在1953年6月30日24时总人口为601 938 035人，其中直接调查的人口为574 205 940人，用其他办法间接调查到的人口为27 732 095人。

2.第二次人口普查

1964年人口普查是我国第二次全国人口普查。中共中央和国务院于1964年2月11日颁布了《关于进行第二次全国人口普查工作的指示》，明确指出，这次普查的目的是为制定第三个五年计划（1966—1970年）和长远规划提供依据。全国人口登记计算的标准时间为1964年6月30日24时。普查项目除保留第一次普查的六个项目外，还新增了文化程度、本人成分、职业三项，后两项不作汇总。同时，要求对1964年上半年出生、死亡、迁出、迁入的人口进行核对和登记。1964年人口普查数字当时没有公布。1981年第5期《统计》杂志上刊载了国家统计局提供的《第二次全国人口普查结果的九项主要统计数据》。普查结果为：1964年6月30日24时，全国人口为720 370 269人，28个省、自治区、直辖市为694 581 759人（不包括台湾省人口、港澳同胞和国外华侨）。

3.第三次人口普查

中共中央和国务院于1982年2月19日颁布了《第三次人口普查办法》，共28条，规定1982年7月1日零时为全国人口普查的标准时间。

普查项目共19项，按人填报的项目有姓名、与户主关系、性别、年龄、民族、常住人口的户口登记状况、文化程度、职业、不在业人口状况、婚姻状况、生育子女数和存活子女总数、1981年生育胎次等13项，按户填写的有户的类别（家庭户或集体户）、本户住址、本户人数、本户1981年出生人数、本户1981年死亡人数和有常住户口已外出1年以上的人数等6项。第三次人口普查结果主要数据是，1982年7月1日零时全国人口为1 031 882 511人，其中大陆29个省、自治区、直辖市（不包括福建省的金门、马祖等岛屿）的人口和现役军人共1 008 175 288人。

4.第四次人口普查

1990年人口普查是我国第四次人口普查。国务院于1989年5月9日发出了《关于进行第四次全国人口普查的通知》。1989年10月25日，国务院颁布了《第四次人口普查办法》，共33条。全国人口普查登记的标准时间为1990年7月1日零时。

普查表有21项，其中：按人填报项目为15项，即姓名、与户主关系、性别、年龄、民族、户口状况和性质、1985年7月1日常住地状况、迁来本地的原因、文化程度、在业人口的行业、在业人口的职业、不在业人口状况、婚姻状况、妇女生育、存活子女数、1989年1月1日以来的生育状况；按户填报的有6项，即本户编号、户别、本户人数、本户出生人数、本户死亡人数、本户户籍人口中离开本县、市1年以上的人数。第四次人口普查的主要数据是，1990年7月1日全国人口为1 160 017 381人，其中大陆30个省、自治区、直辖市（不包括福建省的金门、马祖等岛屿）和现役军人共1 133 682 501人。

5.第五次人口普查

2000年人口普查是我国第五次人口普查。国务院于1998年6月17日发出了《关于进行第五次全国人口普查的通知》。2000年1月25日，国务院颁布了《第五次人口普查办法》，共46条。全国人口普查登记的标准时间为2000年11月1日零时。

普查表有49项，其中：按人填报项目为26项，即姓名、与户主关系、年龄、民族、户口登记状况、户口性质、出生地、何时来本乡镇街道居住、从何地来本乡镇街道居住、迁出地类型、迁移原因。5岁及以上的人填5年前常住地。6岁及以上的人填：是否识字、受教育程度、学业完成情况。15岁及以上的人填：是否有工作、工作时间、行业、职业、未工作情况、未工作者主要生活来源、婚姻状况、初婚年月。15～50岁妇女填：生育子女数、1999.11.1—2000.10.31生育状况。按户填报的有23项，即户编号、户别、本户普查登记人数、本户户籍人口中外出不满半年人数、本户户籍人口中外出半年以上人数、暂住本乡镇街道离开户口登记地不满半年人数、本户1999.11.1—2000.10.31出生人数、本户1999.11.1—2000.10.31死亡人数、本户住房间数、本户住房建筑面积、住房用途、本住房中是否有其他合住户、住房建成时间、建筑层数、住宅外墙墙体材料、住房内有无厨房、主要炊事燃料、是否饮用自来水、住房内有无洗澡设备、住房内有无厕所、住房来源、购建住房费用、月租房费用。

2001年3月28日，国家统计局发布第五次人口普查的主要数据，2000年11月1日全国人口为129 533万人，其中内地31个省、自治区、直辖市（不包括福建省的金门、马祖等岛屿）和现役军人共126 583万人。

6.第六次人口普查

中国政府网2009年5月6日公布了《国务院关于开展第六次全国人口普查的通知》。通知指出，根据国家普查项目和周期安排的有关规定，国务院决定于2010年开展第六次全国人口普查。第六次全国人口普查的标准时点为2010年11月1日零时。

此次普查的主要目的是查清10年来我国人口在数量、结构、分布和居住环境等方面的变化情况，为实施可持续发展战略、构建社会主义和谐社会提供科学准确的统计信息支持。人口普查主要调查人口和住户的基本情况，内容包括：姓名、性别、年龄、民族、受教育程度、行业、职业、迁移流动、社会保障、婚姻生育、死亡、住房情况等。

2011年4月28日，国家统计局公布第六次人口普查的主要数据，全国总人口为1 370 536 875人。其中：普查登记的大陆31个省、自治区、直辖市和现役军人的人口共1 339 724 852人，香港特别行政区人口为7 097 600人，澳门特别行政区人口为552 300人，台湾地区人口为23 162 123人。

7.第七次人口普查

2019年11月，经国务院总理李克强签批，国务院印发《关于开展第七次全国人口普查的通知》。根据《中华人民共和国统计法》和《全国人口普查条例》的规定，国务院决定于2020年开展第七次全国人口普查。

第七次全国人口普查的标准时点是2020年11月1日零时，彻查人口出生变动情况以及房屋情况。普查对象是普查标准时点在中华人民共和国境内的自然人以及在中华人民共和国境外但未定居的中国公民，不包括在中华人民共和国境内短期停留的境外人员。普查主要调查人口和住户的基本情况，内容包括：姓名、身份证号码、性别、年龄、民族、教育程度、行业、职业、迁移流动、婚姻生育、死亡、住房情况等。

第七次全国人口普查从2020年11月1日到12月10日进行入户登记，2021年4月开始陆续公布普查的主要数据。

3.2 典型市场调查

3.2.1 典型市场调查的含义及特点

1.典型市场调查的含义

典型市场调查（简称典型调查）是在对市场现象总体进行分析的基础上，从市场调查对象中选择具有代表性的部分单位作为典型，进行深入、系统的调查，并通过对典型单位的调查结果来认识同类市场现象的规律及本质。

2.典型市场调查的特征

显然，典型市场调查是一种非全面调查，它只对总体中的部分单位进行调查。但是，它不是随便选一部分单位进行调查，而是要选择对市场总体有代表性的部分单位进行调查。典型调查的目的，不是仅仅停留在对典型单位的认识上，而是通过对典型单位的调查来认识同类市场现象总体的规律性及本质。从认识论的基本理论可知，人类对客观事物的认识是一个由特殊到一般，又由一般到特殊的循环进行的过程。典型调查方式就是一种从特殊到一般的认识过程，它是符合人类认识的一般规律的，是一种具有科学性的调查方法。通常，典型市场调查方式的特征如下：

（1）专门性。为了特定的调查目的而专门组织的调查。

（2）非全面性。只要求对调查对象中的少数典型单位进行调查。

（3）选择性。典型单位是有意识、有目的地挑选出来的。

（4）代表性。强调调查单位必须具有代表性，样本必须能够代表总体。

3.典型市场调查的优缺点

典型市场调查的主要优点有：（1）能够获得比较真实和丰富的第一手资料；（2）调查单位少，可做深入细致的调查研究；（3）调查范围小，调查单位少，可节省人力、物力和费用；（4）机动灵活，节省时间，可快速了解市场情况。

典型市场调查的主要缺点有：（1）典型单位的选择难以完全避免主观随意性；（2）缺乏一定的连续性和持续性，不利于数据的动态分析；（3）用样本数据推断总体数量特征时，推断的精度不够高；（4）调查结论的应用只能根据经验做出判断，难以做出准确测定。

3.2.2　典型市场调查的理论依据

典型市场调查是认识事物的一种科学的方法，它的理论依据是辩证唯物论的认识论关于从特殊到一般的原理。毛泽东高度评价这种调查方法，并付诸实践，写了多篇关于农民运动的调查报告。

唯物辩证法认为：任何事物都是个性与共性、个别与一般的统一。共性存在于个性之中，一般存在于个别之中，共性与个性、一般与个别是对立统一的。就人类认识事物运动的过程来看，总是由认识个别的、特殊的事物，逐步推广到认识一般的、普遍的事物，然后又以这种概括出来的共同认识为指导，继续深入地研究更广泛的、个别的、特殊的事物，找出其特殊本质，从而进一步补充、丰富和发展已取得的一般认识。毛泽东曾在《矛盾论》中这样写道："一个是由特殊到一般，一个是由一般到特殊。人类的认识总是这样循环往复地进行，而每一次循环（只要是严格地按照科学的方法）都可能使人类的认识提高一步，使人类的认识不断地深化。"

典型市场调查是通过对特殊的、典型的事物的了解，推断总体的一种方法。这种方法之所以科学，是因为人们对客观事物的共同本质的认识，是从许多个别事物的特殊本质中概括得来的。人们不可能通过认识客观世界所有的具体事物再去概括它们的共同本质，一方面人们受时间、空间条件所限，无法做到，另一方面也没有这种必要。每个个别事物中都包含着同类事物中共同的本质，有句俗语"麻雀虽小，五脏俱全"，典型调查之所以科学，就是这个原因。

3.2.3　典型单位的选择

要做到正确选择典型单位，不能仅凭调查者的主观意志，必须根据客观的实际情况，采取实事求是的态度，以保证典型单位的客观性。要保证典型单位的代表性，就必须在选择典型之前，对市场现象的总体情况进行必要的分析，若对总体情况没有了解，就无从判定哪些单位对总体具有代表性。

1.典型单位的定义

所谓典型单位，即具有代表性的单位，也有“标本”之意，任何事物都可以找到其代表，对其代表的认识可以推广到对该类事物的认识，该代表就是典型单位。

2.典型单位的分类

第一种分类是按调查对象工作的好坏，将典型单位划分为先进、一般和后进典型。

（1）先进典型。以总结先进经验为主要目的，选择一些先进单位、个人进行深入调查，探索事物发展的方向和规律性。选择先进典型对工作具有指导意义。

（2）一般典型。以了解一般情况为主要目的，选择工作开展属中等水平的单位为典型，深入调查分析，以了解事物发展的普遍状况和一般动态。选择一般典型具有重大意义，因为在一般情况下，事物发展总是两头小、中间大，处于中间状态的单位居多。因此选择中间状态的典型单位进行深入调查研究，对于了解大多数单位的工作进展情况、把握全面工作的发展趋势、制订全盘工作计划和决策，都有不可忽视的作用。一般典型的选择和调查具有普遍指导意义。

（3）后进典型。以总结教训为主要目的，选择后进单位进行调查，分析其后进原因，以利于改进工作。

第二种分类是按调查项目所包括的范围，分为全面性典型和特殊性典型。

（1）全面性典型，以了解事物的主要特征与发展过程为主要目的，选择那些发展形态较为完整的单位为典型。例如，首刚集团在全面完成国家计划、落实责任制等方面都做出了好成绩，积累了较全面、完整的经验，是一个全面性典型单位。

（2）特殊性典型，是以了解某种特殊事物的出现或某一突出问题为主要目的，选择最初出现特殊事物或发生突出问题的单位为典型。例如，某地区在经济调整中，有若干企业产品不对路，质次价高，处于停产、半停产状态，这时就可从中找出典型来进行调查、分析原因，以利于决策。

3.典型单位的选择

（1）选择依据。

应以以往的调查资料或建立的单位目录库为依据，在充分分析、比较、评估的基础上，选择有代表性的单位作为典型单位。

（2）选择数目。

一般来说，定性市场调查项目的典型单位可少一些，定量市场调查项目的典型单位可多一些，亦可根据以往的同类调查的实践经验确定典型单位的必要数目。

（3）选择方法。

①取中选典。如果要了解总体的一般数量表现，可选择中等水平（平均型和多数型）的单位作为调查单位。

②划类选典。如果要较为准确地估计总体的一般水平，首先应将总体中的所有个体划分为不同的类型，然后从各类中按其比例大小选择若干典型单位。

③“解剖麻雀”。如果要总结成功的经验或失败的教训，则应选择先进单位或落后单

位作为典型，以便做深入细致的调查。

4.选择典型单位应注意的几个问题

典型的选择虽然具有很强的主观性，但典型单位并不是依人们的主观意志随意选取的，典型单位是有一定客观要求和标准的。当我们选择的单位合乎这个客观标准时，选出的典型单位就是科学的，就具有代表性，就可反映被调查对象的特点和规律。为使我们在选择典型时尽量做到客观、科学，选择典型时应注意以下几个问题：

（1）选择典型单位前应对所要调查的对象有一个概略的了解和分析，以此作为抽取典型单位的基础，使调查者在确定典型单位时尽量避免盲目性和主观随意性，保证所选择的典型单位具有代表性。实际工作中有的人搞调查往往盲目性较大，缺乏对通盘情况的调查、考虑和研究，往往只依据基层单位的一份报告、一次座谈、一次汇报，就凭主观印象确定典型单位，这样选择的典型单位往往具有片面性，不具有代表性。因此，在抽取典型单位之前的一般调查是非常必要的。一般调查可以通过搜集各种资料或背景材料、听取汇报、实地了解、开座谈会等方法进行。

（2）要根据调查目的选择典型单位。调查目的不同，选择的典型单位也不同。如果调查目的是研究新生事物或总结先进经验，就应选择那些有先进经验的单位作典型单位；如果调查目的是揭露矛盾、解决问题，就应选择那些矛盾暴露较为充分的单位作典型单位。

（3）要根据调查对象本身特点选择典型单位，使选出的典型具有客观代表性。有时被调查对象的各种特征表现得参差不齐，不容易找到具有代表性的典型，这时可以采取“划类选典”的方法，即先把被调查对象按不同特征划分为若干类型，再从各个类型中选择各种典型。这样选出的典型单位具有客观性、代表性。

（4）要根据调查对象所包括的单位多少、差异大小选择典型单位。若被调查对象所包括的单位很少，差异也小，那么可选择一两个单位作典型；反之，则需多确定几个单位作典型单位。

（5）要根据需要及时更换典型单位。典型单位可以长期固定，但也可以更换。前者是为了对某个典型单位做长期的、固定的观察，以摸索经验；后者是为了发现新的典型，以利于推广经验。

3.2.4　典型市场调查的方式

1.解剖麻雀式

这种选典方法适用于总体内各单位差别不太大的情况。通过对个别代表性单位的调查，即可估计总体的一般情况。它主要应用于以下情况的市场定性调查：

（1）总体各单位差异不大；（2）研究新事物、新情况、新问题；（3）总结先进经验，以便推广应用；（4）揭露矛盾，寻找问题的症结；（5）研究消费者的消费意向、动机和行为。

2.划类选典式

当总体各单位差异较大，调查者需要利用典型样本（典型单位组成的样本）的统计量推断总体的数量特征时，可依据有关资料先对总体单位进行分类（划分不同的类型或子总体），然后在各类中按比例、有意识地选择一定数目的典型单位构成样本进行调查，最后由样本指标（样本的均值或比率）推断总体的有关指标。

【例3-1】根据上一年的统计，某县共有24.86万户、15个乡镇，按照各乡镇农民的年纯收入可分为高、中、低三类，各有农户7.10万、10.96万和6.80万户。现采用典型调查了解农民家庭彩色电视机的拥有量和需求量，拟调查300户，按照划类选典的办法，高、中、低三类农户各调查86、132和82户。通过问卷测试，所得资料见表3-1。

表3-1 某县农民家庭彩电需求测算表

农户类型	农户数(户)		样本户彩电拥有量（台）		本年需求量（台）		
	全县	样本	拥有量	普及率(%)	样本需求量	需求率(%)	全县需求量
高收入户	71 000	86	73	84.9	6	7.0	4 970
中收入户	109 600	132	100	75.8	10	7.6	8 330
低收入户	68 000	82	56	68.3	5	6.1	4 148
合计	248 600	300	229	76.3	21	7.0	17 448

3.综合应用式

这种方式是将划类选典式与解剖麻雀式结合起来进行应用，一方面通过划类选典对总体的数量特征做出估计，另一方面通过解剖几个典型单位，搜集更为具体的、详细的资料。二者的结合，有利于对调查项目进行定量研究和定性研究，因而具有较强的应用性和优越性。

3.2.5 典型市场调查的程序

为了保证典型市场调查能够顺利进行，要遵循一个基本程序，如图3-2所示。

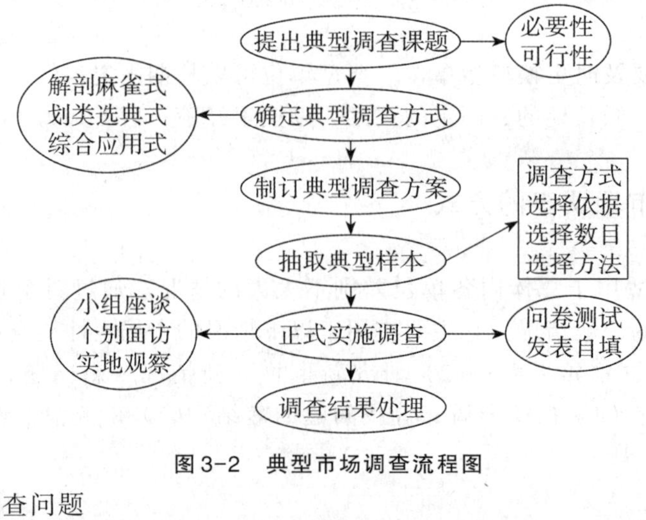

图3-2 典型市场调查流程图

1.提出典型调查问题

提出典型调查问题，即根据管理的信息需求，确定需要调查的问题，以及是否可以运用典型调查来解决这个问题。一般来说，对市场定性研究项目或对推断精度要求不高的市场定量研究项目，且调查区域范围不大、调查经费有限、调查对象各单位差异不是很悬殊的情形下，可采用典型市场调查。

2.确定典型调查方式

典型调查问题得到决策者批准之后，即可根据调查问题的性质确定典型调查方式，市场定性研究项目采用解剖麻雀式，市场定量研究项目采用划类选典式或综合应用式。

3.制订典型调查方案

制订典型调查方案，即根据典型调查问题和确定的调查方式制订较为详细的调查方案，主要内容包括调查任务、调查对象与范围、调查项目与内容、调查表或问卷、典型单位抽取、调查方法、调查时间与期限、调查进度安排和经费预算等。

4.抽取典型样本

抽取典型样本，即根据确定的典型调查的方式，先确定必要的典型单位数目（样本量），然后根据典型单位选择的依据、原则和方法选择有代表性的单位作为典型调查的最终单位。

5.正式实施调查

正式实施调查，即调查员深入到每一个典型单位中，运用问卷测试、发表自填、小组座谈、个别面谈、实地观察等调查方法收集所需的资料。

6.调查结果处理

调查结果处理，即对正式调查获得的数据和资料进行审核、分类、汇总和分析研究，以得出调查结论，并编写典型市场调查报告。

3.2.6　典型市场调查的应用

典型市场调查的应用主要表现为以下两大方面。

1.市场定性问题研究

（1）研究市场的新情况、新事物、新问题，即运用解剖麻雀式的典型调查方式，对新情况、新事物、新问题做深入的调查研究，以揭示它们的典型意义。

（2）总结经验教训。通过深入细致的典型调查，可以总结先进单位的成功经验，剖析落后单位的失败教训，以便吸取成功的经验，找出落后的原因。

（3）调查者可利用典型调查来定义市场调查的问题或寻找处理问题的途径，在寻找处理问题的途径时，常制定某些假设或确定正式调查中应包括的调查项目，亦即利用典型调查进行市场探索性研究。

（4）研究消费者的消费心理、动机、行为、偏好等，以对潜在的理由和动机求得一个定性的解释。

（5）其他问题的定性研究，如对经营管理中的各种需要做出定性结论的问题的调查研究。

2.市场定量问题的研究

（1）利用典型调查数据来验证全面调查数据的真实性。

（2）测算农产品的产量和商品量，以研究农产品供求的变化。

（3）研究消费者的货币收支、需求潜力、需求结构、需求变化。

（4）对生产经营者的产、供、销进行调查研究，利用典型样本推断总体的数量特征。

（5）其他问题的定量研究，如产品市场研究、产品销售研究、广告效果测试等均可运用划类选典的办法进行定量研究。

3.3 重点市场调查

3.3.1 重点市场调查的含义及特点

1.重点市场调查（简称重点调查）的含义

重点市场调查是指调查者为了特定的调查目的从调查对象（总体）中选择一部分重点单位组成样本而进行的一种非全面调查。

所谓重点单位，是指其标志总量占总体标志总量很大比重的那些单位。这些重点单位构成的样本，称为“重点样本”。重点样本的单位数目虽然不多，但它们的标志总量（变量值）在总体标志总量中占有很大的比重。因此，对重点样本进行调查研究，就可以了解和掌握总体的基本情况。

重点市场调查的实质也是一种非随机抽样调查。当总体分布呈偏斜状态时，少数重点单位在总体中具有举足轻重的作用。因此，把这些重点单位抽选出来进行重点调查，就可以认识总体的基本情况。

在市场现象中，有很多调查适合用重点调查方法，如从全国众多的钢铁企业中，选择首都钢铁公司、包头钢铁公司、鞍山钢铁公司、宝武钢铁公司、攀枝花钢铁公司等几个重点企业进行调查，就能大致了解全国钢铁生产的状况，因为这些重点钢铁企业的产量占全国钢铁产量的50%以上。又如，通过对山东、江苏、湖北、河南、河北五省重点产棉区棉花产量的调查，就能掌握全国棉花生产的基本情况。再如，通过对全国各大城市中的大型商业企业商品零售额的调查，就可以了解到全国商品零售额的基本情况。还有，通过对全国几大粮食批发市场的调查，就可以了解粮食流通的基本情况。对于许多消费品，其消费者表现为重点消费群，也可以利用重点调查的方法对其需求量进行调查。

重点调查是一种非全面调查，在仅仅对总体中的部分单位进行调查这一点上，它与典型调查具有相似之处。

但重点调查与典型调查的区别也是很明显的。二者在选择调查单位的标准上具有明显不同，典型调查必须选择对总体具有代表性的单位；而重点调查选择的是总体中的重点单位。二者所能达到的目的也不同，典型调查通过对典型单位的研究，可以认识同类现象的本质和规律，以达到由特殊到一般的认识目的；重点调查则是通过对重点单位的调查，认识总体的基本情况。

2.重点市场调查方式的特征

重点市场调查具有如下特征：

（1）专门性。重点市场调查是为特定目的而专门组织的调查。

（2）非全面性。重点市场调查只要求对调查总体中的部分重点单位进行调查。

（3）选择性。重点样本是根据已往的全面调查资料，通过分析、比较而抽取出来的。

（4）重点性。重点样本的标志总量在总体标志总量中占有很大的比重。

（5）数量性。重点市场调查主要应用于市场定量问题的研究，即利用重点样本数据认识总体的基本情况。

3.重点市场调查的优缺点

重点市场调查的主要优点有：调查单位数目不多，可节省人力、物力、财力和时间；可及时获取信息，了解和掌握总体的基本情况；调查工作量小，易于组织。

重点市场调查的主要缺点有：当总体各单位发展比较平衡、呈现均匀分布时，不能采用重点市场调查；当总体中的少数重点单位与众多的非重点单位的标志值结构不具有稳定性时，重点市场调查的结果只能用来说明总体的基本情况，而不能用来推断总体的数量特征。

3.3.2　重点单位的选择

重点调查中的重点单位，通常是指在调查总体中具有举足轻重的作用，能够代表总体的情况、特征和主要发展变化趋势的那些样本单位。这些单位可能数目不多，但有代表性，能够反映调查对象总体的基本情况。

选取重点单位，应遵循两个原则：一是要根据调查任务的要求和调查对象的基本情况确定选取的重点单位及数量，一般来讲，重点单位应尽可能少，而其标志值在总体中所占的比重应尽可能大，以保证有足够的代表性；二是要注意选取那些管理比较健全、业务力量较强、统计工作基础较好的单位作为重点单位。

3.3.3　重点市场调查的方式

重点市场调查的方式主要有以下三种：

1.派员调查式

派员调查式是由调查员深入到重点单位中，根据预先设计的调查表或问卷，通过实地观察、询问、查阅有关原始记录进行登记，以获取所需的数据和资料。这种方式一般适用于专门组织的一次性重点调查。

2.邮寄调查式

邮寄调查式是调查者事先用电话与各重点单位进行联系，讲明调查的目的、内容、方法和要求，然后把设计好的调查表或问卷邮寄给重点单位，由重点单位根据有关记录自行填写，最后按规定的时间邮寄回给调查者。这种方式适用于调查经费有限、调查精度要求不是很高的一次性专门调查。

3.定期报告式

定期报告式是由调查者通过制定定期统计报表下发到各重点单位，要求各重点单位以一定的原始记录为基础，按照统一表式、统一指标、统一报送时间进行填报。这种方式一般适用于定期性或经常性的重点调查。

3.3.4　重点市场调查的程序

重点市场调查一般包含五个基本步骤，如图3-3所示。

1.提出重点调查问题

重点市场调查问题的提出应考虑三个条件：一是管理决策的信息需求只要求提供总体的基本情况；二是调查总体呈现偏斜分布的状态，适合采用重点调查；三是受调查经费的限制，不宜采用其他调查方式，重点调查成为首选的路径。

2.制订重点调查方案

重点调查方案主要包括重点调查的目的和任务、重点调查的对象和范围、重点调查的内容和项目、重点调查表或问卷、重点调查的时间与期限、重点调查的方式、调查的经费

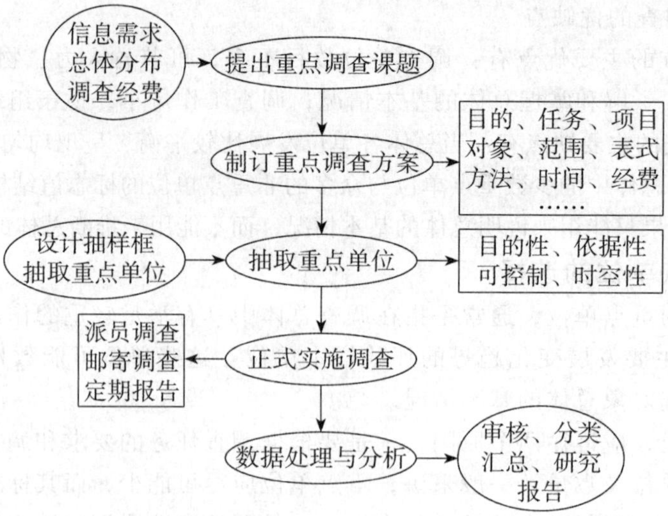

图3-3 重点市场调查运作程序

预算和数据处理等。

3.抽取重点单位

抽取重点单位，即根据重点调查方案设计的要求，先根据以往的全面调查资料设计抽样框，然后依据选择重点单位的原则，选取重点单位组成样本。

4.正式实施调查

正式实施调查，即通过派员调查或邮寄调查或定期报告方式向各重点单位收集所需的数据和资料。

5.数据处理与分析

数据处理与分析，即对各重点单位提供的数据进行审核、分类、汇总和对比研究，得出调查结论，并编写重点市场调查报告。

3.3.5 重点市场调查的应用

重点市场调查适用于调查总体呈偏斜分布的状态，而部分重点单位能比较集中地反映所要研究的项目或指标。应用的条件是：重点单位可以根据抽样框进行科学的选择，样本量能达到单位数目少、标志值比重大的要求，各重点单位具有接受调查的基础条件，就能够取得较为理想的调查结果。

一般来说，当重点样本（样本容量n）的标志总量在总体标志总量中所占的比重（P）相对稳定时，可采用比率法估计总体标志总量，计算公式为：

总体标志总量=重点样本标志总量÷P=重点样本平均值×n÷P

【例3-2】某市某年共有38家食品制造企业，其中5家为大型企业，根据以往统计资料分析，其食品制造总产值和增加值均占全市的75%。统计部门采用重点调查对这5家大型企业今年各月的总产值、增加值等进行调查，规定重点单位每月填报统计报表。其中，某月5家大型企业的总产值为4 880万元、增加值为1 885万元，则估计全市食品制造业的总产值和增加值如下：

总产值=4 880÷75%=6 506.67（万元）

增加值=1 885÷75%=2 513.33（万元）

3.3.6　市场个案调查

市场个案调查也称个别调查，它是从总体中选取一个或几个单位进行深入研究。其主要作用在于深入细致地反映某一个或几个单位的具体情况，而并不是想通过个案调查来推断总体。因此，当个案调查在选择调查单位时并不注重它对总体是否具有代表性。在对市场进行调查时，个案调查在某些时候还具有重要作用，如在新产品上市初期，可以对少数购买者进行个案调查，以便了解产品的使用情况；对一些特殊购买行为也可采用个案调查，对其购买心理等进行深入研究。

市场个案调查是市场调查初期经常采用的方式，它实际上是对市场现象某一“点”的研究。随着人类认识水平和能力的提高，尤其是抽样调查这种研究“面”的调查方式被广泛应用，人们对市场调查的设想，大多是以认识其总体规律为出发点，而不仅仅停留在对“点”的认识上。虽然人们对市场的认识能力已经达到了从“面”上铺开的高度，却不能说个案调查方式完全失去了作用。

市场个案调查往往可以与抽样调查、普查等方式结合应用，以相互取长补短，发挥其应有的作用。

除了上述四种市场调查方式外，在后面的第5章中我们还将对抽样调查这种最常用的方式加以详细介绍。这些方式是市场调查中不可缺少的，它们有各自的特点和适用对象，又都必须与适当的搜集资料的方法相配合，以达到全面、系统、准确地认识市场之目的。

本章小结

本章主要介绍了在市场调查中一些常用的市场调查方式，选择市场调查方式的目的在于解决到底是对调查对象的全体开展调查，还是从调查总体中抽取部分单位进行调查的问题。市场调查方式主要包括全面市场调查、典型市场调查、重点市场调查、抽样市场调查、个案市场调查等。各种调查方式有各自的优缺点，根据不同的调查对象和目的可以有针对性地运用各种方式进行调查。

本章开头首先介绍了全面调查方式（普查）的含义、特点、原则以及实施的步骤；接下来介绍了非全面调查方式中的典型调查方式，主要阐述了典型调查方式的含义、特征以及特点，另外还详细论述了典型调查方式的理论依据、典型单位的选择以及具体的操作程序；最后介绍了另外一种非全面调查方式——重点调查，主要阐述了重点调查的含义、特征、方式和实施的步骤。

综合训练

3.1　单项选择题

1. 对某铁路枢纽某时期货运量进行调查，以了解该铁路局的运输生产情况，这种调查是（　　）。

A. 市场普查　　B. 市场典型调查

C. 市场重点调查　　D. 市场个案调查

2. （　　）是从市场调查对象总体中选择少数重点单位进行调查，并用重点单位的调查结果反映市场总体的基本情况。

A.市场普查
B.市场典型调查
C.市场重点调查
D.市场个案调查

3.（　　）是在对市场现象整体进行分析的基础上，从市场调查对象中选择具有代表性的部分单位作为典型，进行深入、系统的调查，并通过对典型单位的调查结果来认识同类市场的规律及本质。

A.预测性调查
B.市场典型调查
C.市场重点调查
D.市场个案调查

4.所谓（　　），是对市场调查对象整体的全部单位都进行调查。

A.市场普查
B.非全面调查
C.市场重点调查
D.市场个案调查

5.下列各选项中，（　　）不属于市场调查方式。

A.市场普查
B.市场重点调查
C.市场占有率调查
D.市场个案调查

3.2　多项选择题

1.市场非全面调查的常用方式有（　　）。

A.市场普查
B.市场典型调查
C.市场重点调查
D.市场抽样调查
E.探索性调查

2.典型单位的选择方法有（　　）。

A.取中选典
B.划类选典
C.任意选取
D.解剖麻雀
E.根据具体情况而定

3.普查的主要特点有（　　）。

A.标准化程度较高
B.准确性程度较高
C.适合了解重大基本情况
D.费用比较高
E.人力、物力消耗大

4.典型市场调查的主要优点有（　　）。

A.资料真实、丰富
B.调查单位较少
C.调查范围小
D.节省时间
E.调查比较全面

5.重点调查的步骤主要包括（　　）。

A.提出重点调查问题
B.制订重点调查方案
C.数据处理与分析
D.抽取重点单位
E.正式实施调查

3.3　思考题

1.简要回答全面市场调查的含义。

2.简述全面市场调查实施的步骤。

3.简要说明典型调查的含义及特点。

4.如何有效地选择典型单位?

5.典型调查的方式包含哪些?

6.如何应用典型调查方式?

7.简述重点调查的含义及特征。什么是重点单位?

8.重点调查与典型调查的区别体现在哪里?

9.什么是个案调查方式?

10.比较全面市场调查与典型调查、重点调查之间的本质区别。

3.4 实践与训练

1.某工业企业拟进行一次客户满意度和员工满意度调查,你认为应采用何种调查方式进行客户满意度调查?

2.某大型超市拟进行一次商圈覆盖范围、商圈构成要素、商圈竞争态势、顾客满意度等方面的调查研究,你认为可采用哪些调查方式进行调查研究?

3.某工业企业拟对设计和试验出的新产品进行产品属性、消费使用等方面的市场模拟测试,通过市场评价与测定对产品的各种要素进行修订,以确定最终的产品。测试主要包括概念测试、命名测试、效能测试、工业设计测试(包装、外形等)、品质测试、性能测试、口味测试、价格测试、试销试用测试等。你认为不同项目的测试应分别采用何种调查方式?

第4章　市场调查方法

学习目标与要求

● 知识点

1.数据收集方法的分类。

2.文案调查法的含义、特点及获取信息的渠道。

3.访问调查法的含义、特点及应用。

4.观察调查法的含义、特点及应用。

5.实验调查法的含义、特点及应用。

6.定性调查方法中的小组访谈法、深度访谈法和投射技术。

7.网络调查法的含义、特点、步骤、方法及注意事项。

● 技能点

1.掌握访问调查法的应用。

2.掌握观察调查法的应用。

3.掌握实验调查法的应用。

4.掌握各种定性调查方法的应用。

【引导案例】

“润妍”的市场调查

润妍是宝洁旗下唯一针对中国市场原创的洗发水品牌，也是宝洁利用中国本土植物资源的唯一的系列产品。曾几何时，润妍被宝洁寄予厚望，认为它是宝洁全新的增长点；曾几何时，无数业内外人士对它的广告与形象赞不绝口；曾几何时，我们以为又到了黑发飘飘的春天，但2002年的时候润妍已经全面停产，退出市场，润妍怎么了？

在外界看来一片“沙砾”般的问卷调查，宝洁人却能从中看出“金子”：真正坚定调查员信心的是被访者不经意的话——总是希望自己“有一头乌黑的秀发，一双水汪汪的大眼睛”——这不正是传统东方美女的模型吗？

通过上市前大量的市场调查工作，宝洁公司的“让秀发更黑更亮，内在美丽尽释放”的润妍洗发水就此诞生。下面来具体介绍宝洁在润妍上市前做了哪些市场调查的工作。

1.“蛔虫”调查——零距离贴身观察消费者

一个称为“贴身计划”的商业摸底市场调查静悄悄地铺开。包括时任润妍品牌经理黄长青在内的十几个人分头到北京、大连、杭州、上海、广州等地选择符合条件的目标消费者，和他们48小时一起生活，进行“蛔虫”式调查。从被访者早上穿着睡衣睡眼惺忪地走到洗手间开始洗脸梳头，到晚上洗发卸妆，女士们的生活起居、饮食、化妆、洗护发习惯尽收眼底。黄长青甚至会细心揣摩被访者的性格和内心世界。在调查中，宝洁发现消费者认为滋润又具有生命力的黑发最美。

宝洁还通过一个二手资料的调查发现了以下科学证明：将一根头发放在显微镜之下，你会发现头发是由很多细微的表皮组成的，这些称为毛小皮的物质会直接影响头发的外观。健康头发的毛小皮排列整齐，而头发受损后，毛小皮则是翘起或断裂的，头发看上去又黄又暗。而润发露中的滋养成分能使毛小皮平整，并在头发上形成一层保护膜，有效防止水分的散失，补充头发的水分和养分，使头发平滑光亮，并且更加滋润。同时，润发露还能大大减少头发的断裂和摩擦，令秀发柔顺易梳。

宝洁公司专门做过相关的调查试验，发现使用不含润发露的洗发水，头发的断裂指数为1，含润发露的洗发水的断裂指数为0.3，而使用洗发水后再独立使用专门的润发露，断裂指数就降低到0.1。

中国市场调查表明，即使在北京、上海等大城市也只有14%左右的消费者会在使用洗发水后单独使用专门的润发产品，全国平均还不到10%。而在欧美、日本、中国香港等发达市场，约80%的消费者都会在使用洗发水后单独使用专门的润发产品。这说明国内大多数消费者还没有认识到专门润发步骤的必要性。因此，宝洁推出润妍一方面是借黑发概念打造属于自己的一个新品牌，另一方面就是把润发概念迅速普及。

2.使用测试——根据消费者意见改进产品

根据消费者的普遍需求，宝洁的日本技术中心随即研制出了冲洗型和免洗型两款“润妍”润发产品。产品研制出来后并没有马上投放市场，而是继续请消费者做使用测试，并根据消费者的要求，再进行产品改进。

最终推向市场的“润妍”是加入了独特的水润草药精华、特别适合东方人发质和发色的倍黑中草药润发露。

3.包装调查——设立模拟货架进行商店试销

宝洁公司专门设立了模拟货架，将自己的产品与不同品牌特别是竞争品牌的洗发水和润发露放在一起，反复请消费者观看，然后调查消费者究竟记住和喜欢什么包装，忘记和讨厌什么包装，并据此做进一步的调查与改进。

最终推向市场的润妍倍黑中草药润发露的包装强调专门为东方人设计，在包装中加入了能呈现独特的水润中草药精华的图案，包装中也展现了东西方文化的融合。

4.广告调查——让消费者选择他们最喜欢的创意

电视广告——宝洁公司先请专业的广告公司拍摄一组长达6分钟的系列广告，再组织消费者来观看，请消费者选择他们认为最好的3组画面，最后，概括绝大多数消费者的意思，将神秘女性、头发芭蕾等画面进行再组合，作为润妍的宣传广告。广告创意采用一个具有东方风韵的黑发少女来演绎东方黑发的魅力。飘扬的黑发和少女的明眸将“尽洗铅华，崇尚自然真我的东方纯美”表现得淋漓尽致。广告片的音乐组合也颇具匠心，现代的旋律配以中国传统的乐器如古筝、琵琶等，进一步呼应“润妍”产品现代东方美的定位。

5.网络调查——及时反馈消费者心理

具体来说，利用电脑的技术特点，加强润妍logo的视觉冲击力，通过Flash技术使飘扬的绿叶（润妍的标志）在用户使用网站栏目时随之在画面上闪动。通过润妍品牌图标链接，大大增加润妍品牌与消费者的互动机会。

润妍是一个适合东方人用的品牌，又有中草药倍黑成分，所以主页设计上只用了黑、白、灰、绿这几种色，但以黑、灰为主，有东方的味道。网站上将建立紧扣“东方美”、“自然”和“护理秀发”等主题的内容，加深润妍品牌联想度。

通过实时反馈技术，这样就可以知道消费者最喜欢什么颜色、什么主题等。

6.区域试销——谨慎迈出第一步

润妍的第一款新产品在杭州面市，是在这个商家必争之地进行区域范围内的试销调查。其实，润妍在选择第一个试销的地区时费尽心思。杭州是著名的国际旅游风景城市，既有深厚的历史文化底蕴，又富含传统的韵味，还具有鲜明的现代气息，受此熏陶兼具两种气息的杭州女性，与润妍要着力塑造的现代与传统结合的东方美女形象一拍即合。

7.委托调查——全方位收集信息

产品上市后，宝洁还委托第三方专业调查公司做市场占有率调查，通过问卷调查、消费者座谈会、消费者一对一访问以及经常到商店里看消费者的购物习惯，全方位搜集顾客及经销商的反馈。

在经过了3年的市场调查之后，宝洁公司不遗余力地向市场推广润妍，瞄准目标市场进行品牌诉求、公关宣传和广告轰炸。但让人遗憾的是，其市场业绩平平，最终于2002年悄然退出市场。一个经历3年酝酿、上市还不到3年的产品就这样退出了市场，人们不禁要问，是什么原因导致了这样的结果？

资料来源：百度文库.

市场调查是对市场信息进行搜集和研究的过程，信息收集方法的选择会直接影响信息结果的准确性和真实性。因此，选择科学的信息收集方法是市场调查活动的关键环节。

按信息资料内容的不同，收集数据资料的方法可以分为文案调查和实地调查两大类。文案调查法又称二手数据收集法，是指收集已有的数据资料，并加以整理和分析，这一方法经常在探索性研究阶段使用。实地调查法强调向原始数据源直接收集第一手资料，并加以整理和分析。按照数据资料性质的不同，实地调查法又可分为定性调查法和定量调查法两类。其中，定量调查法按照数据收集方式的不同又进一步分为访问调查法、观察调查法和实验调查法三类。上述调查方法的分类构成数据收集方法分类体系的基本框架，也是指导本章内容体系的基本思路。数据收集方法分类的基本框架如图4-1所示。

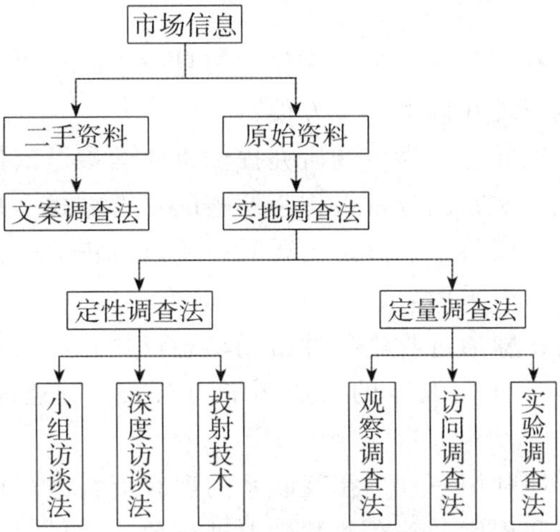

图4-1　数据收集方法分类的基本框架

4.1　文案调查方法

4.1.1　文案调查法的含义、特征、功能及局限性

1.文案调查法的含义

市场的信息来自两个方面：一是第一手资料，即实地资料；二是第二手资料，即已经公开发表或者为某种目的而收集起来的资料。

所谓文案调查法，又称间接调查方法，是指通过查找、阅读、收集历史和现实的各种资料，并经过甄别、统计分析得到调查者想得到的各种资料的一种调查方法。文案调查要求更多的专业知识、实践经验和技巧。这是一项艰辛的工作，要求有耐性、创造性和持久性。

当人们对某个市场拟做出某种情况的分析时，若这个市场的资料有限但已有一些可靠的文字资料，此时文案调查就是一种比较有效的调查方法。当需要更深入地了解和分析这一市场的情况时，就需要进行实地调查。应该说，文案调查和实地调查是市场调查中相互依存、相互补充的两种调查方法。而网络调查不仅拓展了文案调查的资料来源渠道，同时也为实地调查提供了更省时、更有效的手段和工具。

2.文案调查法的特点

调查必须选用科学的方法，调查方法选择恰当与否，对调查结果影响很大。各种调查方法都有利有弊，只有了解各种方法，才能正确选择和应用。

与实地调查法相比，文案调查法有以下几个特点：

第一，文案调查是收集已经加工过的文案，而不是对原始资料的收集。

第二，文案调查以收集文献性信息为主，它具体表现为收集各种文献资料。在我国，目前仍主要以收集印刷型文献资料为主。而当代印刷型文献资料又有许多新的特点，如数量急剧增加、分布十分广泛、内容重复交叉率高、质量良莠不齐等。

第三，文案调查所收集的资料包括动态和静态两个方面，尤其偏重动态角度，收集各种反映调查对象变化的历史与现实资料。

3.文案调查法的功能

在调查中，文案调查有特殊的地位。它作为信息收集的重要手段，一直受到世界各国的重视，文案调查的功能表现在以下四个方面：

（1）文案调查可以发现问题并为市场研究提供重要的参考依据。

根据调查的实践经验，文案调查常被作为调查的首选方式。几乎所有的调查都可始于收集现有资料，只有当现有资料不能满足需要时，才进行实地调查。因此，文案调查可以作为一种独立的调查方法加以采用。

①市场供求趋势分析，即通过收集各种市场动态资料并加以分析对比，以观察市场发展的方向。例如，某企业根据近几年的营业额平均以15%的速度增长，推测未来几年营业额的变动情况。

②相关和回归分析，即利用一系列相互联系的现有资料进行相关和回归分析，以研究现象之间相互影响的方向和程度，并在此基础上进行预测。

③市场占有率分析，即根据各方面的资料，计算出本企业某种产品的市场销售量占该市场同种商品总销售量的份额，以了解市场需求及本企业所处的市场地位。

④市场覆盖率分析，即用本企业某种商品的投放点与全国该种产品市场销售点总数的比较，反映企业商品销售的广度和宽度。

（2）文案调查可为实地调查创造条件。

如有必要进行实地调查，文案调查可为实地调查提供经验和大量背景资料，具体表现在：

①通过文案调查，可以初步了解调查对象的性质、范围、内容和重点等，并能提供实地调查无法或难以取得的市场环境等宏观资料，便于进一步开展和组织实地调查，取得良好的效果。

②文案调查所收集的资料还可用来证实各种调查假设，即可通过对以往类似调查资料的研究来指导实地调查的设计，将文案调查资料与实地调查资料进行对比，鉴别和证明实地调查结果的准确性和可靠性。

③利用文案调查资料并经过适当的实地调查，可以推算所需掌握的数据资料。

④利用文案调查资料，有助于探讨现象发生的各种原因并对原因进行说明。

（3）文案调查可用于有关部门和企业进行经常性的市场调查。

实地调查与文案调查相比，更费时、费力，组织起来也比较困难，故不能或不宜经常进行实地调查，而文案调查经调查人员精心策划，尤其是在建立企业内部及外部文案市场调查体系的情况下，具有较强的机动性和灵活性，随时能根据企业经营管理的需要，收集、整理和分析各种市场信息，定期为决策者提供相关的市场调查报告。

（4）文案调查不受时空限制。

从时间上看，文案调查不仅可以掌握现实资料，还可以获得实地调查无法取得的历史资料。从空间上看，文案调查既能对企业内部资料进行收集，又能掌握大量的有关市场环境方面的资料。

4.文案调查法的局限性

（1）这种方法依据的主要是历史资料，过时资料比较多，现实中正在发展变化的新情况、新问题难以得到反映。

（2）文案调查所收集、整理的资料和调查目的往往不能很好地吻合，数据对解决问题不能完全适用，收集资料时易有遗漏。例如，调查所需要的是分月商品销售额的资料，而我们所掌握的是全年商品销售额的资料，尽管可计算平均月销售额，但精确度会受到影响。

（3）文案调查要求调查人员有较广的理论知识、较深的专业知识及技能，否则调查人员将感到力有不逮。此外，文案调查所收集的次级资料的准确程度较难把握，有些资料是由专业水平较高的人员采用科学的方法收集和加工的，准确度较高，而有的资料只是估算和推测的，准确度较低，因此，应明确资料的来源并加以说明。

4.1.2 文案调查法的基本要求

文案调查法的特点和功能，决定了调查人员在进行文案调查时，要注意以下几个方面：

1.广泛性

文案调查要求对现有资料的收集必须周详，要通过各种信息渠道、利用各种机会、采取各种方式大量收集各方面有价值的资料。一般说来，既要有宏观资料，又要有微观资料；既要有历史资料，又要有现实资料；既要有综合资料，又要有专门资料。

2.针对性

要着重收集与调查主题紧密相关的资料，善于对一般性资料进行摘录、整理、传递和选择，以得到有参考价值的信息。

3.时效性

要考虑所收集资料的时间能否满足调查的需要。随着知识更新速度的加快，调查活动的节奏也越来越快，资料适用的时间在缩短，因此，只有反映最新情况的资料才是价值最高的资料。

4.连续性

要注意所收集的资料在时间上是否连续。只有连续性的资料才便于动态比较，才便于掌握事物发展变化的特点和规律。

4.1.3 文案调查的渠道和方式、方法

1.文案调查的渠道

进行文案调查时，应根据调查目的，收集一切可以利用的现有资料。从企业经营的角度来讲，现有资料包括企业内部资料和企业外部资料。因此，文案调查的渠道也主要是这两种。

（1）企业内部资料的收集。

对企业内部资料的收集，主要是收集企业经济活动的各种记录，包括以下三种：

①业务资料。这包括与企业经济业务活动有关的各种资料，如订货单、进货单、发货单、合同文本、发票、销售记录、业务员访问报告等。

②统计资料。这主要包括各类统计报表，企业生产、销售、库存等各种数据资料，各类统计分析资料等。

③财务资料。财务资料反映了企业活劳动和物化管理的占用和消耗情况及所取得的经济效益，通过对这些资料的研究，可以确定企业的发展前景，考核企业的经济时效。

④企业积累的其他资料。其他资料包括平时剪报、各种调查报告、经验总结、顾客意见和建议、同业卷宗及有关照片和录像等。例如，根据顾客对企业经营商品质量和售后服务的意见，就可以对如何改进加以研究。

（2）企业外部资料的收集。

对于企业外部资料的收集，渠道主要有以下几个方面：

①统计部门与各级各类政府主管部门公布的有关资料。国家统计局和各地方统计局都定期发布统计公报等信息，并定期出版各类统计年鉴，内容包括国民生产总值、国民收入、居民购买力水平等，这些均是很有权威和价值的信息，这些信息都具有综合性强、辐射面广的特点。

②各种经济信息中心、专业信息咨询机构、行业协会和联合会提供的市场信息和有关行业情报。这些机构的信息系统度高，资料齐全，为了满足各类用户的需要，它们通常还提供资料的代购、咨询、检索和定向服务，是获取资料的重要来源。

③国内外有关的图书、报纸、杂志所提供的文献资料，包括各种统计资料、广告资料、市场行情资料和各种预测资料等。

④有关生产和经营机构提供的商品目录、广告说明书、专利资料及商品价目表等。

⑤各地广播电台、电视台提供的有关市场信息。近年来全国各地的广播电台和电视台为适应市场经营形势发展的需要，都相继开设了市场信息、经济博览等以传播经济、市场信息为主导的专题节目，并投放有各类广告。

⑥各种国际组织、外国使馆、商会所提供的国际市场信息。

⑦国内外各种博览会、展销会、交易会、订货会等促销会议以及专业性、学术性经验交流会议上所发放的文件和材料。

2. 文案调查的方式和方法

（1）文案调查的方式。

在文案调查中，企业内部资料的收集相对比较容易，调查费用低，调查障碍少，能够准确把握资料的来源和收集的过程，因此，应尽量利用企业的内部资料。

对于企业外部资料的收集，可以依不同情况采取不同的方式：

①具有宣传广告性质的许多资料，如产品目录、使用说明书、图册、会议资料等，是企事业单位为扩大影响、推销产品、争取客户而免费向社会提供的，可以无偿取得；而对于需要通过经济手段获得的资料，只能采取有偿方式获得，有偿方式取得的资料需付出调查成本，因此，要对其可能产生的各种成本加以考虑。

②对于公开出版、发行的资料，一般可通过订购、邮购、交换、索取等方式直接获得，而对于使用对象有一定限制或具有保密性质的资料，则需要通过间接的方式获取。随着国内外市场竞争的日益加剧，获取竞争对手的商业秘密已成为市场调查的一个重要内容。

（2）文案调查的方法。

要想研究现有资料，必须先进行查找。对于文献性资料来说，科学地查寻资料具有十分重要的意义。从某种意义上讲，文案调查的方法其实也就是对资料的查寻方法，在此主要介绍以下两种文献性资料的查寻方法：

①参考文献查找法。参考文献查找法是利用有关著作、论文的末尾所开列的参考文

献，或者以文中所提到的某些文献资料为线索追踪、查找有关文献资料的方法。采用这种方法，可以提高查找效率。

②检索工具查找法。检索工具查找法是利用已有的检索工具查找文献资料的方法。依据检索工具的不同，检索方法主要有手工检索和计算机检索两种。

第一，手工检索。进行手工检索的前提是要有检索工具，因为收录范围不同、收录形式不同、出版形式不同，所以检索工具多种多样。以收录形式来分类的检索工具主要有三种：一是目录，它是根据信息资料的题名进行编制的，常见的目录有产品目录、企业目录、行业目录等；二是索引，它是将信息资料的内容特征和表象特征录入，标明出处，并按一定的排列方法组织排列，如按人名、地名、符号等特征进行排列；三是文摘，它是对资料的主要内容所做的一种简要介绍，能使人们用较少的时间获得较多的信息。

第二，计算机检索。与手工检索相比，计算机检索不仅具有检索速度快、效率高、内容新、范围广、数量大等优点，而且可打破获取信息资料的地理障碍和时间约束，能向各类用户提供完善的、可靠的信息。在市场调查电脑化程度提高之后，人们将主要依靠计算机来检索信息。

应当指出的是，文案调查所收集的二手资料，有些十分真实、清楚、明了，可直接加以利用，有些则杂乱无章且有失真情况发生，对此还应该经过加工和筛选，才能得出有用的结论。

4.1.4　文案调查的步骤

1.确定市场调查的基本目的及必要的调查内容

此阶段的工作有：

(1) 在调查的执行者与调查结论的使用者之间加强沟通，使双方就调查的目的、用途、内容涵盖范围等方面达成共识；

(2) 明确调查的目的，必要时限定范围，避免调查的问题不明确或者理解有误；

(3) 要求提供必要的资料和协助；

(4) 调查人员广泛了解行业的基本常识，以保证调查的内涵和质量；

(5) 初步确定资料收集的范围和来源。

2.拟订调查计划

拟订详细的调查计划并安排相关人员。

3.查阅资料

查阅可供调查的资料档案及其资料来源。

4.开展资料收集工作

根据需要，收集有关资料。

5.筛选相关资料，做适用性、重要性评估，完成重点摘要

(1) 筛选的目的是去伪存真、去粗取精，并将资料整理成需要的形式。

(2) 分类是将资料按照需要分类整理，以便进一步分析。

(3) 在评估资料的适用性时，要遵照以下原则：①切题性，不切主题的资料要舍弃；②准确性，资料应避免内容夸张、失真和错误；③专题性，使用的资料要有一定的内涵和深度、有实质性的内容；④时效性，要注意资料的时效，考虑资料的价值；⑤经济性，耗

时长、处理成本过高的资料要予以舍弃。

（4）经过筛选的资料，再加以重点摘要之后，便进入了可使用的状态。

6.资料整理、衔接及融会贯通

（1）各种资料结合使用，发挥资料之间的比较或者互补作用；

（2）将资料做必要的调整和补足，如统计单位和口径；

（3）对资料进行逻辑性研究，按照有利线索重新编排组合；

（4）完成必要的统计工作，如将资料整理成图表；

（5）检查资料是否周详严谨，有无遗漏；

（6）进行资料衔接和融会贯通。

7.制作文案调查报告

（1）依据调查目的、内容和资料的内在逻辑、现实趋势及重要内容，完成调查结论；

（2）将结论按照重要性程度排序；

（3）客观公正地对得出的结论予以表达。

4.2 实地调查方法

实地调查方法有很多种，按照具体形式可以将其分为访问调查法、观察调查法和实验调查法。选择哪一种调查方法与调查目标、调查对象和调查员的素质等有直接关系。每一种调查方法的反馈率、真实性及调查费用都有不同的特点，所以在使用时应注意不同调查方法的特点、适用范围、需注意的问题，以及各种方法之间的相互配合。

4.2.1 访问调查法

1.访问调查法的定义

访问调查法又称采访法、询问法，是在第一手资料收集中最常用、最基本的一种方法。它是调查人员通过口头、书面或电信等方式向被调查者了解市场情况、收集资料的一种实地调查方法。这种方法的特点是通过直接或间接访问的方式来了解被调查者的看法和意见。访问的目的是了解消费者的消费需求、消费心理、消费态度、消费习惯以及企业经营情况等现实信息以及被调查者购买、销售或使用本企业产品的改进建议等。

2.访问调查法的基本类型

访问调查法在具体应用中，根据研究目的和调查对象的不同特点可分为不同的类型。

（1）标准化访问和非标准化访问。

根据对访问内容是否进行统一设计，可以将访问法分为标准化访问和非标准化访问。

①标准化访问。

标准化访问也称有结构访问，它是按照事先设计好的、有一定结构的访问问卷进行访问，整个访问过程是在高度控制下进行的。

标准化访问的标准化表现在：选择访问对象的方法、访谈中提问的内容、提问的方式和顺序、对被访问者回答问题的记录方式等都是统一的。

在标准化访问中，访问问卷是调查的主要工具。访谈过程按问卷中设计的内容进行，访谈结果也记录在问卷中。

标准化访问的突出优点是便于资料的整理、汇总和分析，有利于用统计分析方法研究现象的总体；其局限性则表现为缺少灵活性，在整个调查过程中不能更改内容，不利于充分发挥调查双方的主观能动性。

标准化访问常用于研究不易直接观察的市场现象，如消费者的态度、观念、倾向、愿望等，这些现象不能被直接发现，却可以通过交谈反映出来，同时标准化访问可以在较大的总体内进行。标准化访问常与抽样调查结合使用，采用统一设计的访问问卷，对样本进行调查取得有关资料，然后推断总体的表现。

②非标准化访问。

所谓非标准化访问，也称为无结构访问，与标准化访问不同，它事先不设计统一的访问问卷，只根据访问目的列出粗线条的访问提纲，由访问者和被访问者根据提纲自由交谈。

这种访谈对调查双方都不存在严格的约束，有利于发挥双方的积极性和主动性。

非标准化访谈对于深入了解某些市场问题，对市场现象做细致的分析是很有利的。在市场调查实践中，调查者往往可以用此方法了解一些事先无法完全推想的市场现象的实际情况。

非标准化访问也有一点明显的不足，就是对调查结果的整理、分析工作量较大。

非标准化访问常与重点调查、典型调查、个案调查等方式结合使用，这样能够发挥其深入细致研究问题的特点。相反，它不宜用于全面调查。通过非标准化访问，调查人员往往还可以提出某种研究假设，适用于各种探索性研究。

标准化访问和非标准化访问调查问题的方法不同，在必要时可以结合使用，使调查结果既有广度又有深度，全面调查研究市场现象的本质和规律。

（2）直接访问和间接访问。

按访问者与被访问者的交流方式的不同，可以将访问调查法分为直接访问和间接访问。

①直接访问。

所谓直接访问，是指访问者与被访问者面对面地交谈。

访问法一般采取这种方式。访问者到被访问者家中做实地访问，收集市场现象的实际资料，常称为"走出去"访问。根据具体情况，还可采取将被访问者请到访问者安排的某地点，对被访问者做访问，常称为"请进来"访问。这都属于双方面对面地交谈，即直接访问。

②间接访问。

所谓间接访问，是指通过电话或邮寄对被访问者进行访问。之所以说它是间接的，是因为调查者与被调查者并不见面；间接访问只有在不便与被调查者直接接触的情况下才使用，它具有节省时间、费用的优点。但在一般情况下，间接访问的内容（即调查的具体项目）不能太多。

（3）面访调查、邮寄调查和电话调查。

根据访问调查过程中调查者与被调查者接触的方式，可以将访问调查法分为面访调查、邮寄调查和电话调查等几种方式。

访问调查法的分类如图4-2所示。

3.几种主要的访问调查法

（1）面访调查法。

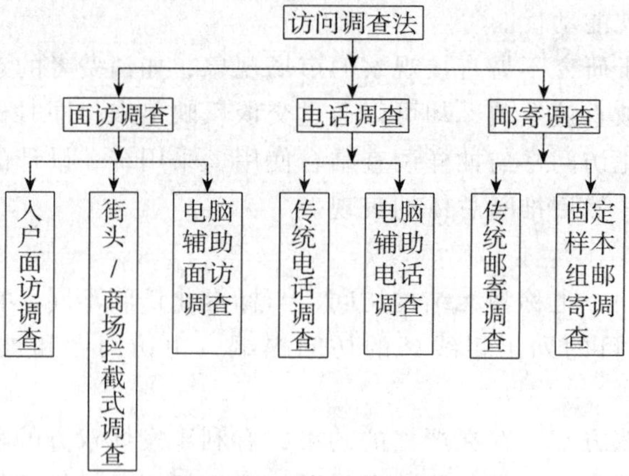

图4-2 访问调查法的分类

面访调查法是调查者根据调查提纲直接访问被调查者，当面询问有关问题。

①入户面访调查。

所谓入户面访调查，就是调查员按照抽样方案的要求，到抽中的家庭或单位中，按事先规定的方法选取适当的被访者，再依照问卷或调查提纲进行面对面的直接访问。由于现代社会人与人之间的距离逐渐拉大，人们越来越重视私密性，入户访问越来越困难。因此，这种方法的使用越来越少。

在决定采用入户访问方式之前，企业首先要决定到哪些家庭户（单位）去访问，应该尽可能详细、具体地规定抽取家庭户的方法。同时，要求调查员必须严格按照规定进行抽样，绝对不可以随意地、主观地选取调查户。

入户之后要确定具体的访问对象。根据研究目的的不同，确定的访问对象也不同。如果调查内容主要涉及整个家庭，则一般访问户主；如果调查内容主要涉及个人行为，一般是访问家庭中的某个年龄段的成员，或是按某种规定选取一位家庭成员进行访问。不管哪一种情况，抽样方案中要规定具体的方法，使调查员有据可依。对于只选一位家庭成员的情况，一般使用“入户随机抽样表”来确定。

②街头/商场拦截式调查。

拦截访问是指在某个场所拦截在场的人进行面访调查。这种方法常用于商业性的消费者意向调查。拦截面访的好处在于效率高，但是，无论如何控制样本及调查的质量，都无法证明收集的数据对总体有很好的代表性。

街头/商场拦截式调查主要有两种方式：

第一种方式是由经过培训的访问员在事先选定的若干个地点，如交通路口、户外广告牌前、商城或购物中心内（外）等，按照一定的程序和要求，选取访问对象，征得其同意后，在现场按照问卷进行简短的面访调查。

第二种方式也叫中心地调查或厅堂测试，是在事先选定的若干场所内，根据研究的要求，摆放若干供被访者观看或试用的物品，然后按照一定的程序，在事先选定的若干场所的附近，拦截访问对象，征得其同意后，带到专用的房间或厅堂内进行面访调查。这种方式常用于需要进行实物展示的或特别需要有现场控制的探索性研究，或需要进行实验的因果关系研究，如广告效果测试、某种新开发产品的试用实验等。

③计算机辅助面访调查。

计算机辅助面访调查（CAPI）在一些发达国家使用比较广泛，它可以是入户的CAPI，也可以是街头拦截式的CAPI。它主要有以下两种方式：

第一种方式是由经过培训的调查员手持笔记本电脑，向被访对象进行面访调查。调查问卷事先已经存放在计算机内，调查员按照屏幕上所显示的调查问题的顺序和指导逐题提问，并及时地将答案输入电脑。目前CAPI可以十分方便地处理开放式的问答题，也可将被访者的回答输入电脑。

第二种方式是对被访者进行简单的培训或指导后，让被访者面对电脑屏幕上的问卷，逐题将自己的答案亲自输入到计算机内。调查员不参与回答，也不知道被访者输入的答案，但是调查员可以待在旁边，以便随时提供必要的帮助。

④面访调查的优缺点。

面访调查的优点有：

第一，入户面访可望取得较有代表性的样本。这是因为入户面访有比较严格的抽样方案，所以样本对总体有一定的代表性。另外，利用经过严格培训的、经验丰富的调查员，可以大大提高访问的回答率，可得到质量较高的样本。

第二，可望获取内容较多、问题较深、质量较高的数据。面访调查的时间一般较长(拦截式调查有时除外)，可以采取比较复杂的问卷，可以调查比较深入的问题。面访调查中调查员可以在现场解释或澄清问题、减少错误回答或不完全回答的现象。特别是采用CAPI方式进行访问时，数据收集的灵活性和多样性的优势就更为突出了。

第三，具有激励效果。由于被访问者有机会面对面地向他人表达自己的见解或与他人讨论某些自己所熟悉的产品或关心的问题，因此有可能达到情绪上的满足。调查员可以利用这种激励作用，争取被访者的合作，以提高回答率和回答质量。

面访调查的缺点有：

第一，费用较高。在几种调查方法中，面访调查的费用是最高的，特别是在获取全国性或某些区域性的随机样本时。

第二，时间较长。由于面访调查需要调查员亲自去找被调查者，大量的时间花费在奔波和寻找之中，因此调查速度较慢，持续时间较长。

第三，某些群体的访问成功率低。例如，有些高收入或高地位的特殊阶层，面访调查者是很难接触到的；有些居民区由于考虑安全、隐私等方面的问题，不允许调查员入户访问。近些年，大城市入户调查的拒访率在不断上升。

第四，实施质量较难控制。在面访调查中，由于调查员分散在许多地方，因此对调查员的管理监督难度较大，对调查质量的控制也只能通过事先的培训和事后的抽查来实现，这需要投入较大的人力和经费。

(2) 电话调查法。

电话调查法是由调查员通过电话向被调查者询问、了解有关问题的一种调查方法。

①传统的电话调查。

传统的电话调查使用的工具是普通的电话、普通的印刷问卷和书写用笔。经过培训的调查员在电话室内按照调查设计所规定的随机拨号方法，确定拨打的电话号码。如果拨通电话，则按照准备好的问卷和培训的要求，筛选被访对象；然后对合格的调查对象按照问卷设计的顺序进行提问，并记录受访对象的回答。电话室会有专业的督导员，负责电话调查的实施和应急问题的处理。

随机拨号的方法是根据抽样的原理设计的，常用的做法有以下两种：

第一，利用现成的电话号码簿作为抽样框，借助随机的数字表，随机地选取号码拨打，或采用等距离抽样的方法从电话号码簿中抽取号码拨打。

第二，按照调查地区从有关部门获得号码的前几位分布的名单及所占比例，根据这些数据选定每个地区抽样的样本数。

传统的电话调查对于小样本的简单访谈虽然简便易行，但也存在不少问题，如效率低、难以进行统一的监控和管理、难以处理复杂的问卷等。

②计算机辅助电话调查。

计算机辅助电话调查CATI（computer assisted telephone interviewing）是将传统电话调查的问卷设计、调查实施管理、数据录入和统计等步骤计算机化的调查方法。

1970年，CATI在美国出现，电访员在电话访问时能够将数据同步录入计算机，实现数据录入和统计的同步整合。

1975年，加利福尼亚大学洛杉矶分校将CATI系统应用于教学研究。

作为一种调查方法和技术，CATI已在欧美发达国家使用了数十个年头，许多国家半数以上的访问通过CATI完成，有些国家CATI访问量甚至高达95%。有关资料显示，美国的一家市场研究公司，CATI的访问座席竟多达550个。CATI技术在国外之所以如此流行，一方面得益于电话的高普及率，另一方面也是迫于大都市入户访问成功率越来越低的现状。如今，CATI理论及技术已经相当成熟，并广泛地应用于多种调查研究领域：品牌知名度研究、产品渗透率研究、品牌市场占有率研究、产品广告到达率研究、广告投放后的效果跟踪研究、消费习惯研究、消费者生活形态研究、顾客满意度调查、服务质量跟踪调查、产品（担保）登记、家庭用品测试、选举民意测验以及健康问题调查等。

在中国，直到1987年，电话调查才开始被一些专业的调查机构使用，主要用于民意测验和媒体接触率研究。1999年，四川卫视利用当地的电话网络进行收视覆盖率调查；2000年春节，央视春节晚会对收视率进行了即时调查。2004年之后，CATI在中国也已获得了较为广泛的应用，专业市场研究机构、高等院校、政府机关、社科院、卫生机构、大型企业、呼叫中心等都出现了CATI系统的身影。CATI被它们应用于品牌知名度研究、产品渗透率研究、品牌市场占有率研究、产品广告到达率研究、广告投放后的效果跟踪研究、消费习惯研究、消费者生活形态研究、顾客满意度调查、服务质量跟踪调查、产品（担保）登记、家庭用品测试、选举民意测验、健康问题调查，以及客户回访、电话营销等诸多领域。

CATI系统通常的工作形式是：访员坐在计算机前，面对屏幕上的问卷，向电话对面的被访者读出问题，并用鼠标或键盘将受访者的回答结果记录到计算机中；督导坐在另一台计算机前对整个访问工作进行现场监控。通过该系统，调查者可以以更短的时间、更少的费用，得到更加优质的访问数据，所得数据可直接用于各种统计软件。

整套CATI系统的硬件包括：一台起总控制作用的计算机主机、若干台与主机相连接的CRT终端、耳机（耳塞）式电话、鼠标、若干台起监视作用的计算机及配套的音响设备。整套CATI系统的软件包括：自动随机拨号系统软件、问卷设计系统软件、服务管理系统软件、数据录入和管理系统软件、简单的数据统计系统软件。

经培训的调查员戴上耳机，坐在CRT终端旁边，按照电脑屏幕提示的程序进行工作。自动拨号系统会根据调查人员事先设计好的抽样方案自动拨号并保存拨号记录。电话拨通后，调查员根据屏幕上显示的问答题（访问问卷）对受访对象进行提问，并通过计算机的键盘或鼠标将问答结果即时录入到计算机中。CATI的问卷设计系统软件在问卷设计过程中，对多选题目和跳答题目进行编程，并把提问时要注意的注意事项也显示在屏幕上，屏幕上每次显示一个问题，回答完毕后自动跳到下一个问题。

督导员在现场主要负责控制和检查工作：通过监督设备，督导员可以看到每个调查员的工作情况、访问数量以及进行成功率的统计等，且可以直接监听成功率较低的调查员（或培训新的调查员）的电话访问过程并及时指出其访问中出现的问题。计算机的中心服务器可以随时提供访问的进展情况和阶段性的数据总结，督导员可以根据这些数据对访问过程进行调节和控制；对于访问者不在家、需要对其进行追访的情况，服务器也可自动记录下来。CATI系统可以对电话调查的数据进行简单的统计，若需进一步的分析，也可从CATI系统中将数据以数据库的形式复制到其他专业统计包中。

③电话调查的优势和局限。

电话调查的优势有：

第一，节约费用（相对于面访调查而言，尤其是对不同城市的调查，节省更多)。

第二，节约时间。

第三，可能访问到不易接触的调查对象。例如，有些人工作太忙而拒绝面访，有些人拒绝陌生人入户访问，但他们却有可能接受短暂的电话调查。

第四，对于某些问题可能得到更为坦诚的回答。例如，有些关于个人方面的问题，或者对某些特殊商品的看法，电话调查得到的回答可能要比面访调查得到的回答真实。

第五，易于控制实施的质量。访问员基本上是在同一中心位置进行电话访问，所以督导员或研究人员可以在实施的现场随时纠正访问员不正确的操作。

电话调查的局限有：

第一，抽样总体与目标总体的不一致。抽样总体实际上是全体电话用户，而目标总体包括所有有电话和没电话的目标。这在电话普及率还没有达到一个令人满意水平的地区尤其突出，特别是边远地区。样本的代表性问题是目前在实施电话调查的最大问题。

第二，访问的内容难以深入。电话访问的时间不宜太长，一般在15分钟左右；问题不宜太复杂，因此难以调查比较深入的问题。

第三，调查的成功率可能非常低。随机拨打的电话可能是空号或错号；被访者可能不在或正忙不能接听电话；被访者可能不愿意接受电话调查等。

（3）邮寄调查法。

邮寄调查法是将调查问卷邮寄给被调查者，由被调查者根据调查问卷的填写要求填写好后寄回问卷的一种调查方法。

①传统邮寄调查。

所谓传统邮寄调查，就是将问卷通过邮局寄给选定的调查对象，并请求受访对象按照规定的要求和时间填写问卷，然后寄回调查机构的方法。传统邮寄调查的基本步骤如下：

第一，根据研究目的确定调查总体，收集相关名单和通信地址，按一定抽样方法选出被调查者。

第二，通过电话或明信片或简短的信件与调查对象进行事先的联络，说明最近的调查项目，并请求他们的合作。

第三，向调查对象寄出调查问卷。典型的邮寄调查问卷应该包括5个方面的内容：贴足邮资写清调查对象的信封；致调查对象的信件（包括说明调查机构、调查目的、填写要求以及相关恳请合作的文字）；调查问卷；贴足邮资写清调查机构地址的回邮信封；谢礼或有关谢礼的承诺等。

第四，通过电话和简短的通信，询问调查对象是否收到调查问卷并请求早日寄回问卷，以提高问卷的回收率。

第五，对回收的问卷进行整理和编码，包括问卷的编号、寄回的日期、寄回的地区、回收的数量等。

第六，如果回收率没有达到研究的要求，可以视条件采取一定措施纠正低回收率造成的误差。例如，对没有寄回问卷的受访对象进行一定数量的面访调查等。

②固定样本组邮寄调查。

固定样本组邮寄调查，是指事先抽取一个地区性或全国性的样本（具有代表性的样本），样本中的家庭或个人都已同意参加某方面的定期邮寄调查，然后由调查机构向这个固定样本中的成员定期邮寄调查问卷，样本成员将问卷按照要求填写后及时寄回调查机构的方法。这种方法通常要给家庭成员各种礼物作为刺激和酬谢。

固定样本组邮寄调查常用于进行电视收视率、广播收听率、报纸杂志阅读率的调查、家庭消费调查以及其他商业性的定期调查。为防止样本的老化，要定期调整更新样本。

③留置问卷调查。

留置问卷调查是介于邮寄调查和面访调查之间的一种方法，它综合了邮寄调查由于匿名性而保密性强和面访调查回收率高的优点。具体的做法是，由调查员按面访的方式找到被调查者，说明调查目的和填写要求后，将问卷留置于被调查者处，约定几天后再次登门取回填好的问卷。留置问卷调查的关键之一是保证匿名性。

④邮寄调查的优缺点。

邮寄调查的优点有：

第一，保密性强。由于邮寄调查一般都是匿名的，所以保密性强，被调查者有安全感，对问题的回答较真实，特别适合于对敏感问题的研究。

第二，调查区域广。从原则上讲，凡是通邮的地方都可以进行邮寄调查，因此该种调查方法能够调查到面访或电话调查难以寻找到的调查对象，如某商品的边远地区或海外地区使用者。

第三，费用较低。一般情况下，邮寄调查的费用比面访和电话调查都低。

第四，无调查员偏差。面访调查和电话调查的质量与调查员自身的素质有很大的关系，而邮寄调查可以完全避免因调查员而产生的偏差。

邮寄调查的缺点有：

第一，回收率低。在几种调查方法中，邮寄调查的回收率是最低的，因此在邮寄调查中需特别注意采取有效的措施提高回收率，同时对由于回收率低所造成的偏差进行必要的处理。

第二，花费的时间长。在几种调查方法中，邮寄调查所需的时间是最长的，因此该方法只适用于那些时效性要求不高的项目。

第三，填答问卷的质量难以控制。调查对象可能找他人代为回答，或没有填完全部问题就停止了问卷的填写，这些都将影响数据的质量。

第四，调查对象的限制。邮寄调查的最大限制之一是被调查者必须有一定的文化程度。

专栏4-1

强生公司邮寄调查

强生公司是一家国际知名的婴儿用品生产公司。该公司想利用其在婴儿用品市场的高知名度来开发婴儿用的阿司匹林，但不知市场的接受程度如何。由于强生公司有一些关系较好的市场调查样本群体，且问题比较简单，但需要由被调查者做出解释，故决定采用费用较低的邮寄方法进行市场调查。通过邮寄方法的调查分析，强生公司得出了这样一个结论：该公司的产品被消费者一致认为是温和的（这种反应与强生公司所做广告的宣传效果是一致的），但温和并不是人们对婴儿阿司匹林的期望。相反，许多人认为温和的阿司匹林可能不具有很好的疗效。为此，强生公司认为如果开发这种新产品，并做出适合于该产品的宣传就会损坏公司的整体形象，公司多年的努力也将付之东流，如果按以往的形象做出宣传又无法打开市场。因此强生公司最终决定放弃这种产品的开发。

4.访问调查方法之间的比较

关于访问调查方法之间的比较，见表4-1。

表4-1 **三种访问调查方法优缺点的比较**

项目	面访调查法	电话调查法	邮寄调查法
调查范围	较窄	较窄	广
调查对象	可控可选	可控可选	一般
影响回答的因素	能了解控制和判断	无法了解控制和判断	难了解控制和判断
回收率	高	较高	较低
回答速度	可快可慢	最快	慢
回答质量	较高	高	较低
平均费用	最高	低	较低

5.访问调查的程序

访问调查在遵守市场调查一般程序的条件下，还必须根据访问调查的特点，制定出访问调查的具体程序。访问调查的程序如下：

（1）访问的准备。

访问的准备工作首先要根据研究的目的和市场的具体情况，选择适当的访问类型，主要是决定用标准化访问方式还是用非标准化访问方式。若采用标准化访问，必须统一设计的访问问卷；若采用非标准化访问，则需设计出访问提纲。

由于访问是在调查者与被调查者之间实施的，对被访问者的选择是否恰当，就成为一个对调查有重大影响的问题。在不同的访问类型中选择访问对象的方法是不同的，由于标准化访问多与抽样调查结合应用，所以一般是按随机原则选择被访问者，以保证其客观性，以便于进行资料整理和分析；非标准化访问大多与典型调查、重点调查或个案调查结合应用，选择被访问者时应符合这些调查方式的要求。

访问的准备还应明确落实一些具体问题。例如，落实访谈的时间、地点；安排好调查员的访问工作量；准备好访问工具，包括调查表或调查卡片、访问问卷、录音机、笔、纸等；还应对访问中可能出现的问题进行充分的估计，并想好相应的对策。

(2) 进入访问。

在市场调查的实际工作中，访问者有必要与被调查对象所在的省、市、区（县）、街道（乡镇）、社区等各级机构建立联系，以便得到允许或支持。尤其是以消费者家庭为调查单位的市场调查，需要深入到居民住户中去，如果没有社区行政机构的协助，往往不易得到居民的理解和配合。在较大规模的市场调查中，最好能由行政管理部门人员与调查者一起向群众说明调查的目的和意义，对群众提出适当的要求，这样比单纯地由调查者去组织调查要好得多。若市场调查的内容与生产企业的生产活动、营销企业的经营活动、行政区域的管理活动联系紧密，是不可缺少的资料，那么市场调查就可能得到各级行政机构的支持，如在人力、物力方面的大力协助等。

进入访问是访问调查的开端，访问者要运用前面所讲的接近被访问者的方法，尽快地熟悉被访问者，目的是使被访问者产生问答提问的动机，做好回答问题的准备。

(3) 实施访问，做好访问记录。

实施访问主要是指访问者对被访问者提问，这是市场访问调查的中心环节，是取得市场现象有关资料的关键。在此过程中，访问者围绕实质性问题提问，以功能性问题作辅助，提问的方式可根据调查的目的和被调查对象的特点灵活选取；与此同时，访问者必须应用提问、引导、追问和非语言因素等手段对访问进行控制。

做好访问记录是将被访问者的口头问答记载在某种物质载体上，以此作为市场调查所获得的资料。根据不同的访问类型，访问记录会有所不同。

标准化访问的记录一般比较简单。由于在设计访问问卷时已将如何记录的问题考虑在内，所以访问者只要按事先设计好的问卷、表格或卡片和统一规定的记录符号将被访问者的问答记录下来就可以了。

非标准化访问记录较标准化访问难度大一些。由于访问中的说话速度都比较快，通常对访问者的记录水平有比较高的要求。为了使记录工作不影响调查者的正常访问，经常采用两个调查员为一组的方法，一位主要负责提问，一位主要负责记录。这种当场记录的优点非常突出，所记录的资料一般比较完整客观，如果没记下来还可重复提问，及时补上。而事后记录往往不能完全做到这点。非标准化访问在有必要和有条件的情况下，也可采取录音形式，使访问者全神贯注于访问，而不必考虑记录速度和记录的详尽程度等问题。

非标准化访问笔记记录的方法，可以采取速记、缩写记录等不同方法。速记方法是用一种特定符号对回答进行记录，这种方法速度快，可以对回答内容逐字逐句记录；但是在访问后必须进行翻译，才能使其他人也读得懂。缩写记录是把一些常用词汇用符号或记其中一两个字的方法进行记录，以便提高记录速度；采用这种方法必须在访问后及时将省略的字填上，否则很容易遗忘。

非标准化访问记录的内容，可以采取详细记录或重点记录的方式进行。详细记录是将被访问者的回答逐句记录，这种完整的记录可以充分反映访问的过程，取得第一手资料；但它要求访问者掌握速记方法。重点记录是将被访问者回答的重点内容记录下来，可以记要点，记被访问者回答的主要事实、经验、教训、观点、意见、建议等；也可以记特点，对诸多的被访问者主要记录每个人回答的特点，以避免过多地重复记录；还可以记疑点，即将被访问者回答中的有疑问之处记下来，以便进行追询；此外，访问者还可记录一些自己在访问中的感受、设想、发现等，以便在整理和分析资料及研究市场时把这些设想、发现考虑在内，否则时过境迁，一些很好的想法可能被遗忘掉。

由于访问记录是原始资料，是研究市场的依据，所以要特别注意它的准确性和可靠性。一方面要注意记录中不发生笔误，另一方面可以采取给被访问者读一遍的方法，以进行核对、修改和补充。对于访问中没听清或没听明白的回答，一定不要按自己的主观猜想编出内容记录下来，最好用引导或追问的方法请被访问者回答得更明确，这样才能保证记录内容的客观性。

（4）结束访问。

访问过程的最后环节，就是结束访问。访问的结束应做到适可而止，善始善终。访问要做到适可而止，就是以实质性内容调查完毕、占用被访问者时间不能过长为基本点，即做到对调查双方都有利。访问结束时可以提问“您是否还有需要补充的？”“我是否忽视了什么内容？”等问题，这样使访问的结束比较自然。还应对被访问者的回答表示感谢，用“占用了您的时间，谢谢您的合作”等语言表达谢意，使得访问做到善始善终。这样既做到了圆满地完成本次访问，又为以后的市场调查打下了基础。结束访问与访问过程一样，都要注意语言的艺术性。

结束访问中比较难处理的问题是，实质性问题还未提完，而被访问者已经兴趣索然，或由于时间过长双方都已疲倦，访问继续下去有困难。在这种情况下，访问者应该冷静，尽量争取一次完成访问，实在有困难也可实行再次访问解决留下的问题。

4.2.2 观察调查法

观察调查法是调查员凭借自己的感官和各种记录工具，深入调查现场，在被调查者未察觉的情况下，直接观察和记录被调查者行为，以收集市场信息的一种方法。观察调查法简称为观察法。

【案例4-1】

丰田公司的美国家庭调查

一次，一个美国家庭住进了一位“不幸”的日本人。奇怪的是，这位“落难者”每天都在做笔记，记录美国人居家生活的各种细节，包括吃什么食物、看什么电视节目等。一个月后，这个日本人走了。不久，丰田公司推出了针对美国家庭需求而设计的价廉物美的旅行车，该车大受欢迎。比如，美国男士（特别是年轻人）喜欢喝玻璃瓶装饮料而非纸盒饮料，日本设计师就专门在车内设计了能冷藏并能安全放置玻璃瓶的柜子。直到此时，丰田公司才在报纸上刊登了他们对美国家庭的研究报告，并向那户人家道歉，同时表示感谢。

1.观察调查法的特点

观察调查法不直接向被调查者提问，而是从旁观察被调查者的行动、反应和感受。其主要特点有：

（1）观察调查法所观察的内容是经过周密考虑的，不同于人们日常生活中的出门看天气、到公园观赏风景等个人的兴趣行为，而是观察者根据某种需要，有目的、有计划地收集市场资料、研究市场问题的过程。

（2）观察调查法要求对观察对象进行系统、全面的观察。在实地观察前，应根据调查目的对观察项目和观察方式设计出具体的方案，尽可能避免或减少观察误差，防止以偏概全，以提高调查资料的可靠性。因此，观察调查法对观察人员有严格的要求。

（3）观察调查法要求观察人员在充分利用自己的感觉器官的同时，还要尽量运用科学的观察工具。人的感觉器官特别是眼睛，在实地观察中能获取大量的信息。而照相机、摄像机、望远镜、显微镜、探测器等观察工具，不仅能提高人的观察能力，还能将观察结果记载下来，增加资料的翔实性。

（4）观察调查法的观察结果是当时正在发生的、处于自然状态下的市场现象。市场现象的自然状态是各种因素综合影响的结果，没有人为制造的假象。在这样的条件下取得的观察结果，可以客观、真实地反映实际情况。

2.观察调查法的基本类型

按照不同的角度，观察法可以分为不同的类型。

（1）按照观察情境条件的不同，可分为：

自然情境观察法：包括自然行为的系统现象观察以及偶然现象的观察，收集到的材料较为客观真实，但不能很好地把握观察对象的本质。

实验室观察法：是在实验室的模拟环境中，按照一系列严密的观察计划进行的观察方法，这种观察能捕捉到较为深层次的东西，有利于探讨事物内在的因果关系。

（2）按观察者是否直接参与被观察者所从事的活动，可分为：

参与式观察：是指观察者参与到被观察者从事的活动中去，在相互接触与直接体验中倾听和观察被观察者的言行。观察者既是研究者又是参与者。

非参与式观察：不要求调查者直接参与到被调查者从事的活动中去，而是以“旁观者”的身份来了解事物发展的态势。在条件允许的情况下，观察者可以采用录像的方式对现场进行录像。非参与式观察操作起来比较容易，易于获得较为“真实”的资料。

（3）按实施观察的方法不同，可分为：

结构式观察：是指预设有明确的目标、要观察的问题以及大致范围，有较详细的观察计划、步骤以及合理设计的可控性观察，能获得翔实的材料，并能对观察资料进行定量分析和对比研究。

非结构式观察：是一种开放式的观察活动，允许观察者根据当时的情境调整自己的观察视角和内容。观察者可以事先设计一个观察提纲，但这个提纲比较开放，内容也比较灵活，并可以根据情境修改。

（4）按实施观察的方式不同，可分为：

人员观察：观察员深入到现场，利用自身的感觉器官，见证并记录下市场信息。

机器观察：通过科学仪器记录市场信息。在特定的环境下，机器可能比人员更精确、更容易、更便宜地完成工作。

（5）按观察的对象不同，可分为：

直接观察：是指对所发生的事或人的行为直接观察和记录。在观察过程中，调查人员所处的地位是被动的，也就是说，调查人员对所观察的事件或行为不加以控制或干涉。

间接观察：是通过对实物的观察，来追溯和了解过去发生过的事情，故又称为对实物的观察法。

3.观察技术

观察技术是指观察人员实施观察时所运用的一些技能手段，主要包括卡片、符号、速记、记忆和机械记录等。适当采用观察技术对提高调查工作的质量有很大的帮助。

观察卡片是一种标准化的记录工具，其记录结果即形成观察的最终资料。在制作卡片时，应先列出所有要观察的项目，经筛选后保留其中的重要项目，再将重点项目根据可能出现的各种情况进行合理的编排。表4-2是某商场为观察购买者的行为而制作的顾客流量及购物调查卡片。在使用时，在商场的进出口处安排几名调查员进行记录，调查卡片每小时使用一张或每半小时使用一张，可将该时间内出入的顾客及其购买情况详细地记录下来。

表4-2 **顾客流量及购物调查卡片**

被观察单位__________观察时间____年____月____日____时至____时

观察地点__________观察员__________

	入　向	出　向
人　数		
购物金额		

符号和速记是为了提高记录工作的效率，用一套简便易写的线段、圈点等符号系统来代替文字，迅速地记录观察中遇到的各种情况。记忆则是采取事后追忆的方式进行记录，通常用于调查时间紧迫或不宜现场记录的情况。机械记录是指在观察调查中运用录音、录像、照相以及其他专业手段进行记录。

4.观察调查法的主要内容

（1）观察顾客的行为。了解顾客行为，可以使企业有针对性地采取恰当的促销方式。所以，调查者要经常观察或者摄录顾客在商场、销售大厅内的活动情况，如顾客在购买商品之前主要观察的是商品价格、商品质量还是商品款式以及顾客对商场的服务态度有何议论等。

（2）观察顾客的流量。观察顾客流量对改善商场经营、提高服务质量有很大好处。例如，观察一天内各个时间进出商店的顾客数量，可以合理地安排营业员的工作时间，更好地为顾客服务；又如，为新商店选择地址或研究市区商业网点的布局，也需要观察客流量。

（3）观察产品使用现场。调查人员到产品的使用地观察、了解产品质量、性能及用户反映等情况，实地了解使用产品的条件和技术要求，从中发现产品更新换代的前景和趋势。

（4）观察商店柜台及橱窗布局。为了提高服务质量，调查人员要观察商店内柜台及橱窗布局是否合理，顾客选购、付款是否方便，柜台商品是否丰富，顾客到台率与成交率以及营业员的服务态度如何等。

5.观察调查法的运用原则

观察调查法的运用是观察人员的主观活动过程。为使观察结果符合客观实际要求，观察人员必须遵循以下原则：

（1）客观性原则，即观察者必须持客观的态度对市场现象进行记录，切不可按主观倾向或个人好恶，歪曲事实或编造情况。

（2）全面性原则，即必须从不同层次、不同角度进行全面观察，避免出现对市场片面或错误的认识。

（3）持久性原则。市场现象极为复杂，且随着时间、地点、条件的变化而不断地变化。市场现象的规律必须通过较长时间的观察才能被发现。

另外，还要注意遵守社会公德，不得侵害公民的各种权利，不得强迫被调查者做不愿做的事，不得违背被调查者的意愿观察其某些市场活动，并且应为其保密。

6.观察调查法的应用

（1）神秘购物法。

神秘购物法是让观察人员扮成购物人员，像观察对象那样介入整个活动之中，收集有关商店的观察数据以及顾客或雇员间交互的数据的调查方法。神秘顾客是受过专门培训的购物者，他们对企业的服务、业务操作、员工诚信度、商品推广情况以及产品质量等进行匿名评估，这些受过专门培训的购物者在体验过程中不掺杂个人主观偏好。神秘顾客（也称神秘购物者）在对观察对象检测时以第三方的身份出现，可以保证检测的客观、公正、保密性。通过“神秘顾客”的检测可以对窗口性行业的营业环境、服务人员的服务态度、业务素质和技能进行评估和考核，从而达到改进内部服务管理的质量、提高顾客满意度的目的。对于竞争对手调查，可以通过了解竞争对手销售商品或提供服务的种类、品牌、价格等方面信息。目前，神秘购物法被广泛应用于电信、银行、汽车、食品、餐饮、医院、旅游、运输等服务性行业。

【案例4-2】

肯德基公司的秘密检查

目前，肯德基公司遍布全球109个国家，连锁店数目多达15 000家。然而肯德基公司在万里之外，怎么能相信它的加盟店循规蹈矩呢？一次，上海肯德基有限公司收到3份国际公司寄来的鉴定书，这3份鉴定书是对外滩快餐厅的工作质量的3次鉴定评分，分别为83分、85分、88分。公司中方经理都为之瞠目结舌，这3个分数是怎么评定的？

原来，肯德基公司雇用、培训了一批人，让他们佯装顾客，秘密进入店内进行检查和评分。这些人来无影、去无踪，而且没有时间规律，这可使快餐厅的经理、雇员时时感受到某种压力，丝毫不敢疏忽。

①神秘购物法的形式。

神秘购物法有四种不同的基本形式，每一种形式可收集不同深度和类型的信息。

第一，神秘购物者打神秘电话。在这种方法中，神秘购物者给其客户打电话，并根据电话内容估计客户所接受的服务水平，继而与其进行一番照本宣科式的谈话。

第二，神秘购物者参观某个展览并快速地购买东西，顾客与雇员之间不需要过多或是完全不需要相互沟通。在这种方法中，神秘购物者通过购物对交易场所的形象和交易能力进行评估。

第三，神秘购物者造访某企业，用事先准备好的手稿或方案与服务或销售代表谈话，并不包含真正的购买行为，如与销售代表讨论手机的不同包装等。

第四，神秘购物者进行一次需要高超交流技艺和对此产品有丰富知识的访问，如讨论家庭贷款购买新车的过程等。

②神秘购物者的任务。

第一，观察购物环境。例如，店堂布局与装饰、商品陈列、货架摆放、通道宽窄、文化氛围，以及顾客对购物环境的评价等。

第二，了解服务质量。神秘顾客进入要调查的商场或超市，可买也可不买商品，买了也可退货，退了货还可再买；可以向售货员询问各种与购物有关的产品问题，借以了解服务质量。

第三，观察消费者的购买行为。神秘顾客与消费者一起选购商品，可以观察消费者购买商品的品牌、品种和数量，倾听他们对不同产品的评价，并观察他们选购商品时所关注的要素等。

第四，了解同类产品的市场情况。神秘顾客可以在特定的柜台前，观察同类产品（如空调、电视机、化妆品等）的陈列品种、价格定位，消费者的购买选择和评议，并向售货员询问各种与购物有关的问题，借以获取有关的信息。

③神秘购物者的选择。

神秘购物者不同于一般调查的访问员，其具有较高的综合素质和理解能力、良好的心理状态、端正的工作态度、敏锐的观察分辨能力，这些都是调查质量的有力保证。神秘购物者要始终坚持公平、公正、中立、保密的工作原则，并有相当好的记忆能力。神秘购物者分为两种：一种为即时神秘顾客（随机抽取那些正在消费的顾客），一种为长期神秘顾客（经相关培训的专门人员，他们对调查对象进行长期监测）。

④神秘购物法的操作步骤。

神秘购物者购物是一种结构观察调查法，操作步骤如下：

第一，确定观察对象和观察内容。

观察对象可以是个人，也可以是班组、车间、企业、商店等。观察内容是所要研究的现象，它反映了观察的特征和状态。例如，某服装研究部门委托的研究，其观察对象是某个专卖店的营业员，观察的内容包括营业员的礼貌和笑容、营业员的推销技巧、店铺和货品的整洁程度、管理人员的态度等。又如，HP（惠普）公司曾雇用神秘顾客在北京HP授权经销商处进行调查，调查内容分为五个部分：第一部分是产品情况；第二部分是视觉效果情况；第三部分是店铺装备情况；第四部分是对HP的支持情况；第五部分是价格控制情况。

第二，将观察内容具体化，做出详细分类，确定观察变量和指标。

第三，依据观察指标设计观察表格、卡片或拟定观察提纲，并规定标准化的观察方法和记录方法。

第四，对观察记录进行统计整理和分析。

神秘购物者根据表格设计的检查点，按照指定的活动路线进行逐一检查。首先按照规定的分值一一对应进行核查打分，然后按照各项的重要程度来分配权重，各个检查点的分值累加起来为100分，最后写出调查报告。

（2）顾客观察法。

顾客观察法是指在各种商场中秘密注意、跟踪和记录顾客的行为和举动，以获取企业经营所需的信息。这种观察法主要适用于自选商场、超市和购物中心。观察顾客行为，选定顾客的多少要根据商场客流量而定，可以采取等距抽样的方法来确定观察对象，比如在进入商场的客流中，每10人就选中1人作为跟踪目标。还要拟出观察方案，主要包括观察场所和路径，并制成一张观察记录表。在做观察记录时，观察人员要将顾客的行为方向和路线用箭头画出。如果顾客购买了某种商品，或是从货架上拿下了某种商品，那就必须立刻在观察记录表中的对应位置做好记号。利用这种方法，不仅可以从图上看出顾客的行走路线，还可以看出顾客搜寻各种商品的行踪。

【拓展知识4-1】

大行其道的顾客观察法

在西方国家，顾客观察法已成为企业的一种特殊服务，而且收费很高。美国《读者文摘》曾经报道，专门从事观察业务的商业密探在美国大行其道。昂得希尔就被称为商业密探，他所在的公司叫恩维罗塞尔公司，他通常的做法是坐在一家商店的对面，悄悄地观察出入商店的人群的性别、年龄、人数、姿态、表情、在商店里逗留的时间等。在商店里，他的下属正努力工作，跟踪在商品架前徘徊的顾客，偷听他们的议论。他们的目的在于找出商店生意好坏的原因，了解顾客走进商店以后如何行动，以及为什么许多顾客在挑选很长时间后还是失望地离开。昂得希尔的手下偷偷地在商店里穿行，假装清查存货。他们跟踪顾客，不管顾客停留多久、多少次回到同一件商品前面，他们总是紧紧跟随，一边用照相机拍照，一边用红笔在本上画出每个顾客的购物路线。他们给很多商店提出了许多实用的改进措施。例如，他们用一卷胶片拍摄了一家主要是青少年光顾的音像商店，发现这家商店把磁带放在了孩子们够不着的很高的货架上，昂得希尔指出应把商品放低18英寸，结果销售量大大增加。他们还出过很多点子。例如，建议商店设立休息区，方便丈夫观看电视、看报纸等，耐心地等待妻子逛商店。又如，针对老年人喜欢许多人一起购物的特点，他们建议在商店通道旁设椅子，供其休息。再如，建议超市将日常必需品摆放在靠后的位置，以便于购物者在选购牛奶、面包、熟食时能够产生购买冲动，将更多的商品放入其购物篮中。

以超市为例，采用顾客观察法，可以获取下列信息：客流量；前来逛店的人们的平均滞留时间；逛店的路径；顾客对减价商品的反应；顾客停步留意的商品品种和比例；顾客停步留意商品时间长短；顾客产生冲动购物的次数；顾客在购买一种商品之前与之平均接触的次数等。

（3）痕量分析法。

痕量分析法的数据收集是以过去行为的物理痕迹或证据为基础，这些痕迹可能是调查对象有意或无意遗留下来的。例如，可以根据一页纸上不同指纹的数目来衡量一本杂志中不同广告的读者人数；可以根据一个停车场内汽车的车龄和车况来评价顾客的富裕程度；

可以根据互联网访问者留下的踪迹来分析访问者浏览和使用互联网的行为。虽然痕量分析法已经被创造性地应用，但是也存在局限性，由于数据经常不完整，所以为了分析不得不做出一些假设。

【案例4-3】

研究垃圾的雪佛隆

著名的雪佛隆企业重金邀请亚利桑那大学教授威廉·雷兹对垃圾进行研究，教授每天尽可能多地搜集垃圾，然后按垃圾的内容标明其原产品的名称、重量、数量、包装形式等，并予以分类，获得了有关当地居民消费状况的准确信息。用雷兹教授的话说："垃圾绝对不会说谎和弄虚作假，什么样的人就丢什么样的垃圾。"雪佛隆企业借此做出相应决策，大获全胜，而其竞争对手却始终没有搞清楚雪佛隆企业的市场情报的来源。

资料来源：王钧.垃圾的作用［J］.时代青年，2011（11）.

（4）单向镜观察法。

单向镜观察法是指在有一间带单向镜的观察室中，委托人打开单向镜观察小组讨论的情况。例如，新产品开发经理能够观察到当主持人展示各种不同的包装类型时消费者的反应。委托人也能观察到当消费者说话时他们所流露出的感情色彩。近年来，告知参与者正在采用单向镜并向他们解释谁在另外一间房间观看以及观看的原因，已经成为一种趋势。

（5）仪器观察法。

仪器观察法是通过仪器设备或主要借助仪器（如摄像机、录音机等）实现的观察。仪表和仪器是人的感官的延长，机器和工具是人的四肢的延长，计算机和人工智能是人脑的功能的扩展。现代科技已使电子仪器和机械设备成为市场调查的有力工具。在特定的环境中，仪器观察能比人员观察更便宜、更精确、更容易地完成工作。常用的观察仪器有交通流量计数器、脑电图、测瞳仪、阅读器、扫描仪等。有代表性的仪器有如下几种：

①视向测定仪，又叫眼睛照相机。它可以在一秒钟内拍摄人的16个视线动作，用于探测被测试者对广告的反应。它可以记录被测试者注视广告作品时，眼球移动的时间长短和顺序，检测广告作品引人注目的程度、被测试者感兴趣的部分及视觉流程路线的轨迹。

②阅读器。阅读器是由Pretesting公司发明的，这种仪器看起来就像一盏台灯，被测试者坐在阅读器前不会意识到他的行为已经被记录下来了。阅读器是一种全自动装置，使用阅读器进行观察时，被观察者可以阅读任何大小的杂志或报纸。阅读器及特别设计的隐藏式照相机，能够记录被观察者的阅读习惯和使用广告的效果等方面的信息。

【拓展知识4-2】

阅读习惯调查

一项基于阅读器观察法的调查结果发现：

近40%的读者不是从杂志的后面开始阅读，就是从感兴趣的文章或广告开始阅读，只有不到一半的读者是从杂志的第一页开始读起。在一般的杂志中，只有大约35%的广告受到了不到2秒钟的自动注意。许多产品（例如化妆品和服装）品牌名称混淆率超过了50%。

③收视计数器。尼尔森公司抽样挑出2 000户有代表性的家庭作为被调查者，并为这2 000户家庭各安装了一个收视计数器。当被调查者打开电视时，计数器自动提醒收视者

输入收视时间、收视人数、收看频道和节目等数据，所输入的数据通过电话线传到公司的电脑中心，再由尼尔森公司的调查人员对电脑记录的数据进行整理和分析。

④条码扫描器。利用条码扫描器对商品条形码做记录也是一种普遍应用的市场调查法。例如，商店经营者可以借助条码扫描器的记录对该商店的促销活动进行调查，以了解消费者对降价活动的反应以及降价活动对公司利润的影响。

7.观察法误差分析

从科学意义上的调查研究角度来看，任何一种调查方法都不可能完全无误，观察法也不例外。在市场调查中有些调查误差可以用指标数值表示，有些调查误差是无法计算的；有些误差是可以尽量避免的，有些则是无法避免的。观察法的调查误差是无法计算的，但却是可以尽量避免或减少的。

（1）观察误差产生的原因。

观察误差产生的原因有很多，从调查主体和调查客体来划分，可分为两大类，即观察者原因和被观察者原因。

从观察者的原因来看，主要有以下几个方面：

①态度、观点原因。

市场观察者是在一定社会环境中生活的人，在对事物进行观察时都有一定的立场、观点，或对所观察的市场现象带有某种倾向、意见。不同的立场、观点，不同的意见和倾向，会造成对同一市场现象的不同观察结果。观察者的工作态度也会影响观察结果，事业心不强、工作态度不认真，必然造成观察不细致，产生观察误差。

②知识和经验原因。

观察者的有关知识是否全面，对观察的准确性会有明显影响。若观察者不具备与观察有关的各种知识，就会给观察带来误差。观察者的经验，包括社会经验和市场调查工作的经验，都会对观察能力有相当影响，这也决定了调查者观察能力的高低。

③心理和生理原因。

观察者的心理和生理因素也是不可忽视的原因。观察者的心理原因往往表现为兴趣、情绪等。若观察者的情绪好，对观察对象表现出较大兴趣，其观察结果就比较准确；但若相反，则观察结果往往就会出现误差。观察者的生理原因，直接反映为观察者感觉器官的感受能力。观察法是利用人的感觉器官和观察工具，对市场现象进行观察的调查方法。因此，感觉器官是否正常，是否拥有正常的感受能力是非常重要的。在观察过程中，观察者的身体应处于健康状态，同时还要避免一些错觉对观察的影响。还应注意各种观察工具的使用方法，若不能正确掌握观察工具的使用方法，不仅达不到利用工具延伸人类观察能力的目的，反而会给观察造成误差。

从被观察者的原因来看，误差的产生也可归纳为以下几个方面：

①被观察现象的发展还不成熟，还不能表现出市场现象的本质。

市场现象本身是处在不断发展变化过程中的，现象的发展、变化有一个过程。现象的规律和本质，只有在其现象发展相对成熟时才能表现出来。若在不适当的时间、地点、条件下对现象进行观察，往往无法观察到本质，容易产生观察误差。

②由于观察活动对被观察者的干扰，被观察者会产生心理和行为反应。

被观察者的这种反应，一般并非有意识的，而是一种本能的反应，但它会使观察产生一定误差。

③有意识制造的假象。

被观察者由于对市场调查的认识水平有限，往往会对观察采取一些对策，人为地制造出某些假象。在许多情况下制造假象是涉及经济利益的，是为了取得信任和舆论的好评。例如，产品广告宣传与产品本身质量、效能相差甚远；展销会的展品与预付款后提供的商品质价不等；质量评比会的参评商品与日常批量生产的产品质量不一等。总之，在相当长一段时间内，人为地、有意识地制造假象还是一种不能完全避免的社会问题，因此利用观察法对市场现象进行调查会产生一定的影响，造成观察误差。

（2）减少观察误差，提高观察准确性的措施。

调查者采用任何一种调查方法，都希望得到正确反映市场现象的资料，而不希望出现调查误差。因为原始资料是研究市场现象的基础，是得出有关市场结论的依据，如果基础不牢固、依据不可靠，由此得出的结论就失去了应有的意义。因此对于观察法，保证观察结果的真实、准确是最关键的问题。

在调查研究实践中，所谓保证观察结果的真实、准确，就是尽量减少调查误差，提高调查的准确性。因为引起误差的原因多种多样，百分之百地无误是不可能的。应用观察法搜集资料也是如此，调查者只能尽量减少观察误差。减少观察误差的各种方法是具体可行的，主要有以下几个方面：

①严格选择和要求观察人员。

观察人员是观察法的主体，需要具备与调查目的和方法相应的条件。观察员必须是各种感觉器官正常的人，特别是视觉器官，这是观察市场现象不可缺少的条件。还必须对观察员进行思想教育，提高其实事求是观察现象的自觉性，绝不能歪曲和捏造事实；提高其工作的责任心和认真态度，严格遵守各种观察法的具体规定；提高对观察问题的兴趣，认识观察工作的意义。这样，观察结果的准确性才有基础。

②培养和训练观察员。

仅仅正确的思想和态度还不够，还必须对观察员的知识和技能有一定的要求。观察员应该具备丰富的社会知识，包括由个人经验取得的知识和从书本上获得的知识，也包括各种市场理论知识和与被观察现象有关的具体知识。观察员的知识越充实，经验越丰富，发生观察误差的可能性就越小。

对观察员必须进行各种技能的训练，主要是对感觉器官的训练和对观察工具的使用训练。人的感觉器官经过一定的专业训练，能力可以得到明显提高。在训练中可以采取的方法有很多，如由有经验的观察员传授经验、进行试点观察并进行分析研究等。在观察过程中若使用观察工具，则必须事先对其性能和使用技能进行学习和实践，达到能够熟练使用的程度后才能投入实际工作。只有做到这些，观察结果的准确性才有保证。

③控制观察活动的干扰，对市场现象进行对比观察。

观察活动或多或少会对被观察者产生一定干扰，使被观察者出现不正常反应，所以应尽可能把观察活动的干扰控制在最低程度。同时，可以对市场现象进行对比观察，如对同一市场现象在不同观察点的观察结果进行对比；对同一市场现象在不同时间反复观察的结果进行对比等。通过对比观察结果，可以消除人为假象对观察结果的影响，还可以避免现象发展不成熟而对观察结果的影响。做到这些，观察结果的准确性就有了进一步的保证。

总之，通过对观察主体和被观察客体采取各种措施，会尽可能减少观察误差，大大提高观察资料的准确性，为研究分析市场现象提供可靠的依据。

8.观察法的优点和缺点

观察法是市场调查研究中的重要方法之一，它是一种非常古老的认识方法，并在现代市场调查中由于各种观察工具的使用而得到进一步发展和深化。它也是在市场调查中经常被采用的方法。与其他调查方法比较，观察法有明显的优点但也有其局限性。

观察法的优点有：

（1）观察法的直接性及可靠性。

观察法最突出的优点是，可以实地观察市场现象，从而获得直接的、具体的、生动的材料。对于市场现象的实际过程和当时的环境气氛都可以了解，这是其他任何方法都不能比拟的。由于观察的直接性，所得到的资料一般具有较高的可靠性。

（2）适用性强。

观察法对各种市场现象具有广泛的适用性。观察法基本上是由调查主体一方为主，而不像其他调查方法，要求被调查者具有配合调查的相应能力，如语言表达能力或文字表达能力，这大大提高了观察法的适用性。

（3）观察法简便易行，灵活性较大。

在观察过程中，观察人员可多可少、观察时间可长可短，只要在市场现象发生的现场，就能比较准确地观察到现象的表现。参与性观察可以深入了解市场现象在不同条件下的具体表现，非参与性观察则可在不为人知的情况下，做灵活的观察。

观察法并不是一种十全十美的方法，也有其局限性。观察法的局限性有：

（1）观察活动必须在市场现象发生的现场。

观察法的这种特点，使观察活动有一些局限性，需要较多人力、物力。而对于一些有较大偶然性的市场现象，往往不容易把握其发生的时间和地点，因而在现象发生时不能及时到达现场。

（2）观察法明显受到时空限制。

观察法必须在市场现象发生的当时当地进行观察。从空间上看，它只能观察某些点的情况，而难以做到对宏观的全面观察；从时间上看，它只能观察当时的情况，对市场现象过去的和未来的情况都无法观察。

（3）有些市场现象不能用观察法。

前面说观察法具有广泛的适用性，并不是说任何市场现象都可以通过实地观察取得资料。有些市场现象只适合于口头或书面形式搜集资料。例如，消费者的消费观念，对某些市场问题的观点、意见等。此外，观察法还常常在观察活动中使被观察者受到一定程度的干扰，而不能使观察者处于自然状态。同时，这种方法不易对现象进行重复观察，因为市场现象不会在相同时间、空间出现完全相同的表现。

在用观察法搜集市场资料时，应该扬长避短，充分发挥其优点，避免其局限，减少观察误差。

4.2.3 实验调查法

实验是一种科学的认识方法，最早应用于自然科学领域，后来逐步应用到社会经济问题的研究中。实验调查法是一种重要的直接调查方法，是能搜集第一手资料的方法，同时也是一种比较复杂的调查方法。在市场调查中，应用实验调查法也是认识市场现象的一种重要的途径。

实验调查法是指市场调查者有目的、有意识地改变一个或几个影响因素，来观察市场现象在这些因素影响下的变动情况，以认识市场现象的本质特征和发展规律。实验调查既是一种实践过程，又是一种认识过程，并将实践与认识统一为调查研究过程。实验调查法在市场调查中有比较广泛的应用。一种产品在进入市场，或改变包装、设计、价格、广告、陈列方法、推销方法等因素前，均可先做一个小规模的实验，如包装对产品销量的影响，广告对品牌态度、品牌偏好的影响等，然后再决定是否大规模地推广。例如，要研究价格对销售量的影响，研究者可选择几个购买力等条件基本相同的地区或商店对同一商品分别以几种不同的价格进行销售，然后观察这几个地区或商店在销售量上有什么不同。如果以较高价格销售的地区销量明显较大，说明价格高反而有助于产品的销售。反之，如果中等价格地区销售量较大，说明中等价格比较适合消费者。

1.实验调查法的概念、类型以及基本要素

（1）概念。

实验调查法，又称实验法，研究者通过控制某一或某几个自变量（如价格、包装或广告），研究其对因变量（如销售量、品牌态度等）的影响。实验调查法是运用类似于自然科学中的实验室求证的原理来研究市场问题的，单纯从逻辑上说，实验调查法最具科学色彩，因为只有实验调查法才能证明实验变量与目标变量之间是否存在因果关系，因此实验调查又称为因果性调查。

（2）类型。

实验环境根据人工或自然水平可以分为实验室实验和现场实验。实验环境的人工水平是指在实验环境中一个实验者的行为与他在自然环境下的正常行为之间的差异程度。比如，在一个实验室里做一项消费者味觉偏好的实验，实验环境的人工程度就很高，而同一个实验若由N个商店采用联合展销的方式进行，人工程度就较低，前者叫实验室实验，后者叫现场实验。

①实验室实验。

实验室实验在新产品、包装和广告设计以及其他调查的初次测试中有着广泛的应用。实验室实验可以通过实验环境，有意识地控制、操纵实验条件，最大限度地减少外生变量的影响，这是现场实验所不及的。另外，实验室实验与现场实验相比既省钱又省时。

实验室实验的最大缺点就是预测效力差。另外，实验室实验可能导致反应误差，反应误差可能来自两个方面：一是来自实验环境，二是来自实验实施者。被测试者在实验环境中并不总是被动的。被测试者试图了解自己正在干什么，并且总是希望有正确的（即实验实施者希望的）行为。如果环境中有任何线索透露出实验者的实验意图，那么被测试者就会按照“好”的行为行事，结果就会导致出现观察误差。

②现场实验。

现场实验的一个最突出的特点是实验环境非常接近实际中的真实环境，得到这种真实环境的典型方法是在市场上处理或变动自变量。但是，现场实验缺乏控制，既缺乏对自变量的控制，也缺乏对外生变量的控制。比如，许多现场实验要求批发商或零售商合作，但是这种合作经常难以保证。那些正试图大规模降价的商店可能拒绝以某特定价格销售某一种商品的要求，而对于外生变量的控制更困难，像天气变化、战争、竞争者的活动这样的因素都无法由实验者控制。从某种意义上讲，现场实验不如实验室实验应用广泛，但是，由于它的结果有较高的预测效果，所以在市场研究中经常被用于新产品大范围推出前的最后验证。

（3）实验调查法的基本要素。

①实验者，即主持实验的研究者以及参与实验过程的实验人员。

②实验变数，即在实验过程中变动的因素。其中，在实验过程中实行的措施，叫自变数或实验刺激；在实验过程中，由自变数决定其变化的因素，叫因变数。

③实验对象，即在实验过程中涉及的人，也即实验调查的群体或个人。其中，接受自变数作用的实验对象构成实验组；不接受自变数作用的实验对象构成控制组。

④实验检测，即在实验过程中对实验对象的观察与测定，包括事前观察（自变数作用前）和事后观察（自变数作用后）。

2.实验调查法的步骤

（1）根据调查项目和问题要求，提出研究假设，确定实验自变数。例如，某种新产品在不同地区的销售额是否有显著的差异，哪个地区的销售效果最好；不同的广告设计方案的促销效果是否存在显著的差别，哪个方案的促销效果最佳等。

（2）进行实验设计，确定实验方法。实验设计的方案很多，有单因素实验设计和双因素实验设计两大类。其中每一类又分为许多具体的实验设计形式。一般来说，应根据因素的个数、因素的不同状态或水平、可允许的重复观察次数、实验经费和实验时间等综合选择实验方案。

（3）选择实验对象，进行实验。这是指按实验设计方案组织实施实验，对实验结果进行认真观测和记录，对实验观察数据进行整理、编制统计表，运用统计对比分析、方差分析等对实验数据进行分析和推断，得出实验结果，并解释实验结果。

（4）撰写实验调查报告。实验调查报告应包括实验目的说明、实验方案和实验过程的介绍、实验结果及解释，并提出有价值的信息和行动方案，为决策提供依据。

3.实验设计

实验设计是调查者进行实验活动、控制实验环境和实验对象的规划方案。它是实验调查的中心环节，决定着研究假设能否被确认，也决定着实验对象的选择和实验活动的开展，最终还影响着实验结论。

根据是否设置控制组或设置控制组的多少，可以设计出多种实验方案。基本的、常用的实验方案有：

（1）单一实验组前后对比实验。选择若干实验对象作为实验组，将实验对象在实验活动前后的情况进行对比，得出实验结论。在市场调查中，经常采用这种简便的实验调查。例如，某食品厂为了提高糖果的销售量，认为应改变原有的陈旧包装，并为此设计了新的包装图案。为了检验新包装的效果，以决定是否在未来推出新包装，厂家取A、B、C、D、E五种糖果作为实验对象，对这五种糖果在改变包装的前一个月和后一个月的销售量进行了检测，得到的实验结果见表4-3。

表4-3　　**单一实验组前后对比**　　单位：千克

糖果品种	实验前售量 Y_0	实验后销量 Y_n	实验结果 Y_n-Y_0
A	300	340	40
B	280	300	20
C	380	410	30
D	440	490	50
E	340	380	40
合计	1 740	1 920	180

> 改变包装比不改变包装销售量大，说明顾客不仅注意糖果的质量，也对其包装有所要求。因此断定，改变糖果包装以促进其销售量增加的研究假设是合理的，厂家可以推出新包装。但应注意，市场现象可能受许多因素的影响，180千克的销售增加量，不一定只是改变包装引起的。

因此，单一实验组前后对比实验，只有在实验者能有效排除非实验变量的影响，或者是非实验变量的影响可忽略不计的情况下，实验结果才能充分成立。

（2）实验组与控制组对比实验。选择若干实验对象为实验组，同时选择若干与实验对象相同或相似的调查对象为控制组，并使实验组与控制组处于相同的实验环境之中。例如，某食品厂为了解改变面包的配方后消费者会有什么反应，选择了A、B、C三个商店为实验组，再选择与之条件相似的D、E、F三个商店为控制组进行观察。观察一周后，将两组对调再观察一周，其检测结果见表4-4。

表4-4　　**实验组与控制组对比**

	原配方销售量（百袋）		新配方销售量（百袋）	
	第一周	第二周	第一周	第二周
A		37	43	
B		44	51	
C		49	56	
D	35			41
E	40			47
F	45			52
合计	120	130	150	140

从表4-4中可知，两周内原配方的面包共销售了120+130 = 250（百袋），新配方的面包共销售了150+140 = 290（百袋）。这说明改变配方后增加了40百袋的销售量，对企业很有利。

实验组与控制组对比实验，必须注意二者要具有可比性，即二者的规模、类型、地理位置、管理水平、营销渠道等各种条件应大致相同。只有这样，实验结果才具有较高的准确性。但是，这种方法对实验组和控制组都是采取实验后检测，无法反映实验前后非实验变量对实验对象的影响。为弥补这一点，可将上述两种实验进行综合设计。

（3）实验组与控制组前后对比实验。它是对实验组和控制组都进行实验前后对比，再将实验组与控制组进行对比的一种双重对比的实验调查法。它吸收了前两种方法的优点，并弥补了前两种方法的不足。例如，某公司在调整商品配方前进行实验调查，分别选择了

3个企业构成实验组和控制组，对其月销售额进行实验前后对比，并综合检测出了实际效果，见表4-5。

表4-5 双组前后对比 单位：万元

实验单位	前检测	后检测	前后对比	实验效果
实验组	Y_0=2 000	Y_n=3 000	Y_n-Y_0=1 000	$(Y_n-Y_0)-(X_n-X_0)$
控制组	X_0=2 000	X_n=2 400	X_n-X_0=400	=1 000-400

表4-5中的检测结果表明，实验组的变动量1 000万元，包含实验变量即调整配方的影响，也包含其他非实验变量的影响；控制组的变动量400万元，因为控制组的商品配方未改变，所以控制组的变动量不包含实验变量的影响，只有非实验变量的影响。实验效果是从实验变量和非实验变量共同影响的销售额变动量中减去由非实验变量影响的销售额变动量，来反映调整配方这种实验变量对销售额的影响。由此可见，实验组与控制组前后对比实验，是一种更为科学的实验调查方法。

4.实验调查法的优缺点

实验调查法的优点是：

（1）结果的客观性和实用性强。实验调查法是一种在真实的或模拟真实的环境下的具体调查方法。其结果一般来说是客观的，而且其结果具有较大推广实用性。

（2）方法具有可控性和主动性。运用此法可以主动改变某些变量，从而观察各种因素之间的相互关系，这是其他调查方法无法做到的。

（3）针对性强。此法可针对不同的调查项目，进行合适的调查实验设计。

（4）可以探索不明确的因果关系。此法可在实验过程中探索、总结各种因素及可能产生的结果。

（5）实验的结论有较强的说服力。在实验单位、实验变量、实验设计和实验环境都基本相同的情况下，不管谁来实验，也不管在何时、何地进行实验，结果大致是相同的，这说明实验是可以重复的，故有较强的说服力。

实验调查法的缺点是：

（1）时间长、费用高。由于影响环境的因素是多种多样的，要想比较准确地掌握环境，需做多组实验，综合分析，才能真正掌握因果变量之间的关系。

（2）管理控制比较困难。因为在实验时不能影响公司的日常工作和与上下游合作方的业务活动，并且要考虑外来因素的影响，所以控制起来比较困难。

（3）保密性差。如果是现场实验，则保密性较差，研究计划容易暴露，竞争对手可能有意破坏现场。

（4）具有一定时间限制。影响环境的因素会由于其他干扰因素的变化而发生变化，所以实验结果用于实际推广必有一定的时间限制。

4.3 定性调查方法

4.3.1 定性调查与定量调查方法的比较

1.定性调查方法的概念、特点和分类

定性调查是以小样本为基础的无结构式的、探索性的调查研究方法，目的是对问题的定位或启动提供比较深层次的理解和认识。

在寻找处理问题的途径时，定性调查常用于制定假设或是确定研究中应包括的变量，有时定性研究和二手资料的收集分析可以构成调查项目的主要部分。

定性调查的特点有：费用相对比较低；能够更好地了解消费者内心深处的动机和感觉；能够帮助理解定量调查的结果，更直观、生动地解释和说明定量调查的各类数据结果。

2.定性与定量调查方法的区别

定性与定量调查方法的比较见表4-6。

表4-6　**定性与定量调查方法的比较**

比较项目	定性调查	定量调查
问题的类型	探索性	有限的探索性、描述性
样本规模	较小	较大
执行人员	需要特殊的技巧	不需要太多的技巧
分析类型	主观的、解释的	统计的
硬件条件	录音录像设备、访谈提纲	调查问卷、计算机
重复操作能力	较低	较高
对调查者培训内容	心理学、社会学、社会心理学、消费者行为学、营销学、市场调查	统计学、计算机程序、营销学、市场调查
研究的类型	试探性的	说明性的、描述性的

（1）定量研究之前常常要有适当的定性研究。

（2）定性研究在各个文案或创意脚本测试、新产品测试以及问题产品症结讨论等调查中已有普遍应用。

（3）定性研究常用于解释由定量分析所得的结果，对问题细节可以做深度与广度的描述。

（4）在调查研究中定性研究与定量研究通常结合使用。

（5）在有关消费者和经销商的调查中，增加与那些熟悉顾客及产品经销商访谈的内容，常常能得到很实际的内容、很具体的信息，这些信息常常与消费者的态度及购买方式有直接联系，能更好地理解有关市场的一些细微变化。

3.定性调查方法的分类

图4-3展示了定性调查方法的基本分类。根据调查对象是否了解项目的真正目的分为直接法和间接法两大类。直接定性调查方法对研究项目的目的不加修饰，项目的目的对调查对象是公开的，或者从所提问题中可以明显看出。小组访谈法与深度访谈法是两种主要的直接方法。与之相对应，间接定性调查方法则掩饰研究项目的真正目的，投射技术是间接定性调查中最常用的方法，具体包括联想法、完成法、构筑法、表达法。

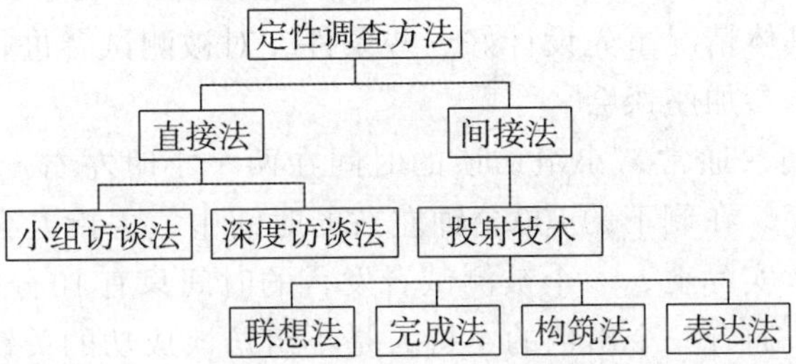

图4-3　定性调查法分类

4.3.2 小组访谈法

1.小组访谈法的含义

小组访谈法（focus group，FG），是市场调查中经常采用的一种定性的调查方法，由8~12人为一组在一名专业主持人的引导下对某个主题或者概念进行深入的讨论。小组访谈法通常是在设有单面镜和监听装置的会议室完成的。

小组访谈法的调查目的在于了解被访问者对一种产品、概念、想法或者组织的看法，从而获取对有关问题的深入了解。

小组访谈法的关键远远不止一问一答的简单交流方式，它是借用了社会心理学中的“群体动力”的概念，即在小组中来自各种生活和各种职业的人们，当被鼓励主动表现自己而不是被动回答问题时，他们会对某一主题表达出更全面、更深入的看法，尽管被访问者自己没有感觉。在小组访谈法中，避免直截了当地提出问题，取而代之的是用间接提问来引发激烈地讨论，而讨论所带来的信息是通过直接面谈所不能达到的，就像我们通常所说的“真理越辩越明”。

小组访谈法通常用于解决一些了解消费者行为、需求和态度的问题，所获得的结果是定性的。同时，它也是在定量调查之前必要的步骤之一，小组访谈法的一些结果可以作为定量调查问卷设计的基础。

2.小组访谈法的流程

小组访谈的流程如图4-4所示。

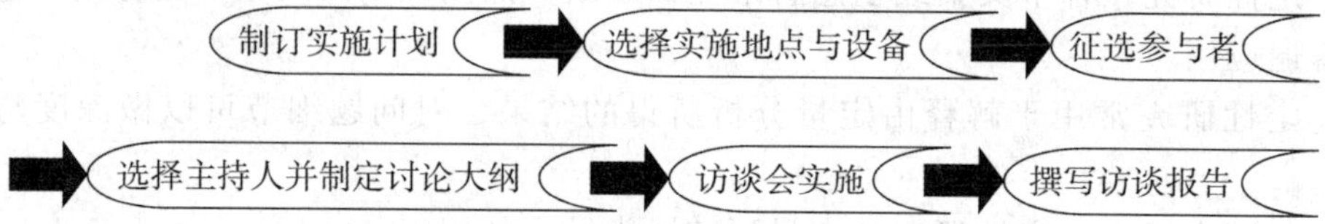

图4-4 小组访谈流程图

工作实践告诉我们，掌握工作流程是十分重要的，由于工作流程失误会导致在小组访谈的过程中出现很多错误，甚至导致小组访谈的失败。

进行小组访谈要注意的内容主要有：

（1）布置访谈环境。由于定性调查包括深入的面谈和讨论，对被调查者来说，小组访谈是一种了解消费者隐藏动机的方法。因此，小组访谈通常是在专业的测试室中进行的，采用不被被调查者发现的现场观察（如使用单面镜和闭路电视设备）、录像和录音设备对全程进行记录，便于事后分析。

（2）征选参与者，参与者是通过不同的方法被邀请的。常见的方法有商业街上的随机选取、随机电话邀请以及依据数据库进行邀请等。实际上，通常被邀请者是有条件限制的，测试者需要根据具体情况事先设计好一些条件，对被测试者进行筛选，只有满足条件的合格的被测试者才能参加座谈会。

（3）小组访谈时间。通常，小组访谈的时间在两个小时左右。前10分钟由主持人介绍此次小组访谈的程序，在剩下的100分钟左右的时间中，主持人会占去25%的时间，被测试者占75%的时间，实际上，一个被测试者发言的时间只有10分钟左右。

（4）选择主持人。拥有一个出色的主持人是小组访谈成功的关键因素。一个主持人需要具备三个方面的才能：一是必须具备组织能力，能够恰如其分地掌控小组访谈的进程；

二是需要具备商务知识，熟悉和掌握测试内容；三是具有必要的工作技巧，如沟通技巧、倾听技巧、观察技巧、引导技巧等。

（5）拟定讨论大纲。讨论大纲是一份关于小组访谈所要涉及的话题概要，它是主持人（或组织者）根据调查客体和所需的商务信息设计的。通常，大纲分为三个部分：第一部分是建立友好关系，解释小组规则，并提出讨论的问题；第二部分是主持人引导参与者就重要内容进行讨论；第三部分是总结重要的结论。

3.小组访谈的注意事项

企业在进行小组访谈时，应该注意以下事项：

（1）小组访谈的目的决定了所需要的信息，从而也决定了所需要的被访者和主持人。

企业可以应用一些特殊的调查技术，如测试态度的量表技术，以及一些特殊的仪器，如在广告效果测试时常常需要瞬间显示器和投影仪，这些都需要提早落实，准备到位。

（2）曾经参加过小组访谈的人，是不适合再次参与小组访谈的。

（3）在参与者中应该尽量避免亲友、同事关系，因为这种关系会影响发言和讨论，万一发生这种现象，应该要求他们退出。

（4）每个小组参与者的数量。一直以来我们认为8～12人是最合适的，但经常有4～5人的小组访谈，这主要取决于讨论的内容是什么。例如在为一个家用电脑软件实施小组访谈时，为了让消费者能充分熟悉软件功能，并尽量深入发表意见，每组只有4个参与者，而访谈持续3小时以上。

（5）吸引参与者参加访谈的措施有：

①报酬越高越能吸引人参与；

②越枯燥的调查项目报酬越要高；

③访谈要尽量安排在周末进行；

④向目标人选描述访谈如何有趣、有意义；

⑤强调目标人选的参与对研究十分重要。

（6）主持人在焦点小组访谈中要明确工作职责，其工作职责包括：

①与参与者建立友好的关系；

②说明访谈的沟通规则；

③告知调查的目的并根据讨论的发展灵活变通；

④探寻参与者的意见，激励他们围绕主题热烈讨论；

⑤总结参与者的意见，评判对各种参数的认同程度和分歧。

（7）主持人应把握会场气氛。

主持人在访谈开始时就应该亲切热情地感谢大家的参与，并向大家解释焦点小组访谈是怎么一回事，使参与者尽量放松。然后，真实坦诚地介绍自己，并请参与者都一一自我介绍。沟通规则一般应该包括以下内容，并诚恳地告诉参与者：

①不存在不正确的意见，你怎么认为就怎么说，只要你说出真心话；

②你的意见代表着其他很多像你一样的消费者的意见，所以你的意见很重要；

③应该认真听取别人意见，不允许嘲笑贬低；

④不要互相议论，应该依次大声说出自己的意见；

⑤不要关心主持人的观点，主持人对这个调查问题的立场跟大家一样，主持人不是专家；

⑥如果你对某个话题不了解，或没有见解，不必担心，也不必勉强地临时编撰；

⑦为了能在预定时间内完成所有问题，请原谅主持人可能会打断你的发言等。

（8）小组访谈的数据和资料分析要求主持人和分析员共同参与。

他们必须重新观看录像，不仅要听取参与者的发言内容，而且要观察发言者的面部表情和肢体语言。企业在产品的概念测试时要特别注意这一点，因为参与者往往不愿意对设计的“概念”提出激烈的反对意见，只有当企业人员自己观察到参与者不屑一顾的嘲讽表情时，才会认识到此概念并不受欢迎。

4.小组访谈的优点与不足

小组访谈的优点是：

（1）通过小组互动能够获得有关人们思考问题方式的很多有价值的信息——对问题的解释和理解；

（2）不能读写的人也能参与进来；

（3）当你想知道人们对事物的改观有什么期待时，小组访谈法尤为有用——背景相似的人在一起有利于启发彼此的思路；

（4）小组访谈的形式可以削弱研究者的权力，使参与者对调查过程具备一定的影响力；

（5）焦点小组的讨论氛围能够让参与者感到愉悦；

（6）能够产生非常丰富的信息材料；

（7）有时小组成员会很主动地向同伴讲述自己的相关经历。

小组访谈的不足是：

（1）所得信息不便统计；

（2）所得信息分析起来很复杂；

（3）焦点小组成员有时会被其中某些个人的观点引导，从而忽略一些有争议的、不同的意见；

（4）需要有经验的（最好是独立的）调查协调员；

（5）在时间和精力都有限的条件下，很难做到征求每位成员的意见；

（6）容易把那些不情愿公开自己想法或者不被公众接受的人的意见排除在外，因此，少数群体的声音将很难被听到。

专栏4-2

西式快餐店小组访谈提纲

※总体提纲

●预热话题和发言规则（10分钟）。

●小组成员相互介绍（3~5分钟）。一般从主持人开始，顺时针进行。

●上饭馆吃饭的态度和消费行为描述（15分钟）。

●对快餐的态度、情感和消费行为描述（15分钟）。

●对西式快餐的态度、情感和消费行为描述（20分钟）。

※针对没有西式快餐店用餐经历的小组

●测试对西式快餐店的态度和认知（20分钟）。

●对西式快餐店服务的期望（10分钟）。

●对西式快餐店内部装饰的期望（10分钟）。

※针对有西式快餐店用餐经历的小组

●了解在西式快餐店的消费行为细节和对用餐经历的评价（30分钟）。

●对西式快餐店用餐服务的评价（10分钟）。

●对西式快餐店内部装饰的认知和评价（10分钟）。

●概念一测试（出示概念板，10分钟）。

●概念二测试（出示概念板，10分钟）。

谢谢参与，结束座谈。

资料来源：覃常员.市场调查与预测［M］. 4版. 大连：大连理工大学出版社，2012.

4.3.3 深度访谈法

1.深度访谈法的含义

深度访谈法（in-depth interview）是市场调查中最常使用的一种定性调查方法，它的原意是访问者与被访问者相对无限制地一对一会谈。深度访谈流程如图4-5所示。在市场调查领域中的深度访谈是指调查者对被调查者的一种无结构的、直接的、个人的访问。一个技巧熟练的访问员应经过刺探和诱导方面的严格培训，通过深入地访谈一个被访者，以揭示其对某一问题的潜在动机、信念、态度和感情。深度访谈法主要用于详细探究受访者的想法，详细了解一些复杂行为，讨论一些保密的、敏感的话题，调查某些比较特殊的商品的购买和使用情况等。比较常用的技术有阶梯前进、隐蔽问题探寻和象征性分析。

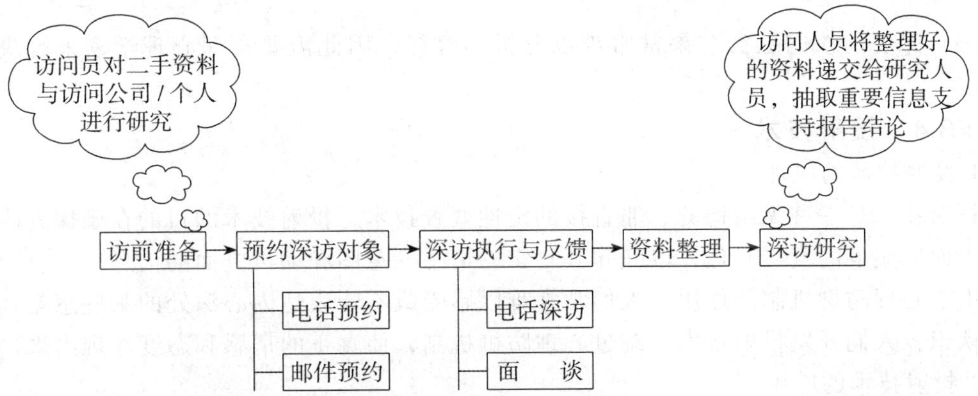

图4-5 深度访谈流程图

（1）阶梯前进是顺着一定的问题线探索，例如，从产品的特点一直访谈到使用者的特点，这样可使调查员有机会了解被访者的思想脉络。

（2）隐蔽问题探寻是将重点放在个人的“痛点”而不是社会的共同价值观上；放在与个人深切相关的而不是一般的生活方式上。

（3）象征性分析是通过反面比较来分析对象的含义。要想知道“是什么”，先要知道“不是什么”。例如，在调查某产品时，其逻辑反面是：产品的不适用方面、“非产品”形象的属性以及对立的产品类型。

2.深度访谈的注意事项

调查员的作用对深度访谈的成功与否是十分重要的。调查员应当做到以下几点：

（1）避免表现自己的优越和高高在上，要让被访者放松；

（2）超脱并客观，但又要有风度和人情味；

（3）以提供信息的方式问话；

（4）不接受简单的“是”与“不是”的回答；

（5）刺探被访人的内心。

3.深度访谈的优势及不足

深度访谈的优势有：

（1）消除了被访问者的群体压力，因而被访问者会提供更真实的信息；

（2）一对一的交流使被访问者感到自己是被注意的焦点，更容易与调查者进行感情上的交流与互动；

（3）在单个个体上的交流时间较多，这可以鼓励他们提供更新、更多的信息；

（4）可以更深入地揭示受访者隐藏在表面陈述下的感受和动机；

（5）因为不需要保持群体秩序，所以受访者更容易临场发挥；

（6）在一些情况下，深度访谈是获取信息的唯一方法，如在竞争者之间的调查和在有利益冲突的群体之间的调查等。

深度访谈的不足有：

（1）由于调查的无结构使得访谈结果十分容易受调查员自身的影响，访谈结果的完整性十分依赖于调查员的技巧；

（2）由于占用的时间和花费的经费较多，因而在一个项目中深度访谈的数量是十分有限的；

（3）深度访谈的数据结果常常难以分析和解释，因此需要资深心理学家来解决这个问题。

4.3.4 投射技术

1.投射技术的原理

投射技术是一种无结构的、非直接的定性调查技术，投射技术的目的在于探究隐藏在人们表面反应下的真实心理，以获知其真实的情感、意图和动机方面的信息。

由于心理防御机制的作用，人们常常难以感受或不能表达内心深处的某些感觉。基于这种认识，人们开发投射技术，绕过心理防御机制，使真正的情感和态度浮现出来。

2.投射技术的应用

大多数投射技术都不难操作，它的问题像其他无规定答案的问题一样以表格形式列出，通常与非投射的封闭性问题或开放性问题联用。投射测试收集的资料比一般提问方法收集的资料更丰富，而且可能更有揭示性。投射技术经常与印象调查问卷、观念测试甚至广告效果预先测试混用。在深度访谈中也经常运用多种投射技术。常用的投射技术有联想法、完成法、构筑法和表达法。

（1）联想法。

所谓联想法，是指由访谈者给受访者提供某一刺激物，要求受访者即刻说出脑海中出现的第一种事物，借此来了解受访者的真实感受。“词语”是最经常被用到的刺激物，该方法因此又称为词语联想法。

①自由联想法。自由联想法不限制联想的性质和范围，被调查者可充分发挥其想象。例如，请您写出（或说出）由“酒”这个词所引发的联想。

②控制联想法。控制联想法把联想控制在一定的范围之内。例如，请您写出（或说出）由“电视”这个词所联想到的食品。

③引导联想法。在提出刺激词语的同时，也提供相关联想词语作为引导。例如，请您就“自行车”一词按提示写出（或说出）所引发的相关联想，提示词：代步、健身、娱乐、载物。

【例4-1】某公司用词语联想测试法来帮助决定一个新产品的名字，名字的范围已被缩小到如下四个选项：芒果、热带水果、橙光和天堂激情，然后邀请大学生对这些产品名字做一个词语联想测试。每一个产品名字所联想的词语，见表4-7。

表4-7　**对不同产品名字的单词联想测试**

可能的商标名	所联系的词语
芒果	绿色、酸、丛林
热带水果	果汁、甜、岛
橙光	亮、起泡、凉爽
天堂激情	洪亮、厚油、沉重

哪一种产品名可被联系到一种新鲜饮料？看来天堂激情不可能，而热带水果更像一种早餐饮用的果汁，芒果可能是合格的产品名字，只有橙光无疑比其他名字更容易使学生们想到一种冒泡的饮料。

（2）完成法。

访谈者给出一种不完全的刺激情景，要求被试者来完成。这种方法被一些调查者认为是在所有投射技术中最有用、最可靠的。

①句子完成法。这是指给出一些不完整的句子，让被调查者去补充完整。

【例4-2】假设立顿茶有兴趣将它的市场扩充到13～19岁的青少年，调查者可以召集一些高中生并指导他们完成下列句子。

喝热茶的人是______________________________。

茶在______________________________时是一种好饮料。

泡制热茶是______________________________。

我的朋友们认为茶是______________________________。

调查者将研究被访问者的答案，并尝试从中归纳出中心观点。例如，从第一句中归纳出的观点可能是“健康”，则表明茶可能会被注重健康的人所接受。若第二句的观点是“热”，则表明茶是一种在天气寒冷时易于被接受的饮料。若第三句反映出的观点是“混乱”，则意味着学生们更倾向使用袋装茶泡茶。若最后一句所反映的观点是“令人满意”的，则暗示着对高中生来讲没有外界压力迫使他们避免饮茶。在获知这些消息后，立顿茶推断出存在着向13～19岁青少年提供热饮茶的市场需求。

不同的受试者对上述不完全的刺激情景，都会结合各自的经验、背景和情感将句子没有表达出来的意思表达完整。因而，在受试者将句子完成的过程中，也将它本人对特定事物的认识、态度与情感表现出来。

②故事完成法。它是句子完成法的延伸。调查者提出一个人们感兴趣但未完成的故事，由受试者来完成，从中了解其态度和情感。与句子完成法不同的是，故事完成法给受访者提供了一个更有限制、较详细的剧情，以方便受访者将自己投射到剧情中假设的人物身上。例如，某消费者在一家商场花了很长时间才选中一组价格便宜、造型新颖的家具，在他即将下决心购买时，却遭到售货员的怠慢，这位消费者将做出何种反应？

(3) 构筑法。

该方法要求受试者以故事、对话或者绘图的形式来构造一个回答。构筑法的典型形式包括：

①漫画测试法。

漫画测试法通过使用漫画图像或连环画的形式，创造出高度的投射机制。典型的漫画测试包含两个人物——一个人的话框中写有对话，而另一个人的则是空白的，留待受试者完成。例如，如图4-6所示，一个人的话框中写道："嗨！约翰，我刚收到500美元奖金，因为我的建议被用在公司生产线上了，我想把钱存在信用卡上。"你将如何完成对话？注意在漫画测试中，图像是模糊的而且没有任何解释，这么做是为了使受试者不会受到任何暗示某种规定答案的"线索"的干扰，受试者可以更随意地表达。

图4-6 漫画测试法

漫画测试法适用于多种情况，可以用来了解对两种类型的商业机构的态度，了解这些商业机构与特定产品之间是否协调，也可以测试对于某种产品或品牌的态度强度，还可以确定特定态度的作用。

②消费者绘图法。

使用此法时，调查者要求消费者画出他们的感受，或者对一个事物的感知。尽管有些消费者画出的图形可能不比幼儿园的小朋友强到哪去，如图4-7所示，但是他们所画人物的年龄、性别、生活状态等重要特征通常是明显的，可以用来揭示某些消费动机，能够表达消费者的理解。例如，某广告公司为了更深入了解某产品——P品牌蛋糕粉的消费者反应，决定进行一次定性研究，因此邀请了50名消费者来到广告公司，请她们分别简略地画出购买两种品牌（一种是P品牌，另外一种是D品牌）蛋糕粉的消费者形象。消费者绘图测试的结果显示，在两个品牌蛋糕粉之间的消费者形象最突出的区别就是，P品牌蛋糕粉的消费者清一色的是扎着围裙的老奶奶，而D品牌蛋糕粉的消费者则是苗条的时尚女性。

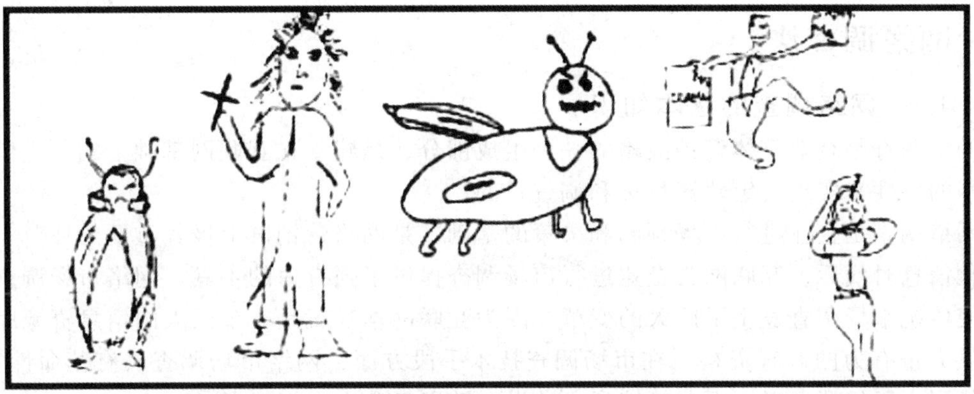

图4-7 消费者绘图

③照片归类法。

照片归类法是由美国最大的广告代理公司——环球BBDO公司（BBDO Worldwide）开发出来的一种已经注册成商标的技术。在测试中，受试者通过研究人员特殊安排的一组照片来表述他们对品牌的感受。例如，BBDO公司的工作人员与啤酒市场上的100名目标消费者进行了面谈，这些人都是男性，年龄在21岁到29岁之间，每周至少喝6瓶啤酒。使用照片归类法，调查人员向每一位受测者出示了98张照片，要求他们将每张照片上的人与其可能选择的啤酒品牌对应起来。结果，受访者认为喝巴德（Bud）啤酒的人看起来是粗鲁暴躁的蓝领工人。相比之下，喝米勒啤酒的人则是有教养而且和善的高级蓝领工人。

（4）表达法。

表达法是指给受试者提供一个语言或视觉场景，要求将场景与别人的感受和态度联系起来。受试者表达的不是自己的而是别人的感受或态度。表达法有以下两种主要形式：

①角色扮演法。

被访问者要装扮成第三方，如一个朋友或邻居，并描述他们对特定的场景所陈述的看法。通过复核他们的评论或看法，调查者能够看出他们对于这些场景的反应是积极的还是消极的。有理由相信被访问者中有一部分人的真实感觉将被揭示出来，因为他们能装扮成另一个人。

【例4-3】一家著名眼镜商正考虑推出一种具有防紫外线功能的宇航员太阳镜，大约2 000元一副，它用角色扮演来了解消费者的最初反应。在进行角色扮演时，要求角色扮成他的一个朋友或同事，他获知他的朋友购买了一副宇航员太阳镜后会如何对第三个人说。若消费者觉得宇航员太阳镜太贵时，他的感觉将很快显示出来。另外，若这种眼镜的构造与这位消费者的生活风格和产品需求是一致的，这一点也会在角色扮演者所作的评论中流露出来。

②第三人称法。

这种方法不是直接问一个人的感受，而是用“你的邻居”、“大多数人”或其他第三人称来表述问题。不是直接问一个人为什么他做的早餐营养总不均衡，而是问“为什么许多人给家人准备的早餐营养总不均衡?”第三人称法是为了避免由于直接回答可能使受试者感到尴尬甚至被激怒的情况。与词语联想法一样，第三人称法也是很容易使用的一种投射技术。

4.4 网络调查法

4.4.1 网络调查的基本知识

网络调查是企业整体营销战略的一个组成部分，是建立在互联网基础上的，它借助于互联网的特性来实现一定营销目标和调查目的。

网络调查是企业进行市场预测和决策的基础，是网络营销链上极其重要的环节。进入数字化信息时代后，互联网为企业进行市场调查提供了强有力的工具。网络市场调查的出现，使传统市场调查发生了巨大的变革。因为互联网本身就是一个巨大的信息资源库，能够提供大量有力的调查资料。在市场调查技术手段方面，网络市场调查具有革命性突破，它能找到真正的消费者，而非笼统意义的潜在消费者和大众消费者。

1.网络市场调查的含义

网络市场调查指的是通过网络有系统、有计划、有组织地收集、调查、记录、整理、分析与产品和劳务有关的市场信息，客观地测定及评价现在市场及潜在市场，用以解决市场营销的有关问题，其调查结果可作为各项营销决策的依据。

2.网络市场调查的特点

网络市场调查的实施充分利用互联网作为信息沟通渠道的开放性、自由性、平等性、广泛性和直接性的特性，使得网络市场调查具有一些传统市场调查所不具备的一些独特的特点和优势。网络市场调查有如下优势：

（1）及时性和共享性。网络调查是开放的，任何网民都可以进行投票和查看结果，而且在投票信息经过统计分析软件初步处理后，可以马上查看到阶段性的调查结果。

（2）便捷性和低费用。实施网络调查相对传统调查节省了大量人力、物力和财力。

（3）交互性和充分性。网络的最大好处是交互性，因此在网络调查时，被调查对象可以及时就问卷相关问题提出自己更多的看法和建议，从而减少因问卷设计不合理而导致的调查结论偏差。

（4）可靠性和客观性。实施网络调查，被调查者是在完全自愿的情况下参与调查，调查的针对性更强，因此问卷填写信息可靠、调查结论客观。

（5）无时间、地域限制。网络市场调查是24小时全天候的调查，这就与受区域制约和时间制约的传统调查有很大不同。

（6）可检验性和可控制性。利用互联网进行网络调查收集信息，可以有效地对信息的质量实施系统的检验和控制。

3.网络调查与传统市场调查的比较

网络调查作为一种新兴的调查方法，与传统调查相比有很强的优越性，见表4-8。

表4-8 网络调查与传统调查的比较

	网络调查	传统调查
调查费用	较低，主要是设计费和数据处理费。每份问卷所要支付的费用几乎是零	昂贵，要支付的包括问卷设计、印刷、发放、回收、聘请和培训访问员、录入调查结果、专业市场研究公司对问卷进行统计分析等多方面费用
调查范围	全国乃至全世界，样本数量庞大	受成本限制，调查地区和样本均有限制
运作速度	很快，只需搭建平台，数据库可自动生成，几天就可能得出有意义的结论	慢，至少需要2个月到6个月才能得出结论
调查的时效性	全天候进行	不同的被访问者对其可进行访问的时间不同
被访问者的便利性	非常便利，被访问者可自行决定时间、地点回答问卷	不方便，要跨越空间障碍，到达访问地点
调查结果的可信性	相对真实可信	一般有督导对问卷进行审核，措施严格，可信性高
实用性	适合长期的大样本调查；适合要迅速得出结论的情况	适合面对面深度访谈；食品类等需要对访问者进行感官测试

4.4.2 网络调查的常用方法

互联网是自电话以来又一伟大的信息沟通媒介，它几乎彻底改变了人们的沟通方式。作为以信息收集为主要工作的市场调查，随着互联网的迅猛发展，也得到了空前的发展，利用互联网进行市场研究越来越热门。与其他调查方式相比，网络调查的费用低、速度快，可进行纵向调查，能够获得大量样本，还可以利用多媒体音像技术等，因此受到广大公司与被访者的接受和青睐。

1.E-mail问卷调查法

（1）主动问卷法。

主动问卷法的工作步骤为，首先建立被访者E-mail的地址信息库；其次选定调查目标；再次设计调查问卷；最后分析调查结果。

例如，美国消费者调查公司（American Opinion）是美国的一家网络市场调查公司。通过互联网在世界范围内征集会员，只要回答一些关于个人职业、家庭成员组成及收入等方面的个人背景资料问题即可成为会员。该公司每月都会寄出一些市场调查表给符合调查要求的会员，询问诸如“你最喜欢的食物是哪些口味”“你最需要哪些家用电器”等问题，在调查表的下面注明完成调查后被调查者可以获得的酬金，根据问卷的长短以及难度的不同，确定不同的酬金数额，范围在4～25美元，并且每月还会在会员中随机抽奖，奖金至少50美元。该公司会员注册十分积极，目前已有网上会员50多万人。

（2）被动问卷法。

被动问卷法是将问卷放置在互联网站点上，等待访问者主动填写问卷的一种调查方法。与主动问卷法的主动出击寻找被调查者相比，被动问卷法更像是守株待兔，此方法无须建立被访者E-mail地址信息库，在进行数据分析之前也无须选定调查目标，但它所涉及的被调查者范围要比主动问卷法广阔得多，几乎每个网民都可以成为被调查者。被动问卷法通常用于类似于人口普查似的调查，特别是网站自身建设的调查。

例如，CNNIC（中国互联网络信息中心）每半年进行一次的“中国互联网络发展状况调查”，采用的就是被动问卷法。在调查期间，为达到可以满足统计需要的问卷数量，CNNIC一般与国内一些著名网站，如新浪、搜狐、网易等，联合设置调查问卷的链接，进行适当的宣传，以吸引大量的互联网浏览者进行问卷点击，感兴趣的人会自愿填写问卷并将问卷寄回。

2.网上焦点座谈法

它是在同一时间随机选择6～12位被访者，发出邀请信，并告知其可以进入一个特定的网络聊天室，相互讨论对某个事件、产品或服务等的看法和评价。

3.使用BBS电子公告板进行网络市场调查

网络用户通过TELNET或WEB方式在电子公告栏发布消息，BBS上的信息量少，但针对性较强，较适合行业性强的企业。

4.委托市场调查机构调查

企业委托市场调查机构开展市场调查，主要是针对企业及其产品的调查。调查内容通常包括：网络浏览者对企业的了解情况；网络浏览者对企业产品的款式、性能、质量、价格等的满意程度；网络浏览者对企业的售后服务的满意程度；网络浏览者对企业产品的意见和建议等。

5.合作方式的网络市场调查

合作方式的网络市场调查由企业和媒体合作进行，调查题目也各出一半。网络市场调查方法的比较见表4-9。

表4-9 **网络市场调查方法的比较**

调查方法	具体内容
利用自己的网站	网站本身就是宣传媒体，如果企业网站已经拥有固定的访问者，完全可以利用自己的网站开展网上调查
租用别人的网站	如果企业自己的网站还没有建好，可以利用别人的网站进行调查
混合型	如果企业网站已经建好但还没有固定的访问者，可以在自己网站调查，但同时与其他一些著名网站建立链接，吸引更多的访问者参与调查
E-mail型	直接向企业的潜在顾客发送问卷
讨论组型	在相应的讨论组中发布问卷信息，或者发布调查题目，这种方式与E-mail型一样，成本费用比较低廉而且主动

本章小结

本章主要介绍了市场调查中常用的调查方法。调查方法的选择是在市场调查过程中非常重要的一个环节，主要解决如何从被调查者那里获取信息的问题。市场调查方法主要包括文案调查法、实地调查方法、定性调查方法以及网络调查方法。在实践中，由于研究目的、调查对象以及调查成本等方面的原因，为了保证调查活动能够顺利地进行，需要选择合适的调查方法。

本章首先介绍二手数据的收集方法——文案调查法。当某些研究问题有一些可以利用的二手数据时，或者在进行探测性的研究时，这种方法是一种很好的选择。这里主要介绍了文案调查法的含义、特征、局限、基本要求、渠道以及实施的步骤。接下来讲述了本章的最主要的方法——实地调查方法，它是市场调查中最常用的调查方法。实地调查方法主要包括访问调查法、观察调查法和实验调查法，并详细阐述各种方法的含义、特点、主要的类型以及各自的优缺点。然后介绍了定性调查方法，主要包括小组访谈法、深度访谈法以及投射技术。最后简单介绍了网络调查方法。

综合训练

4.1　单项选择题

1.就调查方法本身来说，（　　）是介于面谈调查法和邮寄调查法之间的一种折中方法。

A.留置调查　　B.电话调查　　C.实地调查　　D.文案调查

2.“神秘购物法”是一套规范的亲身经历的观察方法，主要用来检查（　　）。

A.价格问题　　B.信息质量　　C.服务质量　　D.产品质量

3.为验证某种商品或广告在当地市场的销售前景，并提供可靠资料，可采用（　　）。

A.市场实验调查　　B.观察调查　　C.询问调查　　D.文案调查

4.（　　）不属于观察法。

A.参加商品博览会　　B.商场安装摄像机记录顾客购物行为

C.参加展销会　　D.询问商场营业员商品销售情况

5.在访问法中，（　　）法获得的信息量最大。

A.面谈调查　　B.邮寄调查　　C.电话调查　　D.留置调查

4.2　多项选择题

1.定量的调查方法主要包括（　　）。

A.询问调查法　　B.观察调查法　　C.实验调查法

D.小组访谈法　　E.文案调查法

2.下面属于邮寄调查优点的是（　　）。

A.成本低　　B.保密性强　　C.调查区域广

D.无调查员偏差　　E.回收率高

3.实验调查法包含的基本要素有（　　）。

A.实验者　　B.实验变数　　C.实验对象

D.实验检测　　E.实验控制

4.下面属于观察调查法观察内容的有（　　）。

A.顾客的行为　　B.顾客流量

C.消费者对于促销品的反应　　D.商店柜台及橱窗布置

E.顾客的行走路线

5.小组访谈法实施过程需要注意的关键环节有（　　）。

A.访谈地点的选择　　B.参与人员的选择　　C.时间安排

D.主持人的选取　　E.制定讨论大纲

4.3　思考题

1.简述文案调查法的含义及特点。

2.简述文案调查法的渠道及方法。

3.简要回答访问调查法的含义及类型。

4.简述访问调查法的优缺点。

5.简述观察调查法的特点。

6.概括观察法的具体应用及优缺点。

7.简述实验调查法的实施步骤。

8.简述实验调查法的实验设计。

9.分析定性与定量调查方法之间的区别。

10.简述网络调查法与传统调查方法之间的异同。

4.4　实践与训练

1.运用文案调查法搜集二手调查资料，分析一下自己学校各个专业的就业形势，并对未来的就业趋势做出判断。

2.假设你现在是一名市场调查人员，到你所在城市的各个商场中，运用观察调查法进行观察，收集数据信息，发现问题，并为其提出相应的改进措施。

3.网络营销调查模拟演练。

（1）演练项目：某公司产品网络调查方案。

（2）演练目的：通过对某公司或产品的了解，进行网络营销调查，要求学生深入了解网络营销策划的技术与层次、构建营销网络的重要性与步骤，掌握网络营销的内容及要求，培养学生进行网络调查的初步能力。

（3）演练内容：在调查问卷或大纲设计中，可以围绕如下问题：

①组建企业网络营销体系的技术与层次；

②建立企业营销网站的要求与步骤；

③企业网络市场调查策略；

④企业网络产品策略；

⑤企业网络分销策划；

⑥企业网络广告策略；

⑦企业网络公关策略；

⑧企业网络促销活动及策略。

（4）演练组织：围绕以上问题及内容，把全班同学分成若干小组，调查某家企业或某种产品的网络营销。

（5）演练考核：在了解与分析调查的基础上，撰写策划报告或方案，分小组讨论并在全班进行交流。

第5章　抽样设计

学习目标与要求

● 知识点

1.抽样调查的含义、特点、基本要素。

2.抽样调查的程序。

3.随机抽样方法的含义和类型。

4.非随机抽样方法的含义和类型。

5.其他抽样方法的含义和类型。

● 技能点

1.掌握抽样调查样本的选取。

2.掌握抽样误差的计算和控制。

3.掌握各类抽样方法的实际应用。

【引导案例】

盖洛普与民意调查

20世纪30年代早期，盖洛普在美国很受欢迎。他成为Drake大学新闻系的系主任，然后转至西北大学。在此期间，他从事美国东北部报刊的读者调查。1932年的夏天，一家新的广告代理商——电扬广告公司，邀请他去纽约创立一个调查部门，旨在评估广告效果，并制订一套调查方案。同年，他利用他的民意测验法帮助他的岳母成功竞选州议员。这使他确信他的抽样调查方法不仅在数豆子和报刊读者调查方面有效，而且有助于选举人参加选举。只要你了解的抽样范围具有广泛性：白人、黑人，男性、女性，富有、贫穷，城市、郊区，共和党、民主党。只要有一部分人代表他们所属的总体，你就可以通过采访相对少的一部分人，来预测选举结果或反映公众对其关心问题的态度。盖洛普证实，通过科学抽样，可以准确地估测出总体的指标。同时，在抽样的过程中，可节省大量资金。

在1996年11月，比尔·克林顿以49%的得票率当选为美国的总统，与之相对，前参议员罗伯特·多尔的得票率为41%，无党派的罗斯·佩罗特的得票率仅为9%。在这次大选之前，不少大选民意调查已预测到克林顿的胜利。这些民意调查的结果与实际的选举结果如此相似，其误差不超过两个百分点。

那么民意调查专家是否对9 000万选民都进行了访问呢？

这当然是不可能的，实际上民意调查专家只访问了不超过2 000个选民，就得出了如此精确的预测结果。那么，我们将在本章中探讨的就是调查研究者如何完成诸如此类的“魔术”。当我们想到一个问题时，会以为整个世界都是调查研究者的潜在观察对象。但是，没有人能对每一件事物都进行观察。所以，调查研究的一个首要问题是决定观察什么和不观察什么。举例来说，如果我们想研究选民的行为，那么应该着手研究哪些选民？这是我们所要探讨的问题。

5.1 抽样调查的一般理论

市场是由千差万别的个体组成的复杂总体，对市场总体情况若能够做全面的、普遍的调查，其所得的资料当然是最能反映市场总体特征的。但是在许多情况下对市场实施普查是非常困难的，甚至是根本不可能的。

例如，在总体非常大、总体单位数非常多的情况下，我们不可能进行全面调查。在市场调查中这种现象不少，如居民家庭收支是市场购买力及其构成的直接表现，但居民户很多，普查的工作量太大，费用也过高，无法进行普查；再如，对商品进行质量检测，有时在检验或测量的过程中会对商品产生破坏，根本不能用普查方法进行调查，只能用抽样调查。

抽样调查实际是一种专门组织的非全面调查。它是按照一定方式，从调查总体中抽取部分样本进行调查，用所得的结果说明总体情况的调查方法。抽样调查是现代市场调查中的重要组织形式，是目前国际上公认和普遍采用的科学的调查手段。

5.1.1 抽样调查的含义及特点

1.抽样调查的含义

抽样调查是指按照一定的程序，从调查总体中抽取一部分单位作为样本，对样本进行调查或观察，并根据样本统计量估计总体参数的一种专门性活动。

2.抽样调查的类型

抽样调查分为随机抽样和非随机抽样。

随机抽样是按照随机原则抽取样本，即在总体中抽取单位时，完全排除了主观因素的影响，使每一个单位都有同样的可能性被抽到。遵守随机原则，一方面可使抽取出来的部分单位的分布情况（如不同年龄、文化程度人员的比例等）有较大的可能性接近总体的分布情况，从而使根据样本所做出的结论对总体研究具有充分的代表性；另一方面可有助于调查人员准确地计算抽样误差，并有效地加以控制，从而提高调查的精度。

非随机抽样不遵循随机原则，它是从方便出发或根据主观选择来抽取样本，非随机抽样无法估计和控制抽样误差，无法用样本的定量资料采用统计方法来推断总体，但非随机抽样简单易行，尤其适用于做探测性研究。

3.抽样调查的特点

（1）客观性。

客观性主要表现在随机抽样当中，随机抽样按照随机原则抽取样本，从根本上排除了主观因素的干扰，保证了样本推断总体的客观性，是抽样调查科学性的根本所在，是市场调查结果的真实性和可靠性的基础。

（2）准确性。

抽样调查可以比较准确地推断总体。抽样调查的最终目的是用样本调查所计算的指标推断总体的相应指标。抽样推断的抽样误差不但可以准确计算，还可以根据研究市场问题的需要，对误差的大小加以控制。由于抽样推断过程以数学中的概率论为基础，所以保证了推断的准确性和可靠性。

（3）经济性。

抽样调查是一种比较节省的调查方法。抽样调查仅对总体中少数样本单位进行调查，因此对人力、财力、物力都比较节省，从而降低了市场调查的费用。抽样调查还很省时，由于抽样调查的单位少，所需搜集、整理和分析的数据也相应减少，因而能够在较短时间内完成市场调查工作。

（4）广泛性。

抽样调查的应用范围广泛。在市场调查中，调查的内容很多。抽样调查所适用的范围广泛：它可用于不同所有制商品营销单位的调查；它可用于不同地区市场调查，既可以在城市开展调查，也可以在农村开展调查；它还可用于不同商品的市场调查，既可对全部商品进行调查，也可对某一类或某一种商品进行调查。在这些调查中，抽样调查突出地表现出对市场调查对象数量的适用性。

（5）及时性。

相对于市场普查而言，抽样调查不是针对总体，而是从总体中抽取一部分单位形成样本开展调查，这就能大大地节省调查过程中所花费的时间。由于大多数的市场调查都会有一个时间限制，因此，抽样调查能够及时地得到一个比较好的结果，从而保证了时效性。

5.1.2　抽样调查的适用范围

抽样调查的适用范围主要有：

（1）对一些不可能或不必要进行全面调查的社会经济现象，最宜用抽样方式解决。例如，对有破坏性或损耗性质的商品进行质量检验；对一些具有无限总体的调查（如对森林木材积蓄量的调查）等。

（2）在经费、人力、物力和时间有限的情况下，采用抽样调查方法可节省费用，争取时效，用较少的人力、物力和时间达到满意的调查效果。

（3）运用抽样调查对全面调查进行验证，全面调查涉及面广、工作量大、花费时间和经费多，组织起来比较困难。但调查质量的高低需要检查验证，这时，显然不能用全面调查方式进行。例如，工业普查需要几年的时间才能完成，为了节省时间和费用，常用抽样调查进行检查和验证。

（4）对某种总体的假设进行检验，判断这种假设的真伪，以决定行为的取舍时，也经常用抽样调查来测定。

5.1.3　抽样调查的基本构成要素

1.总体

总体通常与构成它的元素共同定义：总体是构成它的所有元素的集合，而元素则是构成总体的基本单位。

在调查研究中，总体是指所要调查对象的全体。最常见的总体是由社会中的某些个人组成的人群，这些个人便是构成总体的元素。例如，调查某学校学生的平均月生活费支出，可以按抽样调查理论从全体学生中抽取部分学生了解，在这里，全校学生就是总体，全校的每一个学生就是构成总体的元素。

2.研究总体

研究总体指的是从中抽取样本的全体要素的总和。但在实际操作中，我们往往很难保证定义所要求的每一个要素都有同等的机会被抽到。即使有了以抽样为目的要素的名单，这些名单通常也或多或少是不完整的。例如，有些电话用户要求他们的名字和电话号码不刊登在电话簿上。

通常研究人员都会更严格地限制研究总体。例如，美国全国性的民意调查机构通常将他们的全国性样本限定为48个本土州，在实际操作中不将夏威夷及阿拉斯加包括在内。

3.样本

样本是由从总体中抽取的部分个体构成。每一个被抽到的个体或单位，就是一个调查单位。例如，从某省总数为10万人的大学生总体中，按一定的方式抽取出1 000名大学生进行调查，这1 000名大学生就构成该总体的一个样本（当然，从一个总体中可以抽取出若干个不同的样本）。

4.抽样单位

抽样单位指样本抽取过程中的单位形式。在简单的一阶段抽样中，抽样的单位即要素本身，也可能是要分析的单位。在更复杂的抽样中，需要采用不同层次的抽样单位。例如，我们先从一个城市中选取几个街区作为样本，然后从这几个选出的街区中选择一些家庭作为样本，最后再从这些家庭中选出一些成年人作为样本，这三个阶段的抽样单位分别为街道、家庭、成年人，其中只有最后的成年人才是样本要素。

5.抽样框

抽样框又称为抽样范围，是指在一次直接抽样时总体中所有抽样单位按某种顺序排列而成的名单。样本或某些阶段的样本从抽样框中选取。例如，从一所中学的全体学生中，直接抽取200名学生作为样本。那么，这所中学全体学生的名单就是这次抽样的抽样框；如果是从这所中学的所有班级中抽取部分班级的学生作为样本，那么，此时的抽样框就不再是全体学生的名单，而是全校所有班级的名单，因为此时的抽样单位已不再是单个的学生，而是单个的班级。

抽样框一般可以利用现成的名单，如户口、企业名录、企事业单位职工的名册等，在没有现成名单的情况下，可由调查人员自己编制。需要注意的是，在利用现成的名单作为抽样框时，要先对该名单进行检查，避免重复、遗漏的情况，以提高样本对总体的代表性。

在简单的一阶段抽样中，其抽样框就是构成研究总体的各个要素名单。在这种条件下，抽样框决定了研究总体而不是研究总体决定抽样框。通常我们是在脑中已经有了研究总体之后，再寻找可能的抽样框，然后对获得的抽样框进行检验和评估，看看哪个抽样框最接近我们的研究总体。

5.1.4 市场抽样调查的程序

市场抽样调查，特别是随机抽样调查，有比较严格的程序，只有按一定程序进行调查，才能保证调查顺利完成，取得应有效果。抽样调查的基本程序如图5-1所示。

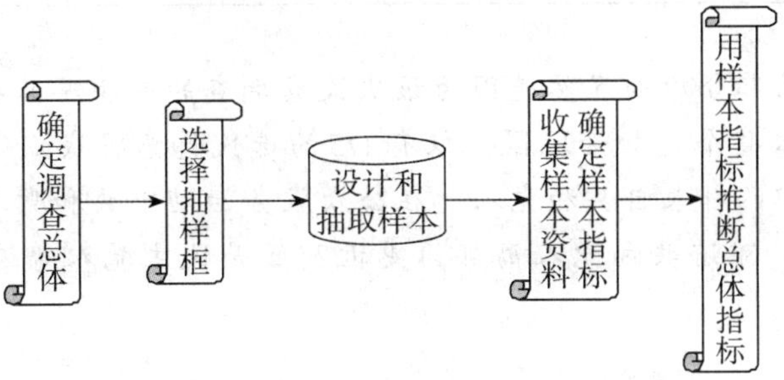

图5-1 抽样调查的基本程序

1.确定调查总体

确定调查总体是根据市场抽样调查的目的和要求，明确调查对象的内涵、外延及具体的总体单位数量，并对总体进行必要的分析。抽样调查虽然仅对一部分单位进行调查，但它的最终目的并不是描述所调查的这一部分单位的特征，而是从这部分单位所显示的特征推断其所属总体的特征，其目的是研究总体的特征与规律。另外，界定总体也是达到良好抽样效果的前提条件。如果不清楚明确地界定总体的范围与界限，那么，即使采用严格的抽样方法，也可能抽出严重缺乏代表性的样本来。

【案例5-1】

1936年美国总统民意测验

※调查

美国的《文学文摘》是一本在1890—1938年间颇为流行的杂志。1920年，《文学文摘》的编辑向6个州的选民邮寄了明信片。询问他们在即将到来的总统大选中，会投票给华伦·哈丁还是詹姆斯·考克斯。被选作民意测验的人名是从电话号码簿和汽车登记簿中选出的。根据反馈回的明信片，《文学文摘》正确地预测了哈丁将在选举中获胜。

在1924年、1928年与1932年的大选中，《文学文摘》扩大了其调查的数量，并做出了准确的预测。1938年，《文学文摘》进行了一次最具雄心的民意测验活动，将选票寄给了从电话号码簿与汽车登记簿中挑选出来的1 000万人，收到了200万人以上的回应，结果显示，有57%的人支持共和党候选人阿尔夫·兰登，而当时在任的总统富兰克林·罗斯福的支持率为43%。

※预测

当时《文学文摘》的编辑们以谨慎的态度发表了一篇谈话：我们不能说我们的预测是绝对正确的。我们并不适用目前被如此随意地用在民意调查中的“绝对无误”这个词。我们十分清楚每一次模拟选举的局限性。不管搜集的样本多大，不管所用的方法多么科学，在选举日那天，如果全国48个州的每一州投票结果都如民意测验的预测，那倒是个奇迹。

※结果

两个星期之后，《文学文摘》的编辑们对民意调查的局限性了解得比以往更清楚了。投票结果显示，罗斯福以历史上最大的优势——61%的得票率，获得第二届任期。《文学文摘》的编辑们对于这次失败深感困惑。

※困惑

导致这一失败的部分原因显然是因为该次民意调查的回收率只有22%。编辑们曾有过这些疑问：为什么整个芝加哥地区，仅有1/5的选民愿意将我们寄出的调查明信片寄回？为什么大部分回函都来自共和党人？在公众服务活动中共和党人往往比民主党人更积极地与我们合作，难道共和党人离邮筒更近？还是民主党人普遍不赞同对大选进行预测？

※原因

问题的症结部分在于《文学文摘》对抽取样本的总体缺乏清楚的认识和明确的界定。因为它当时抽样所依据的并不是美国全体登记的选民名单，而是依据电话号码簿和汽车登记簿来编制抽样框，再从这些号码中进行抽取。这种设计只选择了部分富人的样本，那些没有家庭电话和私人汽车的选民就被排除在抽样的总体之外了。而在当时，受1933年开始的美国经济大萧条的影响，一方面大量人口滑落到下等阶层，另一方面此时的劳动阶层选民希望选个民主党人当总统，因而很多人出来投票。结果，这些未被抽到民意测验中的选民压倒性多数地投了罗斯福的票，使《文学文摘》杂志的预测遭到惨败。

这一实例告诉我们，要有效地进行抽样，必须事先了解和掌握总体的结构及各方面的情况，并依据研究的目的明确地界定总体的范围。样本必须取自明确界定后的总体，样本中所得到的结果，也只能推广到这种最初已做出明确界定的总体的范围中。

一个界定明确的总体包含以下几个方面：

（1）构成分析的单位是什么？（比如家庭）

（2）抽样的单位是什么？

（3）什么东西指定包括在内？

（4）时间限制怎么样，即要获取的信息属于哪一段时间？

（5）空间限制如何，是哪些地区，是否限于城市或城市的繁华街区？

2.选择抽样框

这一步骤的任务就是依据已经明确界定的总体范围，收集总体中全部抽样单位的名单，并通过对名单进行统一编号来建立起供抽样使用的抽样框。例如，我们要在某大学进行一项该校大学生职业现状的抽样调查，那么，第一步是先对总体进行界定。比如，本次调查的总体是该大学所有在读的全日制本科生和研究生，那么，该校那些专科生、夜大生以及其他一些不符合上述界定的学生将被排除在总体之外。而制定抽样框这一步的工作，就是要收集全校各学院所有在读本科生及研究生的花名册，并按一定的顺序将花名册上的全部名单统一编号，形成一份完整的、无重复、无遗漏的总体成员名单，即抽样框。从而为下一步抽取样本打下基础。

需要注意的是，若抽样分几个阶段或在几个不同的抽样层次上进行，则要分别建立几个不同的抽样框。比如，为了解某市小学生的学习情况，需要从全市500所小学中抽取10所小学，再从每所抽中的小学中抽取3个班级，最后从每个抽中的班级中抽取10名小学生。那么，就要分别收集全市500所小学的名单、每所抽中的小学里所有班级的名单，以及每个抽中的班级中所有学生的名单，并对它们进行排序形成三个不同层次的抽样框。

在抽样过程中，形成一个适当的抽样框经常是调查者面临的最有挑战性的问题之一。

准确的抽样框包括两项原则：完整性与不重复性。完整性是指不遗漏总体中的任何一个个体；不重复性是指任何一个个体不能重复列入抽样框。

在实际抽样操作中，满足这两项原则非常不容易。例如，在城市居民户的抽样中，会经常出现一户有多处住房的情况，这样很容易把这一户重复列入抽样框，使得他们在抽样中的中选概率高于其他居民，从而违背了随机抽样等概率的原则；同样，有的城市居民的居住条件较差，很多居民同住在一个门牌号中，因此很容易遗漏。例如，在上海，会有10多个家庭使用一个门牌号的情况，如果出现这种情况，被遗漏的家庭就没有被抽中的可能，也就是说，他们的中选概率为零，当然也就违背了随机抽样的等概率原则。

下面我们来看一个抽样框误差的有趣例子，是关于狗粮制造商的案例，一个厂商在超级市场对狗的主人进行了广泛的访问调查，他们调查并估计顾客们对狗食的包装式样和型号的要求，并试探顾客们对广告设计方案的反应。在产品投入市场的初期，该厂经历了一个高销售额的阶段，数月后销售额却停滞不前。这家公司经过讨论研究后，把自己生产的狗食带到当地的流浪狗收容所，然后把狗食放到狗的面前，但它连碰都不碰！尽管访问调查了所有的狗主人，但厂商不知道自己的抽样框是错误的。

3.设计和抽取样本

设计样本包括两项具体工作：

一是确定样本数目的大小或样本容量的多少，即样本所要包含的部分总体单位的个数。

二是选择具体的抽样方式，抽样方式有许多种，必须根据调查目的和调查总体的具体情况选择适当的抽样方式。

对样本进行周密设计后，就可以进行实际抽样，组成所要实际调查的样本。

4.收集样本资料，计算样本指标

收集样本资料是非常具体的工作，它可以根据样本各单位的实际情况，选择一种或多种搜集资料的方法，对样本各单位进行实际调查。收集到样本资料后，还要对资料做整理和分析，最后计算出样本的指标。

5.用样本指标推断调查总体指标

统计推断是抽样调查的最后一步，是认识总体的过程，也是抽样调查的目的。在用样本指标推断总体指标时，要计算抽样误差，同时依据概率论的有关理论，对推断的可靠程度加以控制。

5.2　随机抽样方法

随机抽样方法，又称为概率抽样，是对总体中每一个个体给予平等的抽取机会的抽样技术。在具体的抽样过程中，调查人员必须严格遵守正确的选择程序，避免武断或有偏见地选择抽样单位。

要理解概率抽样的原理或逻辑，探讨一下社会群体的异质性是非常必要的。

“世界上没有两片完全相同的树叶”，社会是由不同的个人所组成的各种各样的群体、组织、阶层等，他们都存在着不同程度的异质性，也就是说，他们所包含的个体相互之间总是存在着这样或那样的差别，在现实中不可能有两个完全相同的人。那么，在各种社会总体都普遍存在异质性的现实面前，严格的概率抽样程序与方法就必不可少了。而概率抽样所要反映的正是总体本身所具有的那种内在的异质性。

抽样的最终目的在于通过对样本的统计值的描述来相对准确地勾画出总体的面貌。概率抽样方法可以帮助我们实现这一目标，并且可以对这种勾画的准确程度做出估计。随机抽样是这一过程的关键。

【拓展知识5-1】

掷硬币

掷硬币是我们理解事件的随机性与事件发生的概率之间的关系的最好例子。对于投掷硬币的结果（总体）来说，只有正面和反面（个体）两种可能。每次投掷硬币相当于一次抽样过程（从两种可能性中抽取一种）；这种抽样是随机的，因为这两种可能性都可能出现，而且出现的机会均等。尽管一次具体的随机抽样（一次投掷）只会有一种结果，但是若干次不同的抽样结果，却总会趋向于两种情况出现的概率各为50%。

这个例子告诉我们，在各种随机事件的背后，存在着事件发生的客观概率。正是这种概率决定着随机事件的发展变化规律。概率抽样之所以能够保证样本对总体的代表性，其原理就在于它能够很好地按总体内在结构中所蕴含的各种随机事件的概率来构成样本，使样本成为总体的缩影。随机抽样的具体方法，又可分为简单随机抽样、分层随机抽样、等距随机抽样、整群随机抽样等，下面分别予以说明。

5.2.1 简单随机抽样

1.定义

简单随机抽样，又称单纯随机抽样。它是最基本的随机抽样方法，也是理论上最符合随机原则的抽样方法。这种抽样方法在抽样之前，对总体单位不进行任何分组、排列等处理，完全按随机原则从总体中抽取样本。

2.类型

简单随机抽样可分为两种：不放回的简单随机抽样和放回的简单随机抽样。

（1）不放回的简单随机抽样。

从含有N个单元的总体中逐个不放回地抽取单元，直到抽足n个单元为止。这种抽样方法称为不放回的简单随机抽样，不放回的简单随机抽样的所有可能的样本有C_N^n个，每个样本被抽中的概率相同，都为$1/C_N^n$。

【例5-1】设总体有5个单元（1、2、3、4、5），按不放回的简单随机抽样抽取2个单元，则所有可能的样本为C_5^2=10，见表5-1。

表5-1 不放回简单随机抽样的所有可能样本

1，2			
1，3	2，3		
1，4	2，4	3，4	
1，5	2，5	3，5	4，5

（2）放回的简单随机抽样。

从含有N个单元的总体中按等概率抽取一个单元，观测并记录其指标值后又将它放回，然后再在总体中按等概率抽取一个单元，……，直到抽足N个单元为止，这种抽样方法称为放回的简单随机抽样。放回的简单随机抽样的所有可能样本有N个，每个样本被抽中的概率相同，都为1/N。

【例5-2】设总体有5个单元（1、2、3、4、5），按放回的简单随机抽样抽取2个单元，则所有可能的样本为5^2=25，见表5-2。

表5-2　放回的简单随机抽样的所有可能的样本

1，1	2，1	3，1	4，1	5，1
1，2	2，2	3，2	4，2	5，2
1，3	2，3	3，3	4，3	5，3
1，4	2，4	3，4	4，4	5，4
1，5	2，5	3，5	4，5	5，5

3.简单随机抽样方法的应用

在市场调查中，简单随机抽样主要采用三种方式：直接抽取法、抽签法和随机数表法。

（1）直接抽取法。

直接抽取法，即从调查总体中直接随机抽取样本进行调查。这种方法适合对集中于某个较小空间的总体进行抽样，如对存放于仓库的同类产品直接随机抽取若干产品为样本进行质量检查。

（2）抽签法。

抽签法是将总体各单位编上序号并将号码写在外形相同的纸片上，掺和均匀后，再从中随机抽取，被抽中的号码所代表的单位就是随机样本，直到抽够预先规定的样本数目为止。

【例5-3】在某城市某街道所管辖的10 000户居民中，抽取200户居民对某种商品的需求量进行调查，就可以做10 000张纸片，写上1~10 000号，从中随机抽取200张，被抽中的居民作为样本。一般在随机抽样中，用N代表总体单位数，用n代表样本单位数。显然这个问题中$N=10\ 000$个，$n=200$个。

（3）随机数表法。

所谓随机数表，就是由一些任意的数字毫无规律地排列而成的数字表，每一个数字号码在表上出现的机会平均起来都是一样的。因为，如果让数字号码随便出现，会有一定的循环性，数学家用一套公式把这些数字一一列出，使它们出现时不会有循环性。

随机数表是由0~9组成的表，这10个数字排列完全是随机的。较大的随机数表是由美国兰德公司1955年编制出版的100万数字表和肯德尔与史密斯在1938年编制出版的10万数字表。

使用随机数表的方法是：如果要从m个总体中抽取n个元素，那么首先将总体编上号，号码从1到m，假设要从总体120中抽取60个元素，那么编排号码就从001到120。然后，随意指出表上的一个同位数码，从这个数向上、下或向左、右（往哪个方向都可以，因机会一样，但要固定一个方向走），把走向经过的每组数中不超过120的写下来，即小于120的数。直到抽满60个数为止，这60个元素就是要抽取的样本。

用随机数表方法选取样本单位时，会出现这样的问题，即一个样本有可能被选中两次或两次以上，也就是说，在随机数表中同一个数有可能出现两次。当出现这种情况时，有两种处理方法可以选择。一种方法是在选取样本时，如果在随机数表中再遇到同样的号码就跳过去，但样本数仍抽够所需样本数，这种方法称为不放回抽样或不重复抽样。另一种方法是放回抽样或重复抽样，也就是一个号码被选中两次，就两次记入样本，但实际选出的样本数会小于所需样本数。两种方法相比较，不放回抽样误差小一些。

使用简单随机抽样方法抽取样本的前提是拥有合适的抽样框或使用电子表格软件自动生成类似于前两种方法的1～N的编号作为抽样框。实用的统计分析软件SAS和SPSS等都有此功能，其工作原理与使用随机数表类似。可以通过实例来说明简单随机抽样的手工实施方法。

【例5-4】某中学为了了解学生身体素质的基本情况。欲从全校学生总体N=2 580人中抽取一个简单随机样本n=300人进行体检。

简单随机抽样的程序为：

首先，利用全校学生名册，将全校学生的名字排列起来，每个学生编一个号码，依次为0001～2580，从而形成一个抽样框。

其次，对于这样一个N=2 580人的总体，采用简单随机抽样方式抽取n=300人的简单随机样本，有两种方式：抽签法和随机数表法。

抽签法：准备2 580张卡片，写上全体学生的编号作抽样框，将卡片放入一个盒子里，充分摇匀，然后在排除任何主观因素的条件下取出300张卡片，以卡片上号码所代表的300个学生为样本，这就是一个随机的过程，所选方法简单，但在实践中一般不采用，一方面这种方法用起来很麻烦，尤其当N很大时更不实用；另一方面这种方法的等概率性在较大程度上依赖于抽样个体，也就是卡片是否摇匀，假如在盒内的一堆卡片没有充分摇匀，就会造成结果的随机性较差。

随机数表法：在随机数表表5-3中，从0～9的第一个个位数，以及两位数、三位数……在表中随机出现并有相同的出现概率。从一个随机数表中任意连续选取4列数（因为2 580是4位数），遇到大于2 580的数字就去掉，直到选满300个为止。这种抽样方式在实践中得到了广泛应用。

表5-3 **随机数表**

	(1)	(2)	(3)	(4)	(5)	(6)
1	32 004	69 037	29 655	92 114	81 034	40 582
2	23 821	96 070	82 592	81 642	80 971	70 411
3	82 383	94 987	66 441	28 677	95 961	78 346
4	68 310	21 792	71 635	86 089	38 157	95 620
5	94 856	76 940	22 165	10 414	10 413	37 231
6	95 100	61 958	83 430	98 250	70 060	50 436
7	20 764	64 638	11 359	32 556	89 822	20 713
8	71 401	17 964	50 940	95 753	34 905	93 566
9	88 464	75 707	16 750	61 371	10 523	69 205
10	59 442	59 247	74 955	82 835	98 378	83 513
11	11 818	40 951	99 279	32 222	75 433	27 397
12	65 785	60 937	96 483	10 230	58 220	90 765
13	15 933	69 834	57 402	35 168	81 438	44 850
14	31 722	97 334	77 178	70 361	15 819	35 037
15	95 118	88 373	26 934	42 991	10 142	90 852

【例5-5】下面举例说明随机数表的使用过程。假定在某城市某街道所管辖的100户居民中，随机抽取11户居民对某种商品的需求量进行调查。首先将总体单位按1～100编号，最大编号为100，是三位数，必须从表5-3中选三列数。然后从表中任意抽三列，假定随机抽到8～10列，从任意行向任意方向数去，假定从第一行向下数去，选出11个1～100之间的不同数（当遇到大于100的数时均跳过），它们分别是37、70；再从第9～11列中选出71；依此类推，直到抽够11个号为止，被抽中的11个号所代表的居民户就组成了一个n=11户的样本。

4.简单随机抽样的特点

简单随机抽样是随机抽样最基本的方式，它的优点是完全排除了抽样中主观因素的干扰，并且简单易行，满足一切概率抽样的要求，排除主观因素的影响。但这种方法也有其局限性，它只适用于调查总体单位之间差异较小的情况或调查对象不明、难以分组或分类的情况；若总体范围大，总体内部差异程度大，则要与其他随机抽样方法结合使用。另外，这种方法在使用过程也存在一定的缺点：（1）抽样框的编制比较困难。在总体数量很大的情况下使用，编号工作量繁重；（2）当总体单位差异程度较大时，必须使样本容量充分大才能保证样本推断总体的可靠程度和准确程度；（3）所抽取的样本在总体中的分布或过于集中、或过于分散，分布很不均匀，给实际调查带来困难。在实际应用中有不便之处。

5.2.2　等距随机抽样

等距随机抽样又称机械随机抽样或系统随机抽样。它是先将总体各单位按某一标志顺序排列，并编上序号；然后用总体单位数除以样本单位数求得抽样间隔，并在第一个抽样间隔内随机抽取一个单位作为组成样本的单位；最后按计算的抽样距离做等距抽样，直到抽满n个单位。

等距随机抽样的具体做法是：

（1）将总体的所有个体排列起来。排列个体所依据的标志有两种：一种是按与调查项目无关的标志排列。例如，在住户调查时，选择住户可以按住户所在街区的门牌号码排列，然后每隔若干个号码抽取一户进行调查。另一种是按与调查项目有关的标志排列。例如，在住户调查时，可按住户平均收入排列，再进行抽取。

（2）计算抽样距离。抽样距离是由总体大小和样本大小决定的，假设总体所含单位数为N，样本所含单位数为n，则抽样距离应为$K = N/n$。

（3）在前K个个体中用完全随机的方式抽取一个个体，设其所在位置的序号为k。

（4）自k开始，每隔K个个体抽取一个个体，即陆续抽取的个体所在位置为k，$k + K$，$k + 2K$，…，$k + (n - 1)K$。

【例5-6】从10 000户居民中抽取200户居民进行抽样调查，采用等距随机抽样方法，具体做法是：

首先把10 000户居民按一定标志排列，其标志可以采用与调查内容有关的标志（与需求量有关的标志有收入水平、家庭人口数等），也可以采用与调查内容无关的标志（如居住地址等），并编上序号1～10 000；

然后求出抽样间隔，用K表示抽样间隔，则$K = \frac{N}{n} = \frac{10\,000}{200} = 50$，即间隔50户抽取

一户，同时在第一个K间隔内，即1~50中随机抽一个单位，假设抽中第38号单位；

最后从38开始，每隔50户抽取1户，即38、88、138、188、…、9 988，共抽取到200户组成样本。

一般说来，与简单随机抽样一样，等距抽样也要收集总体的名单，将总体中所有个体进行编号。

与简单随机抽样不同的是，等距抽样不需要多次使用随机数表抽取个体，而只需要按间隔等距抽样即可。此外，系统抽样在某种情况下不必像简单随机抽样那样编列个体的号码，只要总体的排列次序是随机的，就可以依据已排好的次序，从中等距抽取。

此外，在许多情况下，等距抽样的潜在优势是其产生的样本几乎与简单随机抽样产生的样本是同质的，而且样本在总体中的分布更均匀，所以等距抽样的误差小于或至多等于简单随机抽样。事实上，系统抽样也可以看作分层抽样，也就是可以看作每层只抽一个个体的分层抽样。所不同的是，系统抽样的样本个体在每一层的相应位置上，而分层抽样则是在每层随机抽取的。尽管如此，由于其在选择前按概率将总体成员分组，故在最终分析中代表性比简单随机抽样差。不过，经济节约足可以弥补其样本精确性的小小损失，所以，当简单随机抽样不能实施或花费太大时，人们常常使用系统抽样。因此，在市场调查中等距抽样是应用最广的一种抽样方式。

等距抽样也有一定的局限性，表现在如下几个方面：

（1）运用等距抽样的前提是要有总体中每个单位的相关资料，特别是按有关标志排序时，往往要有较为详细具体的资料，这是一项十分复杂和细致的工作。

（2）当抽样间隔和被调查对象本身的节奏相重合时，就会影响调查的精度。例如，对某商场每周的商品销售量情况进行抽样调查，若抽取的第一个样本是周末，抽样间隔为7天，那么抽取的样本单位都是周末。而商品销售量往往周末最大，这样就会发生系统性偏差，从而影响等距抽样的代表性。例如，对城乡集市贸易商品成交量或成交价格有时间间隔地进行调查，抽样的时间间隔不能用7或30这种与周、月周期一致的数。等距抽样最适用于同质性较高的总体，而对于类别比较明显的总体，则采用分层随机抽样法。

5.2.3 分层随机抽样

分层随机抽样，又称类型随机抽样。它先将总体按一定标志分成各种类型（或称为“层”）；然后，根据各类单位数占总体单位数的比重，确定从各类型中抽取样本单位的数量；最后，按单纯随机抽样或等距随机抽样从各类型中抽取样本的各单位，最终组成调查总体的样本。

1.分层抽样的过程

我们在介绍简单随机抽样和等距抽样的过程中，隐含着这样的使用条件：虽然个体或群集之间存在差异，但分布均匀，也就是说，某一类型的个体或群集不会全都集中在一起，抽样框内的号码排列时不会有任何规律。

一言以蔽之，个体在总体中的分布是完全随机的。当然，当实际情况并不具备上述条件时，这几种方法至多只是节省功夫的方法，而达不到误差较小的结果。相反，假如按某种与调查项目有关的标志将总体分成若干个层次，这种标志在一个层次之内是接近同质的，而在层与层之间则是不同质的，然后在每层按同一比例抽取个体，显然效果要好。这就是分层抽样的基本思路。

分层抽样的使用条件是：

（1）被取样的总体是异质的，一个变量或多个变量可能影响调查结果。例如，大学生的性别、年级、籍贯可能影响他们对婚恋的态度。

（2）所研究的总体有详细的名单。例如，在校大学生有登记表。

其基本过程如图5-2所示：

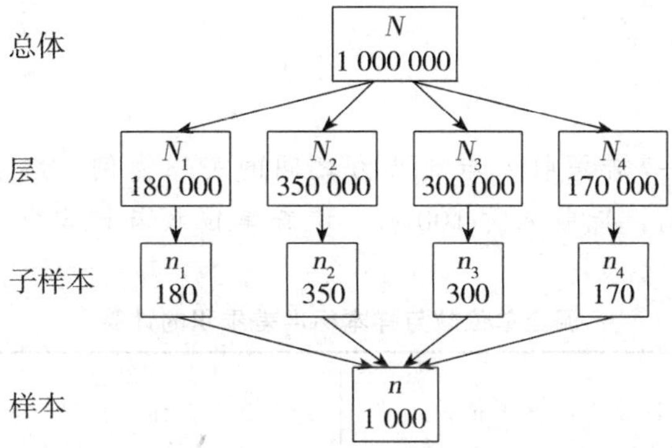

图5-2 分层抽样示意图

第一，确定分层的特征，如年龄、性别、行政区等。

第二，将总体（N）分成若干（K）个互不重叠的部分（分别用N_1，N_2，N_3，…，N_k表示），每一部分叫一层，每一层是一个子总体。

第三，根据一定的方式（如各层单元占总体的比例）确定各层应抽取的样本量。

第四，分别采用简单随机抽样或系统抽样方法，从各层中抽取相应的样本，分别为n_1，n_2，n_3，…，n_k，这些样本也叫子样本，子样本之和为总样本。

2.分层抽样的基本方式

分层抽样充分地利用了总体的已有信息，因而是一种非常实用的抽样方法。但是对于总体该分为几层，如何分层，要视具体情况而定。总的原则就是：各层内的差异要小，而层与层之间的差异要大，否则将失去分层的意义。为了使分层抽样更合理、更科学，在具体实施过程中可采取以下三种抽样方式。

（1）等比例层次抽样。

等比例层次抽样，即按照各层（或各类型）单位数占总体单位数的比例分配各层的样本数量。

采用的公式为：

$$n_i = \frac{N_i}{N} \times n$$

【例5-7】某地共有居民20 000户，按经济收入高低进行分类，其中高收入的居民为4 000户，占总体的20%；中等收入的居民为12 000户，占总体的60%；低收入的居民为4 000户，占总体的20%。要从中抽取200户，进行购买力调查，则各类型应抽取的样本单位数目为：

经济收入高的样本单位数目：200×20%=40（户）

经济收入中的样本单位数目：200×60%=120（户）

经济收入低的样本单位数目：200×20%=40（户）

（2）分层最佳抽样。

分层最佳抽样，即按照各层（或各类型）的样本标准差的大小，调整各层次的样本数目。

分层最佳抽样，既考虑了各层在总体中所占比重的大小，又考虑了各层标准差的差异程度，有利于降低各层之间的差异。

采用的公式为：

$$n_i = n \times \frac{N_i S_i}{\sum N_i S_i}$$

【例 5-8】仍以例 5-7 居民收入与购买力之间的关系为例。各层样本标准差高收入为 300 元，中收入为 200 元，低收入为 100 元。调查单位数与样本标准差乘积计算表，见表 5-4：

表 5-4 调查单位数与样本标准差乘积的计算

各层次（不同经济收入）	各层的调查单位数（户）	各层的样本标准差（元）	乘积
高	4 000	300	1 200 000
中	12 000	200	2 400 000
低	4 000	100	400 000
合计			4 000 000

按照公式计算，得出各类型应抽取的样本单位数目为：

高收入样本单位数目：$\frac{200 \times 1\ 200\ 000}{4\ 000\ 000}$=60（户）

中收入样本单位数目：$\frac{200 \times 2\ 400\ 000}{4\ 000\ 000}$=120（户）

低收入样本单位数目：$\frac{200 \times 400\ 000}{4\ 000\ 000}$=20（户）

（3）分层最低成本抽样。

分层最低成本抽样是根据抽样的费用支出来确定各层应抽取的样本数目的抽样方法。它既考虑了抽取样本对总体的较高的代表性，又考虑了抽样的费用。

3. 分层抽样时要注意的要点

做好分层随机抽样的关键是分层（或分类）的标准要科学，要符合调查总体的实际情况，在分层时要注意以下几个要点：

（1）要确定好分层的依据或标准。进行分层抽样设计，首先要对调查对象进行分层，而分层（或划分类型）必须要有一个依据或标准，这个分层依据的确定关系提高了所取样本的代表性，而分层依据的选择要根据调查的目的而定。例如，要了解消费者的购买能力，则应该依据居民收入水平来分层；要了解消费者行为，则可根据居民的职业情况或受教育状况来分层等。做好这一步工作的关键是抽样设计者对调查目的和对总体有一定程度的了解。

（2）分层应该使层内差异缩小，使层间差异增大。这是从抽样技术的角度提出的原则。若分层能达到这种效果，则可大大提高样本的代表性，提高估计的精确度。层内差异是指分层后，各层或各类型内部各个个体之间的差异，通常用层内方差来测定。层间差异是层与层之间的差异，用层间方差来测定。使层内差异缩小是指将差异程度较小的个体，亦即特征比较接近的个体分在同一层，作为同一类型，使该层的方差尽可能小，其结果也就自然增大了层与层之间的差异。这样做之所以会提高样本的代表性，是因为将特征相同的个体分在同一层的结果是将总体中所包含的单位与总体中单位的结构基本一致，使样本具有较高的代表性。

（3）分层不宜太多，以免失去层的特性，不便于从每层中抽取样本。实施分层抽样，原则上层别不宜太多。因为若分层太多，有时反而会使总体单位的特征模糊，看不出其本质特征。从估计方法看，也会给估计带来较多的麻烦。但由于市场调查的特殊性，可视情况而定。在市场调查中，将总体划分为5层左右比较合适，最好不要超过7层。

4.分层抽样的优点及适用条件

分层随机抽样的优点是比较明显的，具体来讲主要包含以下几个方面：

（1）当总体内部类型差异明显时，分层随机抽样能克服简单随机抽样和等距抽样的不足，按总体中各类型的分布特征，在不同类型确定样本的分布，使样本结构与总体结构接近，因此增强了样本对总体的代表性。

（2）分层随机抽样提高了样本指标推断总体指标的精确度，在市场现象存在明显不同层次的情况下，分层随机抽样比简单随机抽样和等距随机抽样误差都小，或者说在同样的精确度要求下，分层随机抽样的样本容量较小，从而减少了搜集资料的工作量。

（3）分层随机抽样不但可以估计总体的参数，还可以估计每层的参数。分层随机抽样适用于总体单位数量较大、内部类别比较明显的市场调查对象。相应地，这种抽样方式要求调查者对总体及总体各类型有一定的了解，否则就无法对总体做出科学的分类，也就无法实施分层随机抽样。在确定了各类样本单位数后，即可按简单随机抽样或等距随机抽样的方式抽取样本单位。

5.2.4　整群随机抽样

1.定义

整群随机抽样是将总体按一定标准划分成群或集体，以群或集体为单位按随机原则从总体中抽取若干群或集体，作为总体的样本，并对被抽中的各群或集体中的每一个单位都进行实际调查。

通常，在生产企业或销售企业对商品质量进行抽样调查时，采用整群随机抽样的方法。

【例5-9】生产企业把产品按生产时间分成群，从中抽取一定时间的产品进行质量检验。对生产周期较短的产品，从每周40小时的产品中，抽取2小时的产品进行检验；从每月30天的产品中，抽取3天的产品进行检验；对生产周期较长的产品，可以从每年12个月的产品中，抽取1个月的产品进行检验。此外，还可按产品的包装单位分群，如抽取若干箱饮料，对其中的每瓶饮料进行检验；抽取若干打袜子，对其中的每双袜子进行检验。

2.整群随机抽样与类型随机抽样的关系

二者的相似之处在于，它们都是先根据某种标准把总体划分为若干部分（若干群）。

二者的区别在于：

（1）类型随机抽样必须在总体的每一部分中，按照其比例抽取一定数量的样本单位；而整群随机抽样则是将总体中被抽取部分的全部单位作为样本单位。

（2）二者在对总体进行划分时，所依据的原则也是不同的。类型随机抽样要求被划分开的总体各部分之间具有明显差异，而各部分内部的差异要尽可能小；整群随机抽样则要求被划分开的总体各部分（各群）之间尽可能无差异，总体部分（群）内部各单位允许存在明显差异。

3.整群随机抽样的优缺点

整群随机抽样的优点是样本单位比较集中，进行抽样比较方便，可以节省调查人员的时间和费用，另外也能够大大地简化编制抽样框的工作。其缺点在于样本只能集中在若干群中，不能均匀地分布在总体的各个部分中，因此用以推断总体的准确性较差。当总体内各单位的差异较大，而群与群之间差异较小时，采用此法可以提高样本的代表性。

整群随机抽样能使得样本单位比较集中，调查工作比较便利，它适合于总体比较大，而又无明显类型的调查对象，如在拥有几万以至几十万户的城市中以户为单位进行调查，就需要将几万以至几十万户排列出名单，这显然是非常难于做到的。若应用整群随机抽样，以城市中的居委会为群，抽取若干个居委会为样本，对作为样本的居委会所管辖的居民户全部进行调查，这显然比以户为单位抽取样本方便得多，同时由于各居委会所管辖的居民一般并无本质差异，而一个居委会内部的居民户在各方面会有明显差异，所以采用整群随机抽样方法抽取的样本对总体的代表性不会降低。

5.2.5 多阶段随机抽样

多阶段随机抽样，又称为多极抽样或分段抽样，它是按抽样元素的隶属关系或层次关系，把抽样过程分为几个阶段进行。在市场调查中，当总体的规模特别大或者总体分布的范围特别广时，调查者一般采取多阶段抽样的方法来抽取样本。

多阶段随机抽样的具体做法有以下两种：

（1）将调查总体各单位按一定标志分成若干集体，作为抽样的第一级单位；然后将第一级单位再分成若干小集体，作为抽样的第二级单位；依此类推，可按研究问题的需要和现象本身的特点，分出第三级单位、第四级单位等。

（2）依照随机原则，先在第一级单位中抽出若干单位作为第一级单位样本；然后在第一级被抽中的单位中再抽出第二级单位样本；依此类推，还可抽出第三级单位样本、第四级单位样本等。由此形成了两阶段随机抽样、三阶段随机抽样或四阶段随机抽样等。

【例5-10】若对某县群众的身体状况进行调查，需要样本数为500人，就可以采用多阶段抽样法。

县→从中抽取8个乡→从中抽取15个村→从中抽取500人

【例5-11】为了调查某市青年工人的状况，需要从全市青年工人这一总体中抽取样本，也可以采用多阶段抽样法。

首先，以企业为单位抽样，即以全市所有企业为抽样框，从中随机抽取一部分企业；

然后，在抽中的企业中，以车间为抽样单位，即从全部车间中抽取若干车间；

最后，在抽中的车间内抽取青年工人。

在运用多阶段抽样方法时，需要注意在类别和个体之间保持平衡，或者说保持合适的比例。

【例5-12】某市有2.4万名教师，他们分布在全市10个区的200所学校中。现在要抽取一个由1 200名教师组成的样本。如果按照三阶段抽样的方法，我们就能得到各种不同的抽样选择，见表5-5：

表5-5 各方案的三阶段抽样

	第一阶段	第二阶段	第三阶段
方案1	抽10个区	抽4所学校	每所学校抽30名教师
方案2	抽2个区	抽20所学校	每所学校抽30名教师
方案3	抽10个区	抽20所学校	每所学校抽6名教师
方案4	抽8个区	抽15所学校	每所学校抽10名教师
方案5	抽5个区	抽12所学校	每所学校抽20名教师
方案6	抽4个区	抽10所学校	每所学校抽30名教师
方案7	抽3个区	抽10所学校	每所学校抽40名教师
方案8	抽2个区	抽10所学校	每所学校抽60名教师
方案9	抽1个区	抽12所学校	每所学校抽100名教师

究竟该选择哪一种抽样方案呢？也就是说，如何确定每一阶段抽样的单位数目呢？对此，主要考虑两方面因素：

（1）各个抽样阶段中的子总体的同质性程度。同质性程度高的子总体，所抽取的规模就相应小一点；反之，相应大一点。

①如果在该市的10个区中，属于不同区的学校相互之间的差别很大，那么就应该加大第一阶段的抽样规模，即采取方案1或方案3。

②如果区与区之间的学校在总体上差别不大，而在每一个区中，不同的学校相互之间却差别很大，那么就应该减小第一阶段的抽样规模，而相应地加大第二阶段的抽样规模，即采取方案2。

③如果区与区之间、学校与学校之间的差别都不大，倒是每所学校中教师与教师之间的差别很大，那么，我们就应该尽量加大第三阶段的抽样规模，而相应地减小第一和第二阶段的抽样规模，即采取方案8或方案9。

（2）考虑调查者所拥有的人力和经费。从方案3至方案9，我们可以看到样本所覆盖的区和学校的数目；所覆盖的区是方案3最多（所有的区），依次减小，方案9最少（仅一个区）；所覆盖的学校数目也是从方案3至方案9依次减少（分别为200、120、60、40、30、20、12所）。一般来说，在其他条件不变的情况下，样本覆盖的面越大，样本的代表性越大。因此，如果仅从这方面考虑，对“大的类别中抽取单元相对较多，而每一单元中抽取个体相对较少”的做法效果较好，即方案3最好，依次递减，方案9最差。但是，在抽样时我们还应从实践的角度来进行考量。抽的区越多、抽的学校越多，同时也意味着在收集资料时，调查员要奔波的范围越广，所需时间、经费越多，而这往往是调查者最不愿意看到的。所以，如果从这方面来考虑，则“大的类别中抽取单元相对较少，而每一单元中抽取的个体相对较多”的做法效果较好，即方案9最好，依次递减，方案3最差。

多阶段抽样法适用于总体范围特别大、对象层次特别多的研究。由于它不需要总体的全部名单，各阶段的抽样单位数目一般比较少，因而抽样比较容易进行。

但由于每级抽样都会产生误差，所以这种抽样方法的误差较大，这是多阶段抽样法的不足之处。在同等条件下减少多阶段抽样误差的方法是：相对增加开头阶段的样本数而适当减少最后阶段的样本数，所以，当人力和经费允许时，应尽量扩大开头阶段的抽样规模。对于上例来说，就是要尽可能像方案3、方案4或方案5那样去设计。

5.2.6 抽样误差

调查结果的准确性无疑是调查组织者十分重视的问题。调查结果的准确性通常用抽样误差的大小来反映，在抽样方式和总体既定的前提下，抽样误差的大小主要取决于抽样数目的多少。对抽样误差的控制主要是通过控制抽样数目来实现的。因此，确定抽样误差与抽样数目，是随机抽样市场调查中两个重要的问题。

1.抽样误差的概念

抽样误差是指用样本指标推断总体指标所产生的误差，这是在抽样调查时不可避免的误差。抽样误差的类型如图5-3所示。

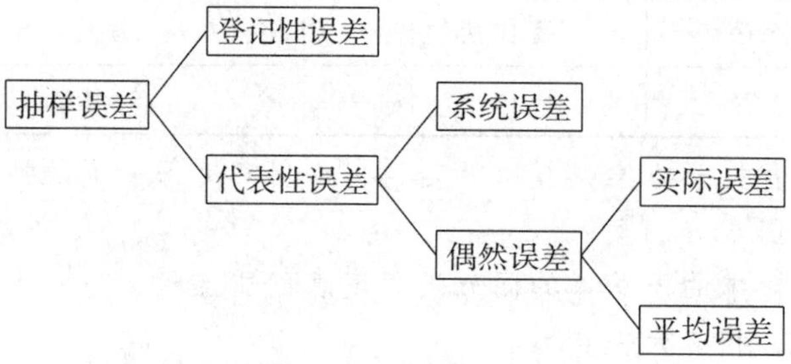

图5-3 抽样误差的类型

在市场调查中涉及的误差有两种。一种是登记性误差，是指在调查和汇总的过程中由于观察、测量、登记、计算等方面的差错或被调查者提供虚假资料而产生的误差。这种误差是任何统计调查方式都可能产生的，调查范围越大，调查单位越多，产生登记性误差的可能性也越大。另一种是代表性误差，是由于样本不能完全代表总体而产生的误差。代表性误差分为系统误差和随机误差。系统误差是指由于未遵循随机原则引起的样本代表性不足而产生的误差，表现为样本估计量的值偏高或偏低。例如，观察者有意地多选较好或较差的单位等，都会产生系统误差。随机误差是指遵循随机原则抽样，但由于偶然性因素而产生的代表性误差，故也称偶然误差。

我们将要分析的抽样误差，是专门指偶然的代表性误差。这种误差又可表现为两种情形：一是实际误差，即样本综合指标（如平均数）与相应总体综合指标的实际偏差。例如，某居民区全体居民人均月消费肉类5千克（总体平均数），抽样调查所得到的样本人均消费肉类为4.7千克（样本平均数），则平均数实际抽样误差为0.3千克。例子中的总体综合指标值是假定已知的，可在实践中总体综合指标值是不知道的。所以在抽样调查中，实际误差是多少无法计算。二是平均误差，即各种可能被抽中的样本综合指标（如平均数）与相应总体综合指标的平均离差，它表示样本指标同总体指标可能相差的范围，而不是确切的误差数值。实际上，抽样误差带有偶然性，因为即使同一总体用同一抽样方式抽取同一数量的样本单位，也可能有若干不同的组合（样本平均数），而每一样本的调查结果是不可能完全相同的。因此，其抽样误差可能大也可能小，可能是正差也可能是负差。如果我们把所有这些样本指标同总体指标的误差加以平均，就可以反映抽样误差的一般水平，这种误差的一般水平便是抽样平均误差（或称平均抽样误差）。

我们通常所说的抽样误差，是专门指抽样平均误差，它反映了样本代表性的大小。平均误差愈大，样本可能代表总体的真实性愈小；反之，抽样误差愈小，样本可能代表总体的真实性愈大。

2.抽样误差的估算方法

（1）影响抽样误差大小的因素。

①被研究总体各单位标志值的差异程度。总体的方差和均方差越大，抽样误差就越大；反之，则抽样误差越小。如果总体各单位标志值之间没有差异，那么，抽样指标和总体指标相等，抽样误差也就不存在了。

②抽取的调查单位的数目。在其他条件不变的情况下，抽样单位数目越多，抽样误差就越小；反之，则越大。当样本单位数目扩大到与总体数目一致时，抽样调查也就变成了全面调查，抽样误差也就不存在了。

③抽样调查的组织形式。抽样误差也受抽样组织形式的影响。一般来说，按照等距抽样和类型抽样方式组织抽样调查，由于经过排队，可以缩小差异程度，因而抽取相同数目的样本，其抽样误差要比简单随机抽样方式的误差小。

（2）抽样误差的估算方法。

简单随机抽样是抽样法的基础，下面着重介绍在简单随机抽样条件下的抽样误差估算方法。

①均数指标抽样误差的估算方法。

第一，重复抽样条件下的计算公式：

$$\mu_{\bar{x}} = \sqrt{\frac{\sigma^2}{n}} = \frac{\sigma}{\sqrt{n}}$$

式中：$\mu_{\bar{x}}$——抽样平均数的抽样误差；σ——总体的标准差；n——样本单位数。

第二，不重复抽样条件下的计算公式：

$$\mu_{\bar{x}} = \sqrt{\frac{\sigma^2}{n}\left(\frac{N-n}{N-1}\right)}$$

式中：N——总体单位数。

当总体单位数N值很大时，为简化计算，也可用下列计算公式：

$$\mu_{\bar{x}} = \sqrt{\frac{\sigma^2}{n}\left(1-\frac{n}{N}\right)}$$

②成数指标抽样误差的估算方法。

第一，重复抽样条件下的计算公式：

$$\mu_p = \sqrt{\frac{P(1-P)}{n}}$$

式中：μ_p——抽样成数抽样平均误差；P——总体成数；n——样本单位数。

第二，不重复抽样条件下的计算公式：

$$\mu_p=\sqrt{\frac{P(1-P)}{n}(\frac{N-n}{N-1})}$$

当总体单位数N值很大时，为简化计算，也可用下列计算公式：

$$\mu_p=\sqrt{\frac{P(1-P)}{n}(1-\frac{n}{N})}$$

需要说明的是，在抽样误差的计算公式中，要求用总体标准差和总体成数，但在此问题中只具有样本标准差和样本成数。但抽样调查的理论证明，在大样本情况（$n\geqslant30$）下，可以采用样本标准差代替总体标准差，用样本成数代替总体成数。

【例 5-13】在某城市某街道办事处所管辖的10 000户居民中，用单纯随机抽样方法抽取200户，对某种商品的月平均需求量和需求倾向进行调查。对200户居民采用问卷法搜集相关的资料，并对资料进行整理、分析、计算。结果表明，每户居民对该商品的月平均需求量为500克，标准差为100克。90%的居民户表示一年内不选择其他替代商品，会继续消费该商品。计算抽样平均数和抽样成数的抽样误差。

抽样平均数的抽样误差为：

$$\mu_{\bar{x}}=\frac{\sigma}{\sqrt{n}}=\frac{100}{\sqrt{200}}=7.1\ (\text{克})$$

抽样成数的抽样误差为：

$$\mu_p=\sqrt{\frac{P(1-P)}{n}}=\sqrt{\frac{0.9\times(1-0.9)}{200}}=0.02$$

5.2.7 必要抽样数目的确定

对于抽样误差的控制，除了根据实际问题选择正确的抽样方式外，另一个重要问题就是抽取样本单位数目的多少。抽样数目过多，会造成人力、物力、财力和时间上的浪费，造成不必要的损失，使得抽样调查所需成本费用提高；抽样数目过少，又会使调查结果存在较大误差，达不到要求的精度。所谓必要抽样数目，就是在事先给定的抽样误差范围内所确定的、能够达到调查结果精确度要求的样本单位数目。

1.影响合理的必要抽样数目的因素

（1）总体各单位之间的标志差异程度的大小。在抽样误差范围一定的条件下，总体各单位之间的标志差异程度越大，需要抽取的样本数目就越多；反之，则越少。其原因是，总体各单位之间的标志差异越大，一定数目的总体单位对总体的代表性就越低；总体各单位之间的标志差异越小，一定数目的总体单位对总体的代表性就越高。当总体各单位的标志值都相等时，一个总体单位的标志值就足以代表总体的平均水平。

（2）允许误差的大小。在其他条件一定的情况下，允许的误差小，抽样数目就应相对多一些；反之，允许的误差大，抽样数目就可相对少一些。在抽样调查设计时，应当取多大的允许误差，要根据调查目的、调查要求、调查经费和调查时间来确定。一般来说，调查的准确度要求高、调查力强、调查经费充足，允许误差就可以定得小一些；反之，允许误差就只能放大一些。

（3）不同的抽样组织方式和抽样方法。一般情况下，简单随机抽样和整群随机抽样比等距抽样和分层随机抽样所需的样本单位数目要多，重复抽样则比不重复抽样单位数目要多。

2.必要抽样数目的确定

必要抽样数目的计算公式可以从允许误差和抽样误差的计算公式推导而得。下面介绍在简单随机抽样方式条件下，确定必要抽样数目的计算方法。

（1）平均数指标必要抽样数目的确定。

①在重复抽样条件下，必要抽样数目的计算公式是从允许误差计算公式中推导出来的，平均数指标允许误差的计算公式为：

$$\Delta\bar{x} = tu_{\bar{x}} = t\sqrt{\frac{\sigma^2}{n}}$$

可以推导出必要样本数目的计算公式为：

$$n = \frac{t^2\sigma^2}{\Delta\bar{x}^2}$$

式中：t——概率度；σ——总体标准差；$\Delta\bar{x}$——平均指标允许误差；n——必要抽样数目。

②在不重复抽样条件下，平均数指标允许误差的计算公式为：

$$\Delta\bar{x} = tu_x = t\sqrt{\frac{\sigma^2}{n}\left(1-\frac{n}{N}\right)}$$

可以推导出必要样本数目的计算公式为：

$$n = \frac{t^2\sigma^2 N}{N\Delta\bar{x}^2 + t^2\sigma^2}$$

（2）成数指标必要抽样数目的确定。

①在重复抽样条件下，成数指标允许误差的计算公式为：

$$\Delta p = t\sqrt{\frac{p(1-p)}{n}}$$

可以推导出必要样本数目的计算公式为：

$$n = \frac{t^2 p(1-p)}{\Delta p^2}$$

②在不重复抽样条件下，成数指标允许误差的计算公式为：

$$\Delta p = t\sqrt{\frac{p(1-p)}{n}\left(1-\frac{n}{N}\right)}$$

可以推导出必要样本数目的计算公式为：

$$n = \frac{t^2 Np(1-p)}{N\Delta p^2 + t^2 p(1-p)}$$

这里，我们谈到的仅仅是在简单随机抽样条件下必要抽样数目的确定方法，其他的抽样方法比较复杂，这里我们不加以展开。

5.3　非随机抽样方法

随机抽样有很多明显优点，例如，它排除了市场调查中调查者的主观影响，从而使样本具有客观性；它能够测定抽样误差指标并能对其大小加以控制，从而达到用样本指标推断总体指标的目的。但是，在很多情况下，随机抽样几乎无法进行。例如，无法具体确定市场调查总体的外延，就根本无法进行随机抽样。另外，为了遵循抽样的随机原则，对操作过程要求严格，实施起来比较麻烦，费时费力。因此，如果市场调查的目的仅仅是对问题做初步探索，以便制订研究问题的方案，或市场调查并不需要推断总体指标，那么抽样调查就并不一定要按随机原则，而可以采取非随机抽样。

调查研究经常遇到无法选择（大规模社会调查使用的）概率样本的情况。例如，在研究无家可归者时，不但没有一份所有无家可归者的现成的名单，也不可能造出一份这样的名册。此外，我们会发现，即使有可能进行概率抽样，有时也并不适当。在这种情形下，就该采用非概率抽样了。非概率抽样不是按照概率均等的原则，而是根据人们的主观经验或其他条件来抽取样本。因而，非概率抽样样本的代表性往往较小，误差有时相当大，而且这种误差又无法估计。

5.3.1 非随机抽样适用的条件

非随机抽样是指在抽样时不遵循随机原则，而是按照调查人员主观设立的某个标准抽取样本。在市场调查中，采用非随机抽样通常是出于以下几个原因：

（1）由于客观条件的限制，无法进行随机抽样。

（2）为了快速获得调查结果，提高调查的时效性。

（3）在调查对象不确定或无法确定的情况下采用，例如，对某一突发（偶然）事件进行现场调查等。

（4）当总体各单位间离散程度不大，且调查人员具有丰富的调查经验时。

5.3.2 非随机抽样与随机抽样的区别

非随机抽样与随机抽样的对比情况，见表5-6。

表5-6 非随机抽样与随机抽样对比

随机抽样	非随机抽样
随机原则	主观分析判断
只能定期做	可以经常做
可以判断误差	不能判断误差
可以推断总体	不能推断总体
不省钱	省钱
不省时	省时
不方便	方便

5.3.3 非随机抽样方法的类型

非随机抽样方法主要有四种：偶遇抽样、判断抽样、配额抽样、滚雪球抽样。

1.偶遇抽样

偶遇抽样又叫方便抽样或自然抽样，是指研究者根据实际情况，以自己方便的方式抽取偶然遇到的人作为对象，或者仅仅选择那些离得最近的、最容易找到的人作为调查对象。

常见的未经许可的街头随访或拦截式访问、邮寄式调查、杂志内问卷调查等都属于偶遇抽样。

偶遇抽样是在所有抽样技术中花费最小的（包括经费和时间）。抽样单元是可以接近的、容易测量的并且是合作的。偶遇抽样尽管有许多优点，但也有严重的局限性。在抽样时会存在许多可能的选择偏差，如被调查者的自我选择、抽样的主观性偏差等。这种抽样不能代表总体和推断总体。因此，当我们在进行街头访问或邮寄式调查时，一定要谨慎对待调查结果。

“街头拦人”法，即在街头、路口、车站、码头等处拦住过往行人进行调查。电视台、电台和报社的记者常借这种方法迅速了解公众对某些刚刚发生的重大事件的看法。虽说这种方式经常被使用，但它却是一种极冒险的抽样方法。只有在研究的目的是了解在某个特定时间内通过特定抽样地点的过路人的一些特征时，或当不可能采取冒险性更少的抽样方法时，这种抽样方法才具有合理性。尽管这种方法的使用在可行性上具有合理性，但在根据这类数据做出推论时必须非常小心，而且应该提醒用户注意这种方法的危险性。

高等教育研究者，常常对人数众多的大班课程学生进行社会调查。这种方法很受欢迎，因为它简易而且成本低。但是使用这种方法得到的资料，往往缺乏实质性的价值。这样的抽样方法，可以作为问卷的前提，但是不应该用来代表全体的学生。

该方法有时还可以用于大型调研，请看下面的例子。

【例5-14】如何吸引优秀人才到专业销售岗位上来是每个公司都关注的问题。为了了解销售人员的就业动机，以及影响这些销售人员加入专职销售队伍的外部影响因素，某市场咨询公司受委托组织了一个调研。研究人员了解到，目前正在举行一个由60名地区销售主管组成的专职培训班，故将这60个人纳入样本，进行方便抽样。调研结果显示，大多数专职销售人员都是偶然进入这个职业的，或把进入专职销售队伍看作一种自我进步，他们中有许多人都是由于外部事件的激励才选择销售这一职业的。

这种遇上谁就抽谁的抽样方法好像有随机抽样的味道，往往被有些人误认为是随机抽样，其实不然。仅从表面上看，二者的确有些相似，他们都排除了主观因素的影响，纯粹依靠客观机遇来抽取对象。但二者有一个根本的区别，这就是偶遇抽样没有保证在总体中的每一个成员都具有同等被抽中的概率。那些最先被碰到的、最容易见到的、最方便找到的对象具有比其他对象大得多的机会被抽中。正是因为这一点，所以我们不能依赖偶遇抽样得到的样本来推断总体。

2.判断抽样

有时我们可以根据自己对总体的认识，如对总体构成要素和研究目标的认识，来选择适当的抽样方法。特别是在问卷的初步设计阶段，我们应该尽量选择多元化的总体作为抽样基准，对问卷题目进行检验。虽然有时研究结果并不能代表任何有意义的总体，但这种检验能有效地暴露出问卷中的缺陷。

这种研究者根据研究的目标和自己的主观分析来选择和确定研究对象的方法就是判断抽样，判断抽样又称为主观抽样或立意抽样，这种抽样方法通常适用于总体中各单位构成不同、样本数目不多的调查研究中。

很多典型的市场调查，如企业的销售水平、商品销售结构、居民家庭状况，从全体企业中抽选若干先进的、居中的、落后的企业作为样本，来考察全体企业的经营状况等，都可以采取判断抽样法来决定样本数量。

判断抽样首先要确定抽样标准。由于标准的确定带有较大的主观性，所以，此法的运用结果如何，往往是与研究者的理论修养、实际经验以及对研究对象的熟悉程度有很大的关系。

判断抽样具有两种含义。一是主观判断的意思。这时，判断抽样是研究者依据主观判断选取可以代表总体的个体作为样本。这种样本的代表性取决于研究者对总体的了解程度和判断能力。在无法确定总体边界，或者因为研究者的时间和设备有限而无法进行概率抽样时，可以用此种方法。二是“有目的地”选择样本。例如，在问卷设计阶段，为检验问题设计是否得当，常有意地选择一些观点差异悬殊的人作为调查对象。又如，研究者专找那些偏离总体平均水平者作为调查对象，其目的是研究什么使他们发生偏离。这种判断抽样的目的是探寻有意义的变量类型和范围。它适用于建立分类模型。它的作用在于发现问题，提出假设，而不在于对总体做出概括。

判断抽样的主要优点有：判断抽样可以充分发挥研究人员的主观能动性，特别是当研究人员对研究总体的情况比较熟悉、研究人员的分析判断能力较强、研究方法与技术十分熟练、研究的经验比较丰富时，采用这种方法往往十分方便。

小组座谈会调查常常利用判断抽样而不是概率抽样。

【例5-15】最近一个小组座谈会调查人们对低卡路里、低脂肪微波炉烹饪技术的需求，并选择12名妇女作为目前和未来市场的代表。这些妇女中有6名已使用微波炉3年或3年以上；另有3名妇女使用微波炉至少3年；还有3名妇女正在市场上寻找微波炉。

在某些时候，我们也许需要对较大的总体内的某个次级集合进行研究，这个次级集合的组成要素很容易辨认，然而如果要把这些次级集合全部列举出来，又几乎是不可能的事情。例如，我们要对活动中的学生领袖进行研究。许多学生领袖是很容易找到的，但是却不大可能对所有的学生领袖进行研究。为了对所有的或大多数样本进行研究，就必须根据研究目的来搜集资料，所运用的抽样方法是判断抽样法。

判断抽样的缺点有：受主观影响比较大，研究人员若判断不准，则误差极大。判断抽样仍然属于一种非概率抽样，所以其所得样本的代表性往往难以判断。在实际中，这种抽样多用于总体规模较小、所涉及的范围较窄，或时间、人力等条件有限而难以进行大规模抽样的情况。

3.配额抽样

配额抽样又叫定额抽样，它是一种比偶遇抽样更复杂一些的非概率抽样方法，是按照一定的标准和比例分配样本的数额，然后由调查者在分配的额度内任意抽取样本，是在非随机抽样中用得较多的一种方法。例如，在某乡抽样400户，对某种商品的需求量进行调查。对该乡所属全部居民按人均年纯收入进行分类，这是考虑到收入水平直接影响着对该商品的需求。同时将全部居民按家庭人口数分组，即居民对该商品的需求量不仅受收入水平的影响，还受家庭人口数的影响。

在进行配额抽样时，研究者要尽可能地依据那些有可能影响研究变量的因素来对总体分层，并找出具有各种不同特征的成员在总体中所占的比例。然后依据这种划分以及各类成员的比例去选择对象，使样本中的成员在上述各种因素、各种特征方面的构成及在样本中的比例都尽量接近总体。如果把各种因素或各种特征看作不同的变数，则配额抽样实际上就是这些变数的组合。

配额抽样方法简单易行，可以保证总体的各个类别都能包括在所抽样本之中，因此配额抽样的样本具有较高的代表性。但也应注意到，这种方法具有一定的假设性，即假定具有某种相同特征的调查对象，其行为、态度与反应都基本一致，因此，对同一层内的调查对象，是否采取随机抽样就无关紧要了。由于抽样误差不大，只要问卷设计合理、分析方法正确，所得的结果同样值得信赖。而这种假设是否得以成立，在很大程度上取决于调查者的知识、水平和经验。

1936年，美国的盖洛普使用配额抽样的方法成功地预测了总统当选人，而同样的方法却造成了他在1948年的错误预测。就像概率抽样一样，配额抽样强调的也是样本的代表性，虽说二者所达到目的的方法不大一样。又如，在城市居民家庭收支调查中，按照类型比例，计划好配额，在每人月平均生活费100元以上组中需调查10户。只要被调查户符合该条件，即可作为访问对象，也就是在符合这个条件的调查户中，由调查人员自由选择被调查户。结果无类似数据，一般按中等标准选取样本。

许多书都谈到了配额抽样方法与之前介绍的分层抽样方法相类似，二者都是针对不同类型分配一定的比例抽取样本，或把配额抽样称为分层抽样在非概率抽样中的对应词。实际上，二者具有本质上的差别。二者虽然都是依据某些特征对总体进行分层，但二者的目的不相同，抽样方法也不相同。

配额抽样之所以要分层分类，其目的在于抽选出一个总体的“模拟物”，其方法则是通过主观的分析来确定和选择组成这种模拟物的成员。也就是说，配额抽样注重的是样本与总体在结构比例上的表面一致性。

分层抽样进行分层时，一方面是要提高各层间的异质性与同层中的同质性，另一方面也是为了照顾某些比例小的层次，使得所抽样本的代表性进一步提高，误差进一步减小。而其抽样的方法则是完全依据概率原则，排除主观因素，客观地、等概率地到各层中进行抽样，这与配额抽样中那种“按事先规定的条件，有目的地寻找”的做法是完全不同的。

配额抽样以说明总体为目的，因此在对总体进行分类时，必须对总体的性质有充分的了解，如不同性别、年龄、教育水平的人在总体中各占多大比例等，然后按此比例分配应抽定额。

按照配额的要求不同，配额抽样可以分为“独立控制配额抽样”和“交叉控制配额抽样”。

（1）独立控制配额抽样。

独立控制配额抽样只按一种限制或控制特征对调查样本数目进行分配。若对某乡所属全部居民只按人均年纯收入水平分类，其各类比重和样本单位在各类别进行分配，有关计算见表5-7。

表5-7　**独立控制配额抽样的计算**

按人均年纯收入分类（元）	总体各类户数比重（%）	各类中样本单位数（户）
5 000及以下	10	40
5 000~10 000	75	300
10 000以上	15	60
合计	100	400

（2）交叉控制配额抽样。

交叉控制配额抽样是按两个或两个以上标志对调查样本数目的分配加以约束或控制。若对某乡所属全部居民按人均年纯收入水平和家庭人口数两个标志分类，其各类比重见表5-8。

表5-8 交叉控制配额抽样比重

人均年纯收入（元）＼家庭人口	3人以下（%）	3人及以上（%）	合计（%）
5 000及以下	3	7	10
5 000～10 000	22	53	75
10 000以上	4	11	15
合　计	29	71	100

根据表5-8中的各类比重，各类应抽样本单位数如下：

①5 000元及以下、3人以下类：4 000×3%=12（户）

②5 000元以下、3人及以上类：4 000×7%=28（户）

③5 000～10 000元、3人以下类：4 000×22%=88（户）

④5 000～10 000元、3人及以上类：4 000×53%=212（户）

⑤10 000元以上、3人以下类：4 000×4%=16（户）

⑥10 000元以上、3人及以上类：400×11%=44（户）

配额抽样隐含这样的假设：一方面只要类型划分较细，那么同一个类型中的每一个个体都是同质的，因而无须采用随机抽样；另一方面，只要类型划分合理，且分配给各类的名额符合总体中各类人员的分布，那么，样本就可以准确地反映总体。这两个假定在理论上是成立的，但在实施过程中很难做到。

一方面，在分层时不可能兼顾总体的众多属性，而只能考虑其中几种，因此不可能做出很细的分类；另一方面，有关总体分布变化的最新信息并不容易得到，因而配额的合理性很难保证。1948年盖洛普之所以没能正确地预测出杜鲁门会当选总统，部分原因就在于此。另外，配额抽样的主观性很大，如果一个访问员被要求与五位具有某些复杂特征的人员面谈，他会本能地避免去访问要爬七层楼才能找到的受访者。这些都会影响配额抽样的样本代表性。

近几年来，不少研究者尝试着将概率抽样方法与配额抽样方法结合，但是效果还有待观察。

4.滚雪球抽样

滚雪球抽样又叫推荐抽样，是一种极特殊的抽样方法。在访问的时候，研究人员要求被访问者提供附加回答者的名单。当我们无法了解总体情况时，研究人员为符合研究的要求，起初要汇编一个比总体样本要小得多的样本名单，然后从总体中少数成员入手，对他们进行调查。在访问了每个被访者之后，向他们询问还知道哪些符合条件的人，要求他或她提供其他可能的回答者的名单，再去找那些人进行调查并再询问他们知道的人。如此，先前的被访者就提供了额外的回答者的名单，如同滚雪球一样，我们可以找到越来越多具有相同性质的群体成员。

滚雪球抽样法的最初的名单在某些方面可能是特殊的，然而增加的样本主要是通过原始名单中那些人的回忆产生的。滚雪球抽样方法最初的访问对象可以采用概率抽样方法选择，但是最终的样本仍是一个非概率样本，如果总体不大，有时用不了几次就会接近饱和状况，即后来访问的人再介绍的都是已经访问过的人。滚雪球抽样法的图示如图5-4所示。

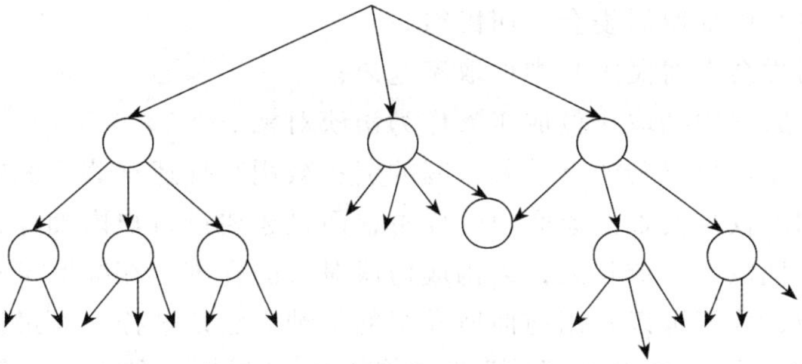

图5-4　滚雪球抽样法图示

【例5-16】某研究部门在调查某市劳务市场中的保姆问题时，先访问了7名保姆，然后请她们再提供其他保姆的名单，逐步扩大到近百人。通过对这些保姆的调查，对保姆的来源地、从事工作的性质、经济收入等状况会有比较全面的掌握。

当手头只有一份有限的且少得可怜的样本构架时，而被访者又能够提供对调查可能有用的别的回答者的名单时，推荐抽样是最合适的。滚雪球抽样的一个主要目的就是测试特殊总体的稀有特征。例如，在政府部门的某些特殊机构里，工作人员的真名是保密的，对这些人员的心理素质测试最好采取滚雪球抽样。再比如，对年龄在38周岁以上单身女性购买高档首饰动机的研究，对买卖双方行业行为的调研等，都可以使用这种方法。

滚雪球抽样的主要优点是：

（1）能够保证抽取的样本均具有某种特征，且抽样误差和成本都较小。例如，要对某个地区拥有价位在一千元以上家用健身器的家庭做调研，考虑到已经拥有此类产品的家庭很可能了解某些也拥有同样产品的其他家庭，因此，我们可采用滚雪球法，逐渐完成调研。

（2）这种由推荐获得的样本能够较好地满足抽样对样本的人口统计学和心理统计学的特征的要求，因为推荐人对这些特征比随机情景更熟悉。

滚雪球抽样的局限是：

滚雪球抽样要求样本单位之间必须有一定的联系并且愿意保持和提供这种联系，否则，会影响这种调查方法的进行和效果。用滚雪球抽样方法进行抽样，最后仍有许多个体无法被找到，还有些个体因某些原因被提供者故意漏而不提，这两者都可能造成误差。例如，要研究退休老人的生活，可以清晨到公园去结识几位散步老人，再通过他们结识其朋友，不用很久，你就可以交上一大批老年朋友。但是这种方法的偏误也很大，那些不好活动、不爱去公园、不爱和别人交往、喜欢一个人在家里活动的老人，就很难把雪球滚到他们那里去，而他们却代表着另外一种退休后的生活方式。

5.4　其他抽样方法

5.4.1　KISH抽样

当调查者以家庭为分析单位，以入户访谈的方法收集资料时，他们往往采用多阶段抽样的方法。具体做法如下：

（1）从某一市（县）中抽取区（乡）；

（2）再从区（乡）中抽取街（村）；

（3）从街（村）中抽取居委会（居民组）；

（4）然后从居委会（居民组）中抽取家庭户；

（5）最后从家庭户中抽取一位成年人作为访谈对象。

从这些访谈对象那里得到的有关其家庭的资料被用来描述这些家庭的特征和类型。在这种调查中，我们不仅需要抽出家庭户的样本，而且还要进行户内抽样，也就是说，从所抽中的每户家庭中抽取一个成年人，以构成访谈对象的样本。在抽取家庭中的成年人之前的每个抽样阶段中，我们可以采用前面所介绍的某种方法来抽样。而最后一个阶段的抽样则可以采用一种被称为“KISH选择法”的方式进行。根据这种方法，每户家庭中所有的成年人（比如说18岁以上者）都具有同等的被选中的概率（机会）。

KISH表是美国著名的抽样专家KISH创立的一种在确立了户之后，选择户内家庭成员的方法。它的原理与随机数表的原理是一样的。

KISH表的具体用法如下：

（1）确定该户符合调查要求的人口数。

（2）依照男性在前，女性在后；年纪大的在前，年纪小的在后的原则，把编号的家庭成员按顺序写在表的相应位置上。

（3）确定样本户的编号。通常的做法是：调查员调查的第一户的编号为1，第二户的编号为2，以此类推，或以问卷号的末位数为准。

（4）样本编号末位数所在列和家庭成员人口数所在行对应的数为该户成员年龄由大到小排列的编号，此编号所对应的人为抽样样本。

【例5-17】某户有5人，年龄分别是69岁、67岁、38岁、32岁、4岁，调查对象年龄要求为18岁至70岁，所以确定人数为4，依照年龄顺序分别填入表中，该户的样本编号末位数为5，从而确定该户的样本的调查顺序号是3，即该户38岁的人为调查样本。有关抽样记录见表5-9。

表5-9 KISH抽样记录表

	年龄从大到小（岁）	性别	抽中打钩	1	2	3	4	5	6	7	8	9	0
1	69	男		1	1	1	1	1	1	1	1	1	1
2	67	女		2	1	2	1	1	2	1	2	2	1
3	38	男	√	1	3	2	2	3	1	3	1	1	2
4	32	女		2	2	4	1	3	4	1	3	3	2
5				2	5	3	3	4	4	1	1	5	3
6				3	1	4	4	5	2	6	2	3	3
7				4	5	6	5	7	2	3	1	7	3
8				4	5	6	2	7	1	8	3	4	5
9				2	4	9	5	8	3	7	6	1	8
10				5	2	3	4	0	7	9	8	9	1

5.4.2　PPS抽样

概率抽样的一个共同特点就是：总体（或子总体）中的每一个元素都具有同等的被抽中的概率。如果总体中每个元素的“大小”基本相同，或者每一个元素在总体中的地位或重要性相差不多，则这种基于同等概率的抽样是合适的。但当元素的大小不同，或者元素在总体中的地位不同时，则需要采用不等概率抽样的方法。

比如，当从全市几百家企业中抽取20家企业进行调查时，一个有着数万职工的大型企业与一个只有一两百人的小企业所处的地位，显然是很不一样的。如果此时仍然采用概率抽样的方法，则样本的代表性和精度都会比较差。而如果采用不等概率抽样的方法，使大的企业入选样本的概率大一些，小的企业入选样本的概率小一些，这样就可以大大提高估计的精度。常用的一种不等概率抽样是：概率与元素的规模大小成比例的抽样，简称PPS抽样。

【例5-18】假设要从全市100家不同规模的企业（总共20万名职工）中抽取1 000名职工进行调查。分别用多阶段抽样和PPS抽样抽取样本，并进行对比。

（1）多阶段抽样。

①先从100家企业中随机抽取若干家企业，比如抽取20家；

②然后再从这些企业中分别抽取50名职工（50×20 =1 000）构成样本。

需要注意的是：这100家企业的规模是不同的，最大的企业职工多达16 000名，而最小的企业则只有200名职工。如果这样的两个企业都被选入第一阶段的样本，也就是进入20家企业的样本，那么它们在第一阶段的入选概率是相同的，即都是20%。

但第二阶段从每家企业中抽取职工时，这两家企业中每个职工被抽中的概率却大不一样，前者的概率为50÷16 000×100%=0.3125%，而后者的概率为50÷200×100%=25%。这样，规模大的企业每个职工被抽中的概率为20%×0.3125=0.0625%；而规模小的企业每个职工被抽中的概率为20%×25%=5%；规模大的企业职工相对于规模小的企业的职工来说，被抽中的概率要小得多。

（2）PPS抽样。

①首先，将入选元素（即企业）排列起来，写出它们的规模并计算它们的规模在总体规模中所占的比例；将它们的比例累计起来，并根据比例的累计数依次写出每一元素所对应的选择号码范围，该范围的大小等于元素规模所占的比例，见表5-10中1、2、3、4列。

②然后，采用随机数表的方法或系统抽样的方法选择号码，号码所对应的元素入选第一阶段，见表5-10中5、6列。

③最后，再从所选样本中进行第二阶段抽样，也就是从每个被抽中的元素中抽取50名职工。

由于规模大的企业在第一阶段抽样时被抽中的概率大于规模小的企业，这样就补偿了第二阶段抽样时规模大的企业中每个职工被抽中的概率小的情况，因此，无论规模大还是规模小的企业，每个职工被抽中的概率都是相等的。所以，采用这种方法最终抽出的样本对总体的代表性也大。

表5-10 PPS抽样表

序号	规模	所占比例	累计	选择号码范围	所选号码	入选元素
企业1	3 000	1.5%	1.5%	000～014	012	元素1
企业2	2 000	1%	2.5%	015～024	048、095	元素2、3
企业3	16 000	8%	10.5%	025～104		
企业4	200	0.1%	10.6%	105		
企业5	1 200	0.6%	11.2%	106～111		
企业6	6 000	3%	14.2%	112～141	133	元素4
企业7	800	0.4%	14.6%	142～145		
企业8	600	0.3%	14.9%	146～148	148	元素5
企业9	1 400	0.7%	15.6%	149～155		
企业10	4 200	2.1%	17.7%	156～176	171	元素6
⋮						
企业98	400	0.2%	98.8%	978～987		
企业99	1 800	0.9%	99.7%	988～996	995	元素20
企业100	600	0.3%	100%	997～999		

本章小结

本章主要介绍了市场调查中的常用的抽样方法。在市场调查中，抽样调查方式是采用最为广泛的调查方式，如何从总体中抽取样本是需要研究的关键问题。样本到底是怎样形成的，需要借助于科学的抽样方法，抽样方法主要包括概率抽样方法和非概率抽样方法。

本章首先介绍了抽样调查的含义、特征、基本构成要素以及抽样的步骤；然后介绍了随机抽样方法，主要包括简单随机抽样、等距随机抽样、分层随机抽样、整群随机抽样；随后介绍了非随机抽样的方法，主要包括偶遇抽样、判断抽样、配额抽样、滚雪球抽样，并阐述了随机抽样和非随机抽样的区别以及各自适用的条件；最后介绍了其他的抽样方法，主要包括PPS抽样和KISH抽样。

综合训练

5.1 单项选择题

1.（ ）是最基本的随机抽样方法，它在抽样之前，对总体单位不进行任何分组、排列等处理，完全按随机原则从总体中抽取样本。

A.随机抽样　　B.重点抽样　　C.分层随机抽样　　D.简单随机抽样

2.（ ）是将总体各单位编上序号并将号码写在外形相同的纸片上，掺和均匀后，再从中随机抽取，抽中的号码所代表的单位就是随机样本，直到抽够预先规定的样本数目为止。

A.抽签法　　B.直接抽取法　　C.图表法　　D.随机数法

3.（　　）不属于非随机抽样的技术。

A.任意抽样技术　　B.系统抽样技术　　C.判断抽样技术　　D.配额抽样技术

4.调查某市居民收入情况，先按职业把居民分为工人、干部等若干组，然后再在各组中运用判断抽样方法抽取预定数目的样本进行调查，这种抽样属于（　　）。

A.配额抽样　　B.分群随机抽样　　C.分层随机抽样　　D.单纯随机抽样

5.兼顾层的大小和差异程度的大小，有利于调和、降低各层的差异，提高样本的可信度，且总体推算值较为准确、误差小的抽样方法是（　　）。

A.分层最佳抽样　　B.分层比例抽样　　C.最低成本抽样　　D.多次分层抽样

5.2　多项选择题

1.下列关于抽样误差的表述，正确的是（　　）。

A.凡进行抽样调查都会产生抽样误差

B.抽样误差是可以控制的

C.抽查的单位越多，抽样误差就会越小

D.总体中个体单位之间的差异程度越大，抽样误差也越大

E.抽样误差都是可以计算的

2.在（　　）的条件下，采用分群抽样法可以达到提高样本代表性、节省费用的目的。

A.总体由情况大体相同的较复杂群体组成

B.总体由情况不同的较复杂群体组成

C.群内差异大，群间差异小

D.群内差异小，群间差异大

E.群间与群内差异都小

3.在各种抽样方法中，概率抽样法（　　）。

A.排除了主观上的选择

B.完全以随机的方式选取样本

C.总体中各个体都有均等机会被选中作为样本

D.样本的客观性强

E.误差不可控制

4.确定样本容量主要应考虑（　　）。

A.总体变异　　B.调查精度　　C.回答率

D.调查经费　　E.抽样方式

5.要减少抽样误差，必须注意的问题是（　　）。

A.必须正确地确定抽取样本的方法，使样本对总体有充分的代表性

B.恰当地确定样本数目

C.加强抽样调查的组织工作，提高工作质量

D.选择好的总体进行调查

E.适当地增加样本数目

5.3 思考题

1.简要回答抽样调查的构成要素及基本程序。

2.简述分层随机抽样的优点及适用范围。

3.试比较整群抽样和分层抽样的异同。

4.简要回答样本容量的计算方法。

5.怎样理解和应用偶遇抽样法?

6.怎样理解和应用KISH抽样与PPS抽样?

7.影响必要抽样数目的因素有哪些?

8.在市场调查中，怎样应用等距随机抽样?

9.简述配额抽样与分层抽样的区别。

10.简述非随机抽样与随机抽样的区别。

5.4 实践与训练

1.近些年来网络购物越来越受人们青睐，尤其对于对新鲜事物比较敏感的广大学生群体，将你所在学校的全体学生作为调查对象，针对大学生网络购物状况设计一份抽样方案。

2.如果要了解你所在学校学生对食堂的评价情况，你觉得抽样方案应该如何设计?

3.调查某大学学生每月的消费情况，可以采用几种抽样方法?样本容量为300。

第6章　市场调查问卷的设计

学习目标与要求

● 知识点

1. 问卷设计的概念及问卷的类型。
2. 问卷设计的格式要求。
3. 问卷设计的原则和程序。
4. 问卷中问题的设计。
5. 问卷中答案的设计。
6. 问卷设计中应该注意的问题。
7. 态度量表的类型。
8. 直接态度测量量表。
9. 间接态度测量量表。

● 技能点

1. 掌握问卷设计的基本格式。
2. 能够自主设计调查问卷。
3. 能够熟练地运用各种调查量表。

【引导案例】

失败的配方——新口味可口可乐

20世纪80年代初，虽然可口可乐在美国软饮料市场上仍处于领先地位，但由于百事可乐公司通过多年的促销攻势，以口味试饮来表明消费者更喜欢较甜口味的百事可乐饮料，并不断侵吞着可口可乐的市场。为此，可口可乐公司尝试以改变可口可乐的口味来对付百事可乐公司对其市场的侵吞。

对新口味可口可乐饮料的研究开发，可口可乐公司花费了两年多的时间，投入了400多万美元的资金，最终开发出了新可乐的配方。在新可乐配方开发过程中，可口可乐公司进行了近20万人的口味试验，仅最终配方就进行了3万人的试验。在试验中，研究人员在不加任何标识的情况下，对老口味可乐、新口味可乐和百事可乐进行了比较试验，试验结果表明：在新、老口味可乐之间，60%的人选择新口味可乐；在新口味可乐和百事可乐之间，52%的人选择新口味可乐。从这个试验研究结果看，新口味可乐应是一个成功的产品。

1985年5月，可口可乐公司将口味较甜的新可乐投放市场，同时放弃了原配方的可乐。在新可乐上市初期，市场销售不错，但不久就销售平平，并且公司开始每天从愤怒的消费者那里接到1 500多个电话和很多的信件，一个自称原口味可乐饮用者的组织举行了抗议活动，并威胁除非恢复原口味的可乐或将配方公之于众，否则将提出集体诉讼。

迫于原口味可乐消费者的压力，在1985年7月中旬，即在新可乐推出的两个月后，可口可乐公司恢复了原口味的可乐，从而在市场上新口味可乐与原口味可乐共存，但原口味可乐的销售量远大于新口味可乐的销售量。

问：（1）在新口味可乐配方的市场营销调研中，存在的主要问题是什么？

（2）新口味可乐配方的市场调研的内容应包括哪些方面？

答：（1）在新口味可乐配方的市场营销调研中，存在的主要问题是：第一，调研的时间偏短，无法测试出大众对新口味可乐配方的持久偏好情况；第二，在大众调研中顾客往往由于具有从众心理而没有表述心中真正的想法。

（2）新口味可乐配方市场调研的内容应包括：产品调研、顾客调研、销售调研、促销调研。

资料来源：曾亦钢. 可口可乐一次失败市场调研的启示［J］. 商业价值，2010（1）.

6.1 问卷设计的一般问题

随着社会的发展，人们的受教育情况越来越普遍，受教育程度也越来越高。在此基础上，问卷调查法已成为现代社会进行各种调查常采用的方法。问卷调查法是访问调查法的发展和延伸，在各种调查中具有广泛的用途，发挥着重要的作用。在市场调查中，问卷调查法也有极为重要的地位。而问卷调查法实施的关键，就是作为连接中介的调查问卷设计的好与坏。本章将重点探讨调查问卷设计过程中所涉及的关键问题。

6.1.1 问卷设计的概念与格式

1.问卷设计的概念

在现代市场调查中，应有事先准备好的询问提纲或调查表作为调查的依据，这些文件统称问卷。它系统地记载了所需调查的具体内容，是了解市场信息资料、实现调查目的和任务的一种重要形式。采用问卷进行调查是国际通行的一种调查方式，也是我国近年来推行最快、应用最广的一种调查手段。

所谓问卷设计，是根据调查目的，将所需调查的问题具体化，使调查者能顺利地获取必要的信息资料，并便于统计分析。由于问卷方式通常是靠被调查者通过问卷间接地向调查者提供资料，所以作为调查者与被调查者之间中介物的调查问卷，其设计是否科学合理，将直接影响问卷的回收率，影响资料的真实性、实用性。因此，在市场调查中，应对问卷设计给予足够的重视。

2.问卷的类型

在市场调查实践中，由于问卷有不同的传递方法、不同的调查方式，因而问卷就形成了不同的类型。

（1）根据问卷传递方法的不同，问卷可分为报刊问卷、邮政问卷、送发问卷。

①报刊问卷。

报刊问卷是将市场调查问卷刊登在报刊上，随报刊发行传递到被调查者手中，并请报刊读者对问卷做出书面回答后，按规定时间寄还给报刊编辑部或调查组织者。报刊问卷实际上是以读者为调查对象的，它具有稳定的传递渠道、广泛的传递面；费用和时间都比较节省；还能保证匿名性；回答的质量一般也比较高。但报刊问卷不足之处在于，调查者对被调查者无法选择、问卷回收率比较低、调查者难于控制对填答问卷产生影响的各种因素。

②邮政问卷。

邮政问卷是调查者通过邮局向被调查者寄发问卷，被调查者按规定填写问卷后，再通过邮局将问卷寄给调查者。采用邮政问卷可以加强对被调查者的选择性，能提高问卷回答的质量，还能保证匿名性，人力和时间也比较节省。但邮政问卷同样存在回收率比较低、无法控制问答过程等不足。

③送发问卷。

送发问卷也称留置问卷，是调查者将问卷送发给被调查者，被调查者按规定填答后，再由调查者取回问卷。采用送发问卷方法的突出优点是问卷回收率高，同时还能做到及时收回问卷。它可以用于有组织的调查对象，如一个单位的职工、某一社区的居民、某一地区或部门的有关人员等；也可以用于较大范围的调查，如与抽样调查相结合，对城乡居民进行住户调查等。当然，这种方法同样无法对填答过程全面控制，调查费用、人力的花费比较高。

（2）根据问卷的填答者不同和调查方法不同，调查问卷可分为自填问卷和访问问卷。它们分别用于问卷调查法和访问调查法中。从问卷的角度看，它们具有同一性；从用于不同调查方法的角度看，它们又具有各自的特点。

①自填问卷。

自填问卷是指由被调查者自己填写的调查问卷，它用于问卷调查法中，上述报刊问卷、邮政问卷、送发问卷都是自填问卷。

②访问问卷。

访问问卷是指调查者按统一设计的问卷向被调查者当面提问，再由调查者根据被调查者的口头回答来填写问卷。显然，它用于访问调查法中，是访问调查中的标准化访问。

这两种问卷既有许多相同之处，又存在一些不同。其相同之处是自填问卷和访问问卷在设计时都应遵守问卷设计的原则和步骤；在问卷中问题设计方法也基本一致；问卷的结构也无很大差异。它们的不同之处是两种问卷的填写者完全不同，自填问卷由被调查者填写，访问问卷则由调查者填写。这就决定了在设计不同的问卷时，需要采用不同的形式，按不同的要求来做。

3.问卷设计的格式

一份完整的调查问卷通常包括标题、问卷说明、被调查者基本情况、调查主题内容、编码、调查者情况等内容。

（1）问卷的标题。

问卷的标题概括说明调查研究主题，使被调查者对所要回答什么方面的问题有一个大致的了解。标题应简明扼要，易于引起回答者的兴趣。例如，“大学生消费状况调查”“我与广告——公众广告意识调查”等。而不要简单采用“问卷调查”这样的标题，它容易引起回答者因不必要的怀疑而拒答。

（2）问卷说明。

问卷说明旨在向被调查者说明调查的目的、意义。有些问卷还有填表须知、交表时间、交表地点及其他事项说明等。问卷说明一般放在问卷开头，它可以使被调查者了解调查目的，消除顾虑，并按一定的要求填写问卷。问卷说明既可采取比较简洁、开门见山的方式，也可在问卷说明中进行一定的宣传，以引起调查对象对问卷的重视。下面举两个实例加以说明。

【例6-1】

“同学们：

为了了解当前大学生的学习、生活情况，并做出科学的分析，我们特制定此项调查问卷，希望广大同学予以积极配合，谢谢！”

【例6-2】

“女士（先生）：

改革开放以来，我国广告业蓬勃发展，已成为社会生活和经济活动中不可缺少的一部分，对社会经济的发展起着积极的推动作用。我们进行这次公众广告意识调查，其目的是加强社会各阶层人士与国家广告管理机关、广告用户和广告经营者等各方的沟通和交流，进一步加强和改善广告监督管理工作，促进广告业的健康发展。本次问卷调查并非知识性测验，只要求您根据自己的实际态度作答，不必进行讨论。根据统计法的有关规定，我们将对您的个人情况严格保密。”

（3）被调查者基本情况。

被调查者基本情况是指被调查者的一些主要特征，如在消费者调查中，消费者的性别、年龄、家庭人口、婚姻状况、文化程度、职业、单位、收入、所在地区等。又如，对企业调查中的企业名称、地址、所有制性质、主管部门、职工人数、商品销售额（或产品销售量）等情况。通过这些项目，便于对调查资料进行统计分组、分析。在实际调查中，列入哪些项目，列入多少项目，应根据调查目的、调查要求而定，并非多多益善。

（4）调查主题内容。

调查的主题内容是调查者所要了解的基本内容，也是调查问卷中最重要的部分。它主要是以提问的形式提供给被调查者，这部分内容设计的好坏直接影响整个调查的价值。

主题内容主要包括：①对人们的行为进行调查，包括对被调查者本人行为进行了解或通过被调查者了解他人的行为。②对人们的行为后果进行调查。③对人们的态度、意见、感觉、偏好等进行调查。

（5）编码。

编码是将问卷中的调查项目变成数字的工作过程，大多数市场调查问卷均需加以编码，以便分类整理，易于进行计算机处理和统计分析。所以，在设计问卷时，应确定每一个调查项目的编号并为相应的编码做准备。通常是在每一个调查项目的最左边按顺序编号。例如，①您的姓名；②您的职业；……而在调查项目的最右边，根据每一调查项目允许选择的数目，在其下方划上相应的若干短线，以便编码时填上相应的数字代号。

（6）调查者情况。

在调查表的最后，附上调查员的姓名、访问日期、时间等，以明确调查人员完成任务的性质。如有必要，还可写上被调查者的姓名、单位或家庭住址、电话等，以便于审核和进一步追踪调查。但对于一些涉及被调查者隐私的问卷，上述内容则不宜列入。

6.1.2 问卷设计的原则与程序

1.问卷调查面临的困难

一个成功的问卷设计应该具备两个功能：一是能将所要调查的问题明确地传达给被调查者；二是设法取得对方的合作，并取得真实、准确的答案。但在实际调查中，由于被调查者的个性不同，他们的教育水平、理解能力、道德标准、宗教信仰、生活习惯、职业和家庭背景等都具有较大差异，加上调查者本身的专业知识与技能的不同，会给调查带来困难，并影响调查的结果。具体表现为以下几个方面：

（1）被调查者不了解或误解问句的含义，不是无法回答就是答非所问。

（2）被调查者虽了解问句的含义，也愿意回答，但是自己不清楚应有的答案。

（3）被调查者了解问句的含义，也具备回答的条件，但不愿意回答，即拒答。具体表现在：①被调查者对问题毫无兴趣。导致这种情况的主要原因是被调查者对问卷主题没有兴趣，问卷设计呆板、枯燥，或调查环境和时间不适宜。②对问卷有畏难情绪。当问卷时间太长、内容过多、较难回答时，常会导致被调查者在开始或中途放弃回答，影响问卷的回收率和回答率。③对问卷提问的内容有所顾虑，即担心如实填写会给自己带来麻烦。其结果是不回答，或随意作答，甚至做出迎合调查者意图的回答，这种情况的发生是调查资料失真的最主要原因。例如，当询问被调查者月收入时，若被调查者月收入超过个人所得税起征点，他就会将纳税联系在一起，从而有意压低收入的数字。

（4）被调查者愿意回答，但无能力回答，包括回答者不善于表达的意见，不适合回答或不知道答案等。例如，当询问消费者购买某种商品的动机时，有些消费者对动机的含义不了解，很难做出具体回答。

为了克服上述困难，完成问卷的两个主要功能，在问卷设计时应遵循一定的原则和程序。

2.问卷设计的原则

（1）目的性原则。

问卷调查是通过向被调查者询问问题来进行的，所以，询问的问题必须与调查主题有密切的关联。这就要求在问卷设计时，重点突出，避免可有可无的问题，并把主题分解为更详细的细目，即把它们分别做成具体的询问形式供被调查者回答。

（2）可接受性原则。

调查表的设计要容易让被调查者接受。由于被调查者对是否参加调查有着绝对的自由，他们既可以采取合作的态度，接受调查；也可以采取对抗行为，拒答。因此，请求合作就成为问卷设计中的一个十分重要的问题。应在问卷说明中，将调查目的明确地告诉被调查者，让对方知道该项调查的意义和自身的回答对整个调查结果的重要性。问卷说明要亲切、温和，提问部分要自然、有礼貌、有趣味，必要时可采用一些物质鼓励，并承诺为被调查者保密，以消除其某种心理压力，使被调查者自愿参与，认真填好问卷。此外，还应使用适合被调查者身份、水平的用语，尽量避免列入一些令被调查者难堪或反感的问题。

（3）顺序性原则。

顺序性原则是指在设计问卷时，要讲究问卷的排列顺序，使问卷条理清楚，顺理成章，以提高回答问题的效果。问卷中的问题一般可按下列顺序排列：

①容易回答的问题（如行为性问题）放在前面；较难回答的问题（如态度性问题）放在中间；敏感性问题（如动机性、涉及隐私等问题）放在后面；关于个人情况的事实性问题放在末尾。

②封闭性问题放在前面；开放性问题放在后面。这是由于封闭性问题已由设计者列出全部的备选答案，较易回答，而开放性问题需被调查者花费一些时间考虑，放在前面易使被调查者产生畏难情绪。

③要注意问题的逻辑顺序，如可按时间顺序、类别顺序等合理排列。

（4）简明性原则。

简明性原则主要体现在三个方面：①调查内容要简明。没有价值或无关紧要的问题不要列入，同时要避免重复，力求以最少的项目设计获取必要的、完整的信息资料。②调查时间要简短，问题和整个问卷都不宜过长。设计问卷时，不能单纯从调查者角度出发，而要为回答者着想。调查内容过多、调查时间过长，都会使被调查者反感。调查的场合一般都在路上、店内或居民家中，应答者或行色匆匆，或不愿让调查者在家中久留等，而有些问卷多达几十页，让被调查者望而生畏，即使勉强做答也只会草率应付。根据经验，一般问卷回答时间应控制在30分钟左右。③问卷设计的形式要简明易懂。

（5）匹配性原则。

匹配性原则是指使被调查者的回答便于进行检查、数据处理和分析。所提问题都应事先考虑是否能对问题的结果做适当分类和解释，使所得资料便于做交叉分析。

3.问卷设计的程序

问卷设计是由一系列相关工作过程构成的，为使问卷具有科学性和可行性，需要按照一定的程序进行，如图6-1所示。

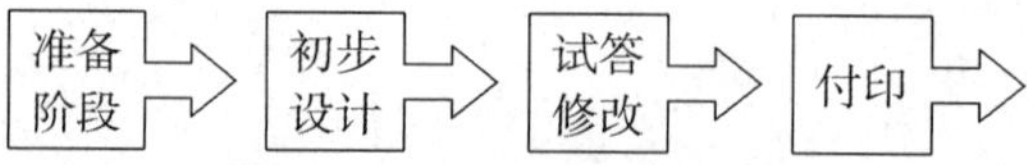

图6-1 问卷设计的程序

（1）准备阶段。

准备阶段是根据调查问卷需要确定调查主题的范围和调查项目，将所需问卷资料一一列出，分析哪些是主要资料，哪些是次要资料，哪些是必备资料，哪些是可要可不要的资料，并分析哪些资料需要通过问卷来取得，需要向谁调查等，对必要资料加以收集。同时要分析调查对象的各种特征，即分析了解各被调查对象的社会阶层、行为规范、社会环境等社会特征；文化程度、知识水平、理解能力等文化特征；需求动机、行为等心理特征，并以此作为拟定问卷的基础。在此阶段，应充分征求各类人员的意见，以了解问卷中可能出现的问题，力求使问卷切合实际，能够充分满足各方面分析研究的需要。可以说，问卷设计的准备阶段是整个问卷设计的基础，是问卷调查能否成功的前提条件。

（2）初步设计。

在准备工作的基础上，设计者就可以根据收集到的资料，按照设计原则设计问卷初稿了，主要是确定问卷结构，拟定并编排问题。在初步设计中，首先要标明每项资料需要采用何种方式提问，并尽量详尽地列出各种问题，然后对问题进行检查、筛选、编排，设计每个项目。对提出的每个问题，都要充分考虑是否有必要、能否得到答案。同时，要考虑问卷是否需要编码，或是否需要向被调查者说明调查目的、要求、基本注意事项等。这些都是设计调查问卷时十分重要的工作，必须精心研究，反复推敲。

（3）试答修改。

一般说来，所有设计出来的问卷都存在着一些问题。因此，需要将初步设计出来的问卷，在小范围内进行试验性调查，以便弄清初稿中存在的问题，了解被调查者是否愿意回答、是否能够回答所有的问题，哪些语句不清、多余或遗漏，问题的顺序是否符合逻辑，回答的时间是否过长等。如果发现问题，应做必要的修改，使问卷更加完善。试调查与正式调查的目的是不一样的，它并非要获得完整的问卷，而是要求回答者对问卷各方面提出意见，以便于修改。对初稿进行审查通常有两种方法：小样本试用初稿和专家评定初稿。

①小样本试用初稿。

初稿审查的一种方法是进行小样本的调查，对问卷初稿进行客观检验。这种做法实际上就是搞一次小型的问卷调查，但目的并不是取得市场资料，而是对问卷初稿从各个方面进行检验。一般是将问卷初稿复印10～30份，在市场调查对象中随机或非随机地抽取一个数量相当的小样本，用问卷初稿对他们进行调查；并对调查过程和结果进行分析研究，发现问卷初稿的问题和不足，从而对问卷初稿进行修改。对试用问卷初稿结果进行分析研究，首先要看问卷的回收率。如果问卷的回收率过低，说明问卷初稿存在的问题比较多，需要进行较大的修改。其次是分析问卷初稿调查结果的有效回收率，它能更明确地检查出问卷初稿存在的问题。如果填答不完整、只答了问题的一半或只答一些比较容易回答的问题，说明问卷可能过长或问题难度过高；如果对某问题普遍存在答非所问，说明问题不明确或指导语不清楚等。在问卷调查中，虽然对问卷初稿进行试用要花费相当多的时间或费用，但却是一种比较稳妥的办法。因为它使问卷初稿直接面对被调查者，是一种很客观的检验方法。

②专家评定初稿。

审查初稿的另一种方法是主观评定法。它是将问卷初稿复制10份左右，分别送给对问卷调查有研究的专家、对问卷调查法非常熟悉的有经验的调查员及从调查对象中挑选出的有代表性的被调查者，由他们对问卷初稿进行阅读、分析和评定，根据他们的评定对问卷初稿进行修改。这种方法虽然没有把问卷初稿投入试调查，但它综合了各方面的意见，在评定时还可以开展讨论，集思广益，所以也是一种行之有效的办法。

实践还证明，试调查的客观评定和主观评定如能结合应用，对问卷初稿进行双重试用，会更稳妥、更可靠。总之，问卷的初稿只有经过试用和修改，才能形成问卷定稿，投入正式调查使用。

（4）付印。

付印就是将最后定稿的问卷，按照调查工作的需要打印复制，制成正式问卷。

6.2 问题和答案的设计

问题与答案是问卷的主体部分，问卷中问题与答案的设计也是问卷设计的关键内容。问题与答案的设计有必须遵守的原则和要求，也有具体的方法和技巧。

6.2.1 问题的设计

问卷调查是以书面方式向被调查者提问的，被调查者根据各种提问做出回答，并提供市场现象的有关资料。问卷的语句由若干个问题构成，问题是问卷的核心。因此，问卷中问题的形式、问题的表达、问题的数目和排列顺序等，都直接影响着问卷的质量。

1.问题的选择

进行市场调查，用问卷搜集资料，有各种各样的问题可以提问。在问卷中提问什么、不提问什么，必须要经过认真的思考和选择。问题的选择一般必须考虑以下几点：

（1）必须选择于某种市场调查目的最必要的问题。结合市场调查目的选择问题，是从需要出发考虑问题。如果问题设计得过于简单，就无法满足市场调查研究的需要；但问题设计得过于烦琐，就会造成人力、财力、物力和时间的浪费，还会直接影响问卷的回收率和有效率。

（2）问题的选择必须符合市场现象在一定时间、地点、条件下的客观实际表现。例如，对居民耐用消费品拥有量的调查，20世纪60年代和70年代初是以自行车、手表、缝纫机为代表商品；20世纪70年代末到20世纪80年代以电视机、冰箱、洗衣机为代表商品；20世纪80年代末到90年代则发展为彩色电视机、录像机等；20世纪90年代末向空调、家庭汽车等商品发展；21世纪则有更高层次的商品。所以，同样是市场调查，随着时间、地点、条件的变化，所选择的问题不尽相同。问卷中的问题不论是落后于市场现象的表现，还是超越市场现象的表现，都是不符合客观实际的，也就不会取得理想的调查效果。

（3）问题的选择还必须符合被调查者回答问题的能力和愿望。这点强调的是要根据被调查者回答问题的可能性来选择问题。市场调查者绝不能将被调查者根本不可能知道的问题、被调查者不愿回答的问题、难度大大超出被调查者理解和回答能力的问题选入问卷之中。

总之，问题的选择是一个关系问卷的质量，关系市场调查需要性和可能性有机地结合的重要问题，必须在设计问卷中处理好。

2.问题的主要类型及询问方式

在进行问卷设计时，必须对问题的类别和提问方法仔细考虑，否则会使整个问卷产生很大的偏差，导致市场调查的失败。因此，在设计问卷时，应对问题有较清楚的了解，并善于根据调查目的和具体情况选择适当的询问方式。

（1）直接性问题、间接性问题和假设性问题。

直接性问题是指在问卷中能够通过直接提问方式得到答案的问题。直接性问题通常给回答者一个明确的范围，所问的是个人基本情况或意见，比如，“您的年龄”“您的职业”“您最喜欢的洗发水是什么牌子的?”等，这些都可获得明确的答案。这种提问对统计分析比较方便，但遇到一些窘迫性问题时，采用这种提问方式可能无法得到所需要的答案。

间接性问题是指那些不易于直接回答，而采用间接的提问方式得到所需答案的问题。通常是指那些被调查者因对所需回答的问题有顾虑，不敢或不愿真实地表达意见的问题。调查者不应为得到直接的结果而强迫被调查者，使他们感到不愉快或难堪。这时，如果采用间接的回答方式，使被调查者认为很多意见已被其他调查者提出来了，他所要做的只不过是对这些意见加以评价罢了，这样，就能排除调查者和被调查者之间的某些障碍，使被调查者有可能对已得到的结论提出自己不带掩饰的意见。

【例6-3】“您认为妇女的权利是否应该得到保障？”大多数人都会回答“是”或“不是”。而实际情况则表明许多人对妇女权利有着不同的看法。如果改问：

“A.有人认为妇女权利应该得到保障的问题应该得到重视。”

“B.另一部分人认为妇女权利问题并不一定需要特别提出。”

您认为哪个看法更为正确？

对A种看法的意见：

①完全同意；②有保留的同意；③不同意。

对B种看法的意见：

①完全同意；②有保留的同意；③不同意。

采用这种提问方式会比直接提问方式收集到更多的信息。

假设性问题是通过假设某一情景或现象存在而向被调查者提出的问题。例如，“有人认为目前的电视广告过多，您的看法如何？”“如果在购买汽车和住宅中您只能选择一种，您可能会选择何种？”这些语句都属于假设性提问。

（2）开放性问题和封闭性问题。

所谓开放性问题，是指所提出的问题并不列出所有可能的答案，而是由被调查者自由作答。开放性问题一般提问比较简单，回答比较真实，但结果难以作定量分析，在对其作定量分析时，通常是将回答进行分类。

所谓封闭性问题，是指已事先设计了各种可能答案的问题，被调查者只能从中选定一个或几个现成答案的提问方式。封闭性问题由于答案标准化，不仅回答方便，而且易于进行各种统计处理和分析。但缺点是回答者只能在规定的范围内被迫回答，而无法反映其他各种有目的的、真实的想法。

（3）事实性问题、行为性问题、动机性问题、态度性问题。

①事实性问题是要求被调查者回答一些有关事实的问题。例如，“您通常什么时候看电视？”

这类问题的主要目的是获得有关事实性资料。因此，问题的表达必须清楚，使被调查者容易理解并回答。

通常在一份问卷的开头和结尾都要求回答者填写其个人资料，如职业、年龄、收入、家庭状况、教育程度、居住条件等，这些问题均为事实性问题，对此类问题进行调查，可为分类统计和分析提供资料。

②行为性问题是对回答者的行为特征进行调查。例如，“您是否拥有某物？”“您是否做过某事？”

③动机性问题是为了了解被调查者行为的原因或动机的问题。例如，“为什么购某物？”“为什么做某事？”等。在提动机性问题时，应注意人们的行为可以是由有意识动机

产生的，也可以是由半意识动机或无意识动机产生的。对于前者，被调查者有时会因种种原因不愿真实回答；对于后两者，因回答者对自己的动机不是十分清楚，也会造成回答的困难。

④态度性问题是关于对回答者的态度、评价、意见等问题。例如，“您是否喜欢××牌子的自行车？”

以上是从不同的角度对各种问题所做的分类。应该注意的是，在实际调查中，几种类型的问题往往是结合使用的。在同一个问卷中，既有开放性问题，也有封闭性问题。甚至同一个问题中，也可将开放性问题与封闭性问题结合起来组成结构式问题。例如，“您家里目前有空调吗？有____，无____；若有，是什么牌子的？”同样，事实性问题既可采取直接提问方式，也可以采取间接提问方式，对于回答者不愿直接回答的问题，问卷设计者可以根据具体情况选择不同的提问方式。

6.2.2 问句的答案设计

在市场调查中，无论是何种类型的问题，都需要事先对问句答案进行设计。在设计答案时，可以根据具体情况采用不同的设计形式。

1.二项选择法

二项选择法也称真伪法或二分法，是指提出的问题仅有两种答案可以选择，“是”或“否”、“有”或“无”等。这两种答案是对立的、排斥的，被调查者的回答非此即彼，不能有更多的选择。

【例6-4】“您家里现在有吸尘器吗？”

答案只能是“有”或“无”。

又如，“您是否打算在近五年内购买住房？”

回答只有“是”或“否”。

这种方法的优点是易于理解并可迅速得到明确的答案，便于统计处理，分析也比较容易。但回答者没有进一步阐明理由的机会，难以反映不同被调查者意见与程度的差别，了解的情况也不够深入。这种方法适用于互相排斥的两项择一式的问题及较为简单的事实性问题。

2.多项选择法

多项选择法是指所提出的问题事先预备好两个以上的答案，回答者可任选其中的一项或几项。

【例6-5】“您喜欢下列哪一种牌子的牙膏？”（在您认为合适的□内划√）

中华□ 舒适达□ 佳洁士□ 康齿灵□ 竹盐□

由于所设答案不一定能表达出填表人所有的看法，所以在问题的最后通常可设“其他”项目，以便使被调查者表达自己的看法。

这个方法的优点是它比二项选择法的强制选择有所缓和，答案有一定的范围，也比较便于统计处理。但采用这种方法时，设计者要考虑以下两种情况：

（1）要考虑到全部可能出现的结果及答案可能出现的重复和遗漏。

（2）要注意选择答案的排列顺序。有些回答者常常喜欢选择第一个答案，从而使调查结果发生偏差。此外，答案较多会使回答者无从选择或产生厌烦。一般这种多项选择答案应控制在8个以内，当样本量有限时，多项选择易使结果分散，缺乏说服力。

3.顺位法

顺位法是列出若干项目，由回答者按重要性决定先后顺序，顺位法主要有两种：一种是对全部答案排序；另一种是只对其中的某些答案排序，究竟采用何种方法，应由调查者决定。具体排列顺序，则由回答者根据自己所喜欢的事物和认识事物的程度等决定。

【例6-6】“选购空调的主要条件是（请将所给答案按重要顺序1，2，3……填写在□中）

价格便宜□ 外形美观□ 维修方便□

牌子有名□ 经久耐用□ 噪音低□

制冷效果□ 其他□

顺位法便于被调查者对其意见、动机、感觉等做衡量和比较性的表达，也便于对调查结果加以统计。但调查项目不宜过多，过多则容易分散，很难顺位，同时所询问的排列顺序也可能对被调查者产生某种暗示。

这种方法适用于对答案有先后顺序要求的问题。

4.回忆法

回忆法是指通过回忆了解被调查者对不同商品质量、牌子等方面印象的强弱。例如，“请您举出最近在电视广告中出现的电冰箱有哪些牌子？”在调查时可根据被调查者所回忆牌子的先后和快慢以及各种牌子被回忆出的频率进行分析研究。

5.比较法

比较法是采用对比提问方式，要求被调查者做出肯定回答的方法。

【例6-7】“请比较下列不同牌子的瓶装水，您会选择饮用哪种水？”（在各项您会选择饮用牌子方格□中划√）

农夫山泉□	恒大冰泉□
康师傅□	百岁山□
百岁山□	恒大冰泉□
恒大冰泉□	康师傅□
昆仑□	百岁山□
娃哈哈□	农夫山泉□

比较法适用于对质量和效用等问题做出评价。比较法要考虑被调查者对所要回答问题中的项目是否熟悉，否则将导致空项发生。

6.自由回答法

自由回答法是指在提问时可自由提出问题，回答者可以自由发表意见，并无已经拟定好的答案。例如，“您觉得软包装饮料有哪些优缺点？”“您认为应该如何改进电视广告？”

这种方法的优点是涉及面广、灵活性大，回答者可充分发表意见，可为调查者搜集到意料之外的资料，缩短问者和答者之间的距离，迅速营造一个良好的调查气氛。这种方法的缺点是由于回答者提供答案的想法和角度不同，因此在答案分类时往往会出现困难，资料较难整理，还可能因回答者表达能力的差异形成调查偏差。同时，由于时间关系或缺乏心理准备，被调查者往往放弃回答或答非所问，因此，此种问题不宜过多。这种方法适用于那些不能预期答案或不能限定答案范围的问题。

7.过滤法

过滤法又称“漏斗法”，是指最初提出的是离调查主题较远的广泛性问题，再根据被调查者回答的情况，逐渐缩小提问范围，最后有目的地将被调查者引向要调查的某个专题性问题。这种方法的询问及回答比较自然、灵活，使被调查者能够在活跃的气氛中回答问题，从而增强双方的合作，获得回答者较为真实的想法。但要求调查人员善于把握对方心理，善于引导并有较高的询问技巧。此方法的不足是不易控制调查时间。这种方法适用于被调查者在回答问题时有所顾虑，或者被调查者一时不便于直接表达对某个问题的具体意见等情况。例如，对那些涉及被调查者自尊或隐私等问题，如收入、文化程度、妇女年龄等，可采取这种提问方式。

6.2.3 对数量问题答案的设计

在市场调查中，不但要了解调查单位的品质标志，也要了解其数量标志。这是现代市场调查的重要标志之一，对数量问题采取填空形式固然是可以的，例如，您的月工资收入是______元？但这并不是唯一的形式。在研究某些市场问题时，研究者往往采取对问题进行分类的办法，以便使研究工作更方便，这一点在有结构观察、标准化访问以及问答中表现得尤为突出。这就要求调查者将数量问题的定量标准设计成具体答案，供被调查者选择。在设计数量问题的答案时，也必须遵循完备性和互斥性原则，各答案之间不重复，也不能发生遗漏。

【例6-8】您家有几口人？(请您选一个适合的答案并打√)

(1) 1口人 (2) 2~3口人 (3) 4~5口人 (4) 5口人以上

这个问题给出的4个答案不重复，也不遗漏，类似地，人口数、企业数、职工数等，都是用整数表示的，这类变量称为离散型变量，因此在给出答案时各组没有重复的数字出现，同时又不会影响答案的完备性。但还有很多数量，如人的年龄、收入、企业的产量等，在每个整数之间还可分出小数来，这类变量称为连续型变量，如人的年龄在19与20之间，还会有19岁半、19岁8个月等，对这样的数量问题在设计答案时不能有间断，也就是说，答案中肯定会有组限的重复。为了既遵守完备性原则，又不违背互斥性原则，对这种答案的选择就必须进行必要的说明。

【例6-9】您的月工资收入是多少？(请选一项适合的答案，并在其后的□内划√。注意若您的月工资恰为6 000元，请您选答案 (3) 而不选 (2)，恰为8 000、10 000元等依此类推)

(1) 4 000元以下□ (2) 4 000~6 000元□ (3) 6 000~8 000元□

(4) 8 000~10 000元□ (5) 10 000~12 000元□ (6) 12 000元及以上□

这里之所以在不同答案中重复出现4 000元、6 000元、8 000元等数字，就是为了避免遗漏。若将这些数改为4 001元、6 001元、8 001元等，势必使月收入为4 000.2元、6 000.8元、8 000.9元的被调查者无答案可选，这是违背完备性原则的。但如果对问题答案不做特殊说明，又不符合互斥性原则。

对数量问题答案的设计，还必须要以事物在一定时间、地点、条件下的客观情况为根据，答案所划分的数量界线应符合实际。例如，上面的问题根据工资收入水平的高低划分为6组，产生6个答案，如果把这种数量界限用于20世纪70年代的市场调查中，显然数量标准过高。如果把它用于农村也不适合。在全国各地都用同一个数量标准也不一定适用，所以调查者必须要根据客观情况来决定数量界限及标准。

在对数量问题答案的设计中，数量标准和各答案的数量界限，还必须根据研究问题的需要确定。如果研究人口的再生产问题，就与研究人口中劳动力问题所采用的对人口年龄分类的方法不相同。前者一般将人口按10年为一组分类，即0～10岁、10～20岁、20～30岁、30～40岁……；后者则按0～16岁、16～64岁、65岁及以上的标准分组。

6.2.4　问卷设计应注意的几个问题

对问卷设计总的要求是：问卷中的问句表达要简明、生动，注意概念的准确性，避免提似是而非的问题。具体应注意以下几点：

1.避免提一般性的问题

一般性问题对实际调查工作并无指导意义。例如，"您对某百货商场的印象如何？"这样的问题过于笼统，很难达到预期效果，可具体提问："您认为某百货商场商品品种是否齐全？营业时间是否恰当？服务态度怎样？"

2.避免用不确切的词

例如，"普通""经常""一些"等，以及一些形容词，如"美丽"等。这些词语，每个人的理解往往不同，在问卷设计中应避免或减少使用。例如，"你是否经常购买洗发液？"回答者不知经常是指一周、一个月还是一年，可以改问："你去年共购买了几瓶洗发液？"

3.避免使用含糊不清的句子

例如，"你最近是出门旅游，还是休息？"出门旅游也是休息的一种形式，它和休息并不存在选择关系，正确的问法是："你最近是出门旅游，还是在家休息？"

4.避免引导性提问

如果提出的问题不是"执中"的，而是暗示出调查者的观点和见解，力求使回答者跟着这种倾向性回答，这种提问就是"引导性提问"。例如，"消费者普遍认为某某牌子的冰箱好，你的印象如何？"引导性提问会导致两个不良后果：一是被调查者不加思考就同意所引导问题中暗示的结论；二是由于引导性提问大多是引用权威或大多数人的态度，被调查者考虑到这个结论既然已经是普遍的结论，就会产生心理上的顺向反应。此外，对于一些敏感性问题，在引导性提问下，很多人不敢表达其他想法等。因此，这种提问是调查的大忌，常常会得出与事实相反的结论。

5.避免提断定性的问题

例如，"你一天抽多少支烟？"这种问题即为断定性问题，被调查者如果根本不抽烟，就会造成无法回答。正确的处理办法是在此问题前可加一条"过滤"性问题。即："你抽烟吗？"如果回答者回答"是"，可继续提问，否则就可终止提问。

6.避免提令被调查者难堪的问题

如果有些问题非问不可，也不能只顾自己的需要、穷追不舍，应考虑回答者的自尊心。例如，"您是否离过婚？离过几次？谁的责任？"等。又如，直接询问女士年龄也是不太礼貌的，可列出年龄段：20岁以下、20～30岁、30～40岁、40岁以上，由被调查者挑选。

7.问句要考虑时间性

时间过久的问题易使人遗忘，如"您去年家庭的生活费支出是多少？用于食品、衣服的支出分别为多少？”除非被调查者连续记账，否则很难回答出来。一般可问：“您家上月生活费支出是多少？”显然，这样缩小时间范围可使被调查者较容易回忆起来，答案也比较准确。

8.拟定问句要有明确的界限

对于年龄、家庭人口、经济收入等调查项目，通常会产生有歧义的理解，如年龄有虚岁、实岁，家庭人口有常住人口和生活费开支在一起的人口，收入是仅指工资，还是包括奖金、补贴、其他收入在内，如果调查者对此没有很明确的界定，调查结果就很难达到预期要求。

9.问句要具体

一个问句最好只问一个要点，一个问句中如果包含过多询问内容，会使回答者无从答起，给统计处理也带来困难。例如，“您为何不看电影而看电视？”这个问题包含了“您为何不看电影？”“您为何要看电视？”和“什么原因使您看电视？”等。防止出现此类问题的办法是分离语句中的提问部分，使得一个语句只问一个要点。

10.要避免问题与答案不一致

所提问题与所设答案应做到一致，例如，“您经常看电视的哪个栏目？”

①经济生活；②电视红娘；③电视商场；④经常看；⑤偶尔看；⑥根本不看。

专栏6-1

北京稻香村新店选址消费者市场调查问卷

问卷编号：

尊敬的先生/女士：

您好！我们准备在您居住小区附近（步行20分钟之内）新开一家北京稻香村连锁店，希望能了解您对北京稻香村的消费情况和消费需求。此次调查结果仅供内部研究使用，严格保密。

谢谢您的支持和配合！

填写说明：请在所选答案的编号上打勾，希望能了解您对北京稻香村的消费情况。

主体部分

1.您通常一季度购买稻香村产品的次数：

A.不足1次　B.1～3次　C.4～6次　D.7～10次　E.10次以上

2.您通常购买北京稻香村产品的地点：

A.北京稻香村连锁店　B.超市的北京稻香村柜台　C.其他________

3.您通常购买的北京稻香村产品（最多选3项）：

A.糕点　B.熟食　C.糖果　D.主食　E.生冷食品　F.其他________

4.您通常每次去北京稻香村的消费金额：

A.50元以下　B.50～100元　C.100～200元　D.200～300元

E.300～500元　F.500～1 000元　G.1 000元以上

5.您购买北京稻香村产品的目的（可多选）：

A.自己吃　B.家人吃　C.送亲戚　D.送朋友　E.其他________

6.您选择去北京稻香村购物的最主要原因（最多选4项）：

A.品牌知名度高 B.能买到想要的商品 C.商品性价比高 D.商品质量有保证

E.服务质量高 F.方便 G.购物环境好 H.其他________

7.您选购北京稻香村产品最注重的因素（最多选4项）：

A.质量 B.价格 C.口味 D.成分/材质 E.包装 F.口碑

G.生产日期/保质期 H.卫生 I.其他________

8.您周围的亲朋好友购买北京稻香村产品的人数：

A.非常多 B.多 C.一般 D.少 E.非常少

9.您对北京稻香村的总体评价：

A.非常满意 B.满意 C.一般 D.不满意 E.非常不满意

10.如果在您居住小区附近新开一家稻香村连锁店，您平时（非传统节日）是否会光临并消费：

A.会 B.不会 C.不确定

11.如果在您居住小区附近新开一家稻香村连锁店，您是否会在传统节日光临并购买过节商品：

A.会 B.不会 C.不确定

12.如果在您居住小区附近新开一家稻香村连锁店，您是否愿意向邻居朋友推荐：

A.非常愿意 B.愿意 C.一般 D.不愿意 E.非常不愿意

13.如果在您居住小区附近新开一家稻香村连锁店，您认为最需要注意的方面（可多选）：

A.商品价格 B.商品种类 C.传统风味 D.口味创新 E.卫生条件 F.包装样式

G.服务态度 H.退换货流程 I.商品陈列布局 J.其他

14.如果在您居住小区附近新开一家稻香村连锁店，请谈谈您的期望和建议（请在横线上填写）。

____

____

____

个人基本情况

1.您的性别：

A.男 B.女

2.您的年龄：

A.20岁以下 B.20～30岁 C.30～40岁

D.40～50岁 E.50～60岁 F.60岁以上

3.您的职业：

A.公务员

B.企业管理人员

C.事业单位人员

D.公司职员

E.学生

F. 自由职业者

G. 家庭主妇

H. 离退休人员

I. 其他________

4. 您的家庭人口数：

A.1人　B.2人　C.3人　D.4人　E.5人　F.6人　G.7人及以上

5. 您的家庭月消费支出水平：

A.1 000元以下　B.1 000～1 500元　C.1 500～2 000元

D.2 000～3 000元　E.3 000～5 000元　F.5 000元以上

6. 您的家庭月食品消费支出水平：

A.1 000元以下　B.1 000～1 500元　C.1 500～2 000元

D.2 000～3000元　E.3 000～5 000元　F.5 000元以上

7. 您的家庭月人均收入水平：

A.1 000元以下　B.1 000～2 000元　C.2 000～3 000元

D.3 000～5 000元　E.5 000～8 000元　F.8 000元以上

资料来源：胡丽霞，陈捷. 市场调查与预测［M］. 北京：科学出版社，2012.

6.3 态度测量技术

市场调查的内容有很多，其中重要内容之一，就是要调查了解消费者的购买心理和购买行为。消费者的购买心理具体表现为态度、意见、观念、思想倾向、行为倾向等。为了更准确、更可靠地调查这些内容，产生了一些精密化的调查手段和方法。

消费者在市场上选购哪种消费品、不选购哪种消费品，受到其购买心理的支配，即消费者的内心有一定的尺度。购买心理本来并不是用一定数量表示的，但人们在研究这类问题时，又特别需要将不同态度、意见、观念、思想倾向等的差异表现出来，采用态度量表可以达到这个目的。

6.3.1 态度测量的含义与类型

1. 态度及态度测量的含义

在市场调查过程中，我们所说的态度是指人们的脑海中对某件事物或环境的认识、判断以及指导他们的反应、行动的某种状态。态度的含义包括三个方面：一是人们对某个目标所了解的信息，如对某个产品及其特性的了解程度，对产品及服务功能的相信程度，以及对这些功能的重要程度的判断；二是人们对某个目标，如情形、产品及其某个特征等的总体感觉（如喜欢或不喜欢），或偏爱程度（如第一选择、第二选择）；三是人们对未来行动或意向的期望，如购买某品牌商品的意向，绝对买或绝对不会买。态度测量是指调查人员根据被调查者的可能认识或认识态度，对某一问题列出若干答案，设计态度测量表，再根据被调查者的选择来确定其认识或认识程度（态度）。

市场调查所涉及的问题不外乎两类：一类属于定量问题，如价格、收入、销售量、年龄等，它们可以用数字来表示；另一类属于定性问题，如被调查者的看法、需求等，一般难以直接用数字表示。在很多情况下，市场调查的主要目的是了解被调查者的态度或意见。为了更准确地了解被调查者的态度强度、认识深浅，可以采用一定的态度测量技术，把定性问题用定量形式表示出来。态度测量表是用于测量被调查者态度，即认识或认识程度的尺度和工具，借助于态度测量表，可以较好地了解被调查对象对各种有关事物或问题的态度。

2.态度测量表的类型

对事物的特性变量可以用不同的规则分配数字，因此形成了不同测量水平的测量量表（又可称为测量尺度）。基本的测量量表有四种：类别量表、顺序量表、等距量表和等比量表。

（1）类别量表。

类别量表中的数字分配，仅仅是用作识别不同对象或对这些对象进行分类的标记。例如，在一个调研项目中对每个受访者进行编号，这个编号就是类别量表。当类别量表中的数字是用于识别不同对象时，数字与对象间存在着一一对应的关系。在市场调研中，类别量表常用来标识不同的受访者、不同的品牌、不同的商品特性、不同的商店或其他对象等。这些对象对于该数字所代表的特征来说是同质的。例如，将控制组标记为第一组，实验组标记为第二组，这种分类要满足互补性和完备性。

类别量表的数字不能反映对象的具体特征的性质和数量。类别量表中的数字，只能用于计算发生频率以及和频率有关的一些统计量，如百分比、众数、卡方检验、二次检验等，计算平均数是没有任何意义的。

（2）顺序量表。

顺序量表是一种排序量表，分配给对象的数字表示对象具有某种特征的相对程度。顺序量表可以让我们确定一个对象是否比另一个对象具有较多（较强）或较少（较弱）的某种特征，但并不能确定多多少或少多少。顺序量表规定了对象的相对位置，但没有规定对象间差距的大小。排在第1位的对象比排在第2位的对象具有更多的某种特征，但是只多一点儿还是多了很多则无从得知。顺序量表的例子有产品质量的等级、足球赛的排名等。

在顺序量表中，和类别量表一样，等价的个体有相同的名次。任何一系列数字都可用于表达对象之间已排定的顺序关系。例如，可对顺序量表施以任何变换，只要能保持对象间基本的顺序关系即可。因此，除了计算频度，顺序量表还可用来计算百分位数、四分位数、中位数、秩次数等。

（3）等距量表。

等距量表也称区间量表，在等距量表中，量表上相等的数字距离代表所测量的变量相等的数量差值。等距量表包含顺序量表提供的一切信息，并且可以让我们比较对象间的差别，它就等于量表上对应数字之差。等距量表中相邻数值之间的差距是相等的，1和2之间的差距就等于2和3之间的差距，也等于5和6之间的差距。有关等距量表最典型的实际例子是体温计。在市场营销研究中，利用评比量表得到的态度数据经常作为等距数据来处理。

等距量表中的原点不是固定的，测量单位也是人为设定的。因此，任何形式为$y=a+bx$的线性变换都能够保持等距量表的特性。这里，x是测量变量在原量表中的值，y是变换后得到的新值，b是一个正的常数，a可以是任何常数。因此，对四个对象A、B、C、D分别打分为1、2、3、4或22、24、26、28都是等价的。后一种量表可以通过前一种量表的变换得到，其中a=20，b=2。由于原点不固定，所以量表上数字的比值没有任何意义，例如D和B的比值在变换前为2：1，而变换后却为7：6，但测量值差距之比是有意义的，因为在这个过程中常数a、b都被消掉了。在不同量表中，对象D、B的差值和对象C、B的差值之比都是2：1。

对于等距量表可采用类别量表和顺序量表适用的一切统计方法。此外，还可以计算算术平均值、标准方差以及其他有关的统计量。

（4）等比量表。

等比量表具有类别量表、顺序量表、等距量表的一切特性，并有固定的原点。因此，在等比量表中，我们可以标识对象，将对象进行分类、排序，并比较不同对象中某一变量测量值的差别。测量值之间的比值也是有意义的。不仅“2”和“5”的差与“10”和“13”的差相等，并且“10”是“5”的2倍，身高、体重、年龄、收入等都是等比量表的例子。市场营销研究中，销售额、生产成本、市场份额、消费者数量等变量都要用等比量表来测量。

等比量表仅限于使用形式为y=bx的变换，这里b是个正的常数。不能够像在等距量表中那样再加上一个常数a。例如，从“米”到“厘米”的变换（b=100），不管是把米还是把厘米作为测量单位，对象之间的比较总是一致的。

所有的统计方法都适用于等比量表，包括几何平均数的计算。遗憾的是，等比量表对态度测量并没有太大的用处。

6.3.2 直接态度测量的方法

态度测量的方法有很多，总的来说可以分为两大类。一类是由调查人员用直接量表对被调查者的态度直接进行测量。这是一种最常见和常用的方法，通常由调查人员用有关态度询问的问题或语句直接询问被调查者，并由后者自己测量态度并选择答案。这种方法所使用的量表，统称为直接量表。另一类是由调查人员通过其他标准对被调查者的态度进行评定。这是在做有关态度询问时，由被调查者自己决定询问语句，然后由调查人员来进行评定态度。这种方法所使用的量表，统称为间接量表。所以可以说，直接量表是态度测量的方法、间接量表是态度评定的方法。这里首先介绍直接态度测量方法。

1.评价量表

评价量表也叫评比量表，它是由研究人员事先将各种可能的选择标示在一个评价量表上，然后要求应答者在测量表上指出他（她）的态度或意见。根据量表的形式不同，评价量表又分为图示评价量表和列举评价量表。一般图示评价量表要求应答者在一个有两个固定端点的图示连续体上进行选择；列举评价量表则是要求应答者在有限类别的表格标记中进行选择。评价量表获得的数据通常作为等距数据使用和处理。图示评价量表的例子可如图6-2所示。

在图6-2中，量表A是最简单的一种形式，应答者只需根据自己的喜好程度在连续直线的适当位置做出标记，然后研究者根据整体的反应分布及研究目标的要求，将直线划分为若干部分，每个部分代表一个类别，并分配给一个对应的数字。量表B事先在连续体上已标出刻度并分配了相应的数字，应答者在适当位置做出反应标记即可。量表C在本质上与量表B没什么区别，但是，由于在连续体两端分别增加了对应的哭脸和笑脸，因而量表更具有生动性和趣味性。

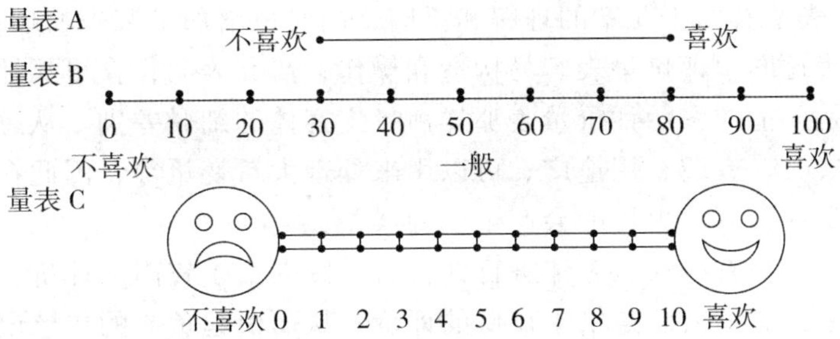

图6-2　三种图示评价量表

【例6-10】下面是一些在市场调查过程中量表的实例。

（1）量表A。

下面我将向您列举一些白酒品牌，当我提到每一种品牌时，请您告诉我您认为该品牌的电视广告是非常差、差、一般、好还是非常好的。

您认为下列白酒品牌的电视广告是：

	○习酒	○舍得酒	○剑南春酒	○五粮液
1非常差	□	□	□	□
2差	□	□	□	□
3一般	□	□	□	□
4好	□	□	□	□
5非常好	□	□	□	□

（2）量表B。

下面我将向您列举一些电视机品牌，当我提到每一种品牌时，请您告诉我您认为该品牌的知名度是非常低、低、一般、高还是非常高的。

您认为下列电视机品牌的知名度是：

	非常低	低	一般	高	非常高
○康佳	□	□	□	□	□
○长虹	□	□	□	□	□
○TCL	□	□	□	□	□
○LG	□	□	□	□	□
○创维	□	□	□	□	□

（3）量表C。您认为喜之郎公司的水晶之恋果冻的味道怎样？

□特别差　　□一般　　□特别好

上例中，量表A和量表B都是列举评价量表最普通的一种形式，此时访问人员通常向应答者出示一个基本量表的复制卡片，卡片上标有相应的有限选择答案，在访问人员读出一个品牌时应答者做出自己的选择。在整个问卷中品牌的起始位置是循环的，因为相同的起点会给应答者带来影响，这可能成为误差的一个来源。量表C适用于针对儿童进行的调查，“小人头”的表情有助于儿童的理解和反应，同时也增加了调查的趣味性。

列举评价量表比图示评价量表容易构造和操作，研究表明，在可靠性方面也比图示评价量表要好，但是不能像图示评价量表那样衡量出客体的细微差别。从总体上讲，评价量表有许多优点：省时、有趣、用途广、可以用来处理大量变量等，因此在市场营销研究中被广泛采用。但是这种方法也可能会产生三种误差：

（1）仁慈误差。当有些人对客体进行评价时，倾向给予较高的评价，这就产生了所谓的仁慈误差；反之，有些人总是给予较低的评价，从而引起负向的仁慈误差。

（2）中间倾向误差。有些人不愿意给予被评价的客体很高或很低的评价，特别是当不了解或难于用适当的方式表示出来时，往往倾向给予中间性的评价。可以用以下方法防止这种误差的发生：

①调整叙述性形容词的强度。

②增加中间的评价性语句在整个量表中的空间。

③使靠近量表两端的各级在语意上的差别加大，使其大于中间各级间的语意差别。

④增加测量表的层次。

（3）晕轮效应。如果受测者对被评价的对象有一种整体印象，可能会导致系统偏差。预防的方法是对所有被评价对象，每次只评价一个变量或特性；或者在问卷的每一页只列一种特性，而不是将所有要被评的变量或特性全部列出。

2.等级量表

等级量表是一种顺序量表，它是将许多研究对象同时展示给受测者，并要求他们根据某个标准对这些对象排序或分成等级。例如，要求受访者根据总体印象对不同品牌的商品进行排序。典型地，这种排序要求受测者对他们认为最好的品牌排“1”号，次好的排“2”号，依此类推，直到量表中列举出的每个品牌都有了相应的序号为止，但一个序号只能用于一种品牌。

【例6-11】请为下列4种品牌的洗衣粉按你的喜爱程度分别给予适当的分数（分数由1到4）：

碧浪______　　　　蓝月亮______

雕牌______　　　　超能______

等级量表也是使用很广泛的一种态度测量技术，这种题目容易设计，受测者也比较容易回答。等级量表强迫受测者在一定数目的评价对象中做出比较和选择，从而得到对象间相对性或相互关系的测量数据。等级量表法也比较节省时间。

等级量表最大的缺点在于只能得到顺序数据，因此不能对各等级间的差距进行测量，同时卡片上列举对象的顺序也有可能带来所谓的顺序误差。此外，用于排序的对象个数也不能太多，一般要少于10个，否则很容易出现错误或遗漏。

3.配对比较量表

在配对比较量表中，受测者被要求对一系列对象两两进行比较，根据某个标准在两个被比较的对象中做出选择。配对比较量表也是一种使用很普遍的态度测量方法。它实际上是一种特殊的等级量表，不过要求排序的是两个对象，而不是多个。配对比较方法克服了等级排序量表存在的缺点。首先，对受测者来说，从一对对象中选出一个肯定比从一大组对象中选出一个更容易；其次，配对比较也可以避免等级量表的顺序误差。但是，因为一般要对所有的配对进行比较，所以对于有n个对象的情况，要进行n（n-1）/2次配对比较，它是关于n的一个几何级数。因此，被测量的对象的个数不宜太多，以免使受测者感到厌烦而影响应答的质量。下面给出的是一个配对比较量表的例子。

【例6-12】下面是十对牙膏的品牌，对于每一对品牌，请指出你更喜欢其中的哪一个。请在喜欢的品牌旁边的□处打钩（√）。

（1）两面针□　康齿灵□

（2）两面针□　中华□

（3）两面针□　佳洁士□

（4）两面针□　高露洁□

（5）康齿灵□　中华□

（6）康齿灵□　佳洁士□

（7）康齿灵□　高露洁□

（8）中华□　佳洁士□

（9）中华□　高露洁□

（10）佳洁士□　高露洁□

4.平衡量表与非平衡量表

如果有利态度的答案数目与不利态度的答案数目相等，该态度量表就是一个平衡量表，反之就是一个非平衡量表。在评比量表中的第四种量表就是一个非平衡量表。

【例6-13】两种量表实例

量表A：非常不满意　不满意　一般　满意　非常满意

量表B：不重要　无所谓　重要　很重要　最重要

其中，量表A是平衡量表，量表B是非平衡量表

采用平衡量表，给出的答案有均匀分布的可能性，而非平衡量表，一般是有利态度答案较多，就有可能使调查结果偏向于有利方向，从而出现偏差。但是，如果当调查之前已经掌握调查结果有可能在有利态度方面时，采用非平衡表就可以减少答案的分布，简化调查，又可以使有利态度的答案设计得更精确，调查结果更准确。

5.强迫性与非强迫性量表

强迫性量表是指调查人员对某一问题列出若干答案，无论被调查者选择哪一种答案，都迫使他们明确表示自己的看法。

【例6-14】东方航空公司与其他航空公司比较，你认为：

A.较其他公司好　　B.差不多　　C.较其他公司差

这样，被调查者无论选择了哪个答案，都必须明确地表示自己的看法，而事实上，他极有可能对调查的对象并不完全了解，若是迫使他选择一个答案，势必造成误差，而使用非强迫性量表则可避免以上缺点。顾名思义，非强迫性量表是指在调查人员列出的若干答案中，有一个是允许被调查者不表明自己态度的。例如，在上面的例子中，调查人员再加上第四种答案“D.很难说”，就使强迫性量表变成非强迫性量表。

6.固定总数量表

固定总数量表是市场研究中的常用量表之一，常用于不同品牌产品之间的比较以调查

消费者对品牌的偏好，也可用于对同一问题的不同因素之间重要性程度的比较。在固定总数量表中，调查人员列出若干答案，被调查者根据自己的认识程度给每个答案评分，不管分数如何分配，各答案分数的总和必须是一个固定数值。

【例6-15】量表A：对以下牌子，各给予一定分数，其总分必须为100分：

牌号甲（60）、牌号乙（30）、牌号丙（10）

量表B：也可用于两种牌子偏好比较的测量：

（1）牌号甲（70）、牌号乙（30）

（2）牌号乙（80）、牌号丙（20）

（3）牌号甲（80）、牌号丙（20）

量表C：在选购西服时，对下列因素你是怎么认识的？请分别打分，总和为100分：

A.式样（20）B.价格（30）C.面料（50）

7.语意差异量表

在市场研究中，常常需要知道某个事物在人们心中的形象，语意差异法就是一种常用的测量事物形象的方法。语意差异法可以用于测量人们对商品、品牌、商店的印象。

在设计语意差异量表时，首先要确定和测量对象相关的一系列属性，对于每个属性，选择一对意义相反的形容词，分别放在量表的两端，中间划分为7个连续的等级。受访者被要求根据他们对被测对象的看法评价每个属性，并在合适的等级位置上作标记。下面是一个应用语意差异法测量受访者对商场印象的例子。

【例6-16】你对A商场的看法怎样？下面是一系列评价标准，每个标准的两端是两个描述它的形容词，这两个形容词的意义是相反的。用这些标准来评价A商场，在你认为合适的地方打勾。请注意不要漏掉任何一项标准。

你认为A商场是：

可靠的--------------不可靠

时髦----------------过时

方便----------------不方便

态度友好------------不友好

昂贵----------------便宜

选择多--------------选择少

带有否定含义的形容词有时放在量表左边，有时放在量表右边。习惯上，在语意差别量表的形容词中，大约一半是将肯定的词放在左边，另一半将否定的词放在左边。这样可以减少反应误差。项目的排列顺序是随机的。

表6-1给出了一些测量个人特性的语意差别量表的例子。

语意差别量表的主要优点是可以清楚而有效地描绘印象。如果同时测量几个对象的形象，还可以将整个印象轮廓进行比较。图6-3就是一个这样的例子，从中可以清楚而直观地看到消费者对各商场的不同印象。可以对语意差别量表中的不同项目根据受访者的回答进行打分，既可采用顺序值，也可采用数值。结果数据可用来分析不同测量对象、不同受访者的相同点和不同点，还可将各项目的得分加总，用以比较不同被调查者测量对象整体印象的偏好等级。

表6-1 测量个人特性的语意差别量表

1.粗心的--------------------细致的	8.幼稚的--------------------成熟的
2.易激动的------------------温和的	9.正统的--------------------放荡的
3.不安的--------------------平静的	10.严肃的-------------------散漫的
4.果断的--------------------犹豫的	11.复杂的-------------------简单的
5.节俭的--------------------浪费的	12.无趣的-------------------有趣的
6.快乐的--------------------不快乐	13.谦虚的-------------------虚荣的
7.理性的--------------------感性的	14.谨慎的-------------------随便的

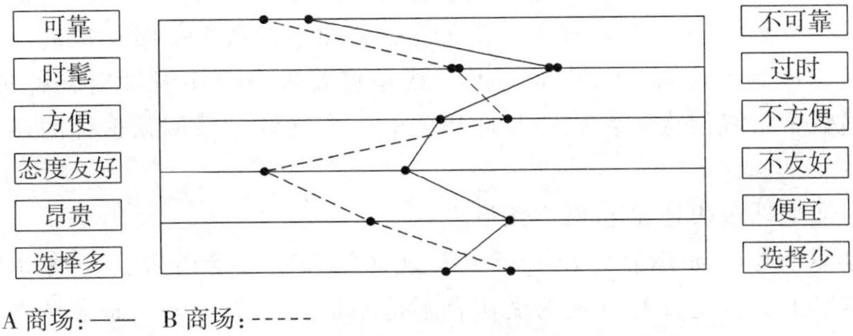

图6-3 消费者对不同商场的印象

由于功能的多样性，语意差别量表被广泛地用于市场研究中，用于比较不同品牌商品、厂商给消费者留下的印象，以便帮助制定广告战略、促销战略和新产品开发计划等。

8.量表设计中应注意的问题

在前面讨论的态度测量技术中，测量态度的量表可采用不同的形式。在研究设计所需要的量表时，必须考虑六个主要的问题：量级层次的个数；采用平衡的还是不平衡的量表；采用奇数个还是偶数个层次；采用强迫选择还是非强迫选择；量级层次的描述方式；量表的形式。

（1）量级层次的个数。

在决定量级层次的个数时，要考虑两方面的因素：首先量级越多，对测量对象的评价就越精确；其次，大多数受访者只能应付较少的类别。一般认为合适的量级层次数是7个，或增减两个，即从5层到9层。但是，并不能简单地规定几个量级层次是最优的，决定最优的量级层次数要考虑许多因素。如果受访者对调查感兴趣，并且对于要测量的对象拥有足够多的知识，就可以采用较多的量级层次；反之，如果受访者对测量对象的知识有限并且对研究不太感兴趣，就应该用较少的量级层次。测量对象的性质也对量级层次数有影响。有些测量对象本来就不太容易做精细地分辨，因此少数几个量级层次就足够了。另一个重要的影响因素是数据收集方法。在电话访问中，层次不能多，否则会把受访者搞糊涂；在邮寄访问中，层次数要受到纸张大小的限制。数据分析的方法也会影响量级层次的数目。如果只做简单的统计分析，分成五层就足够了；而如果要进行复杂的统计计算，可能需要七层或更多的层次。

（2）采用平衡的还是不平衡的量表。

在平衡的量表中，“有利”的层次数和“不利”的层次数是相等的，而在不平衡的量表中，它们是不等的。一般来说，为了保证结果数据的客观性，应该采用平衡量表。但在某些情况下，回答的分布很可能向“有利”或“不利”的方向偏斜，这时，就可以采用不平衡的量表，在偏斜的一方多设几个层次。如果采用不平衡的量表，在数据分析时要考虑到量级层次不平衡的方向和程度。

（3）采用奇数个还是偶数个量级层次。

对于采用奇数个层次的量表，中间位置一般被设计成中立的或是无偏好的选项。中立的选项可能带来很大的反应偏差，因为有许多人在拿不准自己的感觉、不了解被测对象或不愿意表露态度时倾向选这种较“保险”的答案。

到底采用奇数个量级层次还是偶数个量级层次取决于是否有反应者对被测对象持中立态度。即使只有少数持中立态度的反应者，也必须使用奇数个量级层次的量表。否则，如果调研人员相信没有反应者会持中立态度，或是想要强迫受访者做出有利或不利的选择，就应该使用偶数个量级层次的量表。与此相关的一个问题是采用强迫性的还是非强迫性的量表。

（4）采用强迫性量表还是非强迫性量表。

在强迫性量表中，如没有“没有意见”这样的选项，受访者就会被迫表达自己的意见。在这种情况下，确定没有意见的受访者不得不选择一个答案，通常是靠近中间位置的答案。如果有相当多的受访者对题目的主题没有意见，会引起测量结果的偏差。而当反应者并非没有意见，只是不愿意表达意见时，强迫选择将能提高量表测量结果的精确性。

（5）量级层次的描述方式。

量级层次有许多种不同的描述方式，这些方式可能对测量结果造成影响。量级层次可以用文字、数字甚至图形来描述。而且，调研人员还必须决定是标记全部层次、部分层次还是只标记两极的层次。对每个量级层次加以标记并不能提高收集数据的准确性和可靠性，但能够减少理解量表的困难。所以，对于量级层次的描述应尽可能靠近各层次。

对量表两极进行标记时所使用的形容词的强度对测量的结果会有所影响。使用语气强烈的形容词，如1=完全不同意、7=完全同意，受访者不大可能选择两端的答案，结果的分布将比较陡峭和集中。而使用语气较弱的形容词，如1=基本不同意、7=基本同意，将得到较为扁平和分散的结果分布。

（6）量表的形式。

同一个量表可以用多种形式表达，量表可以是水平的，也可以是垂直的。量级层次可以用方框、线段、数轴上的点表示，各层次可以标记数字，也可以不标。如果用数字标记量表层次，可以使用正数、负数或都用。

在市场研究中，有时使用两种特殊形式的量表：一种是温度计量表，温度越高，表明态度越有利；另一种是脸谱量表，脸的表情越愉快，表明态度越有利。这两种量表适合于受访者是儿童的情况。

6.3.3 间接态度测量方法

在态度测量方法中所分析的各种方法，其问句或答案都是调查人员根据自己的认识制定的，而且各个答案的分值也是调查人员主观决定的，被调查者总是被动地选择答案。很多时候，被调查者对答案或问句的理解与调查人员有误差甚至截然不同，因而就不可避免地产生误差。那么，关于如何准确地设问和设计答案以及各个答案所代表的分值究竟多大合适，就必须运用态度评定的方法，即询问的问句或答案的选择是由评定者或被调查者决定的。通常，态度评定的方法又称为间接量表，主要包括沙氏通量表、李克特量表等。

1.沙氏通量表

1929年，沙氏通将精神物理的测定法用于测定社会态度。根据沙氏通的构想，人类对社会的态度虽然极为复杂，但在某一事物的一个极端和另一个极端之间，决定每个人态度的位置是一件可能的事情。

在市场研究中，经常涉及对某一主题的态度测量，如人们对于电视商业广告的态度、对人寿保险的态度等。沙氏通量表通过应答者在若干（一般9～15条）与态度相关的语句中选择是否同意的方式，获得应答者关于主题的看法。沙氏通量表的实地测试和统计汇总都很简单，只是量表的构造相对来说比较麻烦。一个测量态度的沙氏通量表，其构造的基本步骤如下：

（1）收集大量的与要测量的态度有关的语句，一般应在100条以上，保证其中对主题不利的、中立的和有利的语句都占有足够的比例，并将其分别写在特制的卡片上。

（2）选定20人以上的评定者，按照各条语句所表明的态度有利或不利的程度，将其分别归入十一类。第一类代表最不利的态度，依次递推，……，第六类代表中立的态度，……，第十一类代表最有利的态度。

（3）计算每条语句被归在这十一类中次数的分布。

（4）删除那些次数分配过于分散的语句。

（5）计算各保留语句的中位数，并将其按中位数进行归类，如果中位数是n，则该态度语句归到第n类。

（6）从每个类别中选出一两条代表语句（各评定者对其分类的判断最为一致的），将这些语句混合排列，即得到所谓的沙氏通量表。

沙氏通量表通常在设计时，将有关态度语句划分为十一类，其实并不一定非要划分成十一类，多些少些都可以，但最好划分成奇数个类别，以中点作为中间立场。分类后在每个类别中至少选择一条代表语句，也可以选择多于一条语句，这样组成的沙氏通量表就不止包含与类别数相同的语句，可能多达二十几条态度语句，但一般来讲，在每个类别中选择多条语句没有特别的必要。

下面的例子给出了一个典型的沙氏通量表所包含的十一条态度语句。

【例6-17】典型的沙氏通量表

量表A：电视商业广告态度测量的沙氏通量表。

（1）所有的电视商业广告都应该由法律禁止。

（2）看电视广告完全浪费时间。

（3）大部分电视商业广告是非常差的。

（4）电视商业广告枯燥无味。

（5）电视商业广告并不过分干扰欣赏电视节目。

（6）对大多数电视商业广告我无所谓好恶。

（7）我有时喜欢看电视商业广告。

（8）大多数电视商业广告是挺有趣的。

（9）只要有可能，我喜欢购买在电视上看到过广告的商品。

（10）大多数电视商业广告能帮助人们选择更好的商品。

（11）电视商业广告比一般电视节目更有趣。

沙氏通量表的构造比较麻烦但操作很简单，只要求受测者指出在量表中他所同意的陈述或语句。每条语句根据其类别都有一个分值，量表中的语句排列可以是随意的，但每个受测者都应该只同意其中的分值相邻的几个意见，如果在实际中一个受测者的语句或意见分值过于分散，则判定此人对要测量的问题没有一个明确一致的态度，或者量表的构造可能存在问题。

沙氏通量表根据受测者所同意的陈述或意见的分值，通过分值平均数的计算求得受测者的态度分数。例如，某人同意第8个意见，他的态度分数就是8，如果同意7、8、9三条意见，他的态度分数为（7+8+9）/3=8。在上例中，分数越高，说明受测者对某一问题持有的态度越有利；分数越低，说明持有的态度越不利。沙氏通量表是顺序量表，可以用两个受测者的态度分数比较他们对某一问题所持态度的相对有利和不利的情况，但不能测量其态度差异的大小。

沙氏通量表在市场研究中使用得不是太多，主要原因是沙氏通量表的构造非常麻烦，即使单一主题的量表构造也要耗费大量的时间，多个主题的沙氏通量表的制作就更加困难。另外，不同的人即使态度完全不同，也有可能获得相同的分数。例如，一个人同意第5个意见，得5分，另一个人同意第3、4、8条意见，也得5分。再有，沙氏通量表无法获得受测者对各条语句同意或不同意程度的信息，这也是其缺点之一。

2.李克特量表

李克特量表是评分加总式量表中最常用的一种，属同一概念的这些项目是用加总方式来计分的，单独或个别项目是无意义的。它是由美国社会心理学家李克特于1932年在原有的加总量表基础上改进而成的。

李克特量表在形式上与沙氏通量表相似，都要求受测者对一组与测量主题有关的陈述语句发表自己的看法。它们的区别是：沙氏通量表只要求受测者选出他所同意的陈述语句；而李克特量表要求受测者对每一个与态度有关的陈述语句表明他同意或不同意的程度。另外，沙氏通量表中的一组有关态度的语句按有利和不利的程度都有一个确定的分值，而李克特量表仅仅需要将态度语句划分为有利的还是不利的，以便事后进行数据处理。李克特量表构造的基本步骤如下：

（1）收集大量（50～100句）与测量的概念相关的陈述语句。

（2）研究人员根据测量的概念将每个测量的项目划分为“有利”和“不利”两类，一般测量的项目中有利的或不利的项目都应有一定的数量。

（3）选择部分受测者对全部项目进行预先测试，要求受测者指出每个项目是有利的或是不利的，并在下面的方向—强度描述语中进行选择，一般采用所谓“五点”量表：

a.非常同意　b.同意　c.无所谓（不确定）　d.不同意 e.非常不同意

（4）对每个回答给一个分数，如从非常同意到非常不同意的有利项目分别为5、4、3、2、1分，对不利项目的分数就为1、2、3、4、5分。

（5）根据受测者的各个项目的分数计算代数和，得到个人态度的总得分，并依据总分的多少将受测者划分为高分组和低分组。

（6）选出若干条在高分组和低分组之间有较大区分能力的项目，构成一个李克特量表。例如，可以计算每个项目在高分组和低分组中的平均得分，选择那些在高分组平均得分较高并且在低分组平均得分较低的项目。

李克特量表的构造比较简单而且易于操作，因此在市场研究中的应用非常广泛。在实地调查时，研究者通常给受测者一个“回答范围”卡，请他从中挑选一个答案。需要指出的是，目前在商业调查中很少按照上面给出的步骤来制作李克特量表，通常由项目经理和研究人员共同研究确定。表6-2是关于李克特量表的应用实例，我们通过这个例子来深入了解一下李克特量表的应用。

表6-2 **李克特量表调查结构**

语句	十分同意	同意	未定	不同意	十分不同意	分值
1（正）	——	√	——	——	——	4
2（正）	——	——	——	——	√	1
3（负）	——	√	——	——	——	2
4（正）	——	√	——	——	——	4
5（负）	——	——	√	——	——	3
6（正）	——	——	——	——	√	1
7（负）	√	——	——	——	——	1
8（正）	——	√	——	——	——	4
9（正）	——	√	——	——	——	4
10（负）	——	——	√	——	——	3
Σ						27

10条语句的平均分值应该为30［（50+10）/2］，而被调查者的总分为27分，也就是他的平均态度值为27，稍低于平均值，那么，可以说他对这一问题的态度是稍微倾向否定的。如果被调查者的总分高于平均值，则他的态度倾向肯定，分数越高，正态度就越高；总分越低，负态度也就越高。

当然，还可以按被调查者评价的分值将他们分为3类：赞同的、中间的和反对的。对每一类型进行人口统计或其他样本特征方面的分析，从中发现同类被调查者存在哪些方面的共性。此外，李克特量表也可以进行语句的选择，具体的方法是这样的：先将每位被调查者对每一语句所选的答案转化成分值，由于各人的看法不同，分值也有高有低，将所有分值由高到低排列，再从最高和最低的两端起各抽取一定比例的分数组成高分组和低分组，各求平均数。两组平均数相差越大，就表明该语句辨别正负态度的能力越强；反之，则能力越弱。当然，我们要尽可能地选择辨别能力强的语句，也就是平均数差值大的语句。

在市场研究中，李克特量表的使用十分普遍，因为它比较容易设计和处理，受访者也容易理解，因此在邮寄访问、电话访问和人员访问中都适用。李克特量表的主要缺点是回答时间长，因为受访者需要阅读每条态度陈述语句。

李克特量表是顺序量表，每条态度陈述语句的得分及每个受访者的态度分数都只能用作比较态度有利或不利程度的等级，不能测量态度之间的差异。

本章小结

本章主要介绍了市场调查问卷的设计。问卷调查方法是市场调查中采用最为广泛的调查方法，调查问卷设计的好与坏直接影响调查结果的准确性。我们重点介绍了调查问卷的一般问题、问题和答案的设计以及态度测量的技术。

本章首先介绍了调查问卷的一般问题，主要包括问卷概念、格式、原则和程序；然后介绍了问卷设计中的最关键的问题——问题和答案的设计，调查问卷一般是由一系列的问题和答案构成的，它们是调查问卷的主体部分。如何进行提问、采取什么方式提问、如何进行回答，这些都不是简简单单的问题，这里通过一些实例详细地阐述了问卷设计中应该注意的一些细节问题。最后介绍了市场调查中非常重要的一个主题，了解消费者的购买行为和购买心理，通常我们是通过一些态度量表进行测量的，主要包括直接态度量表和间接态度量表。

综合训练

6.1 单项选择题

1.在调查问卷中所列的姓名、年龄、性别等属于（　　）。

A.调查项目　　B.调查样本　　C.调查对象　　D.调查规范

2.对于下列饮料，请按你喜欢的程度给予评分（1～4分）。

可口可乐________　　农夫山泉________

加多宝________　　红牛____________

这种量表属于（　　）。

A.评比量表　　B.等级量表　　C.固定总数量表　　D.语义差别量表

3.（　　）是调查者在提出问题的同时，还将问题的一切可能答案或几种主要可能答案全部列出，由被调查者从中选出一个或多个答案作为自己的回答，而不做答案以外的回答。

A.指导性问题　　B.封闭式问题　　C.开放式问题　　D.实质性问题

4.（　　）是问卷的主体，是问卷最核心的组成部分。

A.封面信　　B.答案　　C.问候语　　D.问题和答案

5.送发问卷也称为（　　），它是调查者将问卷送发给被调查者，被调查者按规定填答后，再由调查者取回问卷。

A.自填问卷　　B.开放式问卷　　C.邮寄问卷　　D.留置问卷

6.2 多项选择题

1.在问卷设计中，需要注意（　　）。

A.根据调查目的，确定所需的信息资料

B.问题的顺序先难后易

C.问题的顺序先易后难

D.问题的排列要有关联、合乎逻辑

E.实地调查前要对问卷进行测试与修改

2.问卷设计的原则有（　　）。

A.目的性原则　B.可接受原则　C.简明性原则　D.顺序性原则

E.匹配性原则

3.态度测量表的类型有（　　）。

A.类别量表　B.顺序量表　C.等距量表　D.等比量表

E.平衡量表

4.根据误差来源的不同，信度可分为（　　）。

A.复本信度　B.分半信度　C.重测信度　D.内部一致性信度

E.同质性信度

5.在问卷设计中答案的设计可以采用（　　）。

A.两项选择法　B.多项选择法　C.顺序选择法　D.比较法

E.自由回答法

6.3 思考题

1.简要回答调查问卷所包含的类型。

2.一份完整的调查问卷应该包含哪几个部分？

3.问卷调查面临的困难有哪些？

4.叙述一下问卷设计的基本程序。

5.设计开放式问题应该注意些什么？

6.设计问题可以采取哪些提问方式？

7.评比量表的特点是什么？举例说明。

8.李克特量表的操作步骤是什么？

9.比较调查问卷信度与效度之间的关系。

10.调查问卷的信度包含哪些形式？

6.4 实践与训练

1.近些年来网络购物已经非常普遍，尤其对于对新鲜事物比较敏感的广大学生群体，选择你所在的学校全体学生作为调查对象，针对大学生网络购物状况设计一份调查问卷。

2.当前，大学生谈恋爱的问题比较普遍，请你针对这一主题开展问卷调查，你应该如何设计一份优秀的调查问卷呢？

3.现在，大学生就业问题开始被社会广泛的关注，请你从学生的视角设计一份调查问卷，来说明制约当前大学生就业的主要问题。

第7章　市场调查资料的处理与分析

学习目标与要求

• 知识点

1.数据处理的基本过程。

2.数据编辑中关于缺失值的处理。

3.数据编码的含义及类型。

4.多选题编码及两种编码方式的比较。

5.多选题编码方式之间的转换。

6.排序题的编码方式。

7.单变量数据的描述性统计分析方法。

8.双变量交叉列表分析技术。

9.多变量交叉列表分析技术。

• 技能点

1.掌握不同数据类型的编码。

2.掌握单变量数据的描述性统计分析方法。

3.掌握多变量描述性统计分析方法。

【引导案例】

中国电子银行调查报告（2018）

中国电子银行网报道，由中国金融认证中心（CFCA）联合各商业银行发起的《2018中国电子银行调查报告》2018年12月13日在“第十四届中国电子银行年度盛典”上发布。该年度调查报告，参与调查的成员行增加到87家，调研内容新增二类账户和理财类APP使用行为调查。据了解，至今已持续进行14年的“中国电子银行调查报告”系列报告已成为目前国内针对电子银行最权威的调查报告之一。

《2018中国电子银行用户使用行为与态度研究》作为该系列调查报告的重要组成部分，主要针对个人电子银行与企业电子银行进行调研，并针对不同年龄段人士使用习惯进行调查研究，希望能契合当前金融行业发展趋势，推动银行业发展。以下是报告部分要点：

※个人电子银行方面：移动端发展迅猛，用户体验成关键竞争优势

报告指出，个人电子银行各渠道用户比例均有所提升，其中网银渠道用户增速放缓，移动端渠道发展迅猛，手机银行用户比例首次超越网银，达57%。其中，用户感知网上银行与手机银行功能上的差异越来越小，大多数网银与手机银行的重合用户更倾向首选手机银行。在使用过程中，转账汇款、查询账户、网络支付与生活缴费是用户使用电子银行的主要功能。

对于个人电子银行未来的发展，报告建议，随着电子渠道用户渗透的增速放缓，电子银行流量红利时代即将结束。增量用户收割殆尽，未来，各银行的竞争将集中在对存量用户的精耕细作，即更有效的用户运营与更完善的用户体验。目前，移动端渠道增速迅猛，手机银行渠道优势凸显，与其他各渠道协同发展。电子渠道各具优势，相互之间不可替代。银行端应综合调整各电子银行渠道的定位，集中发展各自的核心优势业务，全方位提升用户体验。

※个人手机银行：银行类APP活跃用户广泛，人均单次使用时长较短

随着手机银行用户比例增速放缓，手机银行渗透率的高速增长期已基本结束，逐步进入稳步增长时期。55%的个人手机银行用户主动要求开通个人手机银行。其次，经银行工作人员推荐开通手机银行的用户占比也相对较高，达34%，因此银行可继续采用推荐的方法提升手机银行的渗透。使用方便、操作简单，能随时随地使用是用户开通个人手机银行的主要原因。个人手机银行登录时，密码登录仍然是用户最主要的安全认证方式，指纹密码登录方式兴起。在用户使用手机银行交易时，传统的手机短信验证码和取款密码是最常用的安全认证方式，其次是新兴生物识别中的指纹密码。

报告指出，银行类APP活跃用户广泛，但人均单次平均使用时长较短，近七成的用户个人手机银行用户使用频率有所增长。

※企业电子银行方面：企业手机银行用户增速迅猛，功能较企业网银更单一

报告显示，全国企业电子银行用于占比明显提升，企业网银渗透持续增长，但增势减缓。企业网银活跃度较高，成为企业用户办理业务的首选，其中75%的企业网银用户通过网银客户端登录企业网银。

企业手机银行方面，渗透明显提升，达37%，同比增长10%增速迅猛。企业手机银行用户活跃度较高，由于使用场景的不同，在日常工作场景中的使用频率低于企业网银使用频率，多数企业用户通过企业手机银行办理的业务较为传统。相对于企业网银，企业手机银行功能较为单一，是用户开通企业手机银行的主要阻碍因素。此外，用户对企业手机银行的安全性仍有较大顾虑，也是阻碍其开通手机银行的重要原因，银行端可进行针对性宣传教育消除用户顾虑。企业手机银行在交互、安全、服务和界面上的提升能够增强用户体验，而功能上的改进对于提升用户体验的作用较小。企业用户登录企业手机银行时使用传统安全认证方式的用户比例较高，其次，生物识别的应用在一定程度上增强了安全性和用户体验，未来发展空间较大。

※电子银行渠道的外部威胁：第三方支付渗透率较高，银行仍有空间布局

第三方支付用户渗透率达到78%，同比增长10%，支付宝与微信支付是用户使用最多的两大第三方支付方式，优势明显。但随着年龄的增长，支付宝与微信支付的用户占比逐渐降低。现阶段用户使用电子支付最多的场景是生活缴费，占比达到58%。而电子支付对于交通出行、旅游服务与医疗服务等场景的渗透比例仍然较低，但用户电子支付需求旺盛，银行端可从以上场景入手，加强与企业或商户的合作，借助金融科技推动支付场景的深入渗透。

资料来源：中国电子银行网. 2018中国电子银行调查报告［EB/OL］.［2018-12-13］. https://www.cebnet.com.cn/20181213/102539678.html.

7.1 市场调查资料的处理

市场调查资料的处理是统计分析的基础，它是整个市场调查过程中的一个非常重要的环节。通常，调查资料的处理工作比较费时、费力，但对调查资料的最终质量和统计分析却有很大的影响。因此，对数据处理工作进行周密的计划，对调查实施质量进行严格的监控，就显得非常重要。

数据的处理，广义上是指在对数据资料进行统计分析之前要做的所有准备工作，包括对定性资料的分类、简化，对定量资料的汇总和分组等。但是，随着现代市场调查越来越趋向于将定性的资料量化研究和普遍应用计算机进行统计分析、制表、汇总、分组等，许多工作被划入后续的计算机统计分析中。因而，现在所谈的数据处理主要指把调查中收集到的数据转换为适合汇总制表和数据分析形式的过程。在大多数市场调查过程中，我们以标准纸质问卷为主，下面以纸质问卷为例，对数据处理的过程作简要的说明。大量的原始资料直接来源于被调查者，这些资料中会出现这样或那样的错误和疏漏，所以必须对原始问卷进行验收检查。在检查过程中对发现的问题，必须规定一致可行的方法，对其进行编辑修改。经过编辑的资料还必须进行恰当的分类，并且转化为直观的数字或字符形式，以便使用各种统计分析方法进行分析。随着计算机技术的广泛应用，人们走过了对调查资料进行人工处理的时代，于是我们必须将经过编码的调查资料数据存储在计算机中，成为可供计算机直接处理的资料。

7.1.1 问卷检查

市场调查资料处理的第一步是检查问卷填写的完整性和数据质量，目的是确定哪些问卷可以接受，哪些问卷要作废。通常这种检查应该在现场工作实施的过程中进行，如果实施是委托给数据收集机构去做的，那么研究者应该在收到数据后再进行独立的检查。在进行问卷检查以前，应该规定若干规则，使检查人员明确问卷完整到什么程度才可以接受。例如，至少完成多少，哪一部分是应该全部完成的。一般来说，出现以下几种情况的调查问卷是不可以接受的：

1.虚假的采访

这是调查人员根本没有进行正式访问的一种欺骗行为，这种情况对于有经验的检查人员来说是很容易发现的。检查人员应该完全拒绝接受这样的问卷。

2.错误的信息

这主要是指被访问者回答不真实导致的答案不真实。这种情况一般容易在被访问者由于某种原因不愿意与访问者配合时出现。这类问题在问卷中有时候很容易发现，如问卷的每个问题的答案都是中性的或者都集中于后面的选项，但有时候却是不容易发现和辨别的，特别是在进行心理调查时更是如此。因此，检查人员发现和校对这类问题时应特别谨慎。

3.不一致性

这是指信息资料逻辑上的不一致性。例如，两个相似或相关问题的答案不一致：问卷前面回答没有看过这则广告，但后面回答对广告的感觉很好；问卷前面回答没有去过医院，而后面却回答住院天数等。如果发现这类问题就应将其作为无效回答处理。

4.不充分的回答

这是形式上表现为不完全或模棱两可的回答。例如，多项选择题必须选3个答案，而只选1个或2个，就是不充分回答。

5.不相关的回答

这里有三种情况：一是指所给信息与所提问题的目的无关；二是由于回答者误解了访问者的问题而做出的与问题不相关的回答；三是不适合回答某一问题的被访者对这一问题做了回答。遇到这类回答就应该将其剔除。

在有些情况下会出现一些检查人员难以判断的问卷，检查人员应先将这些问卷放在一边，由研究人员决定取舍。因此，通常建议检查人员将原始问卷分成三个部分：可以接受的、明显要作废的、对是否可以接受有疑问的。

7.1.2　数据编辑

数据编辑是为了提高问卷数据的准确性和精确性而进行的再检查，目的是筛选出问卷中看不清楚、不完整或不一致的答案。

如果问卷记录得不好，就会导致一些答案字迹模糊，尤其是当问卷中有大量非结构性问题时很容易出现这种情况。要想对数据进行正确的编码，首先数据必须十分清晰。同样，问卷也可能存在不同程度的不完整性，一些问题可能没有得到回答。

在这个阶段，研究者的一项重要任务是对问卷的一致性进行检查，一些明显的不一致性很容易被发现。比如，某调查对象自称年收入为3万元，但其却经常出入五星级酒店，其中可能有问题。

对检查出的不合格问卷，通常采取返回现场、插补缺失值和放弃不合格问卷等方式处理。

返回现场就是把不合格的问卷退回到调查实施现场，由调查人员与调查对象重新联系。这种方法特别适用于企业或行业的调查研究，因为样本容量通常比较小，调查对象也比较容易确认。但是，第二次调查获得的数据可能与第一次不同，这些差异可能是时间或调查方式不同造成的。

如果无法把问卷返回调查现场，编辑人员也可以考虑插补不合格问卷的缺失值。这种方法适用于以下情况：

（1）有缺失值的问卷数较少；

（2）每份有缺失值的问卷中的缺失值所占的比例较小；

（3）关键变量没有缺失值。

插补值要尽量与实际可能值相近，通常采用逻辑判断、均值替代、模型计算等方法。

放弃不合格问卷是一种更为简单的处理方法，只要将有较多缺失值和不合格问卷放弃即可，但在应用时要注意使用条件。该方法适用于以下几种情况：

（1）不合格问卷比例较小（不超过10%）；

（2）每份不合格问卷中不合格答案占的比例较大；

（3）关键变量的值缺失。

7.1.3　数据编码

数据编码就是将问卷信息（包括调查问题和答案）转化为统一设计的计算机可以识别

的代码，以便对其进行数据整理与分析。

1.编码设计的内容与分类

编码设计就是确定各问卷、问卷中的问题以及问题的答案对应的代码名称、形式、范围以及与原数据的对应关系。

（1）编码设计的内容。

编码设计的具体内容包括：问卷的代码、变量的定义（名称、类型、位数、对应问题等）以及取值的定义（范围、对应含义等）。将这些内容列成表格形式，成为编码表。编码设计是整个编码过程的基础。科学、合理、准确、全面、有效的编码设计，有助于提高调查数据的质量。

问卷的代码主要包括调查员代码、问卷代码以及与抽样或调查对象有关的子总体的代码等。例如，某问卷的代码为“1031102”，第一位数字“1”代表上海航空公司，后边两位数字“03”代表652次航班，再后边两位数字“11”代表调查员编号，最后两位数字“02”表示该调查员在此航班成功完成的第2份问卷。问卷的代码看上去很简单，但非常必要。因为通过问卷代码不仅可以方便查找问卷，检查访问员的工作，还有助于子总体间的对比分析。

（2）编码设计的分类。

①根据问卷结构的不同，可分为结构式问卷编码设计和非结构式问卷编码设计。

②根据问卷中问题类型的不同，可分为封闭题、半封闭题和开放题编码设计。

③根据编码设计的时间与方法不同，可分为前设计编码和后设计编码两种。前设计编码主要适用于事先已知答案类别的问题，如结构式问卷中的封闭题和数字型开放题。这种编码设计简单易行，但可能因为答案选项的设计少了或多了某些项而影响数据质量。后设计编码主要适用于事先无法确定答案类别的问题，如非结构问卷和结构式问卷中的文字型开放题。这种编码的设计要在数据收集完成后根据被调查者的回答进行。这种编码表的分类可能相对更准确、有效，但比较复杂，而且费时、费力。

2.前设计编码

前设计编码要求事先已知问题的答案类别，主要应用于结构式问卷中的封闭题和数字型开放题，下面将按不同题型进行阐述。

（1）封闭题。

①单选题。

对单选题只需用一个变量来表示，变量的值为选项号。

【例7-1】请问您的性别是：

男□　女□

对上题设计编码时定义变量名为sex，属于数字型变量，变量所占字节数为1，变量取值范围为1、2或0。其中1表示性别男，2表示性别女，0表示该题未回答。

【例7-2】请问您在何处购买护肤产品？

A.商场专柜　　B.超市　　C.专卖店

D.美容院　　E.其他地方

对上题设计编码时定义变量名为place，属于数字型变量，变量所占字节数为1，变量取值范围为1、2、3、4、5或0，其中1表示商场专柜，2表示超市，3表示专卖店，4表示美容院，5表示其他地方，0表示无回答。

②多选题。

多选题在进行编码的时候，相对要复杂一些，往往要设置多个变量，根据设立的变量个数及变量取值的不同，通常有两种编码的方法：

方法一：所设立的变量个数与问卷提供的选项个数相同，即每个选项就是一个变量，每个变量取值都是0或1，如果被访者选择该选项，变量取值为1，否则取0。

【例7-3】请问您选择本次航班的原因是什么？（可以选择多项）

安全有保障	□	航班时间合适	□
机型好	□	服务好	□
持常旅客卡	□	航班正点	□
折扣票	□	旅行社安排	□
无其他航班	□	其他	□ 请详细说明__________

对上题设计的编码详见表7-1。

表7-1　**多选题的编码（方法一）**

变量序号	变量名	变量类型	变量所占字节	取值范围	取值对应的含义	备注	对应编号	对应问题
6	V6-1	数值型	1	0或1	取值为1表明该选项为选择本次航班的原因；取值为0则不是	全为0表示该题未回答	6	您选择本次航班的原因
7	V6-2	数值型	1	0或1				
8	V6-3	数值型	1	0或1				
9	V6-4	数值型	1	0或1				
10	V6-5	数值型	1	0或1				
11	V6-6	数值型	1	0或1				
12	V6-7	数值型	1	0或1				
13	V6-8	数值型	1	0或1				
14	V6-9	数值型	1	0或1				
15	V6-10	数值型	1	0或1				

对上题设计的编码，其优点是编码的结果不用经过转换就可直接分析；缺点是变量随选项增多而增多，对于大样本，录入工作量较大。

方法二：所设立的变量个数为最多可以选择的选项个数，变量取值为所选择答案的选项号，变量排列即为选择答案的顺序。仍以上题为例，假设题中规定至多选择3项，则该题设计编码见表7-2。

表7-2　**多选题的编码（方法二）**

变量序号	变量名	变量类型	变量所占字节	取值范围	取值对应的含义（i=1～10）	备注	对应编号	对应问题
6	V6-1	数值型	1	0～10	取值为i表明i选项为选择本次航班的原因；取值为0则说明其余选项都不是选择本次航班的原因	全为0表示该题未回答	6	您选择本次航班的原因
7	V6-2	数值型	1	0～10				
8	V6-3	数值型	1	0～10				

如果题中没有规定选择的最多选项数，则应等问卷回收后翻阅问卷回答结果，再根据分析的需要确定变量个数。这种编码方法的优点是便于录入和检查，但分析前要用程序把它们转化为各选项的0-1变量。

专栏7-1

两种数据录入方式的转换

下面我们通过案例的形式，说明两种不同的数据录入方式如何进行转换。例如，在某次市场调研项目中向被访者收集以下数据，A1题为多选题。

A1题：请问您过去一年内购买过哪些牌子的珠宝首饰？（多选）

A牌……1　B牌……2　C牌……3　D牌……4　E牌……5

只有第一种数据录入方式才是符合统计分析原则的数据排列格式，能够直接进行后续的统计推断，而第二种录入方式只是一种简化记录方式，需要转化为前者。其转化方法操作如下：把上述数据以第二种方式录入SPSS软件中，其中设置a101、a102、a103三个变量用来录入多选题A1，并定义好相应的变量值标签。

选择菜单File→New→Syntax，在弹出的Syntax对话框中输入相应的命令，其中新变量“a”代表被访者是否选择了“A牌”这个选项（1代表选择，0代表未选择）。这样通过上述数据转换，我们就把a101、a102、a103三个旧变量（以第二种录入方式）的数据转化成了a、b、c、d、e，即5个新变量（以第一种录入方式）的数据。具体的操作命令如下：

```
COUNT
a= a101 a102 a103（1）
EXECUTE
COUNT
b= a101 a102 a103（2）
EXECUTE
COUNT
c= a101 a102 a103（3）
EXECUTE
COUNT
d= a101 a102 a103（4）
EXECUTE
COUNT
e= a101 a102 a103（5）
EXECUTE
```

③顺序题。

对顺序题同样需要设立多个变量。与多选题类似，顺序题也有两种方法，这两种方法对应的问题形式略有差异。

方法一：变量个数即为选项个数，按照选项的顺序排列，分别定义各变量为对应选项号，变量的取值为该选项对应的排序号。

【例7-4】请将下列影响您选择航班的因素按照重要性排序，1代表最重要因素，2代表次要因素，依次类推，请在各因素后面的横线上标出您所排的顺序。

因素　　　　　　　　　　您所排的顺序

①航班时刻　　　　　　　________

②票价　　　　　　　　　________

③航空公司印象　　　　　________

④安全　　　　　　　　　________

⑤常旅客计划　　　　　　________

⑥机型　　　　　　　　　________

⑦服务　　　　　　　　　________

对上题设计的编码见表7-3。如果对所有选项排序，采取此法与多选题一样，优点是可以直接进行分析，但录入工作量大。

表7-3　　　　　　　　　**排序题的编码（方法一）**

变量序号	变量名	变量类型	变量所占字节	取值范围	取值对应含义（i=1～7）	备注	对应编号	对应问题
16 17 18 19 20 21 22	V16-1 V16-2 V16-3 V16-4 V16-5 V16-6 V16-7	数值型 数值型 数值型 数值型 数值型 数值型 数值型	1 1 1 1 1 1 1	0～7 0～7 0～7 0～7 0～7 0～7 0～7	取值为i表明该因素的影响程度排名为i；取值为0则表明对该因素的排名缺失	全为0表示该题未回答	16	对影响乘客选择航班的因素排序

方法二：所设立的变量个数为要求排序选项数，依照次序号排列顺序，分别定义各变量为各次序号对应的选项项数，取值即为选项号。

【例7-5】请问下列因素在您选择航班时，影响最大的是________。

其次是________。

再次是________。

①航班时刻

②票价

③航空公司印象

④安全

⑤常旅客计划

⑥机型

⑦服务

以上题设计的编码见表7-4。

表7-4　　　　　　　　　**排序题的编码（方法二）**

变量序号	变量名	变量类型	变量所占字节	取值范围	取值对应含义（i=1～7）	备注	对应编号	对应问题
16 17 18	V16-1 V16-2 V16-3	数值型 数值型 数值型	1 1 1	0～7 0～7 0～7	取值为i表明该因素的影响程度排名为i；取值为0则表明对该因素的排名缺失	全为0表示该题无回答	16	对影响乘客选择航班的因素排序

在上例中，假设某一条记录的V16-1的变量值为3，表示的含义是某一调查对象认为影响他选择航班的最重要的因素是第三个选项，即航空公司印象。

如果问题只要求取前几名排序，那么采用此法的优缺点与多选题一样：便于录入，可以减少工作量和降低出错率，但分析时要进行数据的转化。

（2）数字型开放题。

对直接回答数字的问题，变量取值即为该数字。在设计编码时，变量的测量水平应尽可能高一些，这样，在后期可以为不同分析需要进行再分组。如果编码时就采用低测量水平的变量，那么当后面想提高测量水平时就只能重新编码，成本太高。

变量所占字节数可以根据事先预计的数字最大值的位数确定。例如，直接询问被调查者的年龄，设计编码时取变量名为NL，所占字节为2，小数点为0，取值范围为0～60或99（99表示该题缺失）。

在为数字题设计编码时，根据取值范围可以核对该题的回答有无明显错误，是否合乎逻辑。此外，根据问卷的填写要求，对变量规定统一的格式，如小数点后位数、数量单位等，以便于数据的对比分析。

3.后设计编码

在市场调查中有些问题的答案事先无法预料或难以完全罗列出来，但我们又希望能对答案进行定量分析，在这种情况下，一般采用后设计编码方法，如对结构式问卷中的文字型开放题编码采用的就是这种方法。

要对开放题进行定量分析，必须将问题转化为一个或几个变量，将所有可能的答案类别赋予相应代码，在此过程中应注意：

（1）确定的变量应相对简单一些，类似单选或多选题，对照问题大致翻阅一下同题回答，根据分析的需要定义变量名称、类型和含义。

（2）根据问题的回答确定各答案类别。选取问卷有两种方式：在样本量较小的情况下，可以查阅所有问卷对该问题的答案；在样本量较大的情况下，只能抽取部分问卷来查阅回答情况，可以随机抽取问卷，也可以分层、分系统抽取，还可以主观选取，尽量使其分散一些。

选定问卷后，仔细阅读每个被调查者对该问题的回答，每遇到一个新的答案类别就记录下来，同时记录各答案类别出现的频数。这里要注意的是，答案除表面含义以外，可能还有引申、隐含的含义，应注意区分。最后，结合调查分析目的对分类的要求，对各答案类别进行整理归纳，突出分析重点，尽量包含所有信息且互不交叉，将不能编码或个数较少、可不予考虑的答案归入“其他”项。此外，注意留出位置准备修改。如果后期发现较多或较重要、有新意的类别，可以增加或细化类别。

（3）类似封闭题给每种答案类别规定一个代码，规定其位数。

在一般情况下，结构性问题都采用事先编码，而非结构性问题通常只能事后编码。

7.1.4 数据的录入

数据录入涉及通过键盘录入把编码数据从问卷或转录纸转移到磁盘、磁带或计算机内。如果数据收集是通过CATI或CAPI来完成的，这一步就可以跳过去了，因为数据收集时就已经是电子形式的了。除了通过键盘录入，数据录入还可以通过机读卡、光学扫描和计算机控制的传感器完成，但最常用的还是通过键盘直接录入。在大量数据录入过程中，录入人员不可避免地会产生一些输入错误。如果错误率较低，则改正错误较容易但查出错误比较麻烦；如果错误率较高，则查出错误较容易但改正错误比较麻烦。所以，为方便地校正输入错误，保证资料的录入质量，可采用编制程序自动检查的方法，或者重复输入两份数据，由计算机自动比较数据有无差异。

专栏7-2

常用数据录入软件

针对问卷调查中数据输入的问题，目前有多款专用软件，为了使大家更容易选择一个优秀的数据输入软件，本文对它们进行了比较分析。

一、SPSS Data Entry

SPSS Data Entry是由SPSS公司开发的专门针对问卷设计、输入环节开发的专用软件，是一种快速、精确地输入数据的有力工具。其包括以下功能：

1.问卷设计，同时建立数据库结构，数据有效性检验、字段间逻辑关系检验、条件跳转等，可处理多选题。

2.问卷录入，核对。在实际的使用过程中，不得不感叹它的强大功能，几乎可以完成我们上面谈到的所有输入优化方法，而且都完成得尽善尽美。

二、Quantum

Quantum是一套综合统计软件，一共由5个部分组成，分别是：①quanqest，主要是设计问卷；②quancept，CATI；③quinput，数据录入（包含逻辑查错功能）；④quantum，程序编写（包含再查错功能）；⑤quanver，交叉分析功能，并与SPSS、SAS有接口，可以轻松得到SPSS格式数据。其中，我们需要使用的就是它quinput的部分。和SPSS Data Entry类似，quinput同样是一个优秀的输入优化方案，它的方便程度不输于SPSS Data Entry，国内很多的市场调查公司使用的都是这款软件。

三、Epi Info

Epi Info是专门为流行病学调查所设计的一套综合统计软件，是由CDC（美国疾病预防与控制中心）编制、为第三世界国家提供的免费软件，设计时充分考虑了不发达国家的国情（所以对系统的要求非常低）和疾病调查数据的特点，能很方便地对数据进行储存、核对、连接，当然也可以进行各种常用的流行病学统计分析，是到研究现场收集数据、进行预分析的极好工具，该软件可以从http：//www.cdc.gov/epiinfo/下载得到。在Epi Info中有一个十分好用的数据输入模块，在数据录入时，可执行如重复（REPEAT）、只读（READ ONLY）和必需（REQUIRED）等字段特点。合法和编码字段有下拉（dropdown）数值表。多行字段在输入文字时自动翻滚。纯文本字段翻滚到128个字符。这是我们一个较好的选择。不过在实际的使用过程中，Epi Info有两个不小的缺陷：①运行速度较慢。而且BUG（错误）不少，经常会无缘无故报错，出现无法使用的情况。②输入过程以牺牲效率为代价过于简单化了。

四、Epidata

Epidata是一群丹麦的程序员针对Epi Info在输入方面的弊端开发出来的免费的专用输入软件。它可以实现Epi Info在数据输入方面的所有功能，但是在输入的过程中因为采用的是类似数据库的输入方式，所以效率要高不少。而且整个软件体积较小，运行速度十分快，使用起来相当顺手。如果和上文中的理想输入优化方法相比较，我们便会发现，Epidata可以实现我们所有的优化理想，最令人称道的是，就是这么一个小软件同样能够实现双输入功能，大大提高了输入的正确率。

五、Access

Access是微软办公软件中的一个重要组成部分。它提供了表、查询、窗体、报表、页、宏、模块7种用来建立数据库系统的对象；提供了多种向导、生成器、模板，把数据存储、数据查询、界面设计、报表生成等操作规范化；为建立功能完善的数据库管理系统提供了方便，也使得普通用户不必编写代码，就可以完成大部分数据管理的任务。用户可通过设置窗体创建录入友好的数据录入界面，通过设置宏创建各种跳转、条件等，而且可以在同一数据库中的不同表之间建立链接，是录入小型数据库的较好选择。

以上各软件中，一、二、五是收费软件，三、四可免费使用。当然能进行数据录入的软件不限于此，有时Excel也是不错的选择，读者可根据自己的实际情况结合各软件的特点进行选择。

7.2 单变量数据的描述性统计分析

通过对数据进行有效处理，接下来我们就要采取恰当的统计分析方法对数据的结果进行研究和解释，这个过程我们称为市场调查资料分析。描述性统计分析方法是市场调查资料分析中最常用的方法。描述性统计分析指对被调查总体所有单位的有关数据做搜集、整理和计算，并对综合指标等加工处理，用来描述总体特征的统计分析方法。描述性统计分析，主要包括对调查数据的分组分析、集中趋势分析、离散程度分析。

在实际的应用中，描述性统计分析不仅包括单变量数据分析，也涉及双变量和多变量数据分析；不仅涉及数据的一般描述性分析，也涉及数据的深度分析和一些专门用途的应用分析。接下来我们来研究一下单变量数据的描述性统计分析方法。

7.2.1 数据分类/分组与频数分布

频数分布是单一统计变量的各个类别或每个值出现的次数和频率的一种分布状态。数据的频数分布可以显示总体或样本分布的类型和特征，反映总体或样本的结构与特点。频数分布是一种基本的单变量统计分析方法，它始于数据的分类/分组，重点是变量的各类别或每个值出现次数的统计，最终通过适当的图表工具展示该变量的频数分布。

进行数据分类/分组与频数分布统计，关键是要区分所面对的变量及数据类型，因为不同类型的变量及数据，所采用的处理方式和方法不同。概括地讲，对类别和顺序变量的数据主要是作分类统计；对等距与等比变量的数值型数据则主要是作分组统计。这里要特别注意，适合于低层次数据的整理和展示的方法也适合于高层次的数据；但是，适合于高层次数据的整理和展示方法并不适合于低层次的数据。

1.类别或顺序数据的分类与频数分布

类别或顺序变量的取值实际是指变量的类别或不同等级，而不是具体数值。所以，类别或顺序数据本质属于计数型数据，主要作分类统计。类别或顺序数据的频数分布展示一个变量各个类别的频率，即落在这一类别中的观测数。类别或顺序数据的频数分布，通常通过频数分布表、累积频数分布表、条形图、柱状图、饼图及环形图等图表工具展示出来。

【例7-6】下面是对某品牌轿车用户的满意度调查，在此次调查过程中，我们总共调查了50名消费者，具体的调查内容见表7-5：

表7-5　某品牌轿车用户的满意度调查

	非常不满意	不满意	有些不满意	满意	非常满意
	1	2	3	4	5
1.内饰					
a.储物柜	□	□	□	□	□
b.座位质地	□	□	□	□	□
c.方向盘	□	□	□	□	□
d.内饰颜色	□	□	□	□	□
e.仪表盘	□	□	□	□	□

由于上边的变量具有一定的相似性，我们这里只针对一个变量——储物柜的满意程度进行分析。表7-6说明了顺序数据的频数分布，通过此表我们能够发现非常不满意的消费者为1人，占2%；不满意的消费者为5人，占10%；有些不满意的消费者为18人，占36%；满意的消费者为25人，占50%；非常满意的消费者为1人，占2%。

表7-6　消费者对储物柜满意程度频数分布表

	频数	百分比	有效百分比	累积百分比
非常不满意	1	2.0	2.0	2.0
不满意	5	10.0	10.0	12.0
有些不满意	18	36.0	36.0	48.0
满意	25	50.0	50.0	98.0
非常满意	1	2.0	2.0	100.0
合计	50	100.0	100.0	

上述频数分布表不仅展示了落在各类别中的数据个数（频数），同时也展示了各类别数据个数占全部数据个数的比例（百分比）。

实际上，上述数据所描述的事实也可以通过条形图和饼图等图形给予更直观的展示，图7-1就是消费者对储物柜满意度的一个条形图。

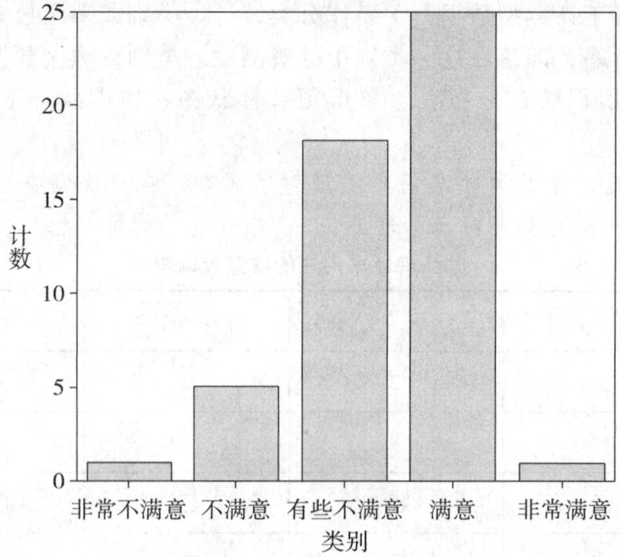

图 7-1　消费者对储物柜满意度的条形图

条形图是以条形的高度或长度来表示数据的大小的图形。条形图可以横置也可以纵置，在横置条形图的横轴上，宽度相同的条形代表变量的各个类别，并以纵轴上条形的高度来表示数据的大小，这样的条形图为纵置条形图，也可称为柱形图。

饼图也称圆形图，是用圆形及圆内扇形的角度来表示数值的大小的图形。与条形图不同，饼图主要用来表示总体或样本各组成部分所占的比例，对于研究结构性问题十分有用。图 7-2 就是这样一种饼图，展示了消费者对储物柜不同满意程度类别的构成。

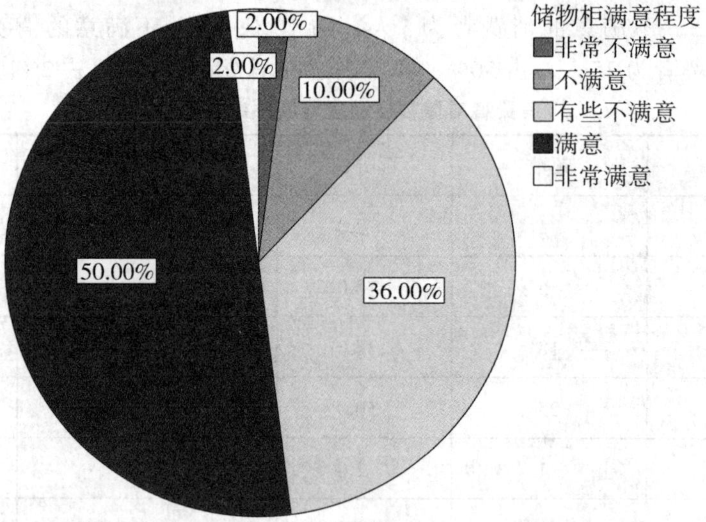

图 7-2　消费者对储物柜满意度的饼图

当需要比较两个以上总体的结构或一个总体的结构变化时，我们可以使用一种与饼图类似的图形——环形图进行描述和展示，如图 7-3 所示。环形图中间有一个“空洞”，总体中的每一类别数据用环中的一段表示。实际上，不仅分类数据可以使用环形图来展示，顺序数据也可以。

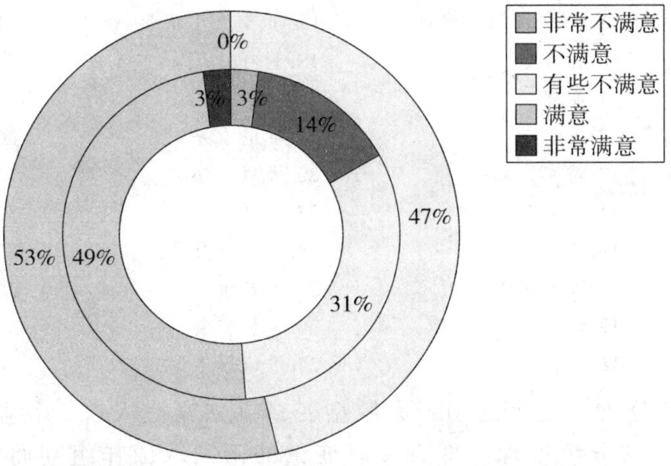

图7-3　男女消费者对储物柜满意度的对比分析

顺序数据除了可以通过上述图表工具进行描述外，还可以通过累积频数和累积百分比来表示。累积频数是指顺序变量各类别频数的逐级累加，而累积百分比则是指顺序变量各类别百分比的逐级累加。

使用SPSS软件可以很容易利用上边的数据形成累积百分比分布图，如图7-4所示。

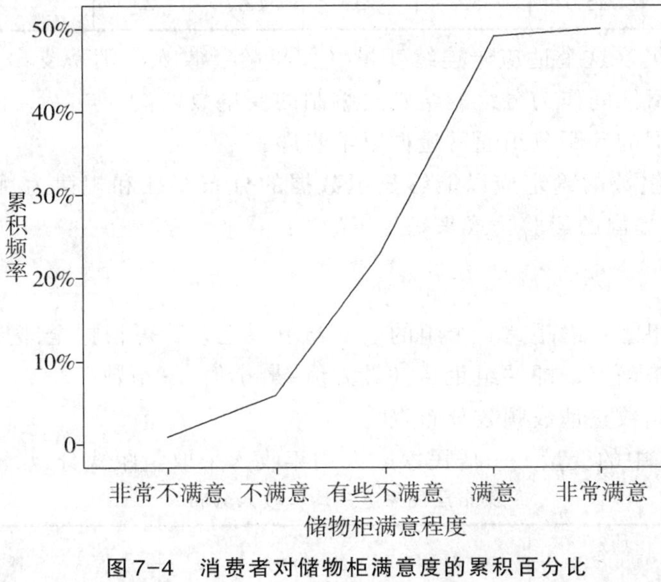

图7-4　消费者对储物柜满意度的累积百分比

2.数值型数据的分组与频数分布

数值型数据可以是离散数据，也可以是连续数据。离散数据的频数分布是将每一个变量值作为一组，统计每组变量值出现的频数，列出频数分布表。然而，在大多数情况下，我们面对的是有大量变量值的连续型变量数据。连续型变量数据的频数分布要求首先对变量值进行分组，然后统计出变量每一组值出现的次数或频数。变量值可以采用等距分组或不等距分组。

【例7-7】某市组织了一次样本量为2 000户的居民家庭空调满意度和购买行为的市场调查，设计的项目有36个，其中基本项目9个，主体项目27个。

(一)基本项目	(二)空调拥有状况	(三)满意度项目	(四)需求项目
1.性别	10.拥有量	19.制冷效果	28.需求数量
2.年龄	11.品牌	20.制热效果	29.需求时间
3.文化程度	12.机型	21.耗电水平	30.品牌选择
4.职业	13.功率	22.噪声大小	31.机型选择
5.所属行业	14.购买时间	23.外观设计	32.功率选择
6.家庭人口	15.购买地点	24.组件质量	33.价位选择
7.就业人口	16.购买因素	25.价格水平	34.购点选择
8.年人均收入	17.信息渠道	26.送货安装	35.关注要素
9.居住城区	18.价格	27.维修服务	36.由谁决定

(1)单变量值分组。这个适用于离散型变量(如家庭人口、就业人口、耐用品拥有量、需求量等)的分组处理,即直接以变量的不同取值作组别而编制的变量数列,见表7-7。

表7-7 **某市居民家庭空调拥有台数分布**

拥有量(台)	0	1	2	3	4	5台以上	合计
家庭数(户)	300	708	646	274	52	20	2 000
比重(%)	15.0	35.4	32.3	13.7	2.6	1.0	100.0

(2)组距式分组。这个适应于连续变量(如年龄、收入、消费支出等)的分组处理,即以变量的不同取值区间作为分组的组别而编制的变量数列。

连续型变量数据的等距分组通常遵循以下步骤:

①确定组数:组数的确定应以能够显示数据的分布特征和规律为目的。在实际分组时,可以按 Sturges 提出的经验公式来确定组数K:

$$K = 1 + \frac{\lg n}{\lg 2}$$

②确定各组的组距:组距是一个组的上限与下限之差,可根据全部数据的最大值和最小值及所分的组数来确定,即“组距=(最大值-最小值)÷组数”。

③根据各组的频数整理成频数分布表。

对于【例7-7】中的变量——居民家庭人均年收入采取组距式分组,见表7-8。

表7-8 **某市居民家庭户均年收入分布**

组别(十万元)	样本户数(户)	比重(%)
0.5以下	180	9.0
0.5~1	220	11.0
1~2	320	16.0
2~3	500	25.0
3~4	360	18.0
4~5	260	13.0
5以上	160	8.0
合计	2 000	100.0

除了可以通过数据的分组对数值型数据进行整理外，采用恰当的图形对数据进行展示，也能达到同样的效果。对数值型数据的展示，常用的图形有直方图、折线图、茎叶图和箱线图等。

在直角坐标中，用横轴表示数据分组，纵轴表示频数或频率，各组与相应的频数就形成了一个矩形，即直方图。与条形图不同，直方图的各矩形通常连续排列，而且直方图下的总面积等于1。折线图则是在直方图的基础上，把直方图顶部中点（组中值）用直线连接起来，再把原来的直方图抹掉。折线图下的面积与直方图的面积相等，二者所表示的频数分布是一致的。

【例7-8】从某地区抽取24名互联网用户，得知其月均宽带费用（单位：元）如下：34，47，34，47，55，42，71，68，46，83，51，53，59，60，63，65，74，57，57，54，67，55，73，49，54，77。对上述数据用直方图和折线图进行展示，如图7-5、图7-6所示。

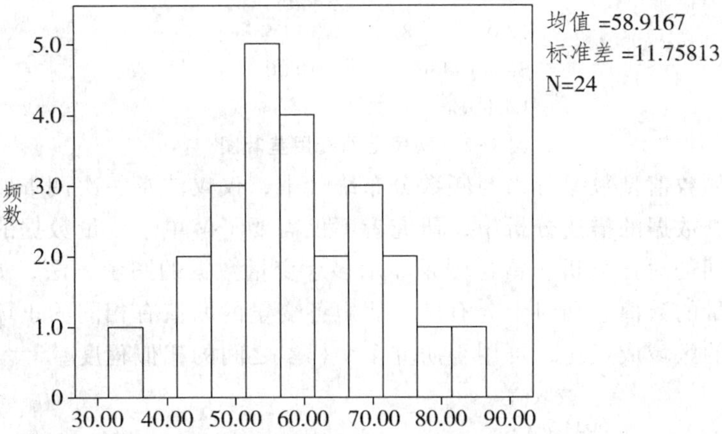

图7-5　网民宽带费用直方图

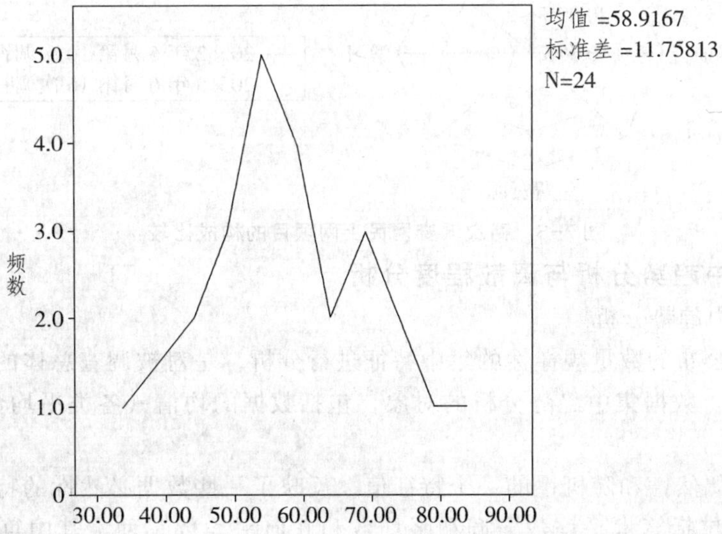

图7-6　网民宽带费用折线图

另外，对于未经分组的数值型数据，也可以通过茎叶图（stem-and-leaf plot）来展示，顾名思义，茎叶图由“茎”和“叶”两部分构成，一般以该组数据的高位数字做树茎，低位数字做树叶，树叶上只保留一位数字。茎叶图类似于横置的直方图，但是又与直方图不同。直方图可观察一组数据的分布状况，但是没有给出原始数据；茎叶图既能展示数据的分布状况，又能给出每一个原始数据，即保留了原始数据的信息。网民上网费用茎叶图如图7-7所示。

Stem-and-Leaf Plot

FrequencyStem &		Leaf
1.00	3.	4
4.00	4.	2679
9.00	5.	134455779
5.00	6.	03578
4.00	7.	1347
1.00	8.	3
Stem width:		10.00
Each leaf:		1 case（s）

图7-7　网民上网费用茎叶图

在以上所述的数值型数据分组与频数分布统计中，仅仅涉及一次调查所获得的样本数据。但是，在调查数据的描述分析中，研究者不仅需要了解单个变量数据的分布，也需要认识多个变量之间的对比分析。雷达图是显示多个变量数据的图示方法，如图7-8所示在显示或对比各变量的数值总和时十分有用。假定各变量的取值有相同的正负号，总的绝对值与图形所围成的区域成正比，可用于研究多个样本之间的相似程度。

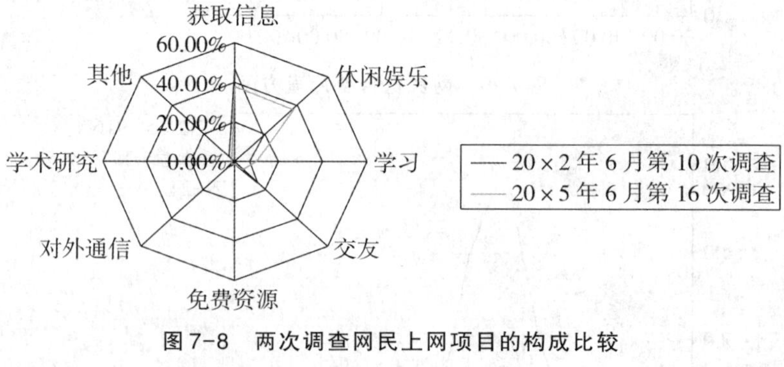

图7-8　两次调查网民上网项目的构成比较

7.2.2　集中趋势分析与离散程度分析

1.数据的集中趋势分析

对调查数据公布的数量规律性的集中特征进行分析，是对被调查总体的特征进行准确描述的重要前提。数据集中趋势分析的对象，包括数据的均值（各类平均数）、中位数和众数。

均值是数据偶然性和随机性的一个特征值，反映了一些数据必然性的特点。

平均数一般包括算术平均数、调和平均数和几何平均数三种，其中算术平均数是最简单、最基本的形式，它又根据资料分组与否而分为简单算术平均数和加权算术平均数。

利用均值，可以将处在不同地区、不同单位的某现象进行空间对比分析，以反映一般水平的变化趋势或规律；可以分析现象间的依存关系等，从而拓宽分析的范围。

众数是总体中出现次数最多的标志值，也是测定数据集中趋势的一种方法，克服了平均数指标会受数据中极端值影响的缺陷。从分析的角度看，众数反映了数据中最大多数的数据的代表值，可以使我们在实际工作中抓住事物的主要矛盾，有针对性地解决问题，但若出现了双众数现象，则可能说明调查总体不具有同质性，资料可能来源于两个不同的总体。这类结果既可以用来检查方案设计中的总体一致性问题，也可以用来帮助验证数据的可靠与否。

中位数的确定可以以未分组资料为基础，也可由分组资料得到。它同样不受资料中少数极端值大小的影响。在某些情况下，用中位数反映现象的一般水平比算术平均数更具有代表性，尤其对于两极分化严重的数据更是如此。

均值、众数和中位数都是反映总体一般水平的平均指标，彼此之间存在着一定的关系，但由于各自的含义不同，对于不同的调查数据类型，采用不同的指标分析，能把被调查总体数据的集中趋势准确地描述出来。

2.数据的离散程度分析

对一组数据规律性的研究，集中趋势是数据重要数量特征的一个方面，离散程度则是数据数量特征的另一方面。集中趋势反映的是数据的一般水平，我们用均值等数值来代表全部数据。但若要较全面地掌握这组数据的数量规律，还需要计算反映数据差异程度的数值，如极差、平均差、方差、标准差和离散系数等。

极差（也称全距）是数据中两个极端值的差值，它不能反映数据变化的影响，受极端值的影响较大。一般来说，极差越大，平均值的代表性越小。所以，极差可以一般性地检验平均值的代表性大小。

平均差是总体各单位标志值与其算术平均数离差绝对值的算术平均数。平均差与平均数代表性的关系，与极差基本一致。不同的是，由于平均差的计算涉及了总体中的全部数据，因而能更综合地反映总体数据的离散程度。

方差与标准差是幂的关系，前者是后者的平方。标准差的计算公式，也可根据资料的分组情况而分为简单平均式和加权平均式。

这两个指标均反映总体中所有单位标志值对平均数的离差关系，是测定数据离散程度最重要的指标，其数值的大小与平均数代表性的强弱呈反方向变化。

离散系数是为两组数据间进行比较而设计的，是一组数据标准差与均值相比较而得到的相对值。

在不同情况的两组数据间，直接用标准差进行离散程度的比较是不科学的，甚至还会得出相反的结论。

3.偏度及其峰度

偏度又叫偏态或斜度，它表示数据分布的不对称方向和程度。正态分布是对称的，其偏度值为零。利用众数、中位数和均值之间的关系，可以判断分布是否对称，是左偏还是右偏。但是要精确测度偏斜程度，就需要计算偏态系数。

峰度表示数据分布与正态曲线相比的尖峭程度或扁平程度。同样，也可以通过图示方法判断分布的尖峭或扁平程度。一般来讲，若数据分布比正态曲线低且尾部较短，则属于扁平分布；若数据分布比正态曲线瘦高且尾部较长，则属于尖峭分布。为了准确测度尖峭和扁平的程度，通常需要计算峰度系数。

【例7-9】下面我们接例7-8进行说明，通过SPSS软件进行集中趋势和离散程度的分析比较容易，这里采用SPSS19.0，具体的操作过程如下：

（1）点击“分析”→“描述统计”→“频率”，进入频次分析模块，如图7-9所示。

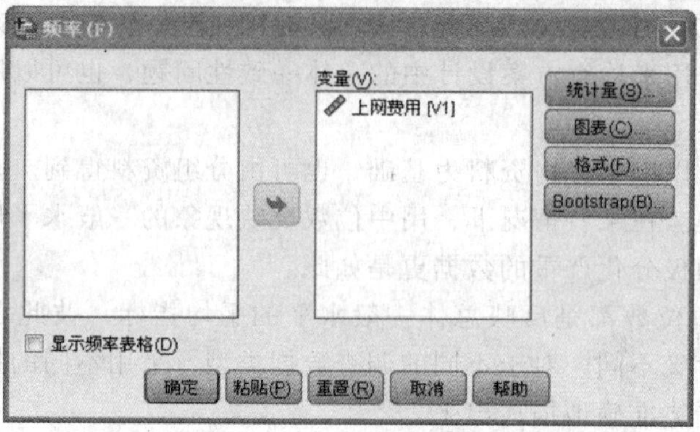

图7-9 频次分析模块

（2）在频次分析模块的主窗口中，选择统计量按钮。系统弹出频次模块的统计量子窗口，如图7-10所示。从中选择四分位数、均值、中位数、众数、标准差、方差、偏度和峰度。

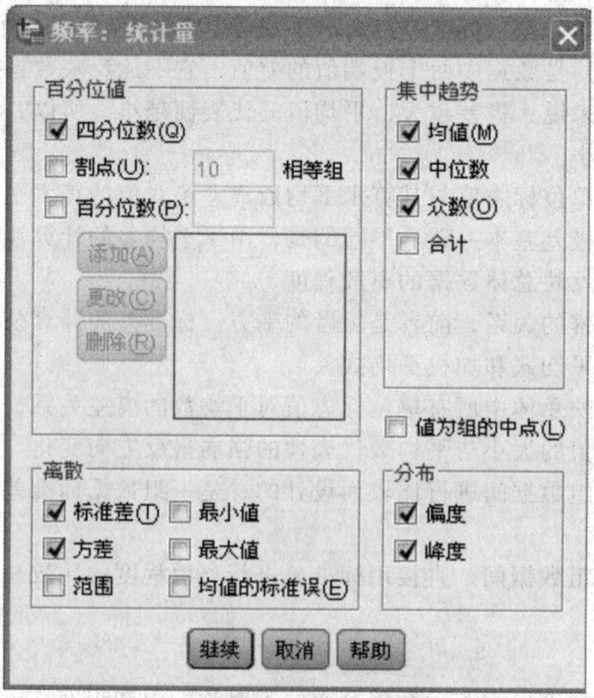

图7-10 输出统计量的选择

（3）再点击“继续”返回频次分析模块的主窗口后，点击“确定”，系统输出计算结果如图7-11所示。

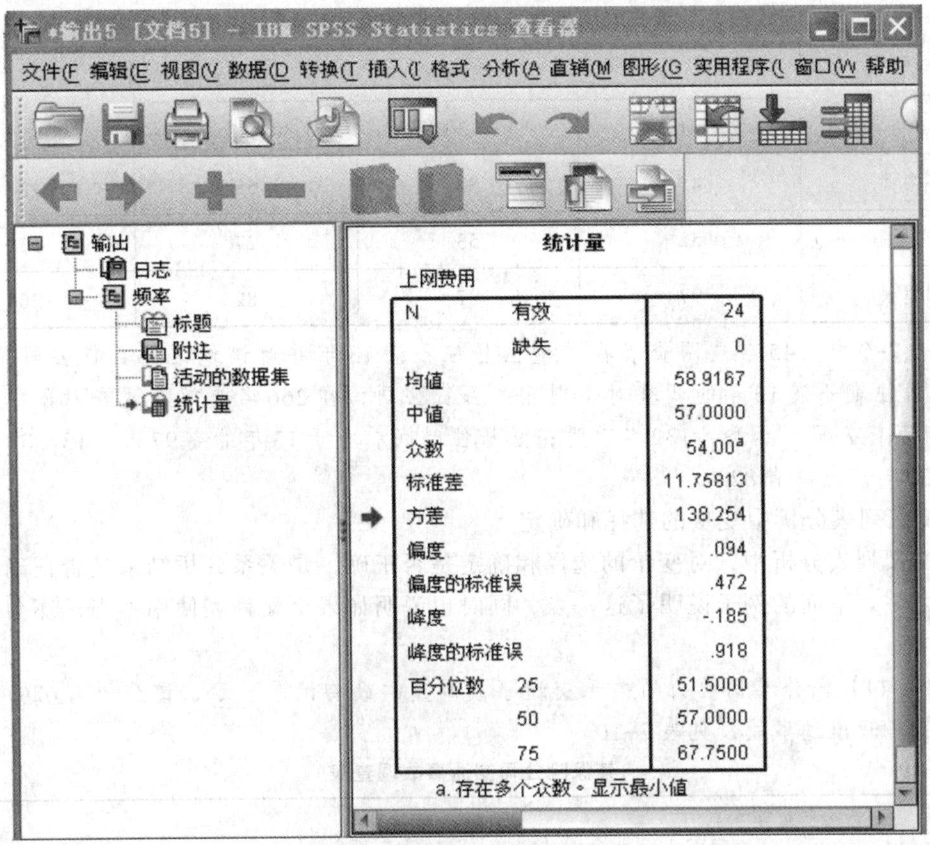

图7-11　关于统计量的计算结果

7.3　双变量及多变量数据的描述性统计分析

7.3.1　双变量交叉列表分析法

1. 交叉列表分析的含义

交叉列表分析是同时将两个或两个以上具有相互联系的变量及变量值，按照一定顺序对应排列在一张表中，从中分析变量之间的相关关系，得出科学结论的技术。变量之间的分项必须交叉对应，从而使交叉表中每个节点的值反映不同变量的某一特征。

交叉列表分析技术在市场调查中被广泛应用的原因：一是交叉列表分析及其结果能很容易地为那些并不具有较深统计知识的经营管理人员接受和理解；二是许多市场调研项目的资料整理分析可以依赖交叉列表分析方法解决；三是通过一系列的交叉列表分析，可以深入分析和认识那些复杂的事物或现象；四是清楚明确的解释能使调研结果很快成为经营管理措施的有力依据；五是这种技术简便易行，更易被一般市场调研人员接受。

【例7-10】国外曾对城市居民的居住年限长短与对该地区百货公司熟悉与否之间的相关性进行过一次研究，所有被调查的居民，其居住年限的长短分为三个档次，即小于13年、13～30年和30年以上；对该地区百货公司的熟悉情况分为熟悉和不熟悉两类。表7-9是用交叉列表法列出的该项调研的结果。

表 7-9 居住时间与对百货公司熟悉程度关系表

熟悉情况	居住时间			行总计
	小于13年	13～30年	30年以上	
不熟悉	45	34	55	134
熟悉	52	53	27	132
列总计	97	87	82	266

在表7-9中，45名被调查者在该地区居住不满13年并对该地区的百货公司不熟悉，而52名居住期不满13年的调查对象则熟悉百货公司，在266名有效的调查对象中，共有134名对百货公司不熟悉，132名熟悉；从居住时间看小于13年的有97人，13～30年的有87人，30年以上的有82人。

2.交叉列表分析中变量的选择和确定

在交叉列表分析中，对变量的选择和确定是否正确，是关系分析结果是否正确的关键性因素之一。下面的例子说明了这一点，同时也说明如果交叉列表使用不当，还会产生错误的结果。

【例7-11】国外某保险公司关于交通事故调查的最初记录显示，该公司有62%的保户从未在驾车时出过事故，见表7-10。

表 7-10 某保险公司交通事故调查表

事故类型	百分比
从未在驾驶中出过事故	62%
在驾驶中至少出过一次事故	38%
总计	100%
被调查人数合计	14 030

上述资料加入性别之后，可以分为男性和女性的事故比率，以确定性别与事故的多少是否有某种联系，具体情况见表7-11。

表 7-11 交通事故与性别关系调查表

事故类型	男性	女性
从未在驾驶中出过事故	56	62
在驾驶中至少出过一次事故	44	38
总计	100	100
被调查人数合计	7 080	6 950

表7-12显示，男性的事故发生率要高于女性，有人开始怀疑调查的正确性，有人觉得应该把其他因素加入进去一并考虑。一个可能的原因是：男性开车多，所以事故也多。从而把驾驶里程作为第三个变量加进去进行研究，见表7-12。

表7-12　**事故发生率与驾驶里程数关系表**

	男性驾驶公里数		女性驾驶公里数	
	大于15 000公里	小于15 000公里	大于15 000公里	小于15 000公里
至少出过一次事故	52%	52%	52%	25%
被调查人数合计	5 010	1 915	1 915	5 035

表7-11显示，事故发生率与驾驶的里程数相关，而与性别不相关。

在某些应用型的调查与预测项目中，调查人员有较多的选择交叉列表变量的自由。例如，某集团公司想确定是否有一些关键因素影响和制约其营销人员的工作。此时，应考虑的因素是不确定的。这些因素可能包括销售人员的年龄、工作年限、公司对其能力测试的记录及公司的激励机制等，还可以考虑营销人员的学历、专业、性格等因素。总之，在这一类情况中，交叉列表的变量取决于客户的要求和调查与预测人员的分析判断。在那些简单的事实收集型调查与预测项目中，需考虑的变量因素通常在调查与预测要求中已明确列出，调查与预测人员只要按照要求把各项数据列入已设计好的表格中即可。例如，某项市场调查与预测是关于消费者受教育程度高低与文化消费水平之间的关系，对其资料处理分析时交叉列表的两个变量无疑应该是文化消费水平和受教育程度。不管调查与预测人员本身在选择和确定交叉列表分析变量时有多大的自由选择空间，变量因素都必须在资料收集之前设计确定好。因为，只有掌握足够的数据资料，相应的交叉列表分析才能得以进行。

3.双变量交叉列表分析法

双变量交叉列表分析法是最基本的交叉列表分析法。通常交叉列表中两变量对应的节点应该使用相对频数，也就是使用百分比的数据，这样能够使两变量之间关系得到更好的体现。使用相对频数编制交叉列表，应注意解决究竟按照什么方向来计算相对频数的问题。

从数学处理来看，节点上的相对频数的计算可以按行进行，也可以按列进行。例如，表7-13是按照列计算编制的交叉列表，表7-14是按照行计算编制的交叉列表。

表7-13　**根据年收入水平计算的受教育程度相对频数**

年收入水平（千元） 受教育程度	6以下	6～8	8～10	10～12.5	12.5～15	15～20	20～25	25以上
小学或文盲	32	22	16	9	7	6	3	2
初中	20	16	12	15	9	8	5	5
高中	27	35	36	35	38	29	31	21
大专	16	13	24	26	26	29	23	20
本科	4	9	9	8	13	18	22	27
研究生	1	5	3	7	7	10	16	25
合计	100	100	100	100	100	100	100	100

表 7-14 根据受教育程度计算的年收入水平相对频数

年收入水平（千元） 受教育程度	6以下	6 ~ 8	8 ~ 10	10 ~ 12.5	12.5 ~ 15	15 ~ 20	20 ~ 25	25以上	合计
小学或文盲	39	23	10	8	7	8	3	2	100
初中	27	18	9	15	9	11	5	6	100
高中	13	15	9	13	15	15	11	9	100
大专	11	8	9	13	14	21	12	12	100
本科	4	8	5	6	11	21	18	27	100
研究生	2	7	2	8	9	17	19	36	100

从表 7-13 和表 7-14 的比较来看，采用不同的基数计算频率，其结果有不同的意义。表 7-13 是以不同收入水平组总人口数为基数分别计算的纵向百分比，可观察不同受教育程度人数的结构状态及其变化。虽然它也能基本反映两变量的相关关系，但它暗含着受教育程度受年收入的影响。显然，这种结论性解释不太合乎逻辑，或不太恰当。表 7-14 是以各个受教育程度组总人数为基数分别计算的横向百分比，可观察不同收入水平的消费者结构特征及其变化。它直接反映出收入水平受文化水平的影响程度。

在确定计算百分比方向时，一般的做法是按照因果关系的方向来计算。在本例中受教育程度是原因变量（即自变量），年收入水平是结果变量（即因变量），于是选用表 7-14 进行双变量交叉列表分析，更容易进行解释，也容易被人接受。通过编制表 7-14 进行分析，我们看到，受教育程度越低，低收入的人数越多，拥有高收入水平的人数比例越小。在调查实践中，有时候会遇到因果关系难以确定的情况，这时就要根据调查分析的目的确定频率的计算方向，或者可以按两个方向分别计算，并给出相应的解释。

7.3.2 多变量交叉列表分析法

在市场调查中，变量之间的关系是复杂的，只研究两个变量之间的关系通常是不够的，很多时候还要考虑多个变量之间的关系。利用二维列表可能发现两个变量之间似乎密切相关，但是再引入一个变量（称为第三个变量或控制变量）形成三维列表之后，可能发现两个变量之间原来的相关关系变弱或消失；相反，利用二维列表可能发现两个变量之间似乎没有什么联系，但是再引入一个变量形成三维列表之后，可能发现原来两个变量之间呈现显著的相关关系等。由此可见，单纯考虑两个变量之间的联系很可能导致错误判断。因此，在双变量交叉列表分析的基础上，经常需要引入第三个变量做多维交叉列表分析。

在双变量交叉列表分析的基础上需要加入第三个变量做进一步分析。通过加入第三个变量，原有的双变量分析的结果可能出现四种情况，如图 7-12 所示：

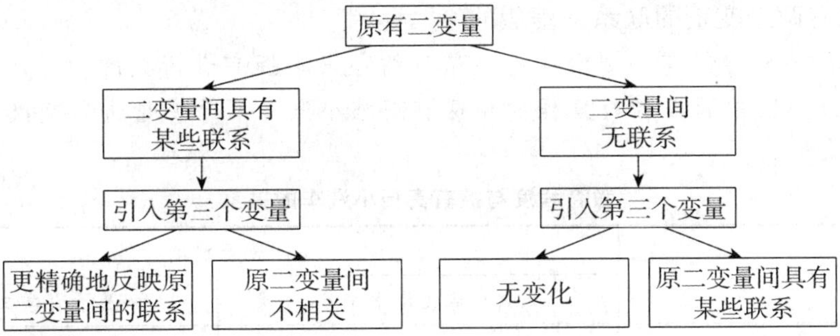

图7-12　加入第三个变量之后原有变量关系图

1.更精确地反映原有两个变量之间的关系

【例7-12】假设进行一次样本容量为1 000人的消费者抽样调查，研究时装购买情况和婚姻状态之间的关系。对收集来的资料首先将婚姻状态（分为已婚和未婚）和购买时装情况（分为高低两档）作为两个变量进行交叉列表分析，详情见表7-15。

从表7-15可知，52%的未婚者属于高档时装购买者，而在已婚者中只有31%的人属于高档时装购买者。结论是未婚者比已婚者更愿意购买高档时装。

表7-15　**婚姻状态与时装购买情况的关系**

时装购买现状	已婚	未婚
高	31%	52%
低	69%	48%
列总计	100%	100%
被调查者数（人）	700	300

如果将购买者的性别作为第三个变量引入，就得到三个变量交叉列表的分析结果，详情见表7-16。表7-16显示，女性中60%的未婚者属于高档时装购买者，而已婚女性中的只有25%的人属于高档时装购买者；就男性而言，40%的未婚者和35%的已婚者属于高档时装购买者，两者的比例比较接近。显然，通过引进性别这一变量，原有结论得到了更精确的说明。

表7-16　**婚姻状况、性别与时装购买情况的关系**

时装购买情况	性别			
	男性		女性	
	婚姻状况		婚姻状况	
	已婚	未婚	已婚	未婚
高	35%	40%	25%	60%
低	65%	60%	75%	40%
列总计	100%	100%	100%	100%
被调查者数（人）	400	120	300	180

2.显示原有两个变量的联系是虚假的

【例7-13】国外曾经有一项研究价格昂贵的小汽车拥有者情况的抽样调查，样本容量是1 000人，最初以被调查者教育程度和拥有高档小汽车两个变量进行交叉列表分析，结果见表7-17。

表7-17 教育程度与拥有高档小汽车的关系

拥有高档小汽车	教育程度	
	大学文化水平	低于大学文化水平
是	32%	21%
否	68%	79%
列总计	100%	100%
被调查者数（人）	250	750

表7-17显示，被调查者中，32%的具有大学文化水平的人拥有高档小汽车；21%的低于大学水平的人拥有高档小汽车。当准备做出教育程度是影响拥有高档小汽车的因素的结论时，调查人员意识到收入水平也可能是一个重要的影响因素，于是把收入作为第三个变量进行交叉列表分析，见表7-18。

表7-18 教育程度、收入水平与拥有高档小汽车之间的关系

拥有高档小汽车	收入水平			
	低收入		高收入	
	教育程度		教育程度	
	大学文化水平	低于大学文化水平	大学文化水平	低于大学文化水平
是	20%	20%	40%	40%
否	80%	80%	60%	60%
列总计	100%	100%	100%	100%
被调查者数（人）	100	700	150	50

表7-18显示，收入水平是影响拥有高档小汽车的因素，而教育程度并非影响因素。这说明原先通过两个变量交叉列表得出的结论是虚假的。

3.显示原先被隐含的关系

【例7-14】假设抽取样本容量为1 000人的消费者进行调查，研究年龄与出国旅游愿望之间的关系，以两个变量——年龄和出国旅游愿望进行交叉列表分析，详情见表7-19。

表7-19 年龄与出国旅游愿望之间的关系

出国旅游愿望	年龄	
	小于45岁	45岁或以上
有	50%	50%
否	50%	50%
列总计	100%	100%
被调查者数（人）	500	500

表7-19表明，年龄并非影响人们有无出国旅游愿望的因素。但是，当把性别作为第三个变量加入以后，却得到新的结论，详情见表7-20。

表7-20 年龄、性别与出国旅游愿望之间的关系

出国旅游愿望	性别			
	男性		女性	
	年龄		年龄	
	小于45岁	45岁或以上	小于45岁	45岁或以上
有	60%	40%	35%	65%
否	40%	60%	65%	35%
列总计	100%	100%	100%	100%
被调查者数（人）	300	300	200	200

表7-20表明，在加入第三个变量（性别）以后，原先隐含的年龄与出国旅游愿望之间的关系得到了明确的反映。在男性中，小于45岁者有更多的人有出国旅游的愿望，而在女性中，45岁以上者有更多的人有出国旅游愿望。

4.原有的变量关系不变

在某些情况下，加入第三个变量并不会改变原有变量交叉列表分析的结果。假设样本容量为1 000个家庭，调查家庭规模与经常外出吃快餐的关系。两个变量进行交叉列表分析的结果，见表7-21。

表7-21 家庭规模与经常外出吃快餐之间的关系

经常外出吃快餐	家庭规模	
	小	大
是	65%	65%
否	35%	35%
列总计	100%	100%
被调查者数（人）	500	500

表7-21显示，家庭规模与是否经常到外面吃快餐之间没有直接的关系。如果再引入第三个变量家庭收入进行分析，我们发现对原有两个变量之间的关系没有什么影响，见表7-22。新变量——家庭收入的引入并未改变原先得出的结论。

表7-22 家庭收入、家庭规模与外出吃饭之间的关系

经常外出吃快餐	收入水平			
	低收入		高收入	
	家庭规模		家庭规模	
	小	大	小	大
是	65%	65%	65%	65%
否	35%	35%	35%	35%
列总计	100%	100%	100%	100%
被调查者数（人）	250	250	250	250

7.4 交叉列表和多选题分析实例

7.4.1 交叉列表分析实例

交叉列表指的是两个或两个以上的变量交叉分组后形成的频数分布表。编制交叉列表是交叉分组下的频数分析的首要任务。下面以实例演示交叉列表的处理过程。

1.收集数据

经调查得知某公司11名工作人员的姓名、性别、年龄及教育年限数据，见表7-23。

表7-23 某公司工作人员姓名、性别、年龄及教育年限调查表

姓 名	性 别	年 龄	教育年限
李 云	男	20	10
蒋 小	男	25	13
李 四	男	45	17
王 二	男	50	18
倪 平	女	46	13
书 云	男	26	13
静 思	女	27	16
刘 大	男	30	16
李 平	男	35	16
祝 清	女	28	13
王 梅	女	29	13

2.分析处理

现要求分析其不同年龄和不同教育年限交叉分组下的频数分布情况。分析过程如下：

（1）将表中的数据输入或复制到SPSS数据文件中，如图7-13所示。

图7-13 输入数据

（2）执行分析/描述性统计/交叉表命令，如图7-14所示。

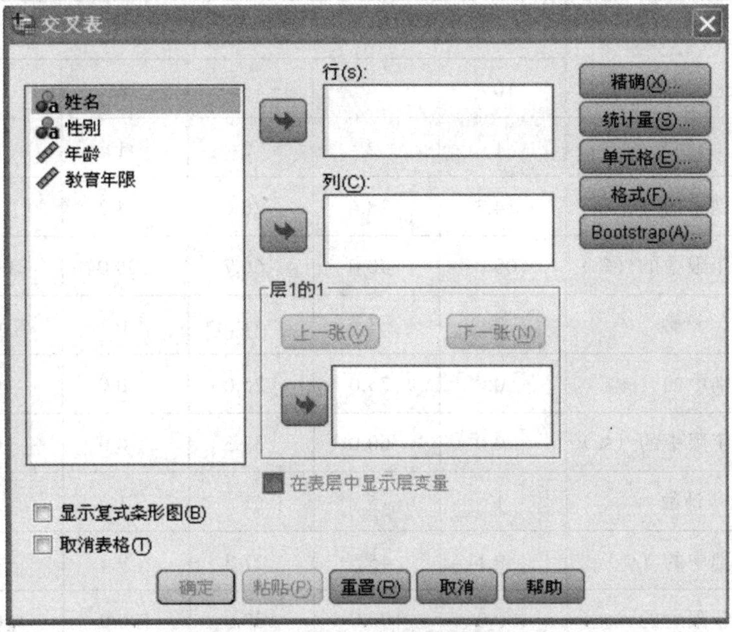

图7-14　交叉列表分析窗口

（3）在该窗口中将“性别”添加到行框中，将“教育年限”添加到列框中，如图7-15所示。

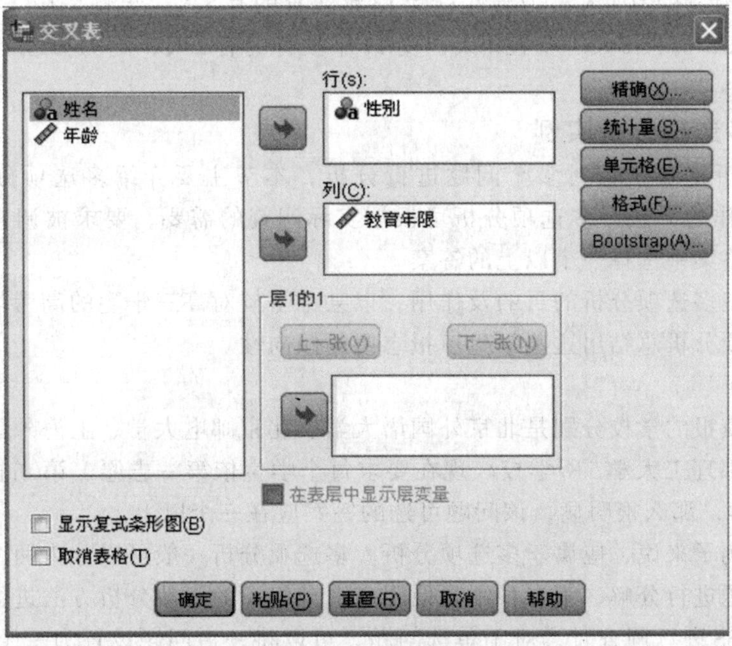

图7-15　添加变量

3.分析结果

单击确定按钮后，即可在输出结果窗口中显示交叉分析结果。交叉分析结果见表7-24。

表 7-24 性别与教育年限交叉列表

			教育年限					合计
			10		13	16	17	18
性别	男	计数	1	2	2	1	1	7
		性别中的（%）	14.3	28.6	28.6	14.3	14.3	100.0
		教育年限中的（%）	100.0	40.0	66.7	100.0	100.0	63.6
	女	计数	0	3	1	0	0	4
		性别中的（%）	0.0	75.0	25.0	0.0	0.0	100.0
		教育年限中的（%）	0.0	60.0	33.3	0.0	0.0	36.4
合计		计数	1	5	3	1	1	11
		性别中的（%）	9.1	45.5	27.3	9.1	9.1	100.0
		教育年限中的（%）	100.0	100.0	100.0	100.0	100.0	100.0

从表 7-24 的分析结果中可以看出，性别变量为行变量，教育年限为列变量。标题和列标题分别是两组变量的变量值。表格中间是观测频数和百分比数据。例如，在 11 名人员中，受 10 年教育的有 1 人，为男性；受 13 年教育的有 5 人，男性 2 人、女性 3 人；受 16 年教育的有 3 人，男性 2 人、女性 1 人；受 17 年教育的有 2 人，均为男性；受 18 年教育的有 1 人，为男性。

7.4.2 多选项分析实例

多选项分析主要是针对多个问题进行分析，本节主要介绍多选项分析的目的及在 SPSS 中进行操作的方法。多选项分析可根据实际调查的需要，要求被调查者从问卷给出的若干个可选答案中选择一个以上的答案。

为表述清楚多选项分析的目的及作用，以某个学校对高三学生的高考填报志愿调查为例，通过多选项分析总结出这些学生填报志愿的倾向性。

1. 收集数据

如果这些填报的学校分别是北京外国语大学、北京邮电大学、上海外国语大学、西南交通大学、成都理工大学 5 所学校。现在要求每个学生依第一志愿、第二志愿、第三志愿填报这 5 所大学，那么很明显，该问题可选的答案应在一个以上。

对于这一例子来说，应属于多选项分析。多选项分析一般可以分为两个步骤：第一步是将多选项问题进行分解，第二步则是使用交叉分组下的频数分析方法进行分析。

在使用 SPSS 进行调查时，对于单选问题，可以将一道问题设置为一个 SPSS 变量，变量值即为该问题的答案。而对于多选项问题的答案则有多个，如果仍按照单选项问题只设置一个变量是行不通的，应该将该问题的每个答案设置一个变量进行分析，如每个变量分别用 b1、b2、b3、b4、b5 来表示，而这 5 个变量分别有两种答案 0 和 1。其中，1 表示报考，0 表示不报考。调查到的数据见表 7-25。

表7-25　　报考志愿调查表

姓 名	性别	年 龄	b1 北京外国语大学	b2 北京邮电大学	b3 上海外国语大学	b4 西南交通大学	b5 成都理工大学
周 丽	女	19	1	0	0	1	1
刘 平	男	18	1	0	1	0	1
刘 洋	男	19	0	0	0	1	1
李 娟	女	20	0	0	1	1	1
王 娟	女	20	0	1	1	1	0
刘 洋	女	18	0	0	1	0	1
周 花	女	17	1	1	1	0	0
刘 进	男	17	0	1	1	0	0
刘 杨	男	18	1	0	0	1	1
王 小	女	18	0	1	1	0	0
伍 云	女	19	0	1	1	1	0

2.分析处理

分析步骤如下：

（1）打开“报考志愿调查”数据文件，如图7-16所示。

图7-16　打开数据文件

（2）执行分析/多重响应/定义变量集命令，弹出如图7-17所示的多选项变量集定义窗口。

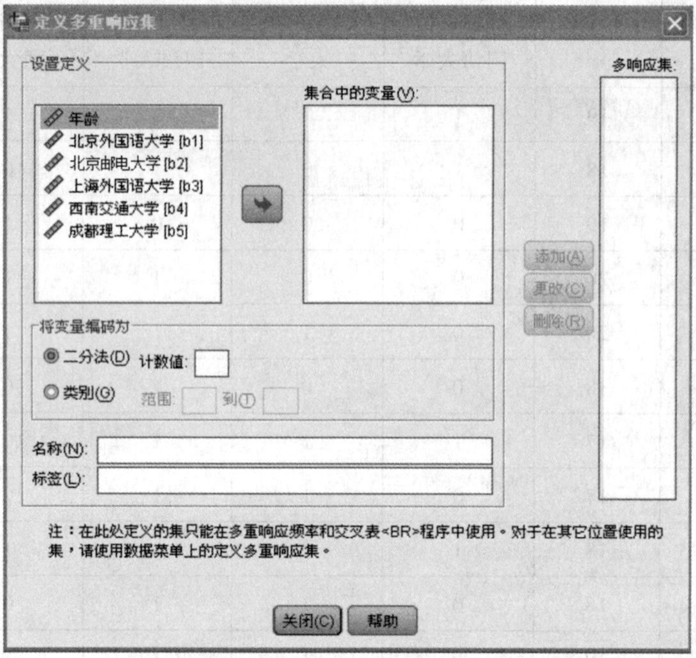

图7-17　定义变量集

（3）在该窗口中，将多选项所有变量添加到集合中的变量列表框中，然后再按照指定的变量编码方法进行分解。该例中选择第一个变量编码方法——二分法，其设置如图7-18所示。

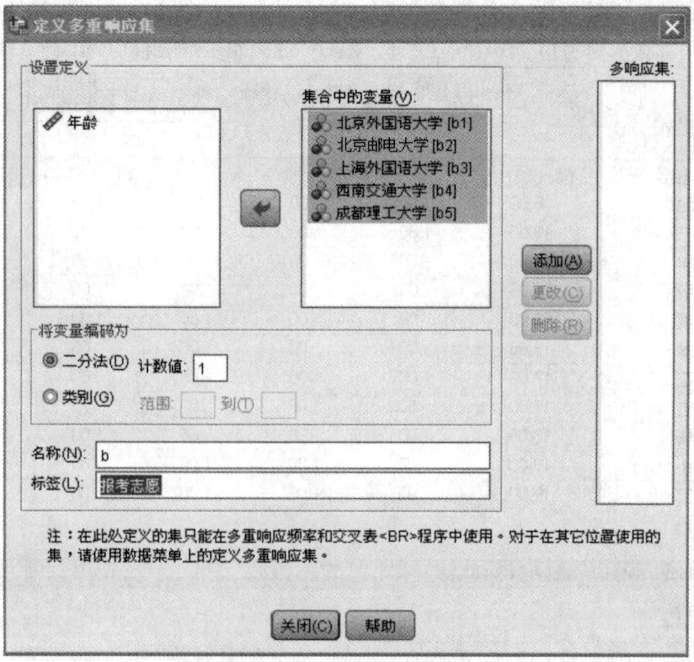

图7-18　变量集设置

（4）单击“关闭”按钮，完成多选项变量集的定义。

（5）执行分析/多重响应/频率命令，弹出如图7-19所示的多选项频数分析窗口。执行分析/多重响应/交叉表命令，弹出如图7-20所示的多选项交叉表分析窗口。

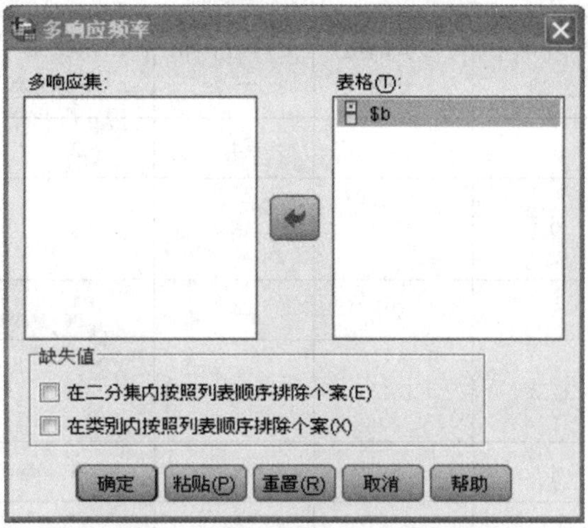

图7-19 多选项频数分析窗口

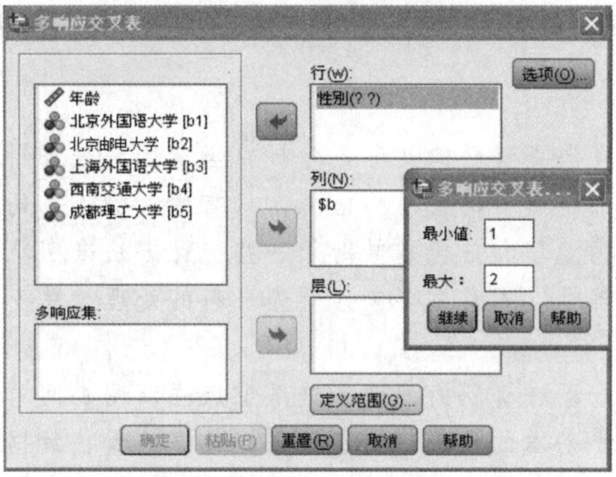

图7-20 多选项交叉表分析窗口

3.分析结果

（1）单击频数分析窗口确定按钮，多选项分析的结果见表7-26。

表7-26 多选项频数分析结果

		响应		个案百分比
		N		百分比
报考志愿[a]	北京外国语大学	4	13.8%	36.4%
	北京邮电大学	5	17.2%	45.5%
	上海外国语大学	8	27.6%	72.7%
	西南交通大学	6	20.7%	54.5%
	成都理工大学	6	20.7%	54.5%
总计		29	100.0%	263.6%

（2）单击交叉表分析窗口确定按钮，交叉表分析结果见表7-27。

表7-27 交叉表分析结果

			报考志愿[a]					总计
			北京外国语大学	北京邮电大学	上海外国语大学	西南交通大学	成都理工大学	
性别	男	计数	1	3	4	2	2	5
		总计的（%）	9.1	27.3	36.4	18.2	18.2	45.5
	女	计数	3	2	4	4	4	6
		总计的（%）	27.3	18.2	36.4	36.4	36.4	54.5
总计		计数	4	5	8	6	6	11
		总计的（%）	36.4	45.5	72.7	54.5	54.5	100.0

本章小结

本章主要介绍了市场调查资料的处理与分析。当市场调查资料收集上来之后，仅仅是简单的数字，不能向我们传递任何有用的信息，只有通过加工、处理和分析之后，才能达到调查的目的。调查数据处理和分析是借助于一些统计方法来实现的，选择适合的方法将直接影响数据结果的准确性。本章主要包括调查资料的处理、单变量描述统计分析和多变量描述统计分析。

本章首先介绍了市场调查资料的处理，这里重点强调调查问卷的处理过程，通常调查问卷的处理主要包括四个基本的步骤：问卷检查、数据编辑、数据编码、数据录入。其次介绍了单变量描述统计分析方法，主要包括变量的分类/分组、集中趋势的测度以及离散程度的测度。然后介绍了两个变量和多个变量的交叉列表分析技术。最后通过一个实例介绍了交叉列表分析技术以及多选题的处理方法。

综合训练

7.1 单项选择题

1.对于单选题进行编码的时候，通常（　　）。

A.每个选项设置一个变量

B.只需要设置一个变量

C.需要设置多个变量

D.依具体情况而定

2.前设计编码主要适用于（　　）。

A.封闭题　　B.文字开放题　　C.非结构式问卷　　D.半封闭题

3.适合于研究一个总体或样本结构性问题的图形是（　　）。

A.条形图　B.饼图　C.直方图　D.环型图

4.众数这个集中趋势的测度指标主要适用于（　　）。

A.类别数据　B.顺序数据　C.数值型数据　D.实验数据

5.后设计编码主要适用于（　　）。

A.封闭题　B.文字开放题　C.结构式问卷　D.数值开放题

7.2　多项选择题

1.对市场调查资料进行处理的过程主要包括（　　）。

A.问卷检查　B.数据编辑　C.数据编码　D.数据录入

E.数据分析

2.当我们对调查问卷进行检查的时候，通常需要设定统一的标准，（　　）的问卷一般是不能接受的。

A.虚假采访　B.信息错误　C.不一致　D.不相关回答

E.不充分回答

3.交叉列表分析技术被广泛应用是因为（　　）。

A.交叉列表分析及其结果比较容易让人理解

B.许多研究项目都可以通过这种方法解决

C.交叉分析可以使问题研究得更深入

D.可以为企业经营管理措施提供依据

E.简单易行

4.在各种平均指标中，不受极端数值影响的平均指标是（　　）。

A.算术平均数　B.调和平均数　C.几何平均数　D.中位数

E.众数

5.对于类别数据，在进行图形显示的时候，我们经常采用的图形是（　　）。

A.条形图　B.饼图　C.环形图　D.直方图

E.茎叶图

7.3　思考题

1.简要描述数据处理的基本过程。

2.简述什么情况下可以插补缺失值。

3.如何对单选题进行编码？

4.如何对多选题进行编码？

5.多选题的两种编码方式之间有什么差别？

6.类别和顺序数据描述统计分析方法有哪些？

7.双变量交叉列表分析的变量应该如何选择？

8.在双变量交叉列表基础上加入一个新的变量能够起到什么样的作用？

7.4　实践与训练

下面是关于啤酒消费者行为的调查问卷，以及调查30名消费者之后所得到的数据，根据所得到的数据，运用SPSS统计软件对上边的数据进行分析。

啤酒消费者行为调查

1.受访者基本资料。

a.性别：○男　　○女

b.年龄：________

c.学历：○高中及以下　　○大专　　○本科　　○研究生及以上

d.居住的城市：　○成都　　○绵阳　　○攀枝花　○广元

2.请问您是否喝过啤酒？（答“否”请接第6题回答）

○是　　　　○否

3.您最常喝的啤酒是哪一种啤酒？

○青岛啤酒　　○蓝剑啤酒　　○雪花啤酒　○绿叶啤酒　○其他啤酒

4.您经常去哪里购买啤酒？

○大型超市　　○专卖店　　○小卖部　　○其他地方

5.请问您每周饮用________毫升啤酒。

6.请您对下列问题的同意程度进行适当的选择：

	非常不同意	不同意	无意见	同意	非常同意
（1）与朋友聊天聚会时啤酒可增加热闹欢乐的气氛	○	○	○	○	○
（2）啤酒是解渴的最佳饮料	○	○	○	○	○
（3）啤酒易发胖，不宜多喝	○	○	○	○	○
（4）啤酒的营养价值较高	○	○	○	○	○
（5）啤酒味觉较苦，不如其他饮料	○	○	○	○	○

7.您是否会再次购买该品牌的啤酒？

○是　　　　○否

对30名被调查者访问之后收集到的数据见表7-28：

表7-28　　**30名被调查者的数据**

性别	年龄	学历	居住城市	是否喝过	最常喝的品牌	购买地点	饮用量（ml）	增加气氛	解渴	易发胖	营养高	味苦	再次购买
1	26	4	2	1	1	1	2 500	2	3	4	5	4	1
1	32	3	3	1	2	2	3 000	5	5	3	3	1	1
1	28	3	1	1	2	2	1 600	5	5	4	3	2	1
2	22	3	1	1	2	2	500	4	4	5	3	4	1
2	26	2	3	1	4	3	1 200	5	4	3	3	2	1
1	35	4	3	1	1	1	3 000	5	5	2	4	1	1
2	20	2	2	1	2	3	500	4	2	5	2	4	2
2	23	2	1	1	2	2	600	5	4	3	3	2	1
1	30	2	1	1	2	2	2 800	5	5	2	4	1	1

续表

性别	年龄	学历	居住城市	是否喝过	最常喝的品牌	购买地点	饮用量（ml）	增加气氛	解渴	易发胖	营养高	味苦	再次购买
1	42	3	2	1	1	2	1 600	5	4	4	3	2	1
2	32	3	1	1	2	3	500	4	3	4	3	4	1
1	40	1	3	1	2	3	1 800	5	4	2	3	1	1
1	40	3	4	1	2	2	3 200	5	5	2	4	1	1
2	23	3	2	1	3	3	300	4	2	5	2	4	2
2	28	3	3	1	1	1	1 200	5	4	3	3	2	1
1	42	4	1	1	2	2	2 500	5	5	2	4	1	1
1	36	1	2	1	2	3	2 800	5	5	1	4	1	1
1	56	3	1	1	3	3	400	3	3	4	3	3	1
2	32	3	1	1	2	3	200	3	3	4	3	4	1
1	38	3	4	1	3	1	2 800	5	5	2	4	1	1
1	26	3	1	1	2	2	4 500	5	5	2	4	1	1
1	36	2	4	1	1	1	2 600	5	5	2	3	1	1
2	35	3	2	1	2	3	300	4	3	5	3	4	1
1	36	4	3	1	1	1	3 500	5	5	2	3	1	1
1	48	3	4	1	4	3	2 600	5	4	3	3	2	1
2	28	4	2	1	2	2	1 000	4	4	4	3	2	1
1	33	2	1	1	2	3	3 200	5	5	2	3	1	1
1	28	3	2	1	3	1	3 000	5	2	4	5	1	1
1	29	4	1	1	2	3	3 800	5	5	3	4	1	1
2	35	3	3	1	1	1	1 500	4	4	3	3	2	1

注：对于上边的编码解释如下：性别：1男，2女；学历：1高中及以下，2大专，3本科，4研究生及以上；居住的城市：1成都，2绵阳，3攀枝花，4广元；是否喝过：1是，2否；最常喝品牌：1青岛啤酒，2蓝剑啤酒，3雪花啤酒，4绿叶啤酒，5其他啤酒；购买地点：1大型超市，2专卖店，3小卖店，4其他地方；对于增加气氛、解渴、易发胖、营养价值高和味苦五个问题的编码相同，即1非常不同意，2不同意，3无意见，4同意，5非常同意；再次购买：1是，2否。

第8章　市场预测概论

学习目标与要求

● 知识点

1. 市场预测的含义、原理、要素和作用。
2. 市场预测的类型划分。
3. 市场预测的内容。
4. 市场预测的主要方法。
5. 市场预测的方法选择。
6. 市场预测的精度控制。

● 技能点

1. 掌握市场预测的主要方法。
2. 掌握如何进行市场预测的精度控制。
3. 掌握市场预测的基本原理。

【引导案例】

海尔：大数据时代交互营销与市场预测

自2012年开始，为了了解并迎合新时代用户需求的变化，海尔启动了网络化战略，开始基于网络与用户零距离互动。在大数据的技术支持下，海尔推出了SCRM社交化客户关系管理数据平台，运营海尔用户数据，目的是利用大数据工具来更好地洞察用户需求，以更精准地服务用户，进而建立其良好的客户关系。在新的时代背景下，海尔认为，要对用户真诚，就得清晰地回答用户是谁、用户在哪里、用户需要什么的问题。因而海尔创新开发了海尔营销宝、海尔交互宝等大数据产品，支持海尔大规模开展精准营销、进行交互创新。

在基于大数据开展交互营销的过程中，海尔深刻地认识到了“数据的核心是人”。海尔将用户数据分为底层数据平台和上层会员平台两个层面运营。底层数据平台是海尔SCRM（社交化客户关系管理）数据平台，存储与市场、攸关方、地域、渠道、企业、用户等8类数据资产，其核心是1.2亿用户数据。上层会员平台是海尔梦享+会员俱乐部，此平台上的活跃会员超过1 500万。海尔将“连接”作为数据采集的核心。为了不使企业发展过程中间每一个业务部门的信息化业务系统成为一个个数据孤岛，海尔在建立企业级的用户数据平台时，以用户数据为核心，将分散在各个信息化系统中的数据都连接起来。数据连接的目的是生成360度用户画像，精准洞察用户。SCRM吧分散在不同系统中用户数据拢到一起，有销售数据、售后数据、会员注册数据. .....进行数据融合。再通过数据清洗，识别出每个海尔用户的姓名、电话、年龄、住址、邮箱、产品. .....进行用户识别。为了更全面认识海尔用户，SCRM又获得了用户在网上的行为数据，进行全网用户识别，生成360度用户视图。这样，海尔就能够真正了解每一个海尔用户的特点、爱好和他们的生活习惯，并为他们打上用户标签。目前，海尔SCRM已连接1.2亿线下实名数据，18亿线上匿名数据。生成360度用户画像的标签体系，包含7个层级、143个维度、5 236个节点，现在的数据标签超过11亿。海尔进行数据挖掘的核心是预测。预测消费者接下来会发生什么样的行为，会有什么样的需求，或者对已有的产品、方案有什么更新的需求。海尔SCRM数据平台经过数据融合、用户识别、生成数据标签，建立数据模型进行预测，现已建立三大类共10个数据模型（包括需求预测数据模型8个、用户新分数据模型1个和用户活跃度数据模型1个），用量化分值定义用户潜在需求的高低。海尔进行数据采集和挖掘的最终目的是要将这些数据用于解决存在于业务场景中的问题。因此数据平台重视分析业务部门在什么时候开展什么业务可能遇到什么问题，在解决这个问题时需要用到哪些办法，这些办法中间哪些可以用数据挖掘的路径来达到目的。数据产品的开发就建立在对业务应用场景的梳理上。海尔将场景分为线上场景和线下场景。线上场景包括网上浏览、电商购物、线上社交；线下场景有居家生活、门店购物、电话交流等等。无论消费者出现在哪一个场合，海尔都能够在正确的时间正确的地点给消费者送去他正想要的产品或者方案。

基于用户的大数据及与用户的交互营销，海尔品牌取得了连续14年中国市场最有价值品牌排名第一，连续6年全球大型家电品牌排名第一的成绩。同时也取得了利润增幅是营业额增幅的三倍；线上交易额增幅是整体营业额增幅的200多倍的规模绩效。

资料来源：根据海尔家电产业集团数据战略发展总监孙鲲鹏于2015年10月26日在RONG系列论坛之五——清华大学大数据重构制造业论坛上所做的题为《海尔大数据交互营销》的演讲整理。

8.1 市场预测的基本原理

所谓预测，就是“鉴往知来”，是根据历史资料和现状，运用科学知识和手段，对未来事物发展趋势所做出的定性和定量的估计。预测的目的在于通过对客观事物历史的探讨和现状的研究，求得对未来的了解，以减少不确定性因素对人类社会活动的影响。实践证明，预测作为一门科学理论和方法，可以广泛地用于各个领域。

市场预测是预测科学理论和方法在市场经济方面的应用，它是指在对影响市场的诸多因素进行系统调查的基础上，运用科学的方法和数学模型对未来一定时期内的市场供求变化规律以及发展趋势进行分析，进而做出合乎逻辑的判断、预计和测算。市场预测是在市场调查的基础上，将通过调查收集到的信息、数据等运用逻辑或数学等方法估计和预测市场变量的未来变化趋势，从而为正确的决策提供依据。市场预测在企业的经营管理和市场营销过程中占有十分重要的地位，企业需要通过科学的市场预测来把握市场发展和变化的动态以及趋势，从而使企业的内部环境与外部环境经常保持动态平衡并降低决策的盲目性和风险性，科学的市场预测是企业实现经营目标、提高经济效益的重要条件。

8.1.1 市场预测的概念及特征

1.市场预测的概念

市场预测就是市场调查与预测人员运用科学的方法，对影响市场供求变化的诸因素进行系统调查研究、整理、分析并预见其发展趋势，掌握市场供求变化的规律，为经营决策提供可靠的依据的过程。

应从以下几个方面对市场预测的概念进行全面的理解和把握：

（1）只有专业的市场调查和预测人员才能做好市场预测工作。市场预测是一项烦琐复杂的工作，要以充分的市场调查工作为基础、强调拥有充分的信息，并且要求工作人员具有充分利用信息的能力、丰富的经验和较强的判断力。在预测领域，不存在先知先觉的“先知”和“预言家”，只有经验丰富、认真负责的预测工作者。

（2）科学的市场预测必须建立在运用科学的预测方法的基础之上。准确的定量预测需要运用统计学、计量经济学方法，需要建立合理的预测模型，无论是定量预测还是定性预测，都是如此。

（3）可以通过市场预测来把握企业经营环境及经营内容等诸多方面因素的发展变化趋势，如市场需求预测、经济预测、技术预测、价格预测、需求预测等。其中，市场需求预测就是对某个产品在一定地理区域、一定时间、一定营销环境和一定市场营销方案下的消费者愿意并能够购买的商品数量的估计，通常的市场需求预测包括市场潜量预测、销售量预测、市场份额预测等。

（4）市场预测是对市场发展变化规律的认识，其目的是为决策提供依据。例如，在日常生活中，人们往往会参考天气预报来安排自己的出行计划，如果天气糟糕，人们通常不会安排较多的户外旅行项目。企业的决策也是如此，例如，企业在进行新产品开发的过程中，需要对新产品的市场需求进行预测来分析该产品未来是否有足够的市场空间，是否能够为企业盈利。

2.市场预测的特征

作为现代企业经营管理和市场营销活动的重要组成部分，市场预测具有如下特征：

（1）服务性。

市场预测具有服务性，其为企业的科学化决策提供信息服务。科学的决策必须建立在企业对其内部生产经营状况和外部经营环境的现状与未来发展变化趋势及规律的充分了解的基础之上，而正是市场预测工作对内外部条件和环境的变化趋势做出了定性或定量的分析和测量，从而使企业决策可以趋利避害、规避风险、确保经济效益。

（2）描述性。

市场预测的结果实际上是对客观事物及其发展变化规律的一种科学描述。市场预测通过建立定量预测的数学模型或者定性预测的逻辑思维模型，对关于市场环境的未来发展变化趋势的信息以及各种可能出现的情况或结果进行客观、科学的描述。

（3）系统性。

市场预测的系统性体现在市场预测以系统的观点为指导，将市场预测活动视为信息、方法、分析、判断等预测要素及预测技术和结果等相互作用、有机结合的活动过程。

（4）局限性。

市场预测的局限性体现在任何的预测人员和预测方法对未来实际情况的预计、认知和判断都是有限的，都不可能是完全准确的。市场预测是利用已知的事实来推导未知，利用对过去和现在的认知来判断将来的一种分析和判断事物的能力。但由于任何事物在其发展变化过程中都要受到多方面因素的影响，而且这些因素又总是处于发展变化之中的，所以人们即便掌握了事物发展变化的客观规律，也可能对未来的实际情况做出错误的判断。另外，由于受到经验、认知、时间、知识、工具、方法选择等多方面的限制，人们对未来情况的预测往往存在误差。

8.1.2 市场预测的基本原理

1.可知性原理

对未来情况进行预测的可能性根源于世界的可知性原理。世界上一切事物皆是发展变化的，这种发展变化又通常是按照一定的规律进行的，而规律是可以被人们认识和掌握的，因而，人们利用规律来对事物的发展变化趋势进行预测是可能的。可见，根据可知性原理，预测活动是以唯物辩证法为理论基础的。

2.连续性原理

连续性也叫连贯性，这一性质是指事物的发展都是在一定条件下受一定规律支配的，只要这一规律发生作用的外部环境和其他条件基本保持不变，合乎规律的现象必将重复出现，因而事物发展的未来趋势将同其过去保持一定的延续性。这个原理要求我们从大量历史的和现实的信息中，找出发展的固有的规律，才能据此推断未来。

3.类推性原理

类推性原理是基于对预测对象同参照对象做类比推理而产生的一种市场预测的思路。世界上有许多事物的发展变化带有某种相似结构和相似的发展模式，尤其在同类事物之间。利用事物的这种相似性，人们把先发生事物的表现过程类推到后续发生的事物上，从而对后续发生的事物进行预测就是利用了类推性原理。类推性原理强调掌握预测对象同参照对象之间所存在着的相同或类似的发展模式或变化轨迹，把握了参照对象的发展模式或变化轨迹，就可以推断预测对象的未来发展趋势。

4.相关性原理

任何事物的发展变化都不是独立的，总是与各种其他事物相互影响、相互制约、相互促进的，可以通过事物之间的这种相关性对事物的发展变化进行预测。相关性原理又称因果关系原理，该原理认为不同的客观对象之间只要存在相关性（因果关系），就可以从已知的原因来推断未知的结果。在预测中运用相关性原理，必须通过科学分析，确定相关经济现象之间因果联系的具体形式，以据此建立合适的预测模型。

现实中存在的诸多经济现象之间的因果关系的表现形式固然复杂多样，但在预测中预测对象及其相关经济现象的历史资料数据变动的因果关系，可以归纳为两种基本形式：第一，确定的函数关系；第二，不确定的统计相关关系。运用相关性原理进行市场预测，就是要通过因果分析，把握影响预测对象的诸因素的不同作用，由因推果，对预测对象的未来趋势做出预测。

8.1.3 市场预测的基本要素

从市场预测活动的过程来看，在市场预测中应包含四个要素：

1.信息

信息是人们对外界事物的某种了解和认知，它能减少人们在决策时的不确定性。市场预测是一项烦琐复杂的工作，要以充分的市场调查工作为基础、拥有充分的信息，并且要求工作人员具有充分利用信息的能力、丰富的经验和较强的判断力。在市场预测过程中，预测人员应根据大量系统的、及时的、准确的信息，对预测对象进行合理的推测和判断。

2.方法

科学的市场预测必须建立在运用科学的预测方法的基础之上。预测方法可分为定性预测方法和定量预测方法两类。定性预测方法主要是依靠预测人员的知识、经验和综合分析能力，根据已知信息和现有资料，对事物发展的未来趋势做出性质和程度上的判断。定量预测方法相对比较准确，其需要运用统计学、计量经济学等数学方法，需要建立合理的预测模型。但应注意的是，即便是定性预测也需要注意选择合理的方法来消除某些个人的主观偏见或者片面认识对预测结果形成的影响。

3.分析

市场预测分析就是根据客观对象的已知信息，运用各种定性和定量的预测方法，对事物在将来的某些特征、发展状况的一种估计和测算活动。市场预测分析过程是对信息、方法和预测人员的知识与经验的整合过程。

4.判断

市场预测中的判断是对预测结果是否合理、是否可以采用等的决断。

8.1.4 市场预测的作用

1.市场预测在宏观经济管理中的作用

市场预测在宏观经济管理中的作用主要体现在：

（1）通过预测，预见市场活动发展趋势，为编制国民经济发展计划提供资料，同时为制定间接调控生产、流通、分配和消费的政策法规提供依据，促使宏观经济管理各项工作进一步适应市场发展要求。

（2）通过预测，预见商品供需发展变化趋势，据此，研究供需总额及结构平衡状况，以便实现调整生产与消费的关系，安排积累与消费的比例，调整生产与投资结构，扭转经济发展中可能出现的失衡现象。

（3）通过预测，预见关系国计民生的主要产品供需变化，明确重点产品发展方向，抑制长线产品，支持短线产品。

2.市场预测在企业生产经营管理中的作用

市场预测在企业生产经营管理中的作用主要体现在：

（1）通过预测，预见市场未来发展趋势，为企业确定生产经营方向，为制订企业生产经营的发展计划提供依据并合理配置企业资源。

（2）通过预测，可探明消费者消费心理变化、购买力增减、具体商品需求趋向等，有利于企业更好地满足消费者需求。

（3）通过预测，可以摸清竞争对手状况，制定相应的战略，抵御竞争，提高企业的竞争能力。

（4）了解与企业有关的各项市场环境变化，有针对性地制定适应环境的措施和利用环境策略，以确保企业生产经营顺利发展。

（5）掌握市场各种变化引起企业管理的变革，改善企业经营管理。

8.2 市场预测的分类

市场预测可以从不同角度进行划分，常用的划分标准包括时间维度、空间维度、预测的商品内容和预测性质以及预测结果。

8.2.1 按预测的时间维度分类

根据预测的时间长短，通常可以将市场预测分为短期预测、中期预测和长期预测。

1.短期预测

短期预测是指1年以内的预测，适用于制订年度、季度和月工作计划。短期预测主要是根据历史资料和当前的市场变化，以月为时间单位测算出一年内的市场发展变化情况。

2.中期预测

中期预测一般是指1~4年的预测，是制订年度计划和修订长期计划的依据。中期预测的结果通常是企业编制中期发展计划的重要依据。另外，中期市场预测还可用于对长期影响市场的各种因素进行预测，例如，对经济、技术、政治、社会等影响市场长期发展的因素，经过深入调查分析后，做出对未来市场发展趋势的预测。

3.长期预测

长期预测一般是5年以上的市场预测，可适用于市场长期趋势分析，可为制定经济发展的长期规划、预测市场发展趋势，为综合平衡、统筹安排长期的产供销比例提供依据。

8.2.2 按预测的范围分类

按经济活动的范围大小划分，市场预测可分为宏观市场预测、中观市场预测和微观市场预测。

1.宏观市场预测

宏观市场预测是对整体市场供求的发展变化趋势的全国性市场预测，其内容往往涉及国民经济全局。宏观市场预测通常是政府行为，用以为平衡国民经济中各种比例关系、合理配置资源以及国民经济宏观决策提供依据。

2.中观市场预测

中观市场预测是国民经济各行业进行的市场预测，或是以省、自治区、直辖市等行政区域为总体的市场预测。

3.微观市场预测

微观市场预测一般是指企业所进行的市场预测或是从空间上表现为当地市场或企业产品所涉及地区市场的预测。通常来说，微观市场预测的范围较小，其预测过程及内容比较具体，包括具体地预测市场商品需求的数量、品种、规格、质量等，能够为企业根据市场变化合理安排生产和营销活动提供准确、具体的市场信息。

8.2.3 按预测的商品内容分类

按市场预测的商品内容划分，市场预测可分为单项商品预测、分类别商品预测和商品总量预测。

1.单项商品预测

单项商品预测是指对某种具体商品生产或需求数量的预测，以及对于这种商品中具体规格、型号、质量的生产量或需求量进行预测。单项商品市场预测比较具体化，针对性比较强。

2.分类别商品预测

分类别商品预测是按商品类别预测其需求量或生产量等。对商品进行分类别的市场预测，主要是为了分析商品的需求结构，以合理地组织各类商品的生产和销售活动。

3.商品总量预测

商品总量预测是指对生产总量或消费总量所做的市场预测。这种预测常常表现为在一定时间、一定地点、一定营销条件下的购买力总量预测或生产总值预测等。商品总量市场预测可为从宏观和中观层面研究市场供求平衡提供依据。

8.2.4 按预测的性质分类

按市场预测的性质不同，可将市场预测划分为定性市场预测和定量市场预测。

1.定性市场预测

定性市场预测，是由预测人员凭借知识、经验和判断能力对市场的未来变化趋势做出性质和程度的预测。

2.定量市场预测

定量市场预测，是以过去积累的统计资料为基础，运用数学方法进行分析计算后，对市场的未来变化趋势做出数学测算。

8.2.5 按预测的结果分类

按市场预测结果所满足条件的不同，可将市场预测划分为条件预测和无条件预测。

条件预测是指预测的结果必须以满足一定条件为前提。无条件预测是指预测结果无须任何先决条件可直接获得。

8.3 市场预测的内容

市场预测的核心内容是市场供求预测，即科学地预测市场的供给量和需求量，从而合理安排市场供求关系，使社会商品供求达到平衡。这对于发展国民经济、合理组织商品流通和满足人民的生活需求、保证人民生活的安定具有重要意义。然而，市场供给和需求并不是孤立的市场现象，会受到诸如政治、经济、社会发展等因素的影响。例如，国民经济中各种比例关系的变化，生产、分配、交换、消费比例关系的发展变化，企业经营管理的水平和能力以及国家的宏观调控政策等，都会影响市场的供给量和需求量，造成供需缺口或是平衡。因此，实际上市场预测的内容除了供给量和需求量之外，还包括其各种影响因素的预测，主要归纳为以下几个方面：

8.3.1 生产预测

社会生产的发展为社会商品的市场供给和市场需求的实现奠定了物质基础，其发展水平和方式决定了社会的分配、交换及消费。所以说，市场供求能否平衡，其数量如何均取决于社会生产的发展，取决于国民生产总值的增长及分配比例关系的变化。因此，在社会化大生产过程中，生产部门必须对生产情况进行科学合理的预测，从而生产出符合社会经济发展水平和市场需求数量的各类产品，保证市场供给量和需求量的平衡，最终满足人民的生活需求。

生产预测主要是对所生产产品的数量、品种、规格以及这些方面的发展变化趋势进行的预测，即生产预测主要是对生产量的预测。按照生产预测的范围，生产预测又可划分为以国民经济为总体的社会化大生产总产量预测和对不同类别商品进行的生产预测，即生产预测本身就包括宏观生产预测、中观生产预测和微观生产预测。另外，生产预测既可以按单项商品进行预测，也可以按照同一商品的不同牌号进行预测。

在生产预测中，按照行业部门进行的生产预测是非常重要的生产预测类型，其中工业生产预测和农业生产预测又是最为重要的生产预测。工业和农业是我国国民经济中最重要的两个生产部门，是与人民物质生活关系最为密切的生产部门，这两个部门提供了与人民生活需求关系最密切的产品。

工业生产预测必须从搜集某种或某类工业产品的历史和现实数据开始，包括调查和了解某种或某类产品的现有生产能力（原材料供应、生产设备和生产技术、劳动力供应），调查和了解某种或某类产品的未来生产状况（新技术、新工艺的应用、生产设备的更新情况），调查和了解某种或某类产品的市场供求状况。只有在数据信息充分的情况下才能对某种或某类工业产品的生产进行科学合理的预测。

农业生产预测与工业生产预测有所不同，农业生产预测必须结合农业生产的特点，并且需要考虑更多的影响农业生产的各种因素的发展变化趋势。农业生产预测也必须从搜集各种数据资料入手，其中包括搜集各类农副产品历年的总产量、总产值，农副产品的市场供给量和购买量，还包括搜集各类对农业生产形成影响的因素的资料。对农业生产形成影响的因素主要包括农产品价格、农业生产资料投入（耕种面积、人力、生产工具、农用物资等）、气候变动、政府政策等。就是说，农业生产预测应在历史生产能力的基础上，考虑农产品市场价格走势和农业生产资料投入，结合气候变动和自然条件的影响、政府的各种农业生产政策等因素进行预测。

8.3.2　需求预测

市场需求是针对特定的产品范畴而言的。某个产品的市场需求是指一定的顾客在一定的地理区域、一定的时间、一定的市场营销环境和一定的市场营销方案下购买的产品总量。所以，市场需求预测就是指一定顾客在一定地区、一定时期、一定市场营销环境下所具有支付能力的需求预测。市场需求预测对于整体国民经济、各个生产部门和企业来说都是重要的预测内容，因为市场需求的实现意味着社会再生产过程的最终实现。

根据市场可以划分为生产资料市场和生活资料市场的划分方法，市场需求预测也可分为生产资料市场需求预测和生活资料市场需求预测。这两类市场需求预测主要都是对社会生产资料和生活资料的需求数量和结构的预测，除了所预测的商品性质不同之外，在市场需求者的特征、需求数量、购买决策过程等方面均有差别，因此在进行这两类商品的市场需求预测时应紧密结合需求者的这些特点来进行。

生产资料市场需求预测，即对生产资料的购买者的购买能力进行预测，具体包括生产资料需求总量预测、生产资料需求结构预测以及生产资料需求趋势预测。因此，对生产资料需求进行预测必须调查和了解国民经济总体发展趋势，国民经济产业结构调整状况、行业发展和投资状况以及各个生产单位或部门的劳动生产率、技术及工艺创新、设备更新和改造等方面的情况。

生活资料市场需求预测是对消费需求的预测，即对居民消费者购买力进行预测。消费者的收入情况能够影响社会购买力、市场需求规模大小，消费者的收入结构也能够影响消费者的消费支出结构和模式，所以还必须调查和了解消费者的收入情况和收入结构。消费者的收入可以分为总收入、可支配收入和可任意支配收入。总收入是指消费者的全部收入的总和，包括消费者的工资、分红、利息、租金、补助金、馈赠所得等所有收入。可支配收入是指扣除消费者个人所缴纳的各种税款和交给政府的非商业性支出后可以用于个人消费和储蓄的收入部分。可支配收入是影响消费者购买力和消费者支出的决定性因素。可任意支配收入是指可支配的个人收入减去消费者用于购买生活必需品的固定支出（如房租、保险费、按揭款等）所剩下的那部分个人收入。通常，可任意支配收入能够影响消费者对高值消费品的购买力，可任意支配收入是购买高值消费品的基础，如高档服装、高档化妆品、高档手表、豪华汽车、度假等。

【拓展知识8-1】

恩格尔系数

19世纪德国统计学家恩格尔根据统计资料，对消费结构的变化总结出一个规律，即恩格尔定律：一个家庭的收入越少，家庭收入中（或总支出中）用来购买食物的支出所占的比例就越大，随着家庭收入的增加，家庭收入中（或总支出中）用来购买食物的支出所占的比例则会下降。推而广之，一个国家越穷，每个国民的平均收入中（或平均支出中）用于购买食物的支出所占比例就越大，随着国家的富裕，这个比例呈下降趋势。也就是说，随着家庭收入的增加，购买食物的支出所占比例则会下降。恩格尔定律表明：食物开支占总消费数量比重越大，恩格尔系数越高，生活水平越低；反过来，食物开支占比越小，恩格尔系数越低，生活水平就越高。整个社会经济发展水平越高，用于食物消费部分支出的比重就越小。

生活资料市场需求预测包括市场总需求预测、分类市场需求预测和主要商品市场需求预测几种类型。利用社会居民总收入或社会平均收入水平进行预测的全社会居民总的购买力水平是市场总需求预测。分类市场需求体现在不同地区、不同收入水平的居民在市场需求数量和结构上具有明显差异，例如，沿海城市和西部城市、城镇居民和农村居民的市场需求量和需求结构具有明显不同。因而，分类市场需求预测是在按照一定维度，如地理区域、收入水平或是其他地理或人口统计特征对消费者进行分组，进而预测该分组中的消费者总体的各类生活消费品需求量和需求结构的预测活动。主要商品市场需求预测，是指落实到具体某种商品的品牌、品种、花色、规格、型号上的需求预测。在进行商品需求测量时，应结合消费者对产品质量、价格、服务等方面的要求，也应关注消费者对替代性竞争品的需求。

8.3.3　商品销售预测

商品销售预测是指根据以往的销售情况并使用一定销售预测模型对未来特定时间内，全部产品或特定产品的销售数量与销售金额的估计。商品销售预测的内容广泛，可以包括对商品销售的数量、销售结构、产销平衡状态、销售变化趋势、销售的季节变动规律和趋势、商品销售成本费用和利润变动等方面进行的预测分析，其对于企业制订销售计划具有极其重要的意义。通过销售预测，可以以销定产，制订更科学合理的生产计划；通过销售预测，可以科学配置销售力量，提高效率并调动销售人员的积极性；通过销售预测也可以有效安排商品的库存计划、物流计划等，可见，销售预测是企业市场预测的重要内容。

然而，进行准确的商品销售预测并非易事，很多因素会对销售预测产生影响。这些因素包括来源于企业外部的需求变化趋势、经济变动趋势、同行业的竞争动向与趋势以及政府等相关机构或群体的动向。例如，流行趋势、消费者偏好的变化、消费者生活方式的变化等都可能影响产品需求的质量和数量，从而会影响企业产品的未来销售，因而在进行销售预测之前，应该对这些存在影响的外部因素进行分析和预测。另外，对销售预测形成影响的因素还有一些是来自企业内部的，包括企业的营销策略、销售政策、销售队伍的数量和质量、企业的生产状况等。例如，企业在预测期内营销计划中营销投入的加大势必会影响企业的未来销售，企业应该根据预测期内的营销投入情况对销售预测进行调整。

8.3.4　商品价格预测

商品的价格是商品价值的货币表现，也是市场供求关系发生变化的过程中价值规律发生作用的结果。商品价格取决于两个因素：商品的价值和商品在市场上的供求状况。商品价格能够反映复杂的社会经济关系，因而商品价格预测是市场预测中的重要内容。

商品价格预测必须充分考虑各种影响因素的综合变动，才能对商品价格做出精确的预测。首先，商品价格预测必须紧密结合生产量预测和市场需求量预测。商品价格受供求关系影响，反过来又对供求关系形成影响。因此，在进行商品价格预测的过程中，必须考虑市场中商品的供求状况，分析市场供求关系对商品价格的影响，同时分析研究市场价格水平对市场供求的反作用。另外，进行商品价格预测必须从影响商品价格的各种因素入手，通过预测各种影响因素的情况，对市场商品价格的未来水平和变化趋势进行预测。比如，进行商品价格预测必须事先掌握原材料、劳动力等市场的价格水平、供求状况、行业劳动生产率水平、行业平均利润水平等对商品成本和利润水平形成影响的因素，才能对商品价格水平进行科学的预测。

8.3.5　市场占有率预测

市场占有率是指一个企业的销售量（或销售额）在市场同类产品的总销售量（或销售额）中所占的比重。市场占有率能够说明企业产品在市场上的控制力和影响力，能够表明企业在市场中所处的竞争地位。市场占有率能够在一定程度上反映企业的竞争地位和盈利能力，是企业非常重视的一个经营指标。通常，市场占有率越高，企业的竞争力越强、盈利越多。

目前，我国市场经济持续健康发展，市场繁荣，各行各业的竞争都异常激烈，绝大多数企业要和大量的竞争者争夺市场份额，因而，企业对市场占有率预测的重视程度日益提高。通过市场占有率预测，能够提高企业生产的准确性，提高企业经营管理水平，并有利于营销决策的制定。通过市场占有率预测，企业可以发现自身不足和差距，促使企业引入新的经营管理理念、引进先进的生产技术和设备、提高市场营销水平和促销力度，从而提升企业的市场竞争力。另外，市场占有率预测有利于企业树立正确的竞争理念，从而有利于提高社会生产力水平，促进整个国民经济健康发展。

8.3.6 企业经济效益预测

企业经济效益预测主要是对企业经营中的一些经济指标的发展变化趋势进行预测分析，包括对企业的资产、负债、所有者权益、收入、成本费用、利润等方面，以及经营效率、盈利能力、效益水平等的变化趋势进行预测分析。企业经济效益预测可以为企业加强经营管理提供可靠的信息支持。

除了上述市场预测的内容外，市场预测的内容还包括很多市场环境中的因素。比如，对宏观环境中的经济发展趋势的预测，对人口数量和结构变化趋势的预测，对国家方针政策和行政指令的预测，对技术创新和发展趋势的预测；对行业环境中的商品生命周期、生产技术发展、营销发展趋势的预测；对微观环境中的供应商、竞争者、渠道企业以及消费者的消费需求发展及变化趋势的预测。由于企业经营决策的正确与否受到复杂因素的影响，因此企业的预测活动所包括的内容也是纷繁复杂的。随着市场竞争的加剧和企业经营管理水平的不断提高，企业对市场预测越来越重视，市场预测的内容也越来越丰富。

8.4 市场预测的步骤

市场预测是企业经营决策的依据，因而具有策略性、长远性、复杂性等和经营决策相似的特性，为了使市场预测工作能够科学合理，提高预测的效率、精度和质量，从而有效地服务于企业的经营决策，必须按照科学的预测步骤开展市场预测活动。市场预测应该按照明确预测目标，收集和整理资料，建立预测模型并进行测算和修正的步骤进行。

8.4.1 明确预测目标

只有预测目标明确，预测工作才能够有的放矢；只有预测目标明确，才能合理制订预测计划，才能确定参加预测的工作人员。

预测目标应与企业经营管理决策的要求相一致，因而确定预测目标首先应该了解决策的要求并确定预测的要求。另外，预测目标应规定预测的对象、内容、范围、期限、参加的人员并编制预测计划。明确了预测工作的目标和要求，才能为全面开展预测工作从组织上、行动上做好充足的准备。

8.4.2 收集和整理资料

进行市场预测，必须占有大量和充分的资料。市场预测的资料收集工作是建立在市场调查的基础之上的，因此做好市场预测必须重视市场调查工作。

在资料收集过程中，一般可以利用各种市场调查方式获取原始资料，也可以利用通过文案调查和各种渠道获得第二手资料。资料的收集应注意广泛性、全面性，同时应当注意适用性。资料不充分或不全面就无法预测或者会造成预测不准确，从而降低预测质量；但资料过多、缺乏适用性则会给预测工作带来混乱，也会降低预测的准确性并降低预测质量。因此，对于资料的收集工作，鉴别和整理加工的程序是不可或缺的。预测人员应该能够判别资料的真实性和可用程度，去粗取精、去伪存真，将那些与预测项目关系不紧密或不恰当的资料去除。对资料的加工整理工作，能够使资料更加符合预测的要求和目的，使其系统化、条理化，从而更好地反映所预测市场现象的总体特征，更有利于进行准确、高效的预测。

另外，对于一些必需但无法获得的资料，也可以通过诸如配额测算、比例测算、适用面测算等方法而获得。

8.4.3 建立预测模型并进行计算和修正

预测方法的选择和模型的建立首先应考虑和分析观察期内市场影响因素同市场需求量之间的依存关系；考虑和分析预测期内的产供销关系；考虑和分析当前的消费心理等方面的内容，并进行分析和判断，在这种分析和判断的基础上掌握规律、建立模型来进行未来趋势的预测。

方法的选择及模型的建立应根据预测的内容和目标、市场供需形态和掌握的资料情况而定，并注意连续性、类比性和关联性原则，也要注意投入产出比，考虑预测费用的多少和对预测精度的要求。预测过程是建立在调查研究或科学实验基础上的研究分析，借助于经验判断、逻辑推理、统计分析、数学模型、计算机运算等，不能简单地、机械地只根据某一种模型的测算。因为影响预测的因素众多而且经济事物本身非常复杂、瞬息万变，因此要将定性和定量分析结合使用，并应采用几种不同的预测方法进行比较和验证。在选择预测方法时，也应注意服从预测目标，结合预测对象本身的特点并考虑预测时条件和基础。

在预测工作中为了更好地使用各种数学模型，应对有关数据进行必要的修正，剔除由于某些偶然因素而产生的异常数据。同时对于可变因素也应充分考虑，必要时也应剔除。在确定预测方法和建立数学模型后，应对预测可能出现的误差进行估计，对影响预测误差的因素也应有明确的分析。

8.4.4 进行预测

进行预测是预测的最后一个阶段。它是在选择预测方法和模型建立的基础上，根据对未来的了解分析，推测或计算预测目标的未来发展水平和发展趋势，进而做出分析和评价，得出最终的预测结论。

首先，应根据预测方法和数学模型，将收集到的数据资料中的相关数值代入预测模型，推测或计算出预测值。但是这个预测值并不应该是最终的结论，只能算作初步的预测结果，这一预测值和实际情况之间一定存在偏差。这是市场体系的复杂性和随机性，以及调查资料本身的缺陷，或者知识经验不足等原因造成的。因此，接下来要做的就是对预测值进行分析评价，可采用以下的方法：

（1）根据已有知识和经验，检查、判断预测结果是否合理；

（2）计算预测误差，测量误差的大小是否超过预测要求；

（3）分析正在形成的各种征兆、苗头所反映的未来条件的变化，判断这些条件、影响因素可能出现的变化；

（4）在条件允许的情况下，采用多种预测方法进行预测，然后综合评价各种预测结果的可信程度。

在对选定的预测方法和确定的数学模型进行分析计算和预测的过程中，当预测结果和预期值差异较大时，应具体分析产生误差的原因，并及时加以修正、重新测算和预测。必要时应调整预测方法和重新确定数学模型。

对于有些预测指标，在重新测算和预测的基础上，还应根据具体情况使用一些特殊的修正方法修正预测结果，以期能够更正确地反映未来实际发生的情况，如季节性的修正、随机性的修正。

8.5 市场预测的方法选择与精度控制

8.5.1 市场预测的主要方法

做好市场预测工作的另外一项重要内容就是要选择适当的预测方法。具体的市场预测方法有很多，此处先就市场预测的主要方法进行大致的介绍，具体的方法应用将在后面的章节介绍。

市场预测的具体方法有很多，但主要包括两大类，即定性市场预测法和定量市场预测法。

1.定性市场预测法

定性预测，是由预测人员凭借知识、经验和判断能力对市场的未来变化趋势做出性质和程度的预测。定性市场预测法，主要是根据有关专家对市场情况的了解和对市场未来发展变化情况的估计，依靠专家的主观经验、判断能力和综合分析能力，对市场未来情况从数量上所做出的预测。这里必须指出的是定性市场预测法并不是只对市场发展的趋势进行定性分析而不进行数量的预测，定性市场预测中同样包括测算预测值的内容。

定性市场预测法的特点是比较方便灵活；成本也较低，无须花费太多人力、物力和财力；预测所需的时间较短，时效性较强。但是，由于定性预测容易受到预测者本身的知识、经验和主观判断能力的影响，因而主观性较强，而且在预测的数量结果上缺乏精确的描述。

定性市场预测法比较适合于对市场发展的趋势、方向等进行预测，也比较适合于那些缺少历史数据和资料的市场预测活动，比如，在新的广告投放方案下产品的市场需求量的预测。

常用的市场定性预测方法主要有主观概率法、集合意见法、专家意见法、市场调研预测法、类推预测法和预警分析法等，这部分内容我们将在第9章当中进行具体的介绍。

2.定量市场预测法

定量预测，是以过去积累的统计资料为基础，运用数学方法进行分析计算后，对市场的未来变化趋势做出数学测算。定量市场预测法的特点是注重于事物发展在数量方面的分析，重视对事物发展变化的程度进行数量上的描述，更多地依据历史数据资料和科学的预测模型，较少受主观因素的影响。但是，由于定量市场预测对历史数据资料和统计方法及数学模型的依赖性较强，因而该方法比较机械和僵化，在历史资料缺乏和数据资料波动较大的情况下，预测比较困难。

常用的定量预测方法主要有回归分析预测法、时间序列预测法、经济计量模型预测法等。

（1）回归分析预测法。

回归分析预测法是根据市场现象各种影响因素之间的相关关系，确定影响市场现象的因素，将影响因素作为自变量，将所要预测的市场现象即预测目标作为因变量，通过建立回归模型，由自变量的数值推算因变量的数值，从而对市场的未来状况做出预测。

在回归分析中，依据相关关系中自变量的数量不同分类，可分为一元回归分析预测法和多元回归分析预测法。在一元回归分析预测法中，自变量只有一个，而在多元回归分析预测法中，自变量有两个或两个以上。另外，依据回归分析中自变量和因变量之间的相关关系不同，可分为线性回归预测法和非线性回归预测法。

（2）时间序列预测法。

时间序列预测法是以市场现象的时间序列历史数据资料为依据，根据预测目标自身的时间序列变动规律建立适当的数学模型进行分析处理，揭示其自身发展变化的特征、趋势和规律，预测事物未来趋势。

时间序列预测法适用于对具有详细时间序列数据资料但无法确定其主要影响因素或无法将主要影响因素量化的市场现象进行预测。时间序列预测法就是将时间序列（Y）中的数值按各种因素作用的效果不同，分解为长期趋势（T）、季节变动（S）、循环变动（C）和随机波动（I）四类变动因素后进行预测分析。具体方法运用请详见第11章。

（3）经济计量模型预测法。

经济计量模型预测法是将相互联系的各种经济变量表现为一组联立方程式，来描述整个经济的运行机制，利用历史数据对联立方程式的参数值进行估计，根据制定的模型来预测经济变量的未来数值的预测方法。

经济计量模型预测法的特点是能够解释多个变量间的相互关系，可以提供比较有效的预测结构；预测的可靠程度可以测定；能够重复进行有关的预测。但该方法也具有一些局限性：模型只是把错综复杂的经济现象简化和抽象，不能真实地揭示市场运行状况；模型是根据现有历史数据资料估计得出的固定结构模型，灵活性较差，无法得到十分精确的结果；使用模型预测的程序还不够健全等。

经济计量模型预测法相对于前面的两种定量预测方法更加复杂和专业，本科阶段的学生掌握起来比较困难，因此本书中对于该方法不做深入的介绍。

我们应该注意的是，定性市场预测方法和定量市场预测方法并不是相互排斥的。这两种方法是可以相互补充的，在实际的市场预测过程中如能将两种方法正确地结合起来使用，将增强预测结果的准确性和可靠性。

8.5.2　市场预测方法的选择

做好市场预测工作应选择适当的预测方法。事实上，每一种方法都有其自身的优缺点和适应性，在选择具体的市场预测方法时应对以下几个方面进行综合考虑。

1.市场预测的目的和要求

每项具体的市场预测都有其特定的目的，市场预测的目的不同，对预测方法的选择也就有不同的要求。预测目标用于战略性决策的，要求采用适用于中长期预测、预测精度不必很高的预测方法，如经验判断预测法、趋势分析预测法等。预测目标用于战术性决策的，要求采用适用于中期和短期预测、对其预测精度要求较高的方法，如回归分析法、经济计量模型预测法等。预测目标用于业务性决策的，应选择适合短期和近期预测、精度要求高的方法，如移动平均法、指数平滑法、季节指数预测法等。例如，在对新产品投放市场的需求量进行预测时，由于不具有时间序列的历史资料，不能用时间序列预测法，最好采用定性市场预测法做预测。由此可见，市场预测的目的和要求，决定着选择什么方法做市场预测最合适。

2. 市场预测对象的特点及发展变化规律

选择市场预测的方法，还必须从市场预测对象本身的特点和发展变化规律出发。例如，当预测者能够比较容易地确定影响预测对象的主要因素，并能将其量化时，就可以顺利地应用相关回归分析市场预测法；如果影响预测对象的主要因素难于确定，或影响因素可以确定但无法量化，就不能采用相关回归分析预测法，必须考虑采用其他预测方法。

当采用时间序列预测法进行市场预测时，更应细致地观察时间序列历史资料的发展变化规律和特点，建立适当的预测模型。时间序列的发展变化特点和规律一般是比较复杂的，必须经过反复观察和分析研究才能发现。时间序列数学模型的种类也很多，有的很相似，容易混淆。因此，对市场现象发展变化特点和规律的观察与分析研究要特别认真细致。

3. 预测结果的准确性

在市场预测中，将预测误差降到最低限度，是每个预测者所希望的，也是他们选择不同市场预测方法的重要标准之一。各种市场预测方法的预测能力不同，其预测误差的大小也不同，有的预测方法在预测市场现象发展趋势方面比较准确，有的方法则在反映市场现象波动方面比较准确。

在市场预测实践中，经常会遇到适用于某一项预测对象的方法不止一种、一种预测方法不只适用于一种预测对象的情况。在预测方法实际使用之前，并不知其预测误差的大小。在这种情况下，通常是应用几种不同的适用性预测方法，同时对某一市场现象进行预测，并分别计算各种预测方法做市场预测时的预测误差。将各种不同预测方法所做预测值的市场预测误差加以比较，选择预测误差最小的预测方法做出的市场预测值，作为最终被采纳的市场预测值。

4. 预测方法的适用性

预测方法的适用性，是指市场预测方法的难易程度、预测费用和时间长短等对预测者是否适用。有的预测方法虽然可以比较准确地对市场预测对象做出预测，但其对数学知识要求程度较高，运算工作量大，需要使用计算机完成数据处理，需要专门的人才，所需费用比较大，花费时间比较长。这类预测方法的实际应用受到比较大的限制，或者说它并不具备广泛的客观适用性。

在选择预测方法时，必须根据自己所具备的各种条件，选择适用的预测方法。如果各方面条件具备，当然可以将预测精度作为选择预测方法的主要考虑因素。但如果在做市场预测时，计算能力、设备、预测费用和时间等条件并不特别理想，则可适当降低一点预测精度要求，选择那些过程简单、运算量较小、费用和时间都比较节省的方法进行市场预测。

5. 预测的费用预算

市场预测方法的选择应尽可能节省预测费用并要求有较高的效率，还应保证较高的经济效益。用于市场预测的成本费用包括调研费用、人员费用（包括专家咨询费等）、程序编制及数据处理费用、商机费用、打印费用等。

一般来说，在预算比较紧张的情况下，可以选择如经验判断预测法、时间序列分析预测法等一些比较简单的、成本费用较低的市场预测方法。而在预算比较宽裕的情况下，则可以选择一些更为系统和复杂的方法，比如经济计量模型预测方法等。

8.5.3　市场预测的精度控制

预测是决策的前提和基础。然而，市场预测是对未来市场中各种趋势和动向的估计和推算，预测结果与未来市场现实状况之间必然存在一定的差距。因而，为了能够正确地进行决策，必须提高预测的精度。市场预测精度是指市场预测的准确度或市场预测对象的预测值与实际值之间的误差程度。准确度越高、误差越小说明市场预测精度越高。因此，精度的控制过程就是控制预测误差的过程。市场预测误差指标可以依据所研究问题的需要和市场预测对象的不同进行以下几种选择：

1.市场预测误差的指标

（1）平均误差。

时间序列的第i个观察值为Y_i，预测值为F_i，则所有预测误差（Y_i-F_i）的平均数就是平均误差，用ME表示，其计算公式为：

$$ME=\frac{\sum_{i=1}^{n}(Y_i-F_i)}{n}$$

运用平均误差进行预测精度的测量在有些情况下是不恰当的。因为各项预测值和实际值之间的离差可能有正有负，当这种情况出现的时候，平均误差就有可能出现正值与负值相互抵消的情况，造成平均误差偏低的倾向，最终产生预测精度较高的假象。因此，用平均误差来测定预测精度只适合于预测值与实际值的离差无负值的情况。

（2）平均绝对误差。

平均绝对误差是将预测的误差取绝对值后再求平均值，用MAE表示，其计算公式为：

$$MAE=\frac{\sum_{i=1}^{n}|Y_i-F_i|}{n}$$

相对于平均误差，用平均绝对误差计算预测精度更准确，因为平均绝对误差对各项测量值与实际值之间的离差进行了绝对值化，不会再出现正负相互抵消的情况。

（3）均方误差。

均方误差是通过平方消去误差的正负号后计算的平均误差，用MSE表示，其计算公式为：

$$MSE=\frac{\sum_{i=1}^{n}(Y_i-F_i)^2}{n}$$

均方误差用将测量值与实际值之间的离差平方化的方法，避免了正负相抵而造成的误差偏低的情况，更能够真实反映误差的实际水平。但同平均绝对误差相比较而言，均方误差指标的数值会更大一些。

（4）平均百分比误差。

平均百分比误差是对误差的一种相对度量值，消除了时间序列数据的水平和计量单位的影响，用MPE表示，其计算公式为：

$$MPE=\frac{\sum_{i=1}^{n}(\frac{Y_i-F_i}{Y_i}\times 100\%)}{n}$$

（5）平均绝对百分比误差。

平均绝对百分比误差同平均百分比误差相比，消除了由于预测误差的数值正负号求和的结果会相互抵消所带来的影响，用$MAPE$表示，其计算公式为：

$$MAPE=\frac{\sum_{i=1}^{n}(\frac{|Y_i-F_i|}{Y_i}\times 100\%)}{n}$$

总的来说，无论采取哪种预测误差指标对预测精度进行测量，预测误差指标数值越小，市场预测精度都越高。但对于所研究的问题而言有一个合理的允许误差范围，如果预测误差超出了这个范围，则说明预测值不能被采纳。也可以对使用不同预测方法所得到的预测误差指标数值进行比较，最终采纳预测误差最小的预测方法所得到的预测值。

2.影响市场预测精度的因素

市场预测误差是不可避免的，市场预测者能够做的只能是分析影响预测精度的各种因素，并对这些因素进行控制，从而提高市场预测的精度。通常，影响市场预测精度的因素有：

（1）市场预测人员的水平和能力。

市场预测人员是市场预测活动的策划者和实施者，预测人员的知识水平、经验、观察思考能力、决定性判断能力、认识偏差、态度等均会对市场预测结果的准确性形成影响。例如，如果市场预测的参与者在调查统计数据资料时由于态度不认真造成了错误资料的输入，或者由于对于某些预测方法的主观偏好而选择了不恰当的预测方法，最终都会导致预测结果的偏差，从而影响预测的精度。因此，在市场预测实践中，应尽可能选择富有经验、认真负责的市场预测人员参与到市场预测过程当中，避免由于人为因素造成的预测不准确。

（2）市场预测方法的选择。

如前所述，市场预测有很多可选择的预测方法，每种方法都有其自身的适用性和优缺点。如果预测者在市场预测中选择了不恰当的预测方法，那么所得到的预测结果必然是不准确的。

（3）市场预测资料的掌握。

市场预测，尤其是定量的市场预测，必须建立在对研究对象的历史数据资料的全面掌握上。预测资料的数量、质量、完整性和准确性是影响预测结果精度的重要因素之一。如果预测者所掌握的历史数据资料不够完整、不够准确，那么根据不完整和不准确的数据所进行的市场预测误差是不可避免的，所做出的市场预测必然是不够准确的。

（4）预测期限的长短。

预测期限的长短与市场预测精度之间具有相关性，一般来说，预测期限越短，预测精度就越高，即短期预测精度大于中期预测的精度，中期预测的精度又大于长期预测的精度。

（5）市场影响因素的认识。

对某些研究问题的预测会受到多种市场因素的影响，这些因素有些很容易发现，但有些因素容易被忽视；有些影响因素是常规因素，而有些是随机事件；有些因素容易处理而有些因素难于应对。如果预测者不能够对这些影响因素进行全面的了解、综合的分析，不能够对其产生的影响程度进行科学的测定，那么市场预测的结果很难准确，甚至会造成重大的预测失误。

3.提高市场预测精度的途径

鉴于以上影响市场预测精度因素的存在，为了提高市场预测精度，应做好以下工作：首先，保证数据资料的充分可靠，是提高预测精度的重要途径。其次，精选预测人员，并不断提高预测人员的能力和水平，是提高预测精度的有效途径。例如，应尽量选择具有认真负责的工作态度和实事求是工作作风的预测人员；应选择具有多方面专业知识的预测人员，并要求预测人员能熟练对计算机数据进行操作和处理；所选择的预测人员应具有科学的思维方法，并对市场信息具有敏锐的洞察力等。另外，选择适当的预测方法，或者利用多种方法进行预测，最终采纳预测精度最高的方法的预测结果是提高预测精度的有效手段。

本章小结

本章主要对市场预测的基本原理、分类、内容、步骤以及预测方法选择和精度控制等方面的基本知识进行了概括和介绍。市场预测就是市场调查与预测人员运用科学的方法，对影响市场供求变化的诸因素进行系统调查研究、整理、分析并预见其发展趋势，掌握市场供求变化的规律，为经营决策提供可靠的依据的过程。无论是对于宏观经济管理还是对于企业的经营活动，都应重视市场预测的作用。利用时间、空间、预测的商品内容和预测性质，可以对市场预测进行类型划分，区别并确定不同市场预测的类型，有利于科学决策的开展。从内容上看，除了供给量和需求量之外，市场预测的内容还包括生产预测、需求预测、商品销售预测、价格预测、市场占有率预测、企业经济效益预测等方面。市场预测的步骤应该按照明确预测目标，收集和整理资料，建立预测模型并进行测算和修正。市场预测可以从定性和定量两方面入手，常用的市场定性预测方法主要有主观概率预测法、集合意见法、专家意见法、市场调研预测法、类推预测法和预警分析法等。常用的定量预测方法主要有回归分析预测法、时间序列预测法、经济计量模型预测法等。最后，本章对精度控制的必要性和精度控制指标进行了介绍，指出利用精度控制来提高市场预测准确度和减小市场预测误差具有重要意义。

综合训练

8.1 单项选择题

1.（　　）就是市场调查与预测人员运用科学的方法，对影响市场供求变化的诸因素进行系统调查研究、整理、分析并预见其发展趋势，掌握市场供求变化的规律，为经营决策提供可靠的依据的过程。

A.市场调查　　B.市场分析　　C.市场预测　　D.经济预测

2.掌握了预测对象同参照对象之间所存在着的相同或类似的发展模式或变化轨迹，把握了参照对象的发展模式或变化轨迹，从而推断预测对象的未来发展趋势是利用了市场预测的（　　）。

A.可知性原理　B.连续性原理　C.类推性原理　D.相关性原理

3.下列不属于定性市场预测方法的是（　）。

A.专家意见法　B.集合意见法　C.类推预测法　D.时间序列预测法

4.可能出现正值与负值相互抵消的情况，容易造成误差偏低的倾向，最终产生预测精度较高的假象的误差指标是（　）。

A.平均误差　B.平均绝对误差　C.均方误差　D.标准误差

5.（　）是指在预测精度测量中，所有测量值与实际值之间的离差（理论误差）的绝对值的算术平均值。

A.平均误差　B.平均绝对误差　C.均方误差　D.标准误差

8.2 多项选择题

1.对于市场预测，下列表述中正确的有（　）。

A.科学的市场预测必须建立在运用科学的预测方法的基础之上

B.预测是决策的基础，利用科学预测结果进行的决策一定是正确的决策

C.市场预测具有服务性，其为企业的科学化决策提供信息服务

D.通过市场预测，可以精确地预见市场未来发展趋势

E.市场预测的抽样误差是可以避免的

2.下列属于影响选择市场预测方法时需要考虑的因素的有（　）。

A.市场预测的费用预算　B.预测方法的适用性

C.市场预测对象的特点　D.市场预测的目的

E.市场预测的人员

3.下列属于预测精度控制的指标有（　）。

A.市场预测准确度　B.平均误差

C.平均绝对误差　D.均方误差

E.平均绝对百分误差

4.常用的定量预测方法主要有（　）。

A.专家意见法　B.类推预测法

C.回归分析预测法　D.时间序列预测法

E.经济计量模型预测法

5.要提高市场预测的精度，应从（　）入手。

A.提高市场预测人员的水平和能力　B.选择适当的市场预测方法

C.掌握全面准确的历史数据资料　D.对预测对象的影响因素进行全面的了解

E.尽可能进行长期预测

8.3 思考题

1.什么是市场预测？市场预测有何特征？

2.市场预测的基本原理有哪些？

3.市场预测的作用有哪些？

4.简要回答市场预测的常用类型划分标准及具体类型。

5.市场预测的内容有哪些？

6.市场预测的主要方法有哪些？

7. 简要回答在进行市场预测方法的选择时应考虑哪些因素。

8. 简述市场预测的步骤。

9. 什么是市场预测精度？控制市场预测精度的指标有哪些？

10. 影响市场预测精度的因素有哪些？

8.4 实践训练

试收集资料，分析并预测随着我国老龄化社会的到来，我国的消费需求结构会发生怎样的变化。

第9章 定性预测方法

学习目标与要求

● 知识点

1.主观概率预测法的特点及步骤。

2.集合意见法的特点及步骤。

3.专家会议法的类型。

4.专家小组法的预测步骤。

5.市场测试的三种基本方法。

● 技能点

1.掌握各种市场定性预测法的基本原理和运用。

2.了解各种市场定性预测法的优缺点及应用情形。

3.具备依据实际案例进行定性预测的能力。

【引导案例】

科技进步的悖论：更准确的预测，预测的最大变数

“信息越多，越靠近真相”——真是这样吗？纳特·西尔弗（Nate Silver）在《信号与噪声》一书中对这句话提出了疑问。人们普遍认同的逻辑一般是：信息越多，信息流动速度越快，人们对未来的预测越准确，从而越能做出更合理的决策。但是且慢，你怎么知道你Google到的“信息”是有用的“信号”（有用的信息），还是干扰你的“噪声”（无关/无用的信息）呢？我的意思是，如果你在时间充裕，方法/模型适当的条件下，你可以辨别出信号，做出合理决策。但现实往往是，你基本上总是不会拥有充裕的时间，甚至使用的方法/模型也不合适。在信息增长越来越快的现在，我们面临这样的困境会越来越多。

《自然》杂志曾刊登过一项研究，研究发现：美国几大政党对全球变暖的问题了解越多，他们之间达成共识的可能性就越小。我们现在（这里的“现在”得比《信号与噪声》出版时间的2012年9月更早）每天产生250兆亿字节，如果信息每天以这个速度增长，其中有用的信息肯定接近于零。其中大部分信息都只是噪声而已，而且噪声的增长速度要比信号快得多。其中有太多假设需要验证，有太多数据需要发掘，但客观事实的数量却是个相对恒量。人脑能力非凡，但根据IBM的分析，人脑的存储量不过是全球每天所产生信息量的百万分之一而已。我们对自己记忆的信息一定需要精心挑选才行。

以美国经济预测为例。美国政府每年公布的数据，与经济指标直接相关的有4.5万个，而私人数据提供者要追踪高达400万个统计数据。一些经济学家忍不住想把所有数据都混合在一起，并给一般的数据穿上优质的"外衣"。第二次世界大战之后只出现了11次经济衰退的情况，如果一个统计模型试图解释这11次衰退带来的后果，就必须从400万个数据中选择数据，由此得出的许多相关性都会带有欺骗性。大数据专家热爱相关性，但如果我们不能分析出因果，我们永远无法确定该采用哪些指标去判断下一次经济衰退的迹象。

人们将噪声误认为信号的行为，在统计学上被称为过度拟合（overfit）。人类大脑的工作方式是捕捉规律，并且预测。一般来讲，智商高的人的神经网络学习能力更强，这意味着他捕捉规律的能力也越强。捕捉规律能力强意味着，对于很少的样本中隐含的不明显的"规律"。关于过度拟合的解释，冯·诺伊曼曾有一个形象的描述：给我4个参数，我就能拟合出1头大象，如果再加1个参数，我就可以让这头大象甩动它的鼻子。除了人类大脑，现在的机器学习也容易发生这样过度拟合的现象。

过度拟合在现实中往往是被鼓励的。无论汶川地震还是雅安地震之后，地震云或猪乱跳、羊乱叫之类的怪现象总会在微博、贴吧或论坛上流行。比如百度贴吧还有人整理了一份地震前兆大全，如果仅靠这些所谓前兆就能预测地震，那每年也不至于死伤那么多人、损失无数财产了。这是最为糟糕和最为浅显的过度拟合例子——把毫无关系的噪声当成了信号，从而认为噪声与事实相关。过度拟合现象在学术上也经常发生，逻辑非常好理解：提炼出模型总是引人关注，引人关注则更容易在学术期刊得到推介，也更容易被人引用，从而将其他可靠但可能没有模型化的理论排挤出市场。

预测失败，除了与我们将噪声当成信号以外，还跟我们对科技的发展无法预判有关。比如在19世纪末，一位《伦敦时报》的作家在研究伦敦街道上的马粪问题时说道：大约到20世纪40年代，伦敦每条街道会被厚达2.7米的马粪覆盖。但他所没预料到的是，大约十年后，亨利·福特开始生产T型汽车。伦敦不仅避免了马粪危机，与马和汽车周边的产业都发生了变革——铁匠工人失业，马场关门，油田工人、制造工人与装配工人却成为市场稀缺资源。举个更近的例子吧，在iPhone发布之前的2006年，谁又能知道诺基亚会在仅仅7年后以72亿美元的价格出售？

科技进步最大的悖论在于，科技进步既让我们迈入能更准确预测未来的大数据时代，但科技的进步也成为我们预测未来的最大变数。

资料来源：师北宸．科技进步的悖论：帮助预测更准确，也成为预测的最大变数［EB/OL］.［2014-01-21］. http://blog.caijing.com.cn/topic_article-151675-64226.shtml.

定性预测方法也称为意向预测，是指不依托数学模型，主要依赖预测人员丰富的经验、知识、技能、判断、直觉以及综合分析能力，对预测对象的未来发展前景做出性质和程度上的估计和推测的一种方法。

这种方法在社会经济活动中有广泛的应用，特别是在预测对象的影响因素难以分清主次，或其主要影响因素难以用数学表达式表示时，预测者可以凭借自己的业务知识、经验和综合分析的能力，运用已掌握的历史资料和直观材料，对事物发展的趋势、方向和重大转折点做出估计与推测，从而做出正确的判断。

常用的定性市场预测方法主要包括主观概率法、集合意见法、专家意见法、市场调研预测法、类推预测法和预警分析法等。

9.1 主观概率法

9.1.1 主观概率法的概念

主观概率法是对经验评判中各方法的不同定量估计进行集中整理的常用方法，是指预测者根据自己的实践经验和判断分析能力，对预测事件发生的概率做出主观的估计，然后计算其平均值，以此作为预测事件的结论的一种定性预测方法。主观概率是通过预测者的经验判断或主观分析得出的，而不是根据对现象进行反复实验、观察其实际情况而得到的。例如，某公司经理认为明年企业销售额将比今年增加15%。这种看法的可能性有多大呢？有人认为其实现的可能性为80%，有人则认为其实现的可能性仅为50%。

9.1.2 主观概率法的特点

主观概率反映个人对某一事件的信任程度，它具有两个明显的特点：

第一，由于每个人认识事物和分析判断的能力、方法等不同，不同的人对同一事物在同一条件下发生的概率值的估计会有一定程度或相当大程度的差异。

第二，主观概率的数值是否正确，一般是难以核对的。例如，前面所说的问题中，经理认为明年企业销售额增长15%的概率为90%，副经理认为有80%的概率，业务主任则认为只有50%的概率。若明年年底证明销售额确实比今年增长了15%左右，那么它到底是以90%的概率发生的，还是以80%或50%的概率发生的，则是根本无法核对的。根据主观概率的这种特点，在实践中往往要调查较多人的主观概率判断值，将这些概率值加以平均，求出比较合理的主观概率值。

9.1.3 主观概率法的预测步骤

主观概率法是一种适用性较强的方法，可以应用在许多市场现象中，也可以应用在各种影响市场因素的预测中。应用主观概率市场预测法，一般要按以下几个步骤进行：

1.说明预测目的和要求，提供必要的资料

采用主观概率市场预测法，首先要由预测的组织者向参加主观概率的各预测者说明市场预测的目的和要求，如说明预测结果是为了编制计划还是组织生产与销售、说明预测所要求的准确度，等等。在此之后，还必须向参加主观概率预测的每个人提供做出主观概率预测所必需的资料。主观概率预测绝不是主观随意估计，它必须在每个参加者对市场现象有一定了解的基础上，才可能提出较准确的主观概率值。为了使参加主观概率大的预测者有比较充分的依据，预测的组织者所提供的资料必须准确、系统，而不能仅仅是一些零散的资料。资料的内容既要有数量资料，也要有文字资料，既要有被预测现象本身的资料，也要有各种影响因素的资料。

【例9-1】现对某公司第4年10月的商品销售额进行预测，要求预测误差不超过3万元。为此必须提供该公司过去几年商品销售额的分月资料，见表9-1。

表9-1　**商品销售额月资料**　单位：万元

月	第1年	第2年	第3年	第4年
1	33	35	83	104
2	28	34	83	104
3	29	33	96	106
4	30	34	88	102
5	29	35	83	103
6	30	35	94	109
7	34	46	97	
8	31	40	99	
9	30	40	101	
10	29	44	102	
11	30	49	101	
12	31	63	99	

2.编制调查表，并发给每个被调查者填写

调查表用来收集被调查者对未来销售额变动趋势有关看法的主观概率。

【例9-2】在前面的例子中，为达到预测第4年10月份销售额的目的，在调查表中要列出各种销售额可能发生的不同概率，所列出的概率在0到1之间，并分出不同层次。由被调查者在不同的概率下填写不同的销售额。其概率一般以累积概率列出，见表9-2。

表9-2　**主观概率调查表**　金额单位：万元

累积概率	0.010 (1)	0.125 (2)	0.250 (3)	0.375 (4)	0.500 (5)	0.625 (6)	0.750 (7)	0.875 (8)	0.990 (9)
商品销售额									

表9-2中，第（1）栏累积概率为0.010，被调查者将在此累积概率下填写该公司10月份销售额的最低可能值，即销售额低于此值的概率为0.01（或1%）。

表9-2中，第（9）栏累积概率为0.990（或99%），被调查者将在此累积概率下填写该公司10月份销售额的最高可能值，即被调查者认为销售额高于此值的概率只有0.01（或1%）。

表9-2中，第（5）栏累积概率为0.500，被调查者将在此累积概率下填写销售额的中间可能值，表明该企业10月份销售额高于或低于此值的概率都为0.5（或50%）。

此主观概率调查表由市场预测的组织者发给每一个被选定参加主观概率预测的人员，并由他们根据所提供的资料，依据自己的判断分析，在“商品销售额”一行各栏中，填写出不同的数量。

3.整理汇总主观概率调查表

主观概率调查表由被调查者填写后，预测的组织者将调查表收回。由于调查是在较多的被调查者中进行的，而预测组织者又不能仅根据某一个被调查者的主观概率进行预测，必须根据所有的被调查者的主观概率进行预测，所以就要对调查表进行整理并汇总所有被调查者的意见。汇总的一般方法是计算平均值，绘制累积概率的分布图。

【例9-3】针对前面案例中所研究的问题，对10名被调查者发放了主观概率调查表，其汇总结果见表9-3。

表9-3 主观概率汇总表 金额单位：万元

被调查者	0.01 (1)	0.125 (2)	0.25 (3)	0.375 (4)	0.50 (5)	0.625 (6)	0.75 (7)	0.875 (8)	0.99 (9)
1	95.0	96.5	97.0	99.0	100.0	101.0	102.0	102.5	104.0
2	89.0	94.5	96.0	97.0	99.0	100.0	102.0	102.5	112.5
3	92.0	94.5	96.0	96.5	101.0	102.0	103.0	104.0	110.0
4	97.0	97.5	98.0	98.5	99.0	99.5	100.0	100.5	101.0
5	99.0	99.5	100.0	101.0	102.5	104.0	105.0	106.0	108.0
6	84.0	89.5	90.0	92.0	95.0	96.0	97.0	98.0	99.0
7	97.0	99.0	100.0	103.0	104.0	106.0	108.0	109.5	112.0
8	90.0	92.5	93.0	94.5	96.0	97.5	99.0	100.0	102.5
9	94.0	94.5	95.0	95.5	96.0	96.5	97.0	97.5	98.0
10	100.0	101.0	102.0	102.5	103.5	104.5	106.0	106.5	110.0
平均值	93.7	95.9	97.7	97.95	99.6	100.7	101.9	102.7	105.7

表9-3中，汇总了10名被调查的主观概率，可作为市场预测的依据。

另外，可做出累计概率分布图，更直观地反映问题，如图9-1所示。

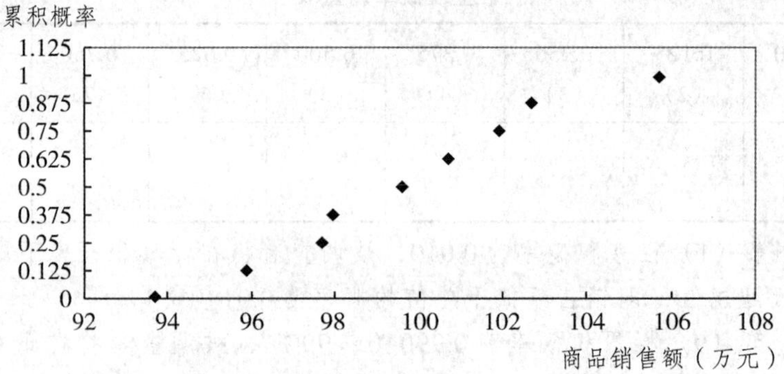

图9-1 累积概率分布图

4.根据汇总情况进行判断预测

【例9-4】根据前例中对10名被调查者的主观概率的汇总，可以对第4年10月该公司的销售额进行判断预测。

该公司第4年10月份的商品销售额最低值为93.7万元，低于这个数值的可能性极小，只有1%。

该公司第4年10月份的商品销售额最高值为105.7万元，超过这个数值的可能性也很小，只有1%。

可以用99.6万元作为第4年10月份该公司商品销售额的预测值，它是最大值和最小值之间的中间值，它的累积概率为50%，是商品销售额期望值的估计数。

根据最初对预测的要求，预测误差为3万元，则预测区间为99.6±3，即商品销售额预测值为：96.6万元～102.6万元。从主观概率汇总表来看，这个值在第（3）栏到第（8）栏之间，累积概率在0.25～0.875之间。根据累积概率的特点，销售额在96.6万元～102.6万元的概率应为：0.875-0.25＝0.625，即62.5%。若扩大预测误差的允许范围，则可相应地提高销售额实现的可能性，如：要求误差在±6万元以内，销售额的预测区间为93.6万元～105.6万元，在主观概率汇总表的第（1）栏到第（9）栏的范围之内，累积概率在0.01～0.99之间，相应的概率为0.99-0.01＝0.98，即98%，说明商品销售额在93.6万元～105.6万元之间的可能性达到98%。显然，主观概率法在确定预测值的时候，必须既要考虑预测的精确度，又要顾及可靠程度即现象发生的概率。

在实际应用主观概率预测法中，往往需要对预测值进行检验和校正。校正的根据主要体现在以下两个方面：第一，是对被调查者所提出的预测值及主观概率的根据做深入的了解，研究其根据是否可靠；第二，是对过去已经做过的预测与实际发生值的误差进行测算，以此对预测值做进一步校正。假定在上述实例中，该公司对第3年各月的商品销售额做过主观概率预测，将预测值与实际发生值进行比较，计算一个相对数，以此相对数来调整第4年10月的预测值，见表9-4。

表9-4 **预测偏差计算表**

月份（1）	预测值（万元）（2）	实际值（万元）（3）	实际值/预测值（4）
1	85.0	83	0.976
2	84.0	83	0.988
3	95.0	96	1.011
4	88.0	88	1.000
5	83.5	83	0.994
6	93.0	94	1.011
7	97.5	97	0.995
8	98.5	99	1.005
9	100.5	101	1.005
10	102.5	102	0.995
11	102.0	101	0.990
12	100.5	99	0.985
合计	—	—	11.955

表9-4中计算了实际值与预测值的比率，它反映了预测值与实际值的偏差程度，由于偏差有大有小，必须计算其平均值，反映偏差的一般水平，并用来校正各月预测值。偏差的平均值为$\frac{11.955}{12}=0.996$，这说明第3年对各月销售额的预测稍有偏高。以0.996为修正系数，对第4年10月份的预测值加以校正，即：

第4年10月销售额平均值的预测值为：

99.6×0.996＝99.2（万元）

根据调整后的预测值，还必须对预测值区间也进行相应调整，即：

96.6×0.996＝96.21（万元）

102.6×0.996＝102.19（万元）

9.2 集合意见法

9.2.1 集合意见法的概念及特点

集合意见法，又称集体经验判断法，它是利用集体的经验、智慧，通过思考分析，判断综合，对事物未来的发展变化趋势做出估计。由于企业内部的经营管理人员、业务人员等比较熟悉市场需求及其变化动向，他们的判断往往能反映市场的真实趋向，因此它是进行短期或近期预测常用的方法。

集合意见法也可用于对重大事件进行长期预测。苏联1975—1976年在进行科技发展预测时，就邀请不同学科的23位著名专家，组成专家小组进行充分集体讨论，通过集合23位专家的意见，来获取预测结果。我国1956年制定第一个科学技术发展纲要时，周恩来总理亲自主持并邀请了不同领域的数百位专家进行讨论，集合他们的意见。

通常，集合意见法参加的人数较多，所拥有的信息量远远大于个人拥有的信息量，因而能凝集众多专家的智慧，避免个人判断法的不足，在一些重大问题的预测方面较为可行可信。但是，集合意见法的参与人员也可能受到感情、个性、时间及利益等因素的影响，不能充分或真实地表明自己的判断。因此，运用集合意见法，会议主持人要尊重每位与会者，鼓励与会者各抒己见，使与会者在积极发言的同时要保持谦虚恭敬的态度，对任何意见都不应带有倾向性。同时，主持人还要掌握好会议的时间和节奏，既不能拖得太长，也不能草草收场。当话题分散或意见相持不下时，主持人要适当提醒或调节会议的进程等。

集合意见法有多种组织形式，可归纳为三种：集合经营与管理人员意见法、集合业务人员意见法和业务人员意见综合法。

9.2.2 集合意见法预测的步骤

第一步：预测组织者根据企业经营管理的要求，挑选若干个熟悉预测对象的人员，并由其组成一个预测小组，预测组织者向小组人员提出预测项目和预测的期限要求，并尽可能地向他们提供有关资料。

第二步：预测小组人员根据预测要求，凭其个人经验和分析判断能力提出各自的预测方案，同时每个人说明其分析理由。

第三步：预测组织者计算有关人员的预测方案的数学期望值，即等于各种可能状态主观概率与状态值乘积之和。

预测方案期望值：

$$\hat{x}_i = x_1 w_1 + x_2 w_2 + x_3 w_3 + \cdots + x_n w_n \quad (i = 1,2,3\cdots n)$$

第四步：将参与预测的有关人员分类。由于预测参加者对市场了解的程度以及经验等因素不同，因而他们每个人的预测结果对最终预测结果的影响有可能不同。分别计算各类人员的综合期望值。综合方法一般是采用算术平均数统计法、加权平均数统计法或中位数统计法。

第五步：确定最终预测值。预测组织者可先给出各类人员的权数V_1，V_2，V_3（如5，3，2），然后计算加权平均值作为综合预测值。

加权预测值：

$$\bar{X}=\frac{\sum \bar{X}_i V_i}{\sum V_i}$$

式中：$\bar{X}_i$——各类人员的综合期望值；V_i——各类人员的权数。

【例 9-5】某企业为使下一年度的销售计划制订得更为科学，组织了一次销售预测，由经理主持，参与预测的有销售科、财务科、计划科、信息科的科长，他们的预测估计见表 9-5。

表 9-5 某企业年度销售额预测值估计表 金额单位：万元

预测人员	销售额估计值						预测期望值
	最高销售额	概率	最可能销售额	概率	最低销售额	概率	
销售科长	4 000	0.3	3 600	0.6	3 200	0.1	3 680
财务科长	4 200	0.2	3 700	0.7	3 200	0.1	3 750
计划科长	3 900	0.1	3 500	0.7	3 000	0.2	3 440
信息科长	4 100	0.2	3 600	0.6	3 100	0.2	3 600

表内预测期望值栏的数据是通过对各种情形下的销售额估计值与概率乘积求和得到的。例如，对销售科长而言，其预测期望值为 4 000×0.3+3 600×0.6+3 200×0.1=3 680（万元）。其他各位预测者的预测期望值计算方法同上，其结果列于上表。

【分析提示】

由于预测者对市场的了解程度及经验等因素不同，因而他们每个人的预测结果对最终预测结果的影响及作用也有所不同，可分别给予不同的权数表示差异，最后采用加权平均法。若各位预测者的重要性相等，则可用算术平均法。在此例中，调查预测人员从各方面因素考虑，给予每个人的权数分别为销售科长 6、财务科长 5、计划科长 5、信息科长 7。

$$\bar{X}=\frac{\bar{X}_1V_1+\bar{X}_2V_2+\bar{X}_3V_3+\bar{X}_4V_4}{V_1+V_2+V_3+V_4}=\frac{3\,680\times6+3\,750\times5+3\,440\times5+3\,600\times7}{6+5+5+7}=3\,618.70\ (\text{万元})$$

最终的预测结果为 3 618.70 万元。

9.3 专家意见法

专家意见法，是指企业根据市场预测的目的和要求，向企业内部或外部的有关专家提供一定的背景资料，请他们对市场未来的发展变化做出判断。

专家意见法是国内外广泛运用的一种预测方法，在实际应用过程中，主要采用两种形式：专家会议法和专家小组法。

9.3.1 专家会议法

1. 专家会议法的形式

专家会议法，是指邀请有关方面的专家，组织其相互交流意见，无拘无束地畅谈自己的想法，敞开发表自己的意见，在头脑中进行智力碰撞，产生新的思想火花，使预测观点不断集中和深化，从而提炼出符合实际情况的预测方案。

专家会议法的种类主要有以下几种：

（1）交锋式会议法。

交锋式会议法，要求参加会议的专家通过各抒己见，互相争论来预测问题，以求达到一致或比较一致的预测意见。这种方法的局限性是“权威者”可能左右与会者的意见，或者“口才”好的人左右与会者的意见，有些人虽感自己意见欠妥，但不愿收回原意见。因此，最后综合预测意见时难以完全反映与会者的全部正确意见。

（2）非交锋式会议法。

非交锋式会议法，要求与会者可以充分发表自己的预测意见，也可以对原来提出的预测意见再提出修改或补充意见，但不能对别人的意见提出怀疑和批评。这种非交锋式会议法，国外称之为“头脑风暴法”。它可以克服交锋式会议法的缺点，起到互相启发、开拓思路的作用，但最后处理或综合预测意见比较难。

（3）混合式会议法。

混合式会议法是交锋式与非交锋式会议法的结合，又称“质疑头脑风暴法”。一般分两阶段进行：第一阶段采用非交锋式会议法，即实行直接头脑风暴法；第二阶段实行质疑头脑风暴法，用交锋式会议法对第一阶段提出的预测意见进行质疑，在质疑过程中又提出新的预测意见或设想，经过不断讨论，最后取得比较一致的预测结论。

2.专家会议法的优缺点

专家会议法的优点是：可获得较多的信息；可全面考虑影响因素；可相互启发、集思广益；能快速、准确地得出预测结果。

专家会议法的缺点是：参加会议的人数受到限制；易受权威人士意见的影响；易受心理因素的影响；易受口才因素的影响。

3.专家会议法的注意事项

（1）会议之前，预测组织者要向有关专家提供预测对象的资料。

（2）会议在邀请专家时，应围绕预测所研究的问题全面邀请专家。

（3）被邀请的各位专家，要在会议前准备好发言提纲，会上要充分发表意见，对于不同意见可以讨论。

（4）会议参加者人数不宜过多，以能够解决预测问题为标准。

（5）会议主持者在会议上应以听取意见为主，一般不要发表意见。

【例9-6】B建筑公司承建位于某市的商业住宅的主体结构工程（框架结构）的施工（以下简称H工程），建筑面积10 000平方米，20层，工期为20×5年1月至20×6年2月。公司在施工之前将进行H工程的成本预测工作。采用专家会议法预测成本。

该公司召开由本公司的9位专业人员参加的预测会议，预测H工程的成本。

各位专家的意见分别为：485、500、512、475、480、495、493、510、506（单位：元/平方米）。

由于结果相差较大，经反复讨论，意见集中在480（3人）、495（3人）、510（3人）上，采用上述的方法确定预测成本y为多少元。

$y=(480\times3+495\times3+510\times3)\div9=495$（元/平方米）

9.3.2 专家小组法

1.专家小组法的定义

专家小组法又称德尔菲法，是美国兰德公司（Rand Corporation）于20世纪60年代首创的，是在专家会议法的基础上发展起来的一种预测方法，是一种长期预测方法。它以匿名的方式通过几轮函询征求专家们的预测意见，预测组织者对每一轮意见都进行汇总整理，作为参考资料再寄回给每个专家，供他们分析判断，据此提出新的预测意见和结果。如此几次反复，专家们的预测意见渐趋一致，预测结论的可靠性越来越大。

德尔菲法是市场定性预测方法中最重要、最有效的一种方法，应用十分广泛，主要用于技术发展、重大工程项目、重要经济问题、长远规划、产业结构调整等问题的预测研究。可用于预测商品供求变化、市场需求、产品的成本价格、商品销售、市场占有率、商品生命周期等方面。

专栏9-1

中国将出兵朝鲜

1950年年初，朝鲜战争到了剑拔弩张、一触即发的时刻。美国政府就发动朝鲜战争中国会否出兵的问题展开了反复的讨论。讨论的结果认为中华人民共和国刚刚成立，百废待兴，自顾不暇，不会也不敢出兵。

当时，美国对华政策研究室接到一个秘密情报：有个对美国来说非常有用的课题，“如果美国出兵朝鲜，中国的态度将如何?”研究成果出来以后，打算把它卖给美国。据说这个成果只有一句话，却索价500万美元（当时约合一架最好的战斗机）。用500万美元买一句话，美国人认为简直是发疯，他们一笑置之。

朝鲜停战后，美国国会开始辩论，并以300万美元（有资料认为是280万美元）买下德林公司的研究成果。

其实最终的研究成果只有7个字：“中国将出兵朝鲜。”另附了几百页的论证材料。

美军司令麦克阿瑟谈起这件事时大为感慨地说：“我们最大的失策是：舍得几百亿美元和数十万军人的生命，却吝惜一架战斗机的代价。”

2.专家小组法的特点

（1）反馈性。要经过多次反馈征询意见，使预测结果更准确地反映专家集体的意见。

（2）匿名性。专家之间没有任何联系，只以书面形式与组织者进行联系，不必写名字。

（3）统一性。经过几轮反馈，专家的意见会逐渐趋于一致，呈现出统一的趋势。

3.专家小组法的预测步骤

（1）做好准备。准备好已搜集到的有关资料，拟定向专家小组提出的问题（问题要提得明确）。

（2）请专家做出初步判断。在做好准备的基础上，邀请有关专家成立专家小组，将书面问题寄发给各个专家（如有其他资料，也随同寄发），请他们在互不联系的情况下，对所咨询的问题做出自己的初次书面分析判断，按规定期限寄回。

（3）请专家修改初次判断。为使专家集思广益，对收到各专家寄回的第一次书面分析判断意见加以综合后，归纳出几种不同判断，并请身份类似的专家给予文字说明和评论，再以书面形式寄发各专家，请他们以与第一次同样的方式，比较自己与别人的不同意见，修改第一次的判断，做出第二次分析判断，按期寄回。如此反复修改多次，直到各专家对自己的判断意见比较固定，不再修改时为止。在一般情形下，经过三次反馈，即经过初次判断和两次修改，就可以使判断意见趋于稳定。

（4）确定预测值。即在专家小组比较稳定的判断意见的基础上，运用统计方法加以综合，最后得出市场预测结论。

【例9-7】某电脑公司采用德尔菲法，选定31位专家对某市哪一年城镇居民家庭电脑普及率达到75%进行预测，经三轮反复后，专家提出的时间答案汇总见表9-6。

表9-6 城镇居民家用电脑普及率和需求量预测总表

普及率达到75%的年份	专家人数	20×6年电脑需求量（万台）	专家人数
20×1	3	3.0～3.5	3
20×2	5	3.5～4.0	6
20×3	11	4.0～4.5	12
20×4	8	4.5～5.0	7
20×5	4	5.0～5.5	3
合计	31	合计	31

①此例中中位数为20×3年，下四分位数为20×2年，上四分位数为20×4年，上、下四分位数之差为2年，说明专家的预测意见集中度大，离散度小。

②对于预测商品在未来时期的需求量、销售量或生产量，可用算术平均法或主观概率法进行统计归纳，求出平均预测值反映专家预测结果的集中度，用标准差和标准差系数反映专家意见的离散度。如本例中专家对某市20×3年电脑需求的平均预测值为4.27万台，标准差为0.55万台，标准差系数为0.1288或12.88%，表明专家预测意见离散度较大。

③对于征询产品型号、外观、规格、质量、包装、新产品开发的预测意见，可采用比重法（专家对某个意见赞成的人数占总人数的比率）进行统计归纳，或者用评分法（如对不同牌号的商品质量给予评分）进行统计归纳。

9.4 市场调研预测法

市场调研预测法是指采用适当调查方式和方法收集预测对象的相关信息，运用经验和主观分析判断进行预测的定性预测方法。常用的方法有市场测试法、市场因子推演法、联测法和消费者意图预测法等。

9.4.1 市场测试法

市场测试也称试销，是受控实验的一种应用，在有限且精心挑选的市场即试销市场中进行。市场测试为企业在真实的市场条件下获得对产品销售潜力的合理估计提供了工具，并能识别产品和已提出的营销战略的弱点，给经理人提供机会改进这些弱点。在市场测试阶段解决这些问题比产品进入全国性渠道后再解决更容易、成本更低。

进行市场测试包括以下几个步骤：

1.确定市场测试是否必要

一个新产品的引入往往带有很大的风险性。传统的观点认为："随着竞争的日趋激烈以及变革速度的加快，新产品的利润贡献将超过以往。"然而，新产品上市推广的失败率却很高，大致从66%到90%。美国威斯顿调查小组1984年的调查结果显示，市场经营者预计80%的新产品是失败的，1991年的估计值是86%，2010年这一比例已上升至95%。另外，美国伯克营销研究所的数据表明，新产品开发费用的65%用于边际或失败品牌。为了弥补损失并将企业的利润保持在一定的水平，那些成功的产品必须在投资上获得高于平均水平30%的回报。因此，企业在进行市场测试前应考虑以下几个问题：

第一，将新产品上市的成本、失败的风险、成功的可能性及相关利润进行比较。如果估计成本很高，而且又不能完全确定成功的可能性，那么就应该考虑进行市场测试。相反，如果预期成本低，而且产品失败的风险也小，那么就没有必要进行市场测试，可直接进入市场。

第二，必须考虑竞争者仿制产品推向全国市场的可能性和速度。如果产品能轻而易举被复制，那最好直接将产品推向全国市场而不必进行市场测试。

第三，比较为市场测试生产产品所需的投资与面向全国市场生产必需数量的产品所需的投资。如果两者之间的差异很小，那么不进行市场测试而向全国推广产品将具有更好的效益。相反，如果两者之间的差异很大的话，那么在决定向全国推广产品之前进行市场测试是非常有必要的。

第四，要考虑新产品上市的失败可能严重损害一个公司的声誉。失败可能损害公司分销渠道的其他成员（零售商）的声誉，并破坏公司为今后推出产品而获取合作的能力。在这种情况下就需要进行市场测试。

2.选择市场测试方法

市场测试有三种基本方法：

（1）标准试销市场。

在标准试销市场中，试销市场被选择出来，将产品通过常规的分销渠道销售出去。公司自己的销售人员通常负责分销产品。销售人员有规律地进货、补货并清点库存。实验中运用了一个或多个营销变量的组合（产品、价格、分销和促销水平）。它是一个在有限基础上进行的真正的市场测试。

设计一个标准试销市场涉及决定用哪些标准选择试销市场、选择多少试销市场以及测试持续多长时间。试销市场的选择标准有：①大到足够产生有意义的产品投放量，应该包括至少2%的潜在实际人口；②在人口分布上有代表性；③关于产品消费行为方面有代表性；④关于媒体利用方面有代表性；⑤关于竞争方面有代表性；⑥媒体和地理分布相对分隔；⑦在产品类别上有正常的历史发展；⑧能够进行营销研究及审计服务；⑨没有被过度测试。

（2）受控试销市场。

全部的试销计划由一家外部研究公司执行。研究公司保证产品在代表了预定市场占有率的零售渠道分销，并处理仓储和现场销售工作，比如上架、售卖和存货控制等问题。受控试销市场包括迷你市场（或强迫分销）测试和更小的控制商店样本组。

（3）实验室试销。

实验室试销也称模拟试销市场或试销市场。实验室试销这一名称其实是不恰当的，因为它会使人联想到技术实验室。实际上它是一个市场营销实验室，与科学技术人员完全无任何牵连。用“实验室”一词是为强调它是一种控制性测试活动，因此可把它同概念测试及一般的调查活动区分开来。

实验室试销要在类似环境的实验室中模拟全面的试销活动，实验室环境通常是选择某一中心定位（如购物中心），行为的模拟应能反映在全面试销下的情况，至少要涉及某些基本的变量。虽然实验室试销不能达到开发者所要求的严格形式，而且，这种方法还牵扯到一些存有争论的数学模型，这些模型在这里我们将不再讨论，但它正变得越来越普及。为了由市场研究数据得到预测性和判断性的数据，数学模型的使用者就必须拥有一套近似购买者决策复杂程序的数据，这些数据至少应当与此决策过程的关键部分相符合。这就得由实验室模拟或试销来完成。

实验室试销的主要步骤为：通常在人流量大的地点，如购物商场拦截被访者，并根据产品使用状况进行筛选；向选中的人介绍提出的新产品概念，并给予一个机会去真实的环境中或实验室环境中购买新产品；研究人员采访那些购买了新产品的人，询问他们对产品的评价以及重复购买的意图；将由此产生的初次和重复购买估计值与所计划的促销和分销水平相关数据相结合，对市场份额做出预测。实验室试销可以在16周或更短时间内进行，所产生的信息是秘密的，竞争对手无法得到，成本也相对低廉。

3.制定详细的测试程序和执行计划

确定了目标和基本的测试方法之后，需要制订详细的市场预测计划。制造和分销决策的制定必须保证提供适当的产品，而且出售具体产品的方法在大多数店铺是可行的。另外，用于测试的营销计划细节必须详细地加以规定。应该选出基本的定位方法，制订出保证定位得以实施的商业广告计划、价格策略、媒体计划以及各种促销活动。有了合适的计划后，下一步就是执行计划。关键是决定测试持续时间。测试的持续时间取决于产品被重新购买的周期、竞争者反应的可能性、成本上的考虑、最初的消费者反应以及公司哲学。为了能观察到再次购买活动，测试应该持续足够长的时间，以显示产品的长期影响。如果预料到会有对测试的竞争性反应，则持续时间应该短。测试的成本同样是一个重要的因素。测试时间越长，成本就越高，在有些方面附加信息的价值会超过收集它们所花费的成本。近期的证据表明，对新品牌的测试至少应该持续10个月。据经验分析发现，最终的试销市场份额在10个月内达到测试时间内的85%，在12个月内达到测试时间内的95%。试销市场对产品的成功推出会非常有用。

4.分析测试结果

虽然是在实验进行过程中评估所产生的数据，但在实验完成之后，必须进行一次更详细、更彻底的数据分析。这种分析集中在以下几个方面：

（1）购买数据。

这经常是实验产生的最重要的数据。在整个实验过程中，最初的购买水平表明了企业所做的广告和促销工作的效果。重购率（第二次和更多次购买者占试用者的百分比）表明了产品满足由广告和促销产生的预期的程度。当然，试用和重复购买为估计销售情况提供了基础。而且，如果产品推向全国市场，这些结果也可以用来反映可能的市场份额。

（2）认知数据。

在创造产品认知方面，媒体力度和计划能否起作用，顾客是否真正了解我们产品的成本，他们是否知道产品的关键特征。

（3）竞争反应。

理想的情况是，在市场测试期间监测市场竞争者的反应。例如，竞争者可以通过提供特殊的促销、价格交易、数量折扣等方式来扭曲我们的测试结果。这提供了一些有用信息，反映在进入全国市场时他们可能采取的策略。

【例9-8】某企业试制一种新型洗发水，选择某城市一典型区域试销该产品。结果表明该区域中有42%家庭试用过该产品，且其中30%的家庭重复购买。即重复购买率为42%×30%＝12.6%。试销区每年家庭消费量为1.8千克。那么，要确定整个城市的年销售量预测值，就可以建立如下推算预测模型：

$$\hat{Y} = Q \times N \times D$$

式中：$\hat{Y}$——：庭消费量为1.Q——：庭消费量为1.8千克。那么，要确 N——：庭消费量为1.8千克。；D——：庭消费量为1.8

将典型试销区的试销结果$Q = 1.8$千克,$D = 12.6\%$　和整个城市的家庭总户数N代入预测模型，便可得出新洗发水在这个城市的年销售量。假设$N = 350$万户，则：

$$\hat{Y} = Q \times N \times D = 1.8 \times 3\,500\,000 \times 12.6\% = 793\,800\text{（千克）}$$

这个城市新洗发水年度销售量为793 800千克，预示着一个非常可观的市场前景，该企业应下决心扩大这种产品的生产和销售。

9.4.2　市场因子推演法

市场因子是指市场中可引起对某种商品需要的相关因子。例如，每年新建立的家庭数目是住房需要量的因子；青年结婚的数量是家具和电器的销售量的因子；婴儿出生人数是玩具需要量的因子；汽车的销售量是汽车配件需求量的因子等。根据某经济现象的因子就可以预测它的需求量变化趋势。

市场因子推演法是通过分析市场相关因子来推算某类商品的市场潜量，即推算某类产品的最大市场总需求量。此方法适用于连带产品和配套性产品市场需求量的预测，运用这种方法首先要确定市场因子，再根据市场因子与所要预测变量的关系建立推演预测模型。

【例9-9】某U盘生产商，通过对历年的统计资料分析得知，市场上每销售出一台电脑，即可同时售出U盘3.5个。这样电脑就成为U盘市场容量的市场因子，从而可以据此预测出U盘的市场需求量。若2019年某市场出售电脑8.5万台，则：

该年U盘的市场需求量=85 000×3.5=297 500（个）

【例9-10】某家电公司通过调查得知，当地市场中每100对新婚夫妇需要购买的成套家用电器（包括彩电、电冰箱、洗衣机、电脑、微波炉等）为38套。根据调查历年当地市场结婚对数资料推测下一年度结婚对数为7 800对，则下年度新婚家庭家电的市场潜量可以采用如下市场因子推演模型进行预测：

$$\hat{Y} = Q \times N$$

式中：$\hat{Y}$——：-10】某家电公司Q——：-10】某家电公司通过调N——：-期相关的市场因子总数。

由上面的调查资料可知，当地市场单位新婚夫妇购买家用电器数量为38/100=0.38套。这样，下年度用市场因子推演法预测的家用电器市场潜量为：

$\hat{Y} = Q \times N = 0.38 \times 7\,800 = 2\,964$（套）

企业再根据成套家用电器的平均价格，就可测算出2 964套电器的市场潜量对应的总销售额了。

9.4.3 联测法

联测法是指以某一企业的调查资料或某一地区抽样调查资料为基础，进行分析、判断、联测，从而预测某一行业或某一商品市场的销售量的方法。

由于主客观条件的限制，企业不可能对整个市场进行全面普查，只能是局部普查或抽样调查。因此，在许多情况下，运用局部普查资料或抽样调查资料，经过分析、判断，对整个行业或整个市场进行联测，就成为客观需要。运用联测法，其关键在于局部普查资料应具有典型性，抽样调查的样本应是总体的缩影即能反映总体的面貌，否则会出现难以估计的误差。

【例9-11】某电冰箱厂为了开拓4个城市电冰箱的需求市场，用联测法预测20×3年4个城市电冰箱总需求量。

解：我们分别用X_1、X_2、X_3、X_4代表企业要开拓电冰箱销售的4个城市市场。居民对电冰箱的需求，与居民收入水平、供电和住宅状况有关，而X_1、X_2、X_3、X_4 4个城市的居民收入、住房条件、供电状况大致相同。因此，我们可以对某一城市电冰箱需求作抽样调查，如对X_1城市做调查，并以这一城市抽样调查资料为依据，联测其他3个城市的电冰箱需求量，具体步骤如下：

（1）收集4个城市20×2年电冰箱销售数字和居民户数的资料，并计算销售率。通过间接调查，这一方面资料见表9-7。

表9-7 4个城市2009年电冰箱销售量

市场	X_1	X_2	X_3	X_4
实际销售量（台）	6 000	7 600	8 400	5 300
居民家庭（万户）	4	5.2	6	3.5
销售率（台/户）	0.15	0.146	0.14	0.151

销售率C_i=实际销售量/居民户数

4城市20×2年电冰箱销售率分别为：

X_1城市销售率：$C_1 = \frac{6\,000}{40\,000} = 0.15$　　X_2城市销售率：$C_2 = \frac{7\,600}{52\,000} = 0.146$

X_3城市销售率：$C_3 = \frac{8\,400}{60\,000} = 0.14$　　X_4城市销售率：$C_4 = \frac{5\,300}{35\,000} = 0.151$

（2）计算4个城市20×3年电冰箱需求率。

对X_1城市居民进行抽样调查，得知每百户居民电冰箱需求量为11台。若用D_i表示需求率，则：

X_1城市需求率D_1=居民需求量/居民调查户数$= \frac{11}{100} = 0.11$

对X_2, X_3, X_4城市没有进行抽样调查，它们的电冰箱需求率无法直接得到，但通过联测法可以间接求得，由于4个城市20×2年销售率差异可以近似反映4个城市20×3年需求的差异，这样，两个城市的销售率之比近似等于两个城市需求率之比。即：

$$D_j = \frac{C_j D_1}{C_1} \quad (j = 2,3,4)$$

由此，不难求出 X_2, X_3, X_4 城市的需求率 D_2, D_3, D_4。

$$D_2 = \frac{C_2}{C_1} D_1 = \frac{0.146}{0.15} \times 0.11 = 0.107$$

$$D_3 = \frac{C_3}{C_1} D_1 = \frac{0.14}{0.15} \times 0.11 = 0.103$$

$$D_4 = \frac{C_4}{C_1} D_1 = \frac{0.151}{0.15} \times 0.11 = 0.11$$

（3）根据城市需求率推算4个城市电冰箱需求量。

X_1城市需求量 = 0.11 × 40 000 = 4 400（台）

X_2城市需求量 = 0.107 × 52 000 = 5 564（台）

X_3城市需求量 = 0.103 × 60 000 = 6 180（台）

X_4城市需求量 = 0.11 × 35 000 = 3 850（台）

最后，确定4个城市20×3年电冰箱需求量预测值：

Y = 4 400 + 5 564 + 6 180 + 3 850 = 19 994（台）

以上就是仅根据 X_1城市抽样调查资料而联测出 X_2, X_3, X_4 城市需求率，进而求得4个城市电冰箱需求预测值。当然，对每个城市电冰箱的规格、型号、档次的预测，则需进一步调查后做出分析判断。

9.4.4 消费者意图预测法

消费者意图预测法又称为购买者意向调查法，是企业为预测消费者的需求变化，对直接使用本企业产品的消费者的购买意向、购买意见进行调查，从而预测消费者的需求变化趋势的一种方法。

一般来说，消费者意图预测法运用时要满足下面三个条件：

第一，消费者的购买意向是明确清晰的。

第二，这种意向会转化为消费者的购买行动。

第三，消费者愿意把其购买意向告诉调查者。

消费者意图预测法主要应用在以下几个方面：

（1）通过访问，企业分析人员可以了解到在没有公开出版资料的情况下考虑各种问题的新途径。

（2）可以树立或巩固企业关心购买者需要的良好形象。

（3）在进行总市场需求预测过程中，也可以同时获得各行业、各地区的市场需求估计值。

研究表明，购买意向量表能很好地预示经常性购买产品和耐用消费品的选择情况。这种量表很容易制作，而且只要求应答者对他们购买一件新产品的可能性做一个主观判断。询问工具表见表9-8和表9-9。

两种量表得到的结果可以根据经验互相转化。显然，回答肯定会买的人不一定会这么做。事实上，有少数回答肯定不会买的人反而购买了该产品。假设以历史追踪调查为基础，调查者就可以得到几条有关产品的信息：

表 9-8 购买者意图调查问卷

如果长虹55英寸液晶电视机的售价是5 600元，而且在您周围可以购买到，您会： ——肯定买一台 ——可能买 ——可能不买 ——肯定不买

表 9-9 购买者购买概率调查问卷

如果长虹55英寸液晶电视机的售价是5 600元，而且在您周围可以购买到，您选择买一台的概率是： ——肯定会买（99%） ——基本上会买（90%） ——很可能买（80%） ——比较可能（70%） ——可能购买（60%） ——可能购买（50%） ——有可能买（40%） ——有可能买（30%） ——也许会买（20%） ——也许会买（10%） ——几乎不可能购买（1%）

回答“肯定会买”的人中有65%在一年内实际购买了该产品；

回答“可能会买”的人中有27%在一年内实际购买了该产品；

回答“可能不会买”的人中有14%在一年内实际购买了该产品；

回答“肯定不买”的人中有5%在一年内实际购买了该产品。

假设46英寸三星LCD电视机的调查结果见表9-10。

表 9-10 购买者购买概率调查结果

肯定买一台	42%
可能买	18%
可能不买	27%
肯定不买	13%

假设样本在市场尚具有代表性，那么：

$$0.42 \times 65\% + 0.18 \times 27\% + 0.27 \times 14\% + 0.13 \times 5\% = 36.59\%$$

如果具有历史资料，上面的等式很容易得出，但通常没有历史资料可以作为依据。存在一些数学模型，根据购买意图与实际购买率之间的相关关系在已知购买意图的情况下估计实际购买率。由于模型复杂，这里不做介绍。对购买意图与实际购买率一个可能且保守的估计是：“肯定购买”的人的70%、“可能购买”的人的35%、“可能不会买”的人的10%、“肯定不会买”的人的0%。如果该产品是工业品，比例会更高些。

9.5　类推预测法

世界上有许多事物的变化发展规律带有某种相似性，尤其是同类事物之间。所谓类推预测法，是指利用事物之间具有共性的特点，把已发生事物的表现过程类推到后发生或将发生的事物上去，从而对后继事物的前景做出预测的一种方法。类推预测法，依据类推目标，可以分为产品类推法、地区类推法、行业类推法和局部总体类推法。类推预测法一般适合做中长期预测，适用于新市场的需求预测、潜在购买力和需求量预测、新商品长期的销售变化规律预测等。

9.5.1　产品类推法

有许多产品在功能、构造技术等方面具有相似性，因而这些产品的市场发展规律往往又会呈现某种相似性，人们可以利用产品之间的这种相似性进行类推。

【例9-12】液晶彩色电视机与老款彩色电视机的功能是相似的，因此可以根据老款彩色电视机市场的发展过程类推液晶彩色电视机的市场需求变化趋势。电视机与家电产品的发展过程遵循萌芽-成长-成熟-衰退的生命周期演变过程，不同阶段其市场需求特征是不同的。据调查老款彩色电视机产品在有5%以下家庭使用时，尚处萌芽期；在有15%以下家庭使用时，属成长期；在有30%家庭使用时，进入成熟期；在有70%家庭使用时，就属衰退期。所以通过对老款彩色电视机发展过程进行分析，掌握老款彩色电视机各个阶段的市场需求特征及发生转折的时机，就可以对液晶彩色电视机市场需求进行估计。

9.5.2　地区类推法

地区类推法是指将同类商品或同类事物在国内同其他地区进行类比，找出某些共同的、类似的变化规律或发展变化差异，借以推断本地区预测目标的发展趋向和前景。例如家电市场，总是先进入城市家庭，然后再进入农村家庭。例如，预测我国轿车市场需求发展时，可根据日本、巴西等国家的情况，对轿车的价格、人均GDP以及轿车消费特征之间的关系进行分析。一般而言，轿车价格与人均GDP之比达到2到3倍时，轿车开始进入私人家庭消费；当达到1.4倍左右时，轿车需求进入高速发展时期，逐渐普及。再根据我国的实际情况加以修正，就可以对我国的轿车市场发展做出准确的预测了。

9.5.3　行业类推法

这种对比类推往往用于新产品开发预测，以相近行业的相近产品的发展变化情况，来类比某种新产品的发展方向和变化趋势。如铝合金材料最初是用于航天工业，现在已经广泛用于各个行业，甚至是家庭装潢。例如，预测者可以根据军工产品市场的发展预测民用产品市场的发展。因为军工行业往往都是在技术上领先的产品，军工行业就是民用行业产品的未来，密切关注军工产品的发展动向，可以预测民用产品的发展空间与动向。现在的民航、计算机等都是军用转民用的典范。

9.5.4　局部总体类推法

局部总体类推法，是指以某一个企业的普查资料或某一个地区的抽样调查资料为基础，进行分析判断、预测和类推某一行业或整个市场的市场量。在市场预测中，普查固然可以获得全面系统的资料，但由于主客观条件的限制，不可能进行全面普查时，可进行局部普查或抽样调查。因此，在许多情况下，运用局部普查资料或抽样调查资料，预测和类推全面或大范围的市场变化，就成为客观需要。

【例9-13】某家电用品公司为了开拓5个城市的空调市场而进行了调查，获得20×5年的空调市场销售量，见表9-11，试通过已知数据预测20×6年的需求量。

表9-11　5城市20×5年空调市场销售量

市场	x_1	x_2	x_3	x_4	x_5
实际销售量（台）	19 000	3 600	2 800	7 800	4 000
家庭户数（万户）	200	180	130	490	210

【分析提示】

经过对消费市场200万家庭住户的抽样调查，20×6年对空调器的购买量为每百户4名，即需求率为0.04，得出市场预测值为8万台，但这仅是对一个城市的抽样调查，其他四个城市需求量如何，就要采用局部总体类推法，以一个市场资料为基础，来类推其他四个市场的需求量，最后加以综合。在应用局部总体类推法进行预测时，应注意，该方法建立在事物发展变化的相似性基础上，但相似性并不等于相同。

9.6 预警分析法

随着市场经济体制的建立及完善，企业经营的内外环境发生了深刻的变化。由于市场竞争、优胜劣汰机制的作用，企业面临的风险比以往任何时候都更为严峻。

为使企业在重重风险中立于不败之地，在激烈的市场竞争中求得生存和发展，有必要建立一套可行的企业生存风险预警系统，以便有效地控制企业生存风险。

9.6.1 预警理论

预警原本是指通过飞机、雷达、卫星等工具来提前发现、分析和判断敌人的进攻信号，并把这种信号报告给指挥部门，以提前采取应对措施的行为或系统。

预警在社会和经济领域得到广泛应用后，泛指为防范某种突发事件的发生，通过构建能够反映和监测被关注对象的指标（或体系），监控并预报可能出现的警情的行为。

经济预警（economic early-warning）是指围绕经济循环波动理论所展开的一整套经济监测、经济评价、经济预测和政策选择的理论和方法体系。

经济预警包括宏观经济预警和微观经济预警两个层面。

9.6.2 国内外经济预警的历史

1.国外经济预警发展的历史

国外经济预警的发展是以法国学者福里利于1888年在巴黎统计学会上用不同颜色描述经济运行状态，对经济进行气象式研究为标志。1911年，法国政府开设经济恐慌委员会。1909年，美国学者开始编制经济活动指数，并从1919年开始定期发布哈佛指数。经济预警正式产生实际上是在资本主义大危机时期，也即20世纪30年代。

2.中国经济预警发展的历程

中国的经济预警起源于20世纪80年代中期以后，始于对经济循环波动问题的研究。以1988年为分界点，经历了两个阶段：

1988年以前，以引入西方的经济发展理论和经济波动的周期理论为主，并对我国的经济波动及其动因进行分析。

1988年以后，开始寻找我国经济波动的先行指标，从研究经济形态的长期波动转向研究经济形态的短期变化。

9.6.3 预警指标体系

预警依赖监测，监测离不开指标。指标的经济内容是经济发展过程中变量的数量特征及经济变量之间的数量关系特征。经济过程种类繁多，关系复杂，不可能一一进行观察监测，往往只能观察监测有助于人们对总体运行特征的把握，能反映国民经济运行特征的变量指标。这些指标波动与经济循环周期波动在时间上通常有领先、同步和落后三种现象。所以，预警指标体系，通常包括反映经济周期循环波动的经济循环变量，有先期指标、同步指标和滞后指标。

1.先期指标

先期指标是指其循环转折变化出现的时间稳定地领先于经济景气循环相应转折变化的经济指标。这类指标是预警指标体系的主体，它的变动对市场行情变动始终起预报或示警作用。例如，订单、库存变动、原料批发价格指数（不含粮食和饲料）等指标与经济景气行情的关系是不难理解的。它们反映了对经济活动提前几个月做出的决策或承诺，而经济决策的效果需要一定时间才出现。可见，先期指标只是由于它对周期变动的反应更为敏感，先于反映周期变动的总体经济行为，所以具有预兆意义。

2.同步指标

同步指标是指周期波动过程、形态和周期长度与周期变动指标基本一致的统计指标，具有同步性变动的特征，强调“同时出现”（误差不超过2个月）。这类指标是总体经济行为的衡量标志，如国民生产总值、工业生产、个人收入、制造业和商业销售等。用它描述当前经济景气状态，并确定与先期指标在转折点上的时差。

3.滞后指标

滞后指标，是指其变动落后于市场变动的指标。该指标强调“稳定地落后”，如单位产品劳动成本、抵押贷款利息率、商业库存等。这些指标可作为过剩和失衡的标志，用于检验宏观经济波动过程是否确已超过某个转折点，进入了另一景气状态。虽然这类指标是市场出现变化之后才呈现出自身的变化，但这些指标可以验证根据先行指标所做的市场预测，同时可对下一周期的市场进行预测。如农副产品收购价格变动这个先行指标，不但会引起当年农副产品收购数量这种市场现象的明显变化，而且还会引起明年农业生产投资和播种结构的变化。

上述三类不同的经济指标不是孤立、静止的。采用指标判断分析法进行预测，在不同国家和不同经济发展阶段，所采用的指标不尽相同。不同的国家由于经济制度不同，经济指标的内涵不同，指标所反映的经济关系也不同，在市场预测中所采用的经济指标就会有所不同。处在不同经济发展阶段上，经济指标与市场的关系表现是有区别的，在一定的经济发展阶段，市场变化可能与某一些经济指标的变化联系比较直接，关系比较紧密；在另一个经济发展阶段，市场变化则与另一些经济指标的变化关系比较直接。因此，采用此方法进行市场预测，必须首先正确确定市场变动与指标变动之间的关系，选择适当的各类指标。做到这一点，需要通过长期的分析和观察，根据我国的经济发展实践及我国所处的社会主义市场经济发展阶段，找到一套适合中国国情的市场预测经济指标，并且在不断的使用过程中，使其更合理、更完善。

9.6.4 先期指标用于预测

经济景气的周期性波动决定了再生产具体发展过程的周期性变化，反映具体发展过程的各类经济指标在周期变化中形成的时间上的关联次序，使一些指标领先。先期指标在景气行情的周期性变化中在时间上领先，显然不能由这种时态现象中的领先或落后关系取代本质的因果关系。但是，市场行情研究很大程度上是直接考察经济景气状态周期规律的时态。因此，由于周期规律的作用而使再生产具体发展过程中出现的先期指标，用来做短期行情分析和预测以及经济环境的研究是有意义的。在许多情况下，企业也可研究并发现一些经济指标同本企业销售的领先落后关系，从而建立一些领先指标预估本企业经营活动。

预警分析旨在为宏观经济管理和微观经营管理提供信息依据。它的特点是以月度或季度统计数据为基础，以短期变化明显的经济变量为分析对象；就足够长的领先时间作为预报，以便有足够的时间酝酿调整措施和组织实施。因而，合理地选定先行指标系列是预警分析的关键。通常人们在认识马克思主义再生产理论所提供的逻辑关系和社会主义市场经济条件下经济变量的关系的前提下，结合现行统计制度，先解决单个先行指标的选择，再解决先行指标系列的合理组合问题。

1.从企业决策形成角度选择先行指标

社会主义市场经济条件下，企业拥有一定的经营自主权，其决策受市场的指导，并且当决策实施后，会反作用于市场。就目前企业投资决策而言，企业决策与经济增长波动的关系具体表现为：企业根据市场情况、盈利前景和自身存货量来调整投资行为，企业投资的变动导致企业固定资产投资、原材料储备、产成品存货的变化，进而影响市场存货变动、社会投资总量变动、社会总产值变动、资金供求状况变动；这些变动又影响企业的投资决策。在从企业决策到宏观经济波动的相互影响中，必然存在价格的变化、存货的变化以及与利润率相对的成本等的变化。为此，从企业决策角度看先行指标应该包括：

（1）对企业决策有指导性的价格指数，包括生产者价格指数，主要原材料、燃料、动力购进价格指数，消费品零售价格总指数。

（2）反映在价格信号指导下的企业决策进而影响其后阶段产量的存货变动指标，包括工业企业产成品库存额和工业企业原材料、燃料库存额。

（3）影响企业产量的产品单位成本指数。

2.从企业生产条件角度选择先行指标

生产条件包括劳动力、固定资产和流动资金等。

（1）反映生产中劳动力投入的指标。

该指标国外有采用制造业加班加点时间的；有采用制造业生产工人平均工作周数的。在我国，有人提出采用后者，但也有人认为目前尚无实证分析说明我国制造业的劳动投入先行于经济波动。再说，在生产中劳动投入的数量和质量变动同产出水平变动在逻辑关系上主要是同时的。选用劳动力投入指标作为生产条件先行指标要慎重。

（2）反映固定资产投资状况的指标。

从我国几十年经济发展的实践看，投资是经济发展的主要推动力，即高速的增长主要依靠固定资产和劳动量的投入来维持。经济增长中出现的波动绝大多数来自投资与积累量的变动。固定资产投资来自国家投资和企业自筹投资，其中企业自筹投资多少又取决于企业经济活动结果和投资环境，显然投资环境先行于经济产量变动。所以，反映固定资产投资状况的先行指标应是国家投资额和资金利润率。

（3）反映工业企业流动资金占用状况的指标。

这类指标主要包括劳动报酬，原材料，燃料储备，在制品、半成品库存和产成品库存等方面的占用。严格地讲，应该分别考虑各方面占用与经济波动的逻辑关系，选定先行指标。考虑到这些占用变动中，原材料、燃料储备占用变动振幅大，且在逻辑上先行于经济循环波动，所以，一般仍选用工业企业流动资金占用指标为先行指标。

3.从企业环境约束角度选择先行指标

企业环境约束来自能源、原材料、货物运输、商业、金融等方面，可以考虑选择的先行指标有：能源方面，一次能源生产量、发电量；主要原材料方面，钢材、线材、水泥、木材等产量；货物运输方面，铁路货运量与货物周转量、水路货运量与货物周转量；商业方面，国内工业品纯采购量、期末库存额、国内纯销售量；金融方面，居民储蓄存款、工业贷款、商业贷款、物资供销费款、现金流通量、货币流通量、存款准备金。

综上所述，先行指标选择应该符合经济上的合理性、统计上的充分性和实际运行与经济周期时序关系的确定性等原则。即通过市场调查，按照它们过去与当前情况和经济的重要性，有可能证明它们在预示和识别市场经济周期的复苏和衰退时是有用的。为了提高预测的有用性，无论作什么判断，都必须根据相当数量的先行指标统计数据的情况。为此，预警分析中，对先行指标系列的观察结果要进行剔除与修正，调整季节变动影响，以此反映变量稳定关系，然后利用先行指标变量的系列变化估计下期经济运行状态，对其所属的景气状态做出预报。

用先行指标进行预测也存在某些局限性：

（1）先行指标一般可预示行情的转折点，但至多只能指示未来变动方向，对变化幅度难以揭示。

（2）先行指标只是时态上的领先，它只能成为行情上升或下降的先兆，并不一定就是经济周期变动的信号。因为影响行情变化的不仅有周期性因素，还有许多非周期性因素，先行指标的变动往往是两类因素共同作用的结果。

（3）个别先行指标波动频繁，甚至会发生偏离，使观察分析产生困难。用指数将主要先行指标综合化可以减少观察困难。而综合指数是运用数学方法的结果，用何种方法编制指数都会产生由主观分析带来的任意性。

9.6.5　扩散指数法

扩散指数预测法，是根据若干个经济指标的变动，计算出扩散指数，以扩散指数为依据来判断市场未来的发展趋势。

这种方法的具体做法是，选定若干个经济指标，并搜集本期和上期的数值，再对两期的数值加以比较，本期比上期数值大为正，本期比上期数值小为负，正值表示上升，负值表示下降。若以 X 表示上升指标个数、Y 表示下降指标个数、$Z=X+Y$ 表示指标总个数，则 $X/Z\times100\%$ 称为扩散指数，它是用上升指标个数除以指标总个数。以此扩散指数作为预测未来市场的标准，判断市场的未来趋势。这里需要注意的是，经济指标的选定要根据我国的具体情况，符合我国现阶段社会主义市场经济发展的实际。

【例9-14】现假定选择8个经济指标，对某期市场趋势进行预测，其计算见表9-12。

表 9-12 扩散指数计算

指标名称	上期数值	本期数值	本期数值与上期数值之差
1	—	—	+
2	—	—	+
3	—	—	+
4	—	—	–
5	—	—	+
6	—	—	+
7	—	—	+
8	—	—	–

由表 9-12 中计算可见，上升的经济指标数是 6 个，$X=6$，下降的经济指标数是 2 个，$Y=2$，$Z=8$，则扩散指数为：

$X/Z\times100\% = 6/8\times100\% = 75\%$

一般认为，扩散指数达到 50% 以上，表示未来市场需求有上升动向；扩散指数达到 60% 以上，则可判断会出现上升状态；若扩散指数为 50% 以下，则预计市场有下降趋势；若扩散指数为 40% 以下，则市场会出现下降局面；扩散指数达到 75%，说明市场需求会出现较大幅度的上升。

扩散指数预测法的计算周期，可以根据市场预测的需要而定。较长的可以年为周期，较短的可以季、月为周期，采用不同的周期做市场预测，所搜集的经济指标值应与之相适应。

本章小结

本章首先介绍了主观概率预测法的概念、特点和步骤。在此基础上，我们着重介绍了集合意见法、专家意见法、市场调研预测法、类推预测法和预警分析法。

集合意见法，又称集体经验判断法，利用集体的经验、智慧，通过思考分析，判断综合，对事物未来的发展变化趋势做出估计，它是进行短期或近期预测常用的方法，同时也可用于对重大事件进行长期预测。

专家意见法是指企业根据市场预测的目的和要求，向企业内部或外部的有关专家提供一定的背景资料，请他们对市场未来的发展变化做出判断。专家意见法是国内外广泛运用的一种预测方法，在实际应用过程中，主要采用专家会议法和专家小组法两种形式。

市场调研预测法是指采用适当调查方式和方法搜集预测对象的相关信息，运用经验和主观分析判断进行预测的定性预测方法。常用的方法有市场测试法、市场因子推演法、联测法和消费者意图预测法等。

类推预测法是指利用事物之间具有共性的特点，把已发生事物的表现过程类推到后发生或将发生的事物上去，从而对后继事物的前景做出预测的一种方法。类推预测法，依据类推目标，可以分为产品类推法、地区类推法、行业类推法和局部总体类推法。类推法一般适合做中长期预测，适用于新市场的需求预测、潜在购买力和需求量预测、新商品长期的销售变化规律预测等。

预警分析法是指为了使企业在激烈的市场竞争中求得生存和发展，有必要建立一套可行的企业生存风险预警系统，以便有效地控制企业生存风险。预警指标体系，通常包括反映经济周期循环波动的经济循环变量，有先期指标、同步指标和滞后指标。

综合训练

9.1 单项选择题

1.（　　）是预测者根据自己的实践经验和判断分析能力，对某种事件在未来发生的可能性的估计数值。

A.主观概率　B.客观概率　C.条件概率　D.相对概率

2.在市场预测中，预测者在做出自己的判断时，往往要听取各方面专家的意见。预测者为了做出对某种市场现象的合理预测，向各方面专家调查对该市场的意见，我们把这种方法统称为（　　）。

A.主观概率市场预测法　B.专家意见法

C.调查研究市场预测法　D.扩散指数法

3.（　　）是根据若干个经济指标的变动，计算出扩散指数，以扩散指数为依据来判断市场未来的发展趋势。

A.专家意见调查法　B.扩散指数法

C.指标判断法　D.推算市场预测法

4.（　　）是指其变化先于市场变化，并由这些经济指标的变化引起市场的变化。

A.同步指标　B.先行指标

C.绝对指标　D.滞后指标

5.（　　）也称专家小组法，这种方法是采用征询意见表，利用通信方式，向一个专家小组进行调查，将专家小组的判断预测加以集中，利用集体的智慧对市场现象未来做出预测。

A.德尔菲法　B.推算市场预测法　C.专家会议法　D.扩散指数法

9.2 多项选择题

1.根据经济发展指标对市场需求影响关系的关系，可以把经济发展指标分为三类，即（　　）。

A.先行指标　B.同步指标　C.绝对指标

D.滞后指标　E.相对指标

2.下列经济指标中属于先行指标的有（　　）。

A.国民生产总值　B.批发价格指数　C.财政金融政策

D.人口变动趋势　E.消费者支出水平

3.下列经济指标中属于同步指标的有（　　）。

A.消费者支出水平　B.工业生产总值　C.批发价格指数

D.价格政策　E.人口变动趋势

4.德尔菲法具有（　　）的特点。

A.反馈性　B.集思广益　C.广泛性

D.匿名性　E.统一性

5. 下面方法中属于专家意见调查法的有（　　）。

A. 专家会议法　　B. 指标判断法　　C. 德尔菲法

D. 扩散指数法　　E. 专家小组法

9.3 思考题

1. 简述先行指标、同步指标和滞后指标的区别。

2. 集合意见法的预测步骤是什么？

3. 简述主观概率法的步骤。

4. 简述集合意见法预测的步骤。

5. 专家会议法有哪些形式？

6. 进行市场测试包括哪几个步骤？

7. 依据类推目标，可以将类推预测法分为几种类型？

9.4 实践与训练

1. 若用专家小组法预测某年我国家用空调的普及率水平，请回答以下问题：

(1) 应挑选什么样的专家？挑选多少？

(2) 设计一份征询意见表。

(3) 准备怎样处理专家意见？

2. 您准备以注重营养的大学生为目标受试者，为一种新型快餐食品做市场测试。您将如何选择产品的测试市场？您可能选择什么样的城市？为什么选择这些城市？

第10章　回归预测法

学习目标与要求

- 知识点

1. 回归预测的含义。
2. 回归预测的分类。
3. 一元线性回归方程参数的含义。
4. 多元线性回归预测法的含义。
5. 多元线性回归方程参数的含义。

- 技能点

1. 了解一元线性回归预测法的原理。
2. 掌握一元线性回归预测法的基本步骤。
3. 灵活运用一元回归预测法进行预测。
4. 了解多元线性回归预测法的基本步骤。
5. 了解各种非线性回归预测法。

【引导案例】

宝丽来公司

1947年，位于马萨诸塞州坎布里奇市的宝丽来公司创始人埃德文·兰德博士（Dr. Edwin Land）宣布，他们在研究即时显像的技术方面迈出了新的一步，这使得一分钟成像成为可能。紧接着，公司开始拓展用于大众摄影的业务。宝丽来的第一台相机和第一卷胶卷诞生于1949年。在那之后，他们不断地在化学、光学和电子学方面进行试验和发展，以生产具有更高品质、更高可靠性和更为便利的摄影系统。

宝丽来公司的另一项主要业务是为技术和工业提供产品，目前，它正致力于使即时显像技术在现代可视的通信环境下，成为日益完善的成像系统中的关键部分。为此，宝丽来公司推出了多种可进行即时显像的产品，以供专业摄影、工业、科学和医学之用。除此之外，公司还在磁学、太阳镜、工业偏振镜、化工、传统涂料和全息摄影的研制和生产方面有自己的业务。

用于衡量摄影材料感光度的测光计，可以提供许多关于胶片特性的信息，比如它的曝光时间范围。在宝丽来中心感光实验室中，科学家们把即时显像胶片置于一定的温度和湿度下，使之近似于消费者购买后的保存条件，然后再对其进行系统地抽样检验和分析。他们选择专业彩色摄影胶卷，抽取了分别已保存1～13个月不等的胶卷，以便研究它们保存时间和感光速率之间的联系。数据显示，感光速率随保存时间的延长而下降，它们之间相应变动的关系可用一条线性关系近似表示出来。

运用回归分析宝丽来公司建立起一个方程式，它能反映出胶卷保存时间长短对感光速率的影响。

$Y = -19.8 - 7.6x$

式中：Y——胶卷感光率的变动；x——胶卷保存时间（月）。

从这一方程式可以看出，胶卷的感光速率平均每月下降7.6个单位。通过此分析得到的信息，有助于宝丽来公司把消费者的购买和使用结合起来考虑，调整生产，提供顾客需要的胶卷。

10.1 回归预测法概述

客观世界中许多事物、现象和因素彼此关联而构成关系、过程和系统。市场的发展变化由多种因素决定，同时，市场的发展变化也会不同程度地影响这些因素的发展变化。市场经济活动中现象与现象间彼此关联而构成的依存关系，即称为市场变量因果关系。例如，国民经济发展速度与社会商品零售总额之间、企业商品销售量与广告投入水平之间、社会消费品需求量与居民的收入水平之间等，都存在一定的因果关系，但是这种因果关系并不是表现一个变量完全由另一个变量或几个变量完全确定的程度，它们是一种非确定性的关系。这就需要建立一定的市场因果关系数学模型。常用的因果关系模型有很多种，这里着重介绍回归分析预测法。

10.1.1 回归预测法的含义

回归预测法是在分析自变量和因变量之间相关关系的基础上，利用数理统计方法建立因变量与自变量之间的回归方程，来描述它们之间数量上的平均变化关系，并将回归方程作为预测模型，根据自变量的数量变化来预测因变量变化结果的预测方法。

$Y = f(X_1, X_2, \ldots, X_n)$

式中：Y——因变量，也是预测对象；X_i——自变量，也是影响预测对象变化的因素。

因此，建立变量之间有效的回归方程，是回归分析预测法的重要工作，预测结果的准确性主要取决于回归方程的科学性和有效性。

10.1.2 回归预测法的应用条件

在运用回归预测法进行预测时，需要满足以下条件：①市场现象的自变量与因变量之间存在相关关系。②市场现象的自变量与因变量之间必须高度相关。③市场现象的自变量与因变量具备充分的数据资料。

10.1.3 回归预测法的分类

回归分析预测法有多种类型。根据自变量的个数，可以把回归预测分为一元回归预测法和多元回归预测法。在一元回归分析预测法中，只研究一个自变量和一个因变量之间的因果关系。在二元回归预测法中，研究两个自变量和一个因变量之间的因果关系。而在多元回归分析预测法中，研究的是两个以上自变量和一个因变量的因果关系。

根据自变量和因变量之间是否存在线性关系，可以分为线性回归预测和非线性回归预测。线性回归预测法中变量之间的关系表现为直线型，非线性回归预测法中变量之间的关系主要表现为曲线。其中线性回归是市场预测中的一种重要的预测方法，多数非线性回归可以化为线性回归来处理。

综上所述，回归预测法的种类可以概括为图10-1：

- 回归预测法
  - 一元回归
    - 一元线性回归
    - 一元非线性回归
  - 多元回归
    - 多元线性回归
    - 多元非线性回归

图10-1　回归预测法的种类归纳

10.2　一元线性回归预测法

当影响某一现象变化的众多因素中有一个最基本并起到决定性作用的因素，且自变量与因变量的分布呈线性趋势的回归，此情况下用回归方法进行预测就是一元线性回归预测。

10.2.1　一元线性回归预测法的基本原理

一元线性回归是只涉及一个自变量的回归问题，设有两个变量x和y，变量y的取值随变量x取值的变化而变化，我们称y为因变量，x为自变量。如果因变量y与某一个主要影响因素（自变量x）之间存在着较为密切的线性相关关系，则可依据一定数量的观察样本（x_i,y_i）（i=1，2，3，…，n），确定回归直线方程：

$$\hat{y}=a+bx$$

式中：$\hat{y}$——回归估计值或拟合值；a——回归直线在纵轴上的截距，是当$x=0$时y的期望值；b——回归直线的斜率，它表示当x每变动一个单位时，y的平均变动幅度。

对于第i个x值，估计的回归方程表示为：

$$\hat{y}_i=a+bx_i$$

对于x和y的n对观察值，用于描述其关系的直线有多条，我们必须选择距离各观测点最近的一条直线。因此，用普通最小二乘法可以得到回归参数a和b的理想估计值，此时因变量的观察值y_i与估计值$\hat{y}_i$之间的离差平方和达到最小。

根据最小二乘法，使$\sum(y_i-\hat{y}_i)^2=\sum(y_i-a-bx_i)^2$的值最小，令$Q=\sum(y_i-\hat{y}_i)^2$，在给定了样本数据后，$Q$是$a$和$b$的函数，且最小值总是存在。根据微积分的极值定理，对Q求相对于a和b的偏导数，并令其等于0，便求出a和b，a和b必须满足下列方程组：

$$\begin{cases}\sum_{i=1}^{n}y_i=na+b\sum_{i=1}^{n}x_i\\ \sum_{i=1}^{n}x_iy_i=a\sum_{i=1}^{n}x_i+b\sum_{i=1}^{n}x_i^2\end{cases}$$

解上述方程组，得：

$$\begin{cases}a=\bar{y}-b\bar{x}\\ b=\dfrac{n\sum_{i=1}^{n}x_iy_i-\sum_{i=1}^{n}x_i\sum_{i=1}^{n}y_i}{n\sum_{i=1}^{n}x_i^2-(\sum_{i=1}^{n}x_i)^2}\end{cases}$$

将求出的a和b代入公式就可得到回归直线$\hat{y}=a+bx$，那么，只要给定x_i的值，就可以用$\hat{y}_i$作因变量y_i的预测值。

10.2.2 一元线性回归预测法的基本步骤

1.根据预测目的，确定自变量和因变量

根据预测目的，找出影响预测目标的相关因素，并判断出主要的影响因素，即自变量与因变量。因变量是我们的预测目标，自变量是引起预测目标发生相应变化的各种影响因素。由于影响因变量的因素可能很多，也比较复杂，因此，一般选择与因变量关系最为密切的因素作为自变量。

2.绘制散点图，观察变量之间的变化关系

收集自变量与因变量的历史数据，在直角坐标系中绘制相应的散点图，从散点图所示的形态判断是否可以拟合线性回归模型。

3.确定回归方程，建立预测模型

根据自变量与因变量之间的因果关系，利用散点图，按照回归分析的基本原理，利用最小二乘法将模型中的各种系数确定下来。

4.对回归模型进行检验和评价

对于任何给定的一组样本资料，用最小二乘法都可以计算出模型中的参数。但是，最终建立的回归方程并非一定有实用意义，必须对回归模型进行相应的检验，包括相关分析、方差分析和显著性检验。相关分析是借助于统计方法计算样本的自变量与因变量的相关系数，说明变量之间的线性相关密切程度，并通过相关系数显著性检验指出这种线性相关密切程度的显著性水平。方差分析是分析自变量与因变量线性相关关系对因变量的变化的影响程度，并通过F显著性检验指出反映自变量与因变量线性相关关系的回归方程式的显著性水平。只有通过相关系数显著性检验和F显著性检验，才能说明建立的线性回归方程具有实际意义。

（1）相关系数的计算及检验。

为了验证回归直线的拟合效果，需要使用统计的方法对两个变量的相关程度进行显著性检验，检验的方法如下。

①计算相关系数。相关系数是用来衡量两个变量之间是否存在线性相关以及相关程度的强弱。其计算公式为：

$$r=\frac{n\sum xy-\sum x\sum y}{\sqrt{n\sum x^2-(\sum x)^2}\sqrt{n\sum y^2-(\sum y)^2}}\quad(0\leqslant|r|\leqslant1)$$

②由于相关系数是利用了所观察的样本资料计算得到，它所说明的线性相关密切程度对总体是具有5%还是10%的显著性，即有95%还是90%的置信度，需要进行检验。检验的步骤如下：

第一步：选择检验的显著性水平α。在进行经济预测时，α通常选择5%或10%。

第二步：根据α的值和$(n-k)$，k为变量的个数，查相关系数临界值表，得到临界值r_α。

第三步：做出判断。若$|r|\geqslant r_\alpha$，表明两个变量之间存在显著性线性相关关系，检验通过；若$|r|\leqslant r_\alpha$，则表明两个变量之间不存在显著性线性相关关系，用历史资料计算的r具有偶然性。

（2）回归方程的显著性检验。

回归方程的显著性检验主要就是F检验，关键是构造F统计量，该统计量的构造是以回归平方和（SSR）以及残差平方和（SSE）为基础的。将SSR除以其相应的自由度（自变量的个数m，一元线性回归中自由度为1）后的结果称为均方回归，记为MSR；将SSE除以其相应的自由度（$n-m-1$，一元回归中自由度为$n-2$）后的结果称为均方残差，记为MSE。如果原假设成立，则比值MSR/MSE的抽样分布服从分子自由度为1、分母自由度为$n-2$的F分布，即：

$$F=\frac{SSR/1}{SSE/n-2}=\frac{MSR}{MSE}\sim F(1,n-2)$$

式中：$SSR=\sum(\hat{y}_i-\bar{y})^2$，$SSE=\sum(y_i-\hat{y}_i)^2$。

F检验的步骤为：

第一步：选择检验的显著性水平α。

第二步：根据α以及分子的自由度m和分母的自由度$n-m-1$，通过查F分布表得到临界值F_α的值。

第三步：将计算得到的F和F_α做出比较判断。

若$F>F_\alpha(m,n-m-1)$，则认为回归预测模型是显著的，回归预测模型中所含自变量的变化足以解释因变量的变化，即在显著性水平α上，从总体看回归预测模型是有效的。若$F<F_\alpha(m,n-m-1)$，则认为回归预测模型没有达到显著性水平，回归预测模型中所含自变量的变化不足以解释因变量的变化，即在显著性水平α上，从总体看回归预测模型是无效的。显而易见，只有回归预测模型在一定的显著性水平α上是有效的，才能用它来进行预测；反之，则不能用它来进行预测。

5.求出置信区间，进行预测和控制

按照线性回归方程所确定的预测值是一个点值，实际值可能高于它也可能低于它。置信区间是根据给定的某一显著性水平的线性回归方程得出的预测值可能出现的范围。

在实际预测活动中，我们所计算出来的预测值是一个估计值，它不可能正好等于实际值，这样预测值与实际值之间总会存在误差。为此，除了计算出预测值外，我们还需要确定预测值可能的范围，即置信区间。我们将此误差称为回归标准误差，通常用S_y来表示，其计算公式为：

$$S_y=\sqrt{\frac{\sum(y_i-\hat{y}_i)^2}{n-m-1}}=\sqrt{\frac{SSE}{n-m-1}}=\sqrt{MSE}$$

在此基础上计算的置信区间公式为：

$$\hat{y}_0\pm t_{\alpha/2}S_y\sqrt{\frac{1}{n}+\frac{(x_0-\bar{x})^2}{\sum_{i=1}^{n}(x_i-\bar{x})^2}}$$

式中：x_0——自变量x的一个特定值或给定值；$\hat{y}_0$——估计值；$t_{\alpha/2}(n-m-1)$——自由度为$n-m-1$的t分布临界值。

10.2.3　一元回归预测法的应用

【例10-1】某地区9年农民人均月收入和该地区相应年份的销售额资料见表10-1。试分析该地区农民月收入对该地区销售额有无显著作用？如果该地区2018年的人均月收入为4 700元，估计该地区销售额将为多少？如果希望该地区的销售额达到2 000万～3 000

万元，那么该地区人均年收入应为多少元？

表 10-1 某地区2009—2017年农民人均月收入及该地区销售总额

年份	序号	人均月收入（千元）	销售总额（百万元）
2009	1	1.5	4.8
2010	2	1.8	5.7
2011	3	2.4	7.0
2012	4	3.0	8.3
2013	5	3.5	10.9
2014	6	3.9	12.4
2015	7	4.4	13.1
2016	8	4.8	13.6
2017	9	5.0	15.3

解：（1）设人均月收入为自变量x，销售总额为因变量y。根据9组观察资料作散点图，如图10-2所示。

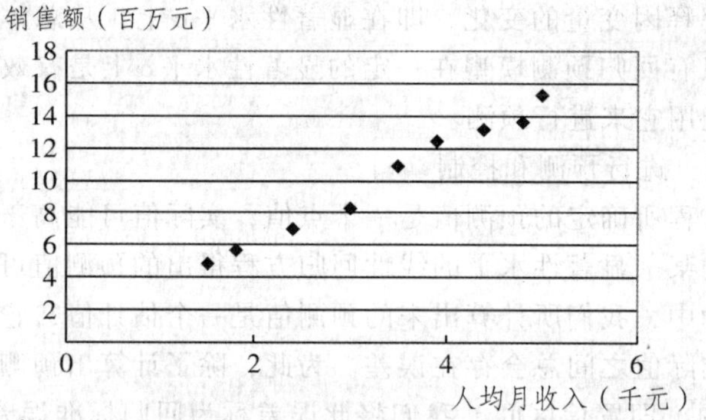

图 10-2 农民月收入与当地销售额之间的散点图

（2）由散点图可知，该地区的销售额随着农民月收入的增加而增加，且呈现线性增长趋势，符合一般规律。故能根据观察资料寻求最佳拟合回归直线$\hat{y}=a+bx$。

（3）按照回归分析直线方程参数公式计算a和b。为了计算方便，可以列表10-2，代入公式，计算得：

$$b=\frac{n\sum x_iy_i-\sum x_i\sum y_i}{n\sum x_i^2-(\sum x_i)^2}=\frac{9\times 345.09-30.3\times 91.1}{9\times 115.11-30.3^2}=2.9303$$

$$a=\bar{y}-b\bar{x}=\frac{91.1}{9}-2.9303\times\frac{30.3}{9}=0.2568$$

故一元线性回归方程为：

$$\hat{y}=0.2568+2.9303x$$

上述模型表明农民人均月收入与该地区销售额的变化关系，其中b表示农民月收入每增加1 000元，该地区销售额平均增加2 930 300元。

表10-2 **相关计算结果**

年 份	人均月收入（千元）x_i	销售总额（百万元）y_i	x_iy_i	x_i^2	y_i^2	$\hat{y}_i$
2009	1.5	4.8	7.20	2.25	23.04	4.65
2010	1.8	1.57	10.26	3.24	32.49	5.53
2011	2.4	7.0	16.80	5.76	49.00	7.29
2012	3.0	8.3	24.90	9.00	68.89	9.05
2013	3.5	10.9	38.15	12.25	118.81	10.51
2014	3.9	12.4	48.36	15.21	153.76	11.69
2015	4.4	13.1	57.64	19.36	171.61	13.15
2016	4.8	13.6	65.28	23.04	184.96	14.32
2017	5.0	15.3	76.50	25.00	234.09	14.91
合 计	30.3	91.1	345.09	115.11	1 036.65	91.10

（4）进行显著性检验。

①相关系数的计算及检验。

将表10-2的相关结果代入公式得到r的值：

$$r=\frac{n\sum xy-\sum x\sum y}{\sqrt{n\sum x^2-(\sum x)^2}\sqrt{n\sum y^2-(\sum y)^2}}=\frac{9\times 345.09-30.3\times 91.1}{\sqrt{9\times 115.11-30.3^2}\sqrt{9\times 1\,036.65-(91.1)^2}}$$
$$=\frac{345.48}{10.8582\times 32.1036}=0.9911$$

$r\to 1$，说明农民的人均月收入与当地的销售额之间具有高度正相关关系。

然后对相关系数进行检验。本例中，α取0.05，自由度为$n-2=7$，查相关系数临界值表得$r_\alpha=0.666$，由于$|r|\geqslant r_\alpha$，所以在5%的显著性水平上，检验通过。说明农民人均月收入与当地的销售总额之间存在显著性线性相关关系。

②回归方程的显著性检验。

本例中，计算得$F=\dfrac{SSR/1}{SSE/n-2}=\dfrac{112.4837/1}{2.031878/7}=387.5163$

通过查F分布表得到$F_{0.05}(1,7)=5.59$，$F>F_\alpha$，所以我们认为从总体上看，该地区农民人均月收入与销售总额之间线性关系具有5%的显著水平，回归分析建立的回归方程对总体而言，预测或控制有效性达到95%。

（5）求出置信区间，进行预测和控制。

①预测应用。

本例中要求预测当人均年收入为4 700元时该地区的总消费额。将x_0=4 700元代入回归方程$\hat{y}=0.2568+2.9303x$中得到，$\hat{y}_0=14.0292$百万元。置信度95%的置信区间为：

$$\hat{y}_0\pm t_{\alpha/2}S_y\sqrt{\frac{1}{n}+\frac{(x_0-\bar{x})^2}{\sum_{i=1}^{n}(x_i-\bar{x})^2}}=14.0292\pm 2.3646\times 0.5388\sqrt{\frac{1}{9}+\frac{1.7777}{13.1}}$$
$$=14.0292\pm 0.6329$$

因此，当农民人均月收入为4 700元时，该地区总消费的置信区间为（1 339.63，1 466.21）万元。

②控制应用。

本例希望将总消费额控制在2 000万元～3 000万元之间，在95%的置信度下，确定农民人均月收入的区间。

此时建立联立方程组：

$$20 = 0.2568 + 2.9303x_1 - 0.6329$$

$$30 = 0.2568 + 2.9303x_2 + 0.6329$$

解得：

$x_1 = 6.9536$千元，$x_1 = 9.9342$千元。

该地区农民人均月收入应控制在6 953.6元～9934.2元之间，该地区的总消费额才能达到2 000万元～3 000万元。

10.3 多元线性回归预测法

多元线性回归预测法也称复相关回归分析市场预测法，是用相关回归分析法对多个自变量与一个因变量之间的相关关系进行分析，建立多元回归方程作为预测模型，对市场现象进行预测的方法。

10.3.1 建立多元线性回归模型的准则

建立多元线性回归模型的准则主要为：①自变量对因变量必须有显著的影响，并呈密切的线性相关。②自变量与因变量之间的线性相关必须是真实的，而不是形式上的。③自变量之间应具有一定的互斥性，即自变量之间的相关程度不应高于自变量与因变量之间的相关程度。④自变量应具有完整的统计数据，其预测值容易确定。

10.3.2 基本原理及回归系数的计算方法

多元回归分析方法的基本原理与一元回归分析类似，也是利用最小二乘法使回归预测值与实际值之间的总偏差平方和最小，求出多元线性回归预测模型的回归系数，达到多元线性回归方程与实际观察数据点的最佳拟合。但是与一元回归分析相比，多元线性回归预测法的分析过程更为复杂。这里，简要介绍其基本模型的参数估计的基本原理。

设因变量为y，k个自变量分别为$x_1,x_2,\cdots,x_k$，经定性分析，自变量与因变量之间确实存在线性因果关系，则多元线性回归方程为：

$$\hat{y} = b_0 + b_1x_1 + b_2x_2 + \cdots + b_kx_k$$

式中：b_0——常数项；b_1，b_2，…，b_k——偏回归系数。b_1表示当x_2，x_3，…，x_k不变时，x_1每变动一个单位，y的平均变动；b_2表示当x_1，x_3，…，x_k不变时，x_2每变动一个单位，y的平均变动幅度，其余偏回归系数的含义类似。

根据最小二乘法使$\sum(y_i - \hat{y}_i)^2 = \sum(y_i - b_0 - b_1x_1 - b_2x_2 - \cdots - b_kx_k)^2$的值达到最小。令$Q = \sum(y_i - \hat{y}_i)^2$，在给定了样本数据后，$Q$是$b_0$，$b_1$，$b_2$，…，$b_k$的函数，且最小值总是存在。根据微积分的极值定理，对Q求相应于b_0，b_1，b_2，…，b_k的偏导数，并令其等于0，便求出b_0，b_1，b_2，…，b_k。b_0，b_1，b_2，…，b_k必须满足下列方程组：

$$\sum y = nb_0 + b_1\sum x_1 + b_2\sum x_2 + \cdots + b_k\sum x_k$$
$$\sum x_1 y = b_0\sum x_1 + b_1\sum x_1^2 + b_2\sum x_1x_2 + \cdots + b_k\sum x_1x_k$$
$$\sum x_2 y = b_0\sum x_2 + b_1\sum x_2x_1 + b_2\sum x_2^2 + \cdots + b_k\sum x_k^2$$
………………
$$\sum x_k y = b_0\sum x_k + b_1\sum x_kx_1 + b_2\sum x_kx_2 + \cdots + b_k\sum x_k^2$$

解方程组可求得参数b_0，b_1，b_2，…，b_k。

求解上述方程组需要借助计算机，可直接由Excel得出回归结果。

10.3.3　多元回归预测法的应用

下面以二元回归预测为例，介绍多元回归预测法的应用步骤。

对于二元回归方程，求解回归参数的标准方程组为：

$$\begin{cases}\sum y = nb_0 + b_1\sum x_1 + b_2\sum x_2 \\ \sum x_1 y = b_0\sum x_1 + b_1\sum x_1^2 + b_2\sum x_1x_2 \\ \sum x_2 y = b_0\sum x_2 + b_1\sum x_1x_2 + b_2\sum x_2^2\end{cases}$$

1.拟合程度的测定

采用多重可决系数R2，计算公式为：

$$R^2 = \frac{\sum(\hat{y}-\bar{y})^2}{\sum(y-\bar{y})^2}$$
$$= 1 - \frac{\sum(y-\hat{y})^2}{\sum(y-\bar{y})^2}$$

其中：

$$\sum(y-\hat{y})^2 = \sum y^2 - (b_0\sum y + b_1\sum x_1y + b_2\sum x_2y + \cdots + b_k\sum x_ky)$$
$$\sum(y-\bar{y})^2 = \sum y^2 - \frac{1}{n}(\sum y)^2$$

2.估计标准误差

$$s_y = \sqrt{\frac{\sum(y-\hat{y})^2}{n-k-1}}$$
$$v_s = s_y/\bar{y}$$

其中：k为多元线性回归方程中的自变量的个数。

3.回归方程的显著性检验

采用F检验，F统计量的计算公式为：

$$F = \frac{\sum(\hat{y}-\bar{y})^2/k}{\sum(y-\hat{y})^2/n-k-1}$$
$$= \frac{R^2/k}{(1-R^2)/n-k-1}$$

根据给定的显著水平a，自由度（$k,n-k-1$）查F分布表，得到相应的临界值F_a，若$F>F_a$，则回归方程具有显著意义，回归效果显著；若$F<F_a$，则回归方程无显著意义，回归效果不显著。

4.回归系数的显著性检验

检验时先计算统计量t_i，然后根据给定的显著水平a、自由度$n-k-1$查t分布表，得到临界值t_α或$t_{\alpha/2}$，$t>t_\alpha$或$t>t_{\alpha/2}$，则回归系数b_i与0有显著差异；反之，则与0无显著差异。

统计量t的计算公式为：

$$t_i = \frac{b_i}{s_y\sqrt{C_{ij}}} = \frac{b_i}{s_{bi}}$$

【例10-2】根据市场调查结果和分析判断，某地区商品销售额与该地区居民当年人均GDP和上年人均GDP有着紧密联系。表10-3显示的是某城市2×01—2×15年居民年人均GDP和上年人均GDP资料。

表10-3 **某市社会消费品零售额和人均GDP数据**

年份	年序（t）	社会消费品零售额（亿元）	人均GDP（元/人）	上年人均GDP（元/人）
2×01	1	74.5	1 356	1 104
2×02	2	81.1	1 513	1 356
2×03	3	83.3	1 634	1 513
2×04	4	94.2	1 880	1 634
2×05	5	109.9	2 286	1 880
2×06	6	124.6	2 930	2 286
2×07	7	162.7	3 923	2 930
2×08	8	206.2	4 854	3 923
2×09	9	247.7	5 576	4 854
2×10	10	273.0	6 054	5 576
2×11	11	291.6	6 308	6 054
2×12	12	311.4	6 552	6 308
2×13	13	341.6	7 086	6 552
2×14	14	366.5	7 654	7 086
2×15	15	383.5	7 988	7 654

解：根据表10-3数据，我们以社会消费品零售额作因变量y，上年人均GDP_{t-1}和时间变量t作为自变量，建立二元线性回归模型作预测分析，估计的模型如下：

$y_t = 15.319 + 0.041$ 人均 $GDP_{t-1} + 3.396T$

（3.881）　（9.279）（1.443）

R^2=0.997 F=1704.49 sy=7.22

以上建立的二元线性回归模型通过了所有的统计检验，表明用人均GDP_{t-1}和时间变量T来解释社会消费品零售额的变化是合适的。将本年度的人均GDP7 988元和下年度的时间变量T=16，代入上述二元线性回归模型，可求得社会消费品零售额的预测值为：

$\hat{y}_{16} = 15.319 + 0.041 \times 7\,988 + 3.396 \times 16 = 397.16$（亿元）

10.4 非线性回归预测法

在市场预测中，常会遇到这样的情况，自变量与因变量之间从散点图观察呈非线性关系，因此，需要进行非线性回归分析预测。

非线性回归分析预测与线性回归分析预测的思路基本一致。不过，非线性回归分析预测首先要将非线性回归问题进行线性转换，找到线性关系，然后再利用线性回归的理论方法进行分析。

在对实际数据进行回归分析预测时，选择具体形式应符合以下要求：

首先，方程形式应与经济学的基本理论相一致。例如，采用幂函数的形式，才能够较好地表现生产函数。

其次，方程要有较高的拟合程度。只有这样，才能说明回归方程较好地反映了实际情况。

最后，方程的数学形式要尽可能简单。一般来说，数学形式越简单，可操作性就越强。

下面简单介绍几种主要的非线性回归函数形式。

10.4.1 指数回归方程

当自变量x做等差的增加或减少时，因变量y随之做等比的增加或减少，则x与y之间的关系为指数函数关系，可以拟合指数曲线模型，其回归方程为：

$$\hat{y}=ab^x$$

式中：a和b为待估参数。

这种曲线被广泛应用于描述客观现象的变动趋势。例如，单位产品成本随产量的增加而降低。

对等式两边取对数，即：

$$\lg\hat{y}=\lg a+x\lg b$$

设$\lg\hat{y}=y'$，$\lg a=a'$，$\lg b=b'$，则可得到简单线性模型：

$$y'=a'+b'x$$

再根据最小二乘法原理，得到：

$$\begin{cases}\sum y'=na+b'\sum x\\ \sum xy'=a'\sum x+b'\sum x^2\end{cases}$$

其中$y'=\lg\hat{y}$，代入数据即可解出a'和b'的值。由于$\lg a=a'$，$\lg b=b'$，所以对a'和b'分别求反对数即可得到指数曲线模型的参数a和b。

大部分常见的非线性回归模型，基本上都可以找到相应的变量转换的方法，使之转化为线性回归方程再对其参数求解。其他几种曲线模型转化为线性方程后参数的求解方法可参照指数曲线。

10.4.2 抛物线回归方程

抛物线方程的形式为：

$$\hat{y}=b_0+b_1x+b_2x^2$$

式中：b_0、b_1、b_2为参数。

设$x_1=x,x_2=x^2$，则得到：

$$y=a+bx_1+cx_2$$

这是一个二元线性回归模型，按照前面所述二元线性回归模型的参数求解方法，即可得到拟合的抛物线回归方程。

10.4.3 幂函数回归方程

幂函数方程的一般形式是：

$$\hat{y}=b_0x^{b_1}$$

式中：b_0和b_1为参数。

两边同时取对数：

$$lg\,\hat{y}=lgb_0+b_1\lg x$$

令$\lg\hat{y}=y'$，$\lg b_0=b$，,$\lg x=x'$，则：

$y'=b_0+b_1x'$

10.4.4 双曲线回归方程

双曲线函数形式如下：

$$\frac{1}{\hat{y}}=b_0+b_1\frac{1}{x}$$

式中：b_0和b_1为参数。

令$y'=\frac{1}{\hat{y}},x'=\frac{1}{x}$，则线性回归方程为：

$y'=b_0+b_1x$

【例10-3】某企业第1至10年产品产量与单位产品成本的统计资料见表10-4。试建立适当的回归模型，并根据第11年产品产量对单位产品成本进行预测。

表10-4 单位成本与产品产量双曲线回归计算表

年 份	单位成本（千元/台）	产品产量（万台）	$\hat{y}$	e
1	6.4	0.7	6.75	−0.35
2	4.5	1.5	3.53	0.97
3	2.7	2.1	2.72	−0.02
4	2.1	2.9	2.16	−0.06
5	1.8	3.4	1.95	−0.15
6	1.5	4.3	1.69	−0.19
7	1.4	5.5	1.47	−0.07
8	1.3	6.4	1.37	−0.07
9	1.3	6.9	1.32	−0.02
10	1.2	7.8	1.25	−0.05

解：根据生产实际考察，一般单位产品成本与产量之间成反比例关系，两者大致呈双曲线相关的形式，因而可配合双曲线回归模型：

$$\hat{y}=0.7047+4.2309\frac{1}{x}$$

$R^2=0.9572$ SE=0.377

由于可决系数为0.9572，估计标准差为0.377，相对标准差只有1.56%，表明双曲线回归模型拟合优度很高，单位产品成本与总产量之间的双曲线相关关系密切。因而模型可应用于预测和控制。若第11年总产量计划为8.5万台，则单位产品成本预测值为：

$$\hat{y}=0.7047+4.2309\times\frac{1}{8.5}=1.2025$$（千元/台）

若单位产品成本控制在1 000元/台，则总产量应达到：

$$1=0.7047+4.2309\frac{1}{x}$$

$x=14.33$（万台）

本章小结

本章首先介绍了回归预测的含义和分类。回归分析预测法的分类角度有多种，本书只介绍两个角度：一是根据自变量的个数，可以分为一元回归预测法和多元回归预测法；二是根据自变量和因变量之间是否存在线性关系，可以分为线性回归预测和非线性回归预测。

在此基础上，我们着重介绍了一元线性回归预测法。一元线性回归是只涉及一个自变量的回归问题，并且因变量y与某一个主要影响因素（自变量x）之间存在着较为密切的线性相关关系。一元线性回归预测法的步骤主要有：根据预测目的，确定自变量和因变量；绘制散点图，观察变量之间的变化关系；确定回归方程，建立预测模型；对回归模型进行检验和评价；求出置信区间，进行预测和控制。

然后介绍了多元线性回归预测法，多元线性回归预测法也称复相关回归分析市场预测法，是用相关回归分析法对多个自变量与一个因变量之间的相关关系进行分析，建立多元回归方程作为预测模型，对市场现象进行预测的方法。多元回归分析方法的基本原理与一元回归分析类似，也是利用最小二乘法求出回归系数，但是与一元回归分析相比，多元线性回归预测法的分析过程更为复杂。

最后简单介绍几种主要的非线性回归函数形式，包括：指数回归方程、抛物线回归方程、幂函数回归方程、双曲线回归方程等。

综合训练

10.1　单项选择题

1. 回归预测模型$Y=f(X_1,X_2,\cdots,X_n)$中，我们称预测对象为（　　）。

A. 自变量　　B. 因变量　　C. 调节变量　　D. 控制变量

2. 回归直线方程$\hat{y}=a+bx$中，参数b的含义是（　　）。

A. 截距　　B. 当 x=0 时，y的期望值

C. 斜率　　D. 当 x 每变动一个单位时，y 的变动

3. 多元线性回归方程$\hat{y}=b_0+b_1x_1+b_2x_2+\cdots+b_kx_k$中，$b_1$表示（　　）。

A. 当x_2，x_3，…，x_k不变时，x_1每变动一个单位，y的平均变动

B. 当x_2，x_3，…，x_k不变时，x_1每变动一个单位，y的变动

C. x_1每变动一个单位，y的平均变动

D. x_1每变动一个单位，y的变动

4. 多元回归分析预测法中，研究的是（　　）。

A. 两个自变量和一个因变量的因果关系

B. 两个自变量和两个因变量的因果关系

C. 两个以上自变量和一个因变量的因果关系

D. 两个以上自变量和两个以上因变量的因果关系

5. 回归分析预测法有多种类型，可根据自变量的个数，分为（　　）。

A. 线性回归预测法和非线性回归预测模法

B. 一元回归预测法和多元回归预测法

C. 线性回归预测法和一元回归预测法

D. 非线性回归预测法和一元线性回归预测法

10.2　多项选择题

1. 回归预测法包括的种类有（　　）。

A.一元线性模型　　B.双曲线回归模型
C.多元线性模型　　D.多元非线性模型
E.幂函数回归模型

2.相关回归分析预测法的应用条件有（　　）。
A.因变量与自变量之间存在相关关系
B.因变量与自变量之间的相关程度没有要求
C.因变量与自变量之间必须高度相关
D.自变量和因变量具备系统的数据资料
E.自变量和因变量的数据可以不完备

3.在对实际数据进行非线性回归分析时，选择具体形式应符合以下要求（　　）。
A.方程形式应与经济学的基本理论相一致
B.方程要有较高的拟合程度
C.方程要通过显著性检验
D.方程的数学形式没有特殊要求
E.方程的数学形式要尽可能简单

4.建立多元线性回归模型的准则有（　　）。
A.自变量对因变量必须有显著的影响，并呈密切的线性相关
B.自变量与因变量之间的线性相关必须是真实的，而不是形式上的
C.自变量之间应具有一定的互斥性
D.自变量之间的相关程度不应高于自变量与因变量之间的相关程度
E.自变量应具有完整的统计数据，其预测值容易确定

5.一元回归预测法的基本步骤包括（　　）。
A.确定自变量和因变量　　B.绘制散点图
C.确定回归方程　　D.对回归模型进行检验和评价
E.求出置信区间，进行预测

10.3　思考题

1.以一元线性回归分析为例说明回归分析法进行预测的基本步骤。为什么进行统计检验？说明相关系数、F检验、回归标准差等统计检验的意义。

2.简述回归预测法的分类。

3.一元线性回归预测法都包括哪几个步骤？

4.建立多元线性回归模型的准则有哪些？

5.非线性回归预测模型都包括哪些类型？

10.4　实践与训练

1.某公司产品连续几年的促销开支（单位：万元）为15，20，25，30，35，40，45；相对应的销售量数据（单位：万元）为330，345，365，405，445，490，455。试建立销售量与产品促销费用之间的线性回归方程，并计算标准误差。

2.设某公司每周广告费支出和每周的销售额数据见表10-5：

（1）广告费支出与销售额之间是否存在显著的相关关系？

（2）计算回归模型参数。

表 10-5 **某公司每周广告费支出和每周的销售额数据**

每周广告费支出（元）	4 100	5 400	6 300	5 400	4 800	4 600	6 200	6 100	6 400
每周销售额（万元）	12.5	13.8	14.3	14.3	14.5	13.0	14.0	15.0	15.8

（3）回归模型能解释销售额变动的比例有多大？

（4）如果下一周的广告费支出为6 700元，试预测下一周的销售额为多少？（取显著性水平 $\alpha = 0.05$）

3. 某企业人事部门想利用职工的年龄和经验作自变量来分析预测他们的技术水平。表10-6所列的数据是来自一个由15名职工构成的随机样本。

表 10-6 **某企业15名职工的随机样本数据**

技术水平（Y）	经验（X_1）	年龄（X_2）
15	0	21
15	0	18
21	0	22
28	1	24
30	1	25
35	1	25
40	1	26
35	2	34
30	2	25
45	2	38
50	3	44
60	3	51
45	4	39
60	4	54
50	5	55

（1）求多元线性回归方程。

（2）计算判定系数。

（3）解释回归模型中参数的含义并作统计检验。

（4）当 $X_1 = 3$、$X_2 = 50$ 时，求 Y 的置信度为95%的置信区间。

4. 某县某年各百货商店年商品销售额和商品流通费率数据资料见表10-7，试建立适当的回归预测方程，并预测该县某个百货商店的计划销售额扩大到28.5万元时流通费率可降低至多少？

表 10-7 **某县某年各百货商店年销售额和商品流通费率一览表**

销售额（万元）	1.5	4.5	7.5	10.5	13.5	16.5	19.5	22.5	25.5
商品流通费率（%）	7.0	4.8	3.6	3.1	2.7	2.5	2.4	2.3	2.2

第11章　时间序列预测法

学习目标与要求

● 知识点

1.时间序列的四种变动形式。

2.简单平均法的含义及形式。

3.移动平均法的含义及形式。

4.趋势延伸法的含义及形式。

5.指数平滑法的含义及特点。

6.季节指数法的含义及特点。

● 技能点

1.掌握时间序列分析法的步骤。

2.掌握各种预测方法的计算公式。

3.掌握各种预测方法的实际应用。

【引导案例】

美国内达华职业健康诊所保险理赔

美国内华达职业健康诊所（Nevada Occupational Health Clinic）是一家私人医疗诊所，它位于内华达州的Sparks市。这个诊所专攻工业医疗，并且在该地区经营已经超过15年。1991年初，该诊所进入了业绩增长的阶段。在其后的26个月里，该诊所每个月的账单收入从57 000美元增长到超过300 000美元。直至1993年4月6日，当诊所的主建筑物被烧毁时，诊所的收入一直经历着戏剧性的增长。诊所的保险单包括实物财产和设备，也包括出于正常商业经营的中断而引起的收入损失。确定实物财产和设备在火灾中的损失额，受理财产的保险索赔要求是一个相对简单的事情。但是确定在进行重建诊所的7个月中，收入的损失额是很复杂的，它涉及业主和保险公司之间的讨价还价。对如果没有发生火灾，诊所的账单收入“将有什么变化职业健康诊所（Nevada Occupational Health Clin7个月的停业期间将要实现的营业增长。火灾之前的账单收入的实际历史资料，将为拥有线性趋势和季节成分的预测模型提供基础资料。这个预测模型使诊所得到损失收入的一个准确的估计值，这个估计值最终被保险公司接受。这是一个时间数列分析方法在保险业务中的成功案例。这个案例中的时间序列分析方法的统计思想对现代经济管理同样具有重要的启迪和现实意义。例如，对于企业销售收入和销售成本的预测，我们当然要观察过去的实际资料，根据这些历史资料，我们可以对其发展水平、发展速度进行分析，也可能得到销售的一般水平或趋势，如销售收入随时间增长或下降的趋势；对这些资料的进一步观察，还可能显示一种季节轨迹，如每年的销售高峰出现在第三季度，而销售低谷出现在第一季度。通过观察历史资料，可以对过去的销售轨迹有较好的了解，因此对产品的未来销售情况，可以做出较为准确、公正的判断。时间序列分析，能反映客观事物的发展变化，能揭示客观事物随时间演变的趋势和规律。

11.1　时间序列预测法概述

时间序列是指将历史资料和数据，按时间顺序排成一系列，根据时间序列所反映的经济现象的发展过程、方向和趋势，将时间序列外推或延伸，以预测经济现象未来可能达到的水平。因此，时间序列分析法也称为历史延伸法或趋势外推法。

11.1.1　时间序列分析法的原理

时间序列分析法遵循连续性原理，即认为事物发展是连续的，从过去到现在并发展到未来，不发生质的变化，能够延续下去。这种分析方法的目的是运用数学方法找出序列的发展趋势或变化规律，并使其向外延伸，预测市场未来的变化趋势。由于其考虑的影响预测目标的因素只是时间，所以时间序列分析法的目的是寻找预测目标随时间变化的规律。

时间序列分析法的应用范围比较广泛，如对商品销售量的平均增长率的预测；季节性商品的供求预测；产品的生命周期预测等，都可以采用时间序列分析法。

运用时间序列进行预测，必须以准确、完整的时间序列数据为前提。为了使时间序列中的各个数值正确地反映研究预测对象的发展规律，各数据间应具有可比性。因此，在编制时间序列时，应注意以下几个问题：

（1）各数据之间的时间间隔应保持一致；

（2）总体范围一致；

（3）统计数值的计算方法和计量单位一致。

11.1.2　时间序列的变动形式

时间序列反映的是某一类经济现象随时间发展而变化，但这种变化是由众多因素共同作用的结果，不同因素的作用不同，形成的结果也不同，形成的时间序列呈现出来的变动也不可能完全一致，通常情况下，时间序列变动一般可以分解为以下几种形式。

1.长期趋势变动（T）

长期趋势是指时间序列中指标数值在较长一段时间内，由于受普遍的、持续的、决定性的基本因素的作用，使发展水平沿着一个方向持续向上或向下发展或持续不变的基本态势。

在经济学里，“长期”可以指十年或更长，即所谓的“长期”必须足够长才能判断是否有趋势，而相对较短的时间序列，即使观察值紧密地围绕在一条直线周围也不能判断其具有长期趋势。通过长期趋势分析，可以了解经济现象在一段相当长的时间内发展变化的方向、趋势和规律，进而进行预测和决策。除此之外，如果时间序列中还有其他影响因素，消除长期趋势影响，就可以更好地研究其他各种活动。

2.季节性变动（S）

季节性也称季节变动，它是时间序列中各期指标值随着季节交替在一年内而出现周期性的、有规则的重复变动。这里的“季节”一词是广义的，它不仅仅是指一年中的四季，实际上包括任何一种周期性的变化。在现实生活中，季节变动是一种极为普遍的现象，它是诸如气候条件、生产条件、节假日或人们的风俗习惯等各种因素作用的结果。

3.循环变动（C）

循环变动是时间序列中呈现出来的围绕长期趋势的一种波浪形或振荡式变动。循环变动通常是由商业和经济活动而引起的，它不同于趋势变动，不是朝着单一方向的持续运动，而是涨落相间的交替波动；它也不同于季节变动，季节变动有比较固定的规律，且变动周期大多为一年，而循环变动则无固定规律，变动周期多在一年以上，且周期长短不一。

4.不规则变动（I）

在时间序列中，除了上述各种变动之外，还有由于临时的、偶然性因素引起的非周期性、非趋势性的随机变动，这就是不规则变动。这种变动无法预知，例如，战争、政治或社会的动乱、各种自然灾害等。

将时间序列分解成长期趋势变动、季节变动、循环变动和不规则变动四个因素后，可以认为时间序列是这四个因素的函数，即：

$$Y_t = f(T_t, S_t, C_t, I_t)$$

时间序列分解的方法有很多种，比较常用的模型有加法模型和乘法模型。

加法模型：$Y_t = T_t + S_t + C_t + I_t$

乘法模型：$Y_t = T_t \times S_t \times C_t \times I_t$

相对而言，乘法模型的应用较为广泛，本章所介绍的时间序列分解方法就是以乘法模型作为基础的。

11.1.3 时间序列分析法的步骤

时间序列分析法的步骤为：

第一步：搜集、整理市场现象的历史资料，编制时间序列，并根据时间序列绘制图形。

第二步：对时间序列进行分析。

第三步：选择预测方法，建立预测模型。

时间序列的预测方法既有传统方法，如简单平均法、移动平均法、指数平滑法等，也有较为精确的现代方法，如Box-Jenkins的自回归移动平均模型（ARMA）。

一般来说，任何时间序列都会有不规则成分存在，而商务与管理数据中通常不考虑周期性，所以只剩下趋势成分和季节成分。本章所介绍的预测方法主要是针对平稳序列、含有趋势成分或季节成分的时间序列。

第四步：测算预测误差，确定预测值。

预测误差是指预测值与实际值之间的差距，其计算方法有几种，包括平均误差、平均绝对误差、均方误差、平均百分比误差和平均绝对百分比误差等。

11.2 简单平均法

简单平均法，是在对时间序列进行分析研究的基础上，计算时间序列观察值的某种平均数，并以此平均数为基础确定预测模型或预测值的市场预测方法。这种方法简便易行，不需要复杂的模型设计和数学运算，是市场预测中最简单的定量预测方法。方法虽然简单，但只要使用得当，也可以取得良好的预测效果。

简易平均市场预测法由于所计算的平均数不同，可以具体分为简单算术平均法、加权算术平均法和几何平均法。

11.2.1　简单算术平均法

简单算术平均法是以观察期内时间序列数据的简单算术平均值作为下一期的预测值。其计算公式为：

$$\hat{Y}_{n+1}=\bar{Y}=\frac{\sum_{i=1}^{n}Y_i}{n}$$

式中：$\hat{Y}_{n+1}$——第$n+1$期的预测值；$\bar{Y}$——观察期内预测目标的算术平均数；Y_i——预测目标在观察期内的实际值；n——数据个数。

【例11-1】某空调企业20×5年1—12月份空调销售量见表11-1，利用简单算术平均法预测20×6年1月份空调的销售量。

表11-1　　某空调企业20×5年1—12月份空调销售量　　单位：万台

月份	1	2	3	4	5	6	7	8	9	10	11	12
销量	160	150.4	155	149.6	175	176.9	172	168	154.5	144	143.8	147

解：（1）根据全年的销售量进行的预测，即：

$$\hat{Y}_{13}=\frac{\sum_{i=1}^{n}Y_i}{n}=\frac{160+150.4+\cdots+147}{12}=158.02\text{（万台）}$$

（2）根据下半年的销售量进行的预测，即：

$$\hat{Y}_{13}=\frac{\sum_{i=1}^{n}Y_i}{n}=\frac{172+168+\cdots+147}{6}=154.88\text{（万台）}$$

（3）根据第四季度的销售量进行的预测，即：

$$\hat{Y}_{13}=\frac{\sum_{i=1}^{n}Y_i}{n}=\frac{144+143.8+147}{3}=144.93\text{（万台）}$$

由上例可知，由于观察期长短的不同，得到的预测值也随之不同。故观察期长短的选择对预测结果很重要。一般来说，若时间序列数据的变化倾向较小，或呈现有规律的波动，观察期可以短些，所用的数据可以少一些；当时间序列的变化倾向较大时，观察期应长些，所用的数据可以多一些，这样，预测值相对精确些。

简单算术平均数的优点是计算简便。当预测对象无显著长期趋势变动和季节变动时，采用此法时预测结果大致可以令人满意。缺点是所有观察值不论远近在预测中一律同等对待，这是不符合市场发展的实际情况的。为了克服此缺点，在预测中给每个观察值依其重要性判断赋予不同的权数，这就有了加权平均法。

11.2.2　加权算术平均法

加权算术平均法是为观察期内的每一个数据确定一个权数，在此基础上计算其加权平均数作为下一期的预测值。这里的权数体现了观察期内各数据对预测期的影响程度。其计算公式为：

$$\hat{Y}_{t+1}=\bar{Y}_w=\frac{\sum_{i=1}^{t}W_iY_i}{\sum_{i=1}^{t}W_i}$$

式中：$\hat{Y}_{t+1}$——第$t+1$期的预测值；$\bar{Y}_w$——观察期内预测目标的加权算术平均数；Y_i——预测目标在观察期内的实际值；W_i——与Y_i相对应的权数；t——观测期数。

加权算术平均法必须确定适当的权数，才能得到满意的预测值。而权数的确定，只是根据预测者对时间序列的观察分析，尚无科学的数学方法。在进行加权算术平均预测时，一般考虑两点：首先是考虑距预测期的远近，远期观察值权数小些，近期观察值权数大些；其次是考虑时间序列本身的变动幅度大小，对于波动幅度较大的时间序列，给予的权数差异就大些，而对于变动幅度小的时间序列，给予权数的差异就可以小些。

权数的取法，可以取小数，并使$\sum W_i=1$，这样就使$\bar{Y}=\sum Y_iW_i$，计算简便，也可以取等差或等比数列的权数。在预测者不能肯定如何分配权数最佳时，可以同时采用几个权数计算，最后视误差大小选择最适当的权数值。

11.2.3 几何平均法

当预测对象逐期发展速度（环比速度）大致接近时，可采用几何平均法进行预测。其预测步骤为：

（1）计算观察期内预测对象的逐期环比发展速度V_i，$V_i=\frac{Y_{i+1}}{Y_i}$。

（2）然后，利用逐期环比发展速度求几何平均值，作为预测期的发展速度，计算公式为：

简单几何平均值：$\bar{G}=\sqrt[n]{V_1V_2\cdots V_n}=\sqrt[n]{\frac{Y_2}{Y_1}\times\frac{Y_3}{Y_2}\cdots\frac{Y_{n+1}}{Y_n}}$

加权几何平均值：$\bar{G}=\sqrt[f_1+f_2+\cdots f_n]{V_1^{f_1}V_2^{f_2}\cdots V_n^{f_n}}=\sqrt[f_1+f_2+\cdots f_n]{\left(\frac{Y_2}{Y_1}\right)^{f_1}\times\left(\frac{Y_3}{Y_2}\right)^{f_2}\cdots\left(\frac{Y_{n+1}}{Y_n}\right)^{f_n}}$

需要指出的是，这里的f_i（$i=1,2,\cdots,n$）代表的是Y_{i+1}/Y_i出现的次数。

（3）以第n期的观察值Y_n乘以预测期的平均发展速度$\bar{G}$就可以得到第$n+1$期的预测值：$Y_{n+1}=Y_n\times\bar{G}$

【例 11-2】某工厂20×1—20×6年生产羊毛衫的产量见表11-2。试用几何平均法预测该厂20×7年羊毛衫的产量。

解：预测步骤如下：

（1）首先计算得出各期的环比发展速度见表11-2。

表 11-2 **某工厂20×1—20×6年羊毛衫的销售量**

年份	产量（万件）	逐年的环比发展速度（%）
20×1	381	—
20×2	410	107.6
20×3	449	109.5
20×4	505	112.4
20×5	538	106.5
20×6	585	108.7
合计	—	—

（2）利用简单几何平均法的计算公式求出$\bar{G}$，即：

$$\bar{G}=\sqrt[5]{1.076\times1.095\times1.124\times1.065\times1.087}=1.090=109.0\%$$

也就是说，该厂在这5年间，羊毛衫产量年平均发展速度为109%，即每年平均递增9%。

（3）预测20×7年的产量：

$$585\times1.09=637.65(\text{万件})$$

11.3 移动平均法

移动平均法是对时间序列观察值，由远及近按一定的跨越期计算平均值的一种预测方法。随着观察值向后推移，平均值也跟着向后移动，形成一个由平均值组成的新的时间序列。对新时间序列中平均值加以调整后，可作为观察期内的估计值，最后一个移动平均值则是预测值计算的依据。

移动平均法是一种简单平滑预测技术，当时间序列的数值由于受周期变动和随机波动的影响，起伏较大，不易显示出事件的发展趋势时，使用移动平均法可以消除这些因素的影响，显示出事件的发展方向与趋势（即趋势线），然后依趋势线分析预测序列的长期趋势。

移动平均法具有以下几个特点：

（1）移动的项数越多，对原数列波动的曲线修得越光滑，也就越能显示出现象的长期发展趋势。移动平均法可以对短期不规则变动修匀（在某种现象的发展变化中，当要突出现象的长期发展趋势，可以把短期变动看作偶然因素影响的结果，通过简单算术平均将其修匀）。

（2）移动的项数越多，首尾丢失的项数也就越多，进行趋势外推测时的误差也就越大。

（3）移动项数的多少要依据现象发展的特点和统计分析的要求确定。实际应用中，移动平均法主要用来有效地消除不规则变动和季节变动对原序列的影响。

（4）移动平均采用奇数项移动能一次对准被移动数据的中间位置，若采用偶数项移动平均，一次移动平均后的数值将置于居中的两项数值之间。

（5）移动周期至少为一个周期，并且是对不同时间的观察值进行修匀。

移动平均法的准确程度，主要取决于跨越期n选择得是否合理。

（1）在资料期数较多时，n值可适当取大些，而资料期数较少时，n值适当取小些。

（2）在历史资料具有比较明显的季节性变化或循环周期性变化时，跨期应等于季节周期或循环周期。

（3）如果希望反映历史资料的长期变化趋势时，则n应取大些，如果希望反映近期数据的变化趋势时，则n应取小些。

移动平均法适合于既有趋势变动又有波动的时间序列。移动平均的具体方法有一次移动平均法、二次移动平均法和加权移动平均法。

11.3.1 一次移动平均法

一次移动平均法也称为简单移动平均法，它是利用过去若干期实际的平均值，来预测当期的值，计算方法上与算术平均法类似。

设有一时间序列$y_1,y_2\cdots y_t\cdots y_n$，按数据点的顺序逐点推移求出$n$个数的平均数，即可得到一次移动平均数：

$$M_t^{(1)}=\frac{y_t+y_{t-1}+\cdots y_{t-N+1}}{N}$$

式中：$M_t^{(1)}$——第t期的一次移动平均数；y_t——第t期的观测值；N——移动平均的项数，即求每一移动平均数使用的观察值的个数。

这个公式表明当t向前移动一个时期，就增加一个近期数据，去掉一个远期数据，得到一个新的平均数。由于它不断地“吐故纳新”，逐期向前移动，所以称为移动平均法。

由于移动平均可以平滑数据，消除周期变动和不规则变动的影响，使得长期趋势显示出来，因而可以用于预测。其预测公式为：$\hat{y}_{t+1}=M_t^{(1)}$，即以第t期的一次移动平均数作为第$t+1$期的预测值。

【例11-3】某家电企业20×5年1—12月份电视机销售额资料见表11-3，试利用一次移动平均法预测该企业20×6年1月份的销售额，n分别取3和5。

解：电视机的销售额总的来说无趋势变动，但存在小的波动。为了进一步消除由随机因素引起的不规则变动，对观察值做一次移动平均，并以移动平均值作为销售额的预测值。为了对比不同移动期数误差的不同，分别取跨越期$n=3$、$n=5$。

（1）分别取$n=3$、$n=5$，计算一次移动平均值，计算结果见表11-3。

表11-3 **某家电企业1—12月电视机销售额** 单位：万元

月份	销售额	$n=3$		$n=5$	
		$M_t^{(1)}$	$\lvert e_t\rvert$	$M_t^{(1)}$	$\lvert e_t\rvert$
1	240	—	—	—	—
2	252	—	—	—	—
3	246	246.00	—	—	—
4	232	243.33	14.00	—	—
5	258	245.33	14.67	245.6	—
6	240	243.33	5.33	245.6	5.6
7	238	245.33	5.33	242.8	7.6
8	248	242.00	2.67	243.2	5.2
9	230	238.67	12.00	242.8	13.2
10	240	239.33	1.33	239.2	12.8
11	256	242.00	16.67	242.4	16.8
12	236	244.00	6	242.0	6.4
合计	—	—	78	—	57.6

（2）计算各期移动平均值与实际观察值的离差绝对值，具体结果见表11-3，并根据平均绝对误差的计算公式求得平均绝对误差。

当$n=3$时，$MAE=\frac{\sum\lvert e_t\rvert}{n}=\frac{78}{9}=8.67$（万元）

当$n=5$时，$MAE=\frac{\sum\lvert e_t\rvert}{n}=\frac{57.6}{7}=8.23$（万元）

从上面计算结果可明显看出，$n=5$的预测误差略小于$n=3$时的误差，所以确定移动期数为5。

（3）对20×6年1月的销售额采用3期移动进行预测：

$$M_{13}^{(1)}=\frac{Y_{12}+Y_{11}+Y_{10}+Y_9+Y_8}{3}=\frac{236+256+240+230+248}{3}=242\text{（万元）}$$

但是一次移动平均法显然也有其局限性。第一，不能很好预测长期趋势；第二，各期观察值的权数相同，它假设平均数内的各项观察值对于未来都具有相同的影响，但一般在实际中，往往是越接近预测期的观察值对未来的影响越大；第三，加大移动平均法的期数（即加大N值）会使平滑波动效果更好，但会使预测值对数据实际变动更不敏感；第四，移动平均值并不能总是很好地反映出趋势，由于是平均值，预测值总是停留在过去的水平上而无法预计将来更高或更低的波动；第五，移动平均法要有大量的过去数据的记录；第六，它通过引进愈来愈近期的新数据，不断修改平均值，以之作为预测值。

11.3.2　二次移动平均法

当时间序列没有明显的趋势变动时，使用一次移动平均就能够准确地反映实际情况，直接用第t期的一次移动平均数就可预测第$t+1$期之值。但当时间序列出现线性变动趋势时，用一次移动平均数来预测就会出现滞后偏差。因此，需要进行修正，修正的方法是在一次移动平均的基础上再做二次移动平均，利用移动平均滞后偏差的规律找出曲线的发展方向和发展趋势，然后才建立直线趋势的预测模型，故又称为趋势移动平均法。必须强调的是，一次移动平均值和二次移动平均值并不直接用于预测，只是用以求出线性预测模型的平滑系数和修正滞后偏差。

二次移动平均法的预测步骤为：

第一步：计算时间序列的一次移动平均值$M_t^{(1)}$，其公式为：

$$M_t^{(1)}=\frac{y_t+y_{t-1}+\cdots y_{t-n+1}}{N}$$

第二步：计算时间序列的二次移动平均值$M_t^{(2)}$，其公式为：

$$M_t^{(2)}=\frac{M_t+M_{t-1}+\cdots M_{t-n+1}}{N}$$

式中：$M_t^{(1)}$——第t期的一次移动平均数；$M_t^{(2)}$——第t期的二次移动平均数；y_t——第t期的观测值；N——移动平均的项数，即求每一移动平均数使用的观察值的个数。

第三步：建立预测模型，求预测值。

设时间序列$y_1,y_2\cdots y_t\cdots y_n$从某时期开始具有直线趋势，且认为未来时期亦按此直线趋势变化，则可设此直线趋势预测模型为：

$$F_{t+T}=a_t+b_tT$$

式中：t——当前时期数；T——为由当前时期数t到预测期的时期数，即t以后模型外推的时间；F_{t+T}——第$t+T$期的预测值；a_t——截距；b_t——斜率，即第t期现象单位时间变化量。

根据移动平均值可得截距a_t和斜率b_t的计算公式为：

$$\begin{cases}a_t=2M_t^{(1)}-M_t^{(2)}\\ b_t=\dfrac{2}{N-1}\left(M_t^{(1)}-M_t^{(2)}\right)\end{cases}$$

第四步：利用模型进行预测。

【例 11-4】某企业 20×1—20×7 年甲产品销售量见表 11-4，试用二次移动平均法（$N=3$）预测该企业 20×8 年该产品的销售量。

解：（1）计算一次、二次移动平均值。

根据一次、二次移动平均的计算公式可得到一次、二次移动平均值，结果见表 11-4。

表 11-4 **某企业 20×1—20×7 年甲产品销售量** 单位：万台

年度	时序（t）	销售量	$M_t^{(1)}$	$M_t^{(2)}$	a_t	b_t	F_{t+1}	Y_t-F_t	$(Y_t-F_t)^2$
20×1	1	1 100	—	—	—	—	—		
20×2	2	1 170	—	—	—	—	—		
20×3	3	1 238	1 169	—	—	—	—		
20×4	4	1 309	1 239	—	—	—	—		
20×5	5	1 382	1 310	1 239	1 381	71	—		
20×6	6	1 453	1 381	1 310	1 452	71	1 452	1	1
20×7	7	1 527	1 454	1 382	1 526	72	1 523	4	16

（2）根据公式计算各期 a,b 值。

各期 a,b 值的计算结果显示在表 11-4 中。

（3）计算观察期内估计值。

各期估计值结果仍显示在表 11-4 中。

（4）应用预测模型进行预测：

$F_8=a_7+b_7\times1=1\,598$（万台）

…

$F_{10}=a_7+b_7\times3=1\,742$（万台）

应该强调的是，观察期内各期估计值的 a、b 值不同，而在预测期各预测值的 a,b 值是一致的，即最后一个观察期的 a、b 值。例中 $a=1\,527$、$b=72$。

对预测误差进行测算：

$$RMSE=\sqrt{\frac{\sum(Y_t-F_t)^2}{n}}=\sqrt{\frac{1+16}{2}}=2.92\text{（台）}$$

预测误差为 2.92 台，$RMSE$ 是 MSE 的平方根，与实际观察值相比较小。预测结果可以采纳。

由二次移动平均的预测过程可以看出，对于具有明显上升趋势的市场现象，二次移动平均法同样是很适用的。但它不是用一个固定的 a_t,b_t 值，各期的 a_t,b_t 值是有所变化的，这样就保留了市场现象客观存在的波动。最后一个 a_t,b_t 值是固定的，不但可以用于短期预测，也可用于近期预测。二次移动平均法比一次移动平均法的适用面更广，在实践中应用得较多。

11.3.3 加权移动平均法

采取时间序列预测法，时间序列中各期市场现象观察值，都会对预测结果产生影响。

但事实上各观察值并不是以相同的程度对预测值产生影响。因此，根据时间顺序排列的历史数据，将各个数据赋予不同的权重，可以更准确地进行预测。权数的确定和前面提到的加权平均数的计算方法一样，对近期数据给予较大的权数，对远期数据给予较小的权数。

加权移动平均法，是对市场现象观察值按距离预测期的远近，给予不同的权数，并求其按加权计算的移动平均值，以移动平均值为基础进行预测的方法。

加权移动平均法的计算公式为：

$$F_{t+1}=\frac{f_t y_t+f_{t-1}y_{t-1}+\cdots+f_{t-N+1}y_{t-N+1}}{f_t+f_{t-1}+\cdots+f_{t-N+1}}$$

式中：F_{t+1}——加权移动平均预测值；y_t——时间序列中第 t 期观察值；f_t——移动平均的权数；N——跨越期。

【例11-5】现引用一次移动平均中所举的例子，见表11-3。令 $N=3$，权数由远到近分别为0.1、0.2、0.7。计算结果见表11-5。

表11-5　**某家电企业1-12月电视机销售额**　金额单位：万元

月份	销售额	$F_{t+1}(N=3)$	$\lvert Y_t-F_{t+1}\rvert$
1	240	—	—
2	252	—	—
3	246	—	—
4	232	246.6	14.6
5	258	236.8	21.2
6	240	251.6	11.6
7	238	242.8	4.8
8	248	240.4	7.6
9	230	245.2	15.2
10	240	234.4	5.6
11	256	238.8	17.2
12	236	250.2	14.2

$$F_{13}=F_{12+1}=\frac{f_3 y_{12}+f_2 y_{11}+f_1 y_{10}}{f_3+f_2+f_1}=\frac{236\times0.7+256\times0.2+240\times0.1}{0.7+0.2+0.1}=240.4\text{（万元）}$$

F_{13} 为下期预测值。

根据表11-5中的数据，可以计算出预测误差为：

$$MAE=\frac{1}{n}\sum\lvert e_t\rvert=\frac{112}{9}=12.44\text{（万元）}$$

加权移动平均法，不但可如上例与一次移动平均法结合应用，而且可与二次移动平均法结合应用，即计算二次移动平均值时用加权移动平均。

11.4　指数平滑法

移动平均法明显存在两个问题：

一是计算移动平均预测值，需要有近期 N 个以上的数据资料。

二是计算未来预测值没有利用全部历史资料，只考虑这 N 期资料便做出推测，N 期以前数据对预测值不产生任何影响。

于是指数平滑预测法便应运而生了。

11.4.1　指数平滑法的含义及特点

指数平滑法是由移动平均法改进而来的，是一种特殊的加权移动平均法，也称为指数加权平均法。

这种方法既有移动平均法的长处，又可以减少历史数据的数量。

指数平滑法主要具有以下几方面的特点：

第一，对离预测期最近的市场现象观察值，给予最大的权数，而对离预测期渐远的观察值给予递减的权数，使市场预测值能够在不完全忽视远期观察值影响的情况下，又能敏感地反映市场现象变化，减小了市场预测误差。

第二，对于同一市场现象连续计算其指数平滑值，对较早期的市场现象观察值不是一概不予考虑，而是给予递减的权数。市场现象观察值对预测值的影响，由近向远按等比级数减小，其级数首项是α，公比为$1-\alpha$。这种市场预测法之所以被称为指数平滑市场预测法，就是因为如果将市场现象观察值对预测值的影响，按等比级数绘成曲线，那么所呈现的是一条指数曲线，而并不是说这种预测法的预测模型是指数形式。

第三，指数平滑法中的α值是一个可调节的权数值，它是一个$0\leqslant\alpha\leqslant1$的值。

指数平滑法中的α值越小时，市场现象观察值对预测值的影响自近向远越来越减弱；当α值越大时，市场现象观察值对预测值的影响自近向远越迅速减弱。预测者可以通过调整α的大小，来调节近期观察值和远期观察值对预测值的不同影响程度。

指数平滑法具有连续运用所需资料少、计算极方便、更新预测模型非常简易等优点，是市场预测中经常使用的一种方法。它特别适用于观察值有长期趋势和季节变动，必须经常做预测的情况。

11.4.2　指数平滑法的应用

指数平滑法在市场预测中的应用主要有一次指数平滑法和二次指数平滑法。

1.一次指数平滑法

一次指数平滑法，也称为单重指数平滑法，它是指对市场现象观察值计算一次平滑值，并以一次指数平滑值为基础，估计市场现象的预测值的方法。

一次指数平滑法中平滑值的计算公式为：

$$S_{t+1}^{(1)}=S_t^{(1)}+\alpha(Y_t-S_t^{(1)})$$

式中：α——平滑系数（$0\leqslant\alpha\leqslant1$）；$S_t^{(1)}$——第$t$期的一次指数平滑值；$Y_t$——第$t$期的实际观察值。

但是，在实际应用一次指数平滑法计算时，为了简化计算过程，常常将一次指数平滑值计算公式，变形为一次指数平滑的预测模型。其公式为：

$$\hat{Y}_{t+1}=S_t^{(1)}=\alpha Y_t+(1-\alpha)S_{t-1}^{(1)}$$

上式中：对于指数平滑的初始值$S_0^{(1)}$，一般可以采用下面两种方法之一来确定：

一是令$S_0^{(1)}=Y_1$，即用市场现象的最初实际观察值，作为最初的一次指数平滑值。

二是令$S_0^{(1)}=\dfrac{Y_1+Y_2+Y_3}{3}$，即用市场现象时间序列的前三个观察值的算术平均数，作为最初的一次指数平滑值。

一次指数平滑预测模型的实际意义是：某期市场现象预测值，等于以权数α调整的前一期市场现象实际观察值，加上以剩余权数（$1-\alpha$）调整的前一期市场现象一次平滑值；一次指数平滑预测模型更直接地体现了，指数平滑法可以通过调整α的大小来调整市场现象近期观察值和远期观察值对预测值的不同影响权数。

在一次指数平滑方法中，平滑系数α是一个非常重要的数值。α值的大小，直接决定着市场现象各期实际观察值对预测值的影响作用。理论上，$0\leq\alpha\leq1$，在每一次应用一次指数平滑的市场预测中，α则是一个该区间内的确定值。由市场预测者确定出的α值是非常重要的，它决定着市场预测误差的大小。预测者在确定α值时，必须根据市场现象时间序列本身的发展变化规律而定。当预测者不能事先确定α值多大最合适时，通常对同一市场现象的预测中，同时选择几个α值进行测算，并分别测算出各α值预测结果的预测误差。最后通过预测结果误差大小的比较，选择误差最小时的α值，并对市场现象进行预测。

在一次指数平滑预测中，通过用不同的α值进行一次指数平滑值的测算，以明确两个问题：一是可确定被研究市场现象是否适合用一次指数平滑法进行预测；二是可以通过误差大小的比较，提供最优α值确定的平滑系数。

【例11-6】已知某企业20×5年1—12月份利润额见表11-6，试计算每月利润的一次指数平滑值，并预测20×6年1月份的利润额，平滑系数分别取0.1、0.5、0.9。

表11-6　**某企业20×5年1—12月份利润额**　单位：亿元

月份	实际利润	指数平滑值		
		$\alpha=0.1$	$\alpha=0.5$	$\alpha=0.9$
1	51.3	51.30	51.30	51.30
2	37.5	49.92	44.40	38.88
3	27.9	47.07	36.15	29.00
4	32.9	45.65	34.53	32.51
5	48.2	45.91	41.36	46.63
6	54.6	46.78	47.98	53.80
7	52.0	47.30	49.99	52.18
8	47.0	47.27	48.50	47.52
9	42.3	46.77	45.40	42.82
10	45.8	46.68	45.60	45.50
11	43.9	46.40	44.75	44.06
12	47.2	46.48	45.97	46.89
预测值		46.48	45.97	46.89
平均绝对误差（*MAE*）		6.93	7.11	6.57
平均绝对百分误差（*MAPE*）		19.32	17.92	16.25

解：α的取值不同，所计算的平滑值、预测值和所带来的误差也不相同，具体的计算结果见表11-6。在比较中发现无论是平均绝对误差还是平均绝对百分误差$\alpha=0.9$时，都是最小。因此，选用$\alpha=0.9$最好。相应的20×6年1月份的利润额预测值为46.89亿元。

2.二次指数平滑法

一次指数平滑法中，为了进一步减少偶然因素对预测值的影响，可在一次平滑的基础上进行第二次平滑。

当时间序列没有明显的趋势变动时，使用第t期一次指数平滑就能直接预测第$t+1$期的值。但当时间序列的变动出现直线趋势时，用一次指数平滑法来预测仍存在着明显的滞后偏差。因此需要进行修正。修正的方法是在一次指数平滑的基础上做二次指数平滑，利用滞后偏差的规律找出曲线的发展方向和发展趋势，然后建立直线趋势预测模型，因此，我们称之为二次指数平滑法。

二次指数平滑法的计算公式为：

$$S_t^{(1)}=\alpha Y_{t-1}+(1-\alpha)S_{t-1}^{(1)}$$

$$S_t^{(2)}=\alpha S_t^{(1)}+(1-\alpha)S_{t-1}^{(2)}$$

式中：α——平滑系数（$0\leqslant\alpha\leqslant1$）；$S_t^{(1)}$——第$t$期的一次指数平滑值；$S_t^{(2)}$——第$t$期的二次指数平滑值。

若时间序列$y_1,y_2\cdots y_t\cdots y_n$从某时期开始具有直线趋势，且认为未来时期也会按此直线趋势变化，则与趋势移动平均类似，可用如下的直线趋势模型来预测。

$$F_{t+T}=a_t+b_tT$$

式中：t——当前时期数；T——为由当前时期数t到预测期的时期数，即t以后模型外推的时间；F_{t+T}——第$t+T$期的预测值；a_t——截距；b_t——斜率，即第t期现象单位时间变化量。

根据移动平均值可得截距a_t和斜率b_t的计算公式为：

$$\begin{cases}a_t=2S_t^{(1)}-S_t^{(2)}\\ b_t=\dfrac{\alpha}{1-\alpha}\left(S_t^{(1)}-S_t^{(2)}\right)\end{cases}$$

在指数平滑法中，预测成功的关键是α的选择。α的大小规定了在新预测值中新数据和原预测值所占的比例。α值愈大，新数据所占的比重就愈大，原预测值所占比重就愈小，反之亦然。在实际应用中，α值是根据时间序列的变化特性来选取的。若时间序列的波动不大，比较平稳，则α应取小一些，如0.1～0.3；若时间序列具有迅速且明显的变动倾向，则α应取大一些，如0.6～0.9。实质上，α是一个经验数据，通过多个α值进行试算比较而定，哪个α值引起的预测误差小，就采用哪个。

【例11-7】新华印刷厂要进行利润预测，现有最近连续15年的历史资料（表11-7），根据所给资料预测2×16年和2×17年该企业利润额。

解：从数据可以明显看出，利润额呈现线性上升趋势，选用二次指数平滑法比较适合。根据经验，若时间序列具有迅速且明显的变动倾向，则α应取大一些，这里我们取$\alpha=0.7$。初始值$S_0^{(1)}$和$S_0^{(2)}$取前三期观察值的平均值，其数值为51.67。预测过程如下：

（1）计算一、二次指数平滑值。由于初始值为51.67，所以：

$$S_1^{(1)}=0.7\times54+0.3\times51.67=53.30$$

$$S_1^{(2)}=0.7\times53.3+0.3\times51.67=52.81$$

其余的值依此类推。具体的计算结果见表11-7。

表11-7 新华印刷厂2×01—2×15年年利润额 单位：亿元

年份	利润	$S_t^{(1)}$	$S_t^{(2)}$	a_t	b_t	F_{t+T}
2×01	54	53.30	52.81	53.79	1.14	—
2×02	47	48.89	50.07	47.71	−2.74	54.93
2×03	54	52.47	51.75	53.19	1.68	44.97
2×04	103	87.84	77.01	98.67	25.27	54.87
2×05	170	145.35	124.85	165.85	47.84	123.93
2×06	152	150.01	142.46	157.55	17.61	213.69
2×07	142	144.40	143.82	144.98	1.36	175.16
2×08	175	165.82	159.22	172.42	15.40	146.34
2×09	182	177.15	171.77	182.52	12.55	187.82
2×10	159	164.44	166.64	162.25	−5.13	195.07
2×11	187	180.23	176.16	184.31	9.51	157.12
2×12	213	203.17	195.07	211.27	18.91	193.83
2×13	256	240.15	226.63	253.68	31.56	230.18
2×14	273	263.15	252.19	274.10	25.56	285.24
2×15	292	283.34	274.00	292.69	21.81	299.67

（2）计算a_t和b_t的值。具体的计算结果见表11-7。特别地，有：

$$a_{15} = 2 \times 283.34 - 274 = 292.69$$

$$b_{15} = \frac{0.7}{0.3} \times (283.34 - 274) = 21.79$$

所以预测模型为：

$$F_{15+T} = 292.68 + 21.79T$$

（3）运用预测模型，确定预测值，并计算预测误差。

2×16年和2×17年的预测值分别为314.50亿元和336.31亿元。平均绝对百分误差*MAPE*为17.72，精度较高。

11.5 趋势延伸法

趋势延伸法是根据市场发展的连续资料，寻求市场发展与时间之间的长期趋势变动规律，用恰当方法找出长期变动趋势增长规律的函数表达式，据此预测市场未来发展的可能水平，它又称趋势外推法，是一种常用的预测方法，如商品的销售（或需求）增长规律、耐用产品的发展和更新换代过程等，均可用其趋势增长线来描述，进行预测。

趋势延伸法研究的是事物发展与时间的长期变化关系。它不仅要假设市场发展过程存在着某种长期趋势变动样式，而且要假设这种长期趋势变动样式所表现出的增长趋势线规律，在未来发展过程中按此增长趋势线渐进变化，不会出现跳跃变化。下面我们介绍常用的直线趋势延伸法和曲线趋势延伸法。

11.5.1 直线趋势延伸法

市场现象时间序列的一种重要变动规律就是长期趋势变动，它存在于许多市场现象之中。对市场现象的趋势变动进行研究，是市场预测的重要任务之一。在市场预测法中，趋势延伸市场预测法是专门用来研究市场现象趋势变动规律的一类方法。直线趋势延伸法，是研究市场现象趋势变动的最基本的方法之一。

直线趋势延伸法是指根据预测对象具有直线型变动趋势的时间序列数据，建立直线模型进行预测的方法。所谓直线型变动趋势，是指时间序列的数据大体上是指按每期相同的数量增加或减少，即表现为近似直线上升或下降的趋势。也就是说，要采用直线趋势延伸法，必须要有一定条件，即时间序列数据有长期直线变动趋势。

直线趋势延伸法的预测模型为：

$$\hat{Y}_t = a + bt$$

式中：$\hat{Y}_t$——第t期的预测值（趋势值）；a——直线方程参数，是直线在Y轴上的截距；b——直线方程参数，是直线的斜率；t——时间变量或时间序数。

用此方法进行预测时，关键是要将主要的问题拟合成一条直线，该线与各期观察值坐标点的距离最短。一般用最小二乘法确定该直线，得到：

$$\begin{cases} b = \dfrac{n\sum tY - \sum t\sum Y}{n\sum t^2 - (\sum t)^2} \\ a = \bar{Y} - b\bar{t} \end{cases}$$

判断时间序列的趋势是否是直线型趋势，可以采用两种方法：图解法和阶差分析法。

图解法又叫散点图法，就是将时间序列的有关数据描在一个坐标图上，即以横坐标表示时间，以纵坐标表示预测变量（如销售量），一个数据就是坐标图上一个点。若这些点的分布近似一条直线。那么，就可以判断该时间序列数据是直线型变动趋势。

阶差分析法是通过计算时间序列有关数据的第一次阶差来判断时间序列是否属于直线变动趋势。

【例 11-8】某家电企业2×05—2×12年洗衣机的销售量见表11-8，用趋势延伸法预测2×13年和2×14年该企业的产量。

表 11-8 家电企业2×05—2×12年洗衣机的销售量 单位：万台

年份	销售量	趋势值
2×05	32	31.75
2×06	39	38.7143
2×07	45	45.6786
2×08	52	52.6429
2×09	60	59.6072
2×10	67	66.5715
2×11	74	73.5358
2×12	80	80.5001

解：(1) 方法一：绘制散点图（如图11-1所示）。用横坐标表示时间t，纵坐标表示销售量y，从散点图可以看出，t和y之间接近一条直线，因而可以采用直线趋势法进行预测。

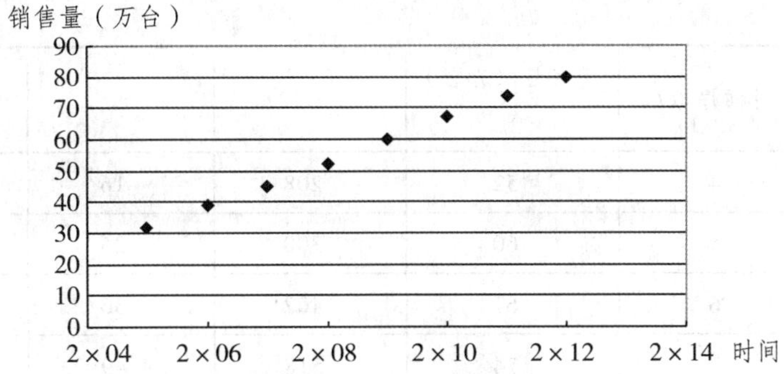

图11-1　洗衣机销售量的散点图

方法二：利用阶差分析法（表11-9）。

表11-9　**洗衣机销售量第一次阶差**　单位：万台

时间序数	年份	销售量	第一次阶差
1	2×05	32	—
2	2×06	39	7
3	2×07	45	6
4	2×08	52	7
5	2×09	60	8
6	2×10	67	7
7	2×11	74	7
8	2×12	80	6

从表11-9可以看出，通过计算洗衣机销售量的第一次阶差，发现第一次阶差各数据比较接近，因此，可以采用直线趋势法进行预测。

（2）求直线趋势预测模型中的参数a和b。

$$b=\frac{n\sum tY-\sum t\sum Y}{n\sum t^2-(\sum t)^2}=\frac{8\times2313-36\times449}{8\times204-36^2}=\frac{2340}{336}=6.9643$$

$$a=\bar{Y}-b\bar{t}=\frac{449}{8}-6.9643\times\frac{36}{8}=24.7857$$

具体的计算过程参见表11-10，预测模型为：

$y=24.7857+6.9643t$

表11-10　**家电企业2×05—2×12年洗衣机的销售量**

年份	时间序数t	销售量（万台）y	ty	t^2	e^2
2×05	1	32	32	1	0.0625
2×06	2	39	78	4	0.0816
2×07	3	45	135	9	0.4605

续表

年份	时间序数 t	销售量（万台）y	ty	t^2	e^2
2×08	4	52	208	16	0.4133
2×09	5	60	300	25	0.1543
2×10	6	67	402	36	0.1836
2×11	7	74	518	49	0.2155
2×12	8	80	640	64	0.2501
合计	36	449	2313	204	1.8214

（3）利用求得的预测模型，可以得出时间序列中各年的预测值，见表11-8。预测的均方误差 $MSE = 0.2277$ 万台。

（4）根据趋势预测模型进行预测。

该企业2×13年洗衣机的销售量：$Y_9 = 24.7857 + 6.9643 \times 9 = 87.4644$（万台）

该企业2×14年洗衣机的销售量：$Y_{10} = 24.7857 + 6.9643 \times 10 = 94.4287$（万台）

11.5.2 曲线趋势延伸法

序列中的趋势通常可以认为是由于某种固定的因素作用于同一方向而形成。若这些因素随着时间的推移按线性变化，可以对时间序列拟合趋势直线；若呈现出某种非线性趋势，则需要拟合适当的趋势曲线。非线性趋势变动的形式多种多样，如二次曲线、指数曲线、修正指数曲线、龚铂茨曲线、逻辑曲线等，各种类型曲线的拟合方法各不相同。下边我们将分别介绍。

1.二次曲线趋势模型

二次曲线又称二次抛物线，适用于描述时间序列二级增长量大体接近的变化趋势。具体应用有两种情形，如图11-2所示：

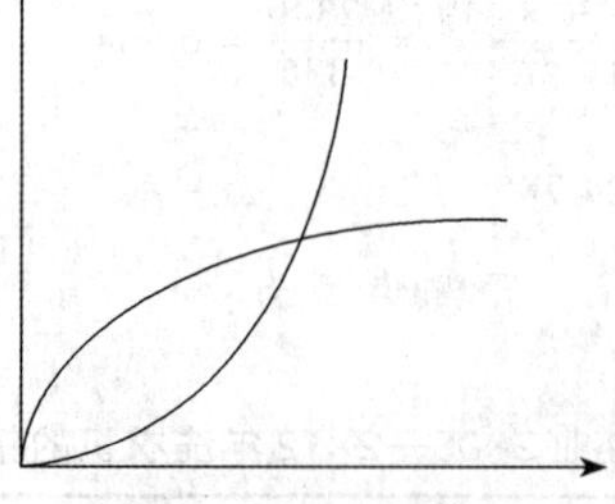

图11-2 二次曲线

（1）预测目标的增长逐渐加快，呈扩张的发展趋势，其图形为一条向上的抛物曲线；

（2）预测目标呈先上升后下降的变化趋势，即现象的增长达到一定程度后转向递减，其图形为一条向下的抛物曲线。

二次曲线趋势模型为：

$$y_t = a + bt + ct^2$$

式中：a、b、c——方程的参数；y_t——第 t 期的预测值（趋势值）；t——时间变量或时间序数。

通常采用最小二乘法估计，其标准方程组为：

$$\begin{cases}\sum y = na + b\sum t + c\sum t^2\\ \sum ty = a\sum t + b\sum t^2 + c\sum t^3\\ \sum t^2y = a\sum t^2 + b\sum t^3 + c\sum t^4\end{cases}$$

若取数列中间年份为原点，以时间离中差作时间变量t，令$\sum t = 0$，$\sum t^3 = 0$，则有：

$$\begin{cases}\sum y = na + c\sum t^2\\ \sum ty = b\sum t^2\\ \sum t^2y = a\sum t^2 + c\sum t^4\end{cases}$$

解上面的方程组，就可以求得预测模型中的参数。

【例11-9】某市2×05—2×15年消费品零售额见表11-11。试建立趋势模型对2×15年消费品零售额进行预测。

解：由于随着居民收入的不断增长，市场需求呈扩张趋势，因而可建立二次曲线趋势模型进行预测。根据表中y,t数据，可计算出：

$\sum y$=896.39　　$\sum t^4$=1 958.0

$\sum y^2$=85 238.5321　　$\sum ty$=1 106.3

N=11$\sum t^2 y$=9849.4　　$\sum t^2$=110

代入参数估计方程组，可求出a,b,c的值，进而可计算出s_y，从而得到：

$\hat{y} = 71.1690 + 10.0573t + 1.0321t^2$

（s_y=4.351999年，t=0）

将剩余标准差4.35亿元与原数列Y的平均值81.49亿元进行对比，剩余标准差系数为5.34%，数列二次曲线趋势模型能解释原数列变动的94.66%。

表11-11　**某市2×05—2×15年消费品零售额**　金额单位：亿元

年份	y_t	t	$\hat{y}_t$	$y_t-\hat{y}_t$	$y_t-\hat{y}_t$
2×05	46.06	−5	46.69	−0.63	0.9865
2×06	47.27	−4	47.45	−0.18	0.9962
2×07	49.95	−3	50.29	−0.34	0.9932
2×08	53.73	−2	55.18	−1.45	0.9737
2×09	63.90	−1	62.14	1.76	1.0283
2×10	75.20	0	71.17	4.03	1.0566
2×11	85.48	1	82.26	3.22	1.0391
2×12	93.45	2	95.41	−1.96	0.9795
2×13	105.17	3	110.63	−5.46	0.9506
2×14	121.90	4	127.91	−6.01	0.9530
2×15	154.28	5	147.26	7.02	1.0477

表11-11中，剩余变动的绝对数和相对数均表明数列除了具有二次曲线趋势外，还具有稳定性循环变动，表现在正负误差项呈现有倾向性的起伏波动。这主要是不同时期的市场供应、居民收入、消费水平、价格变动等多种因素综合作用的结果，也是多种商品循环变动的综合反映。因此利用上述模型外推预测时，应尽量估计循环变动的影响，调整趋势

预测值，或者利用剩余标准差在点预测的基础上做出区间估计。表11-11中2×09年的实际值高于趋势值，预示着零售市场结束了前三年的低速增长期，开始进入新的一轮扩张期。若2×10年循环波动值取1.05，则该市2×15年消费品零售额预测值：

$\hat{y}$=（71.1690+10.0573×6+1.0321×6^2）（1.05=177.10（亿元）

2.指数曲线趋势模型

通常用于描述数列的环比速度大体接近的长期发展趋势。具体应用于两种情形：

（1）近似等速增长的时间数列，其动态曲线为一条向上递增的曲线。

（2）近似等速递减的时间数列，其动态曲线为一条向下递降的动态曲线。

这两种情形如图11-3所示。指数曲线方程为：

$y_t = ab^t$

式中：a、b——方程的参数；y_t——第t期的预测值（趋势值）；t——时间变量或时间序数。其中，a又称基数，b为一般发展速度。对上式取对数，则有：

$\lg y_t = \lg a + t\lg b$

此式类似于直线方程的形式，因而可用最小二乘法先求出lga和lgb，再取反对数，可求得原方程的a、b值。

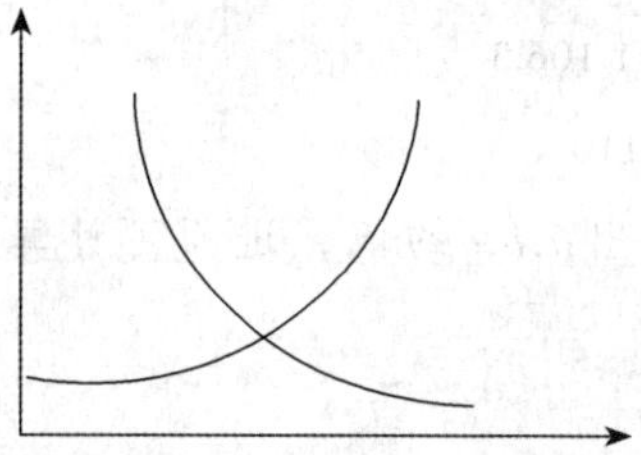

图11-3 指数曲线

【例11-10】表11-12是某企业商品销售额的预测分析。若用最小二乘法估计指数曲线方程参数，用函数型计算器不难算出：

$\sum \lg y = 26.1668$　　$\sum t = 45$

$\sum t\lg y = 134.7059$　　$\sum t^2 = 285$

表11-12 某企业商品销售额预测分析 金额单位：万元

年份	t	y_t	增长率（%）	$\hat{y}_t$	e_t
2×07	1	469.8	—	445.96	23.84
2×08	2	494.6	5.28	517.40	−22.80
2×09	3	557.9	12.80	600.29	−42.39
2×10	4	713.6	27.91	696.45	17.15
2×11	5	842.4	18.02	808.02	34.18
2×12	6	955.0	13.39	937.47	17.53
2×13	7	1083.0	13.40	1087.50	−4.65
2×14	8	1265.0	16.81	1261.80	3.11
2×15	9	1440.0	13.83	1464.00	−24.04
误差平方和		$\sum e_t^2 = 5\,264.0097$		$s_y = 27.4226$	

代入下列标准方程组：

$\sum \lg y = N \lg a + \sum t \lg b$

$\sum t\lg y = \sum t 1\mathrm{g}a + \sum t^2 1\mathrm{g}b$

可求得：

$\lg b$=0.06453，b=1.1602

$\lg a$=2.58476，a=384.3793

得到的指数曲线模型为：

$y_t = 384.3793 \times 1.1602^t$

（$s_y = 27.4226$，2×07年 $t = 0$）

其中，s_y是根据表11-12中的误差项计算的。将t=10代入此模型，则2×16年商品销售额的预测值为1698.58万元。若进行区间预测，则可根据给定的置信水平α及自由度$N-M$，查$t_{\alpha/2}$分布表的临界值，在点预测值的基础上建立预测区间。其方法与直线趋势预测相同。

3.修正指数曲线趋势模型

修正指数曲线又称饱和曲线。当预测目标各期观察值的逐期增量的环比系数接近于某一常数时，可采用修正指数曲线描述变化趋势。其数学模型为：

$yt = k + abt$

其中k、a、b为模型的参数，由于它们的取值不同，修正指数曲线有不同的形状。其中最典型的是单调递增的曲线，如图11-4所示，其递增的速度逐渐减慢，最终以y=k为渐近线。这种情形适合于那种销售不断增加，但增长速度大体呈等比递减，销售量逐渐达到饱和水平的趋势分析和预测。

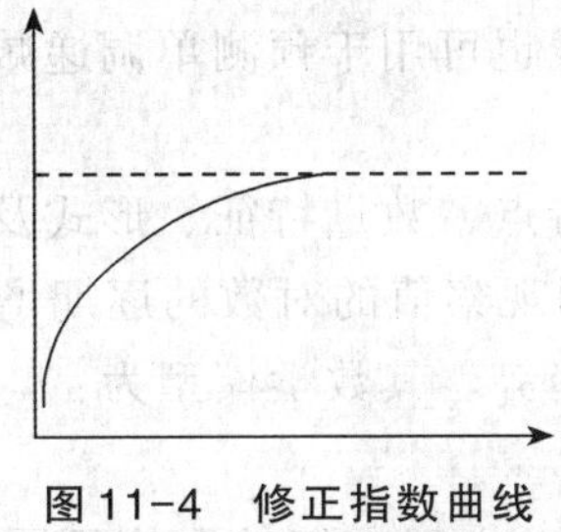

图11-4 修正指数曲线

修正指数曲线有三个参数，可用三段总和法求解。即将数列分为三段（要求N能被3整除），每段有$r = N/3$项数据，设$\sum_1 y$、$\sum_2 y$、$\sum_3 y$分别为各段y_t的总和，则参数估算式为：

$$b = \sqrt{\frac{\sum_3 y - \sum_2 y}{\sum_2 y - \sum_1 y}}$$

$$k = \frac{1}{r}\left(\sum_1 y - \frac{b^r - 1}{b - 1} \times a\right)$$

此法估算的模型，其原点在数列最初一期。

【例11-11】表11-13是某地汽车销售量预测分析表。其逐年增长量前期逐步增大，后期开始减小，因而可用修正指数曲线描述其变化趋势。

将表11-13中的数据分为三段，则有：

$r = 3$　　$\sum_2 y$=104.4　　$\sum_1 y = 79.7$　　$\sum_3 y$=125.4

表 11-13 某地汽车销售量预测分析

年份	y_t（万辆）	t	Δt	$\hat{y}_t$	$y_t-\hat{y}_t$
2×07	25.2	0	—	23.57	1.63
2×08	26.8	1	1.6	26.62	0.18
2×09	27.7	2	0.9	29.51	-1.81
2×10	30.4	3	2.7	32.25	-1.85
2×11	34.3	4	3.9	34.85	-0.55
2×12	39.7	5	5.4	37.30	2.40
2×13	40.1	6	0.4	39.63	0.47
2×14	41.4	7	1.7	41.84	-0.44
2×15	43.9	8	2.5	43.93	-0.03

代入上述参数估算式，可估算出k、a、b的值，得到下列模型：

$$\hat{y}_t = 81.4869 - 57.9189 \times 0.9473^t$$

（s_y=1.63，2×07年t=0）

其中，剩余标准差是根据表中的误差项计算的。其$s_y/\bar{y}$为4.74%，表明该模型描述的变化趋势较严格，其稳定性为95.25%。同时，该模型表明该地汽车最大销售量为81.4896万辆。若预测2×16年该地汽车销售量，将t=9代入此模型得：

$$\hat{y}_9 = 81.4869 - 57.9189 \times 0.9473^9 = 45.91 \text{（万辆）}$$

应用修正指数曲线预测应注意，它一般不适用于描述那种已呈饱和状态的商品销售趋势，而主要用于预测销售量还比较大，但已开始出现销售增长递减状态的变化趋势及饱和水平的估计。此外，修正指数曲线也可用于预测单调递减或迅速增长等形态的变化趋势。

4.龚铂茨曲线趋势模型

下面介绍龚铂茨曲线模型的特点、数量特征、形式及参数估计方法。龚铂茨曲线是一条不对称的S形曲线。当时间数列观察值的对数的逐期增减量的环比系数接近于某一常数时，可用龚铂茨曲线描述其变化趋势。其数学模型为：

$$y_t = ka^{b^t}$$

其中，k、a、b为模型的参数，由于它们的取值不同，龚铂茨曲线有不同的形状，并适用于不同的场合。其中最典型的是一条不对称的s形成长曲线，如图11-5所示。其特征是数列的初期增长缓慢，中期增长迅速，后期增长减慢，并逐渐趋向于饱和水平k（增长极限）。例如，商品从萌芽期、成长期到成熟期的销售数列往往表现为这种变化趋势。

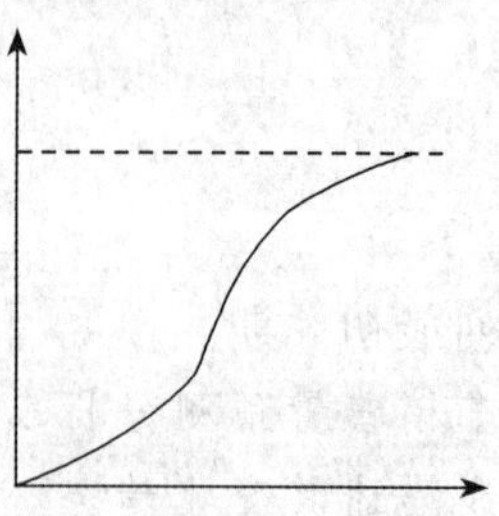

图 11-5 龚铂茨曲线

龚铂茨曲线可转化为下列对数表达式：

$\lg y_t = \lg k + (\lg a) b^t$

此式类似于修正指数曲线的形式，因而可参照拟合修正指数曲线的方法，用对数三和法求解 lg$k$、lg$a$ 和 b。计算公式为：

$$b = \sqrt[r]{\frac{\sum_3 \lg y - \sum_2 \lg y}{\sum_2 \lg y - \sum_1 \lg y}}$$

$$\lg a = (\sum_2 \lg y - \sum_1 \lg y)\frac{b-1}{(b^r-1)^2} \qquad \lg k = \frac{1}{r}(\sum_1 \lg y - \frac{b^r-1}{b-1}\lg a)$$

5.逻辑曲线趋势模型

逻辑曲线又称逻辑斯谛曲线，所描述的发展趋势与龚铂茨曲线大体相同，即要求数列初期变化缓慢，中期增长迅速，达到一定程度后增长减慢，并逐渐逼近饱和水平。两者不同的是，逻辑曲线达到最高点的时间比龚铂茨曲线要长，同时，逻辑曲线是一条对称的S形长曲线。从数量变化特征来考察，逻辑曲线适合描述数列各期观察值倒数的逐期增量的环比系数大体接近的变化趋势。逻辑曲线方程的形式有多种，最简单的形式是：

$$\frac{1}{y} = k + ab^t$$

若用 y' 代替 $\frac{1}{y}$，则类似于修正指数曲线的形式，可采用拟合修正指数的方法（倒数三和法）拟合上述形式的逻辑曲线。通常逻辑曲线表述为：

$$y_t = \frac{k}{1 + be^{-at}}$$

式中：k——y 的增长极限（饱和水平）；a，b——参数；e——自然对数的底（e = 2.7182818）。

求解 k，a，b 参数有多种方法可供选择，以下介绍两种方法：

（1）选点法。选点法从数列首、中、尾各部分各选一个有代表性的距离的点值。y_0，y_1，y_2，且点与点之间的距离为 r，则有：

$$k = \frac{2y_0y_1y_2 - y_1^2(y_0 + y_2)}{y_0y_2 - y_1^2}$$

$$a = -\frac{1}{r}\left[\ln \frac{y_0(k - y_1)}{y_1(k - y_0)}\right]$$

（2）倒数三和法。它是将数列分为首、中、尾三段，分别求各段的倒数和 $\sum_1 \frac{1}{y}, \sum_2 \frac{1}{y}, \sum_3 \frac{1}{y}$，且 $r = \frac{N}{3}$，然后用下列公式估算：

$$D_1 = \sum_1 \frac{1}{y} - \sum_2 \frac{1}{y}$$

$$D_2 = \sum_2 \frac{1}{y} - \sum_3 \frac{1}{y}$$

$$a = \frac{1}{r}[\ln D_1 - \ln D_2]$$

$$k = \frac{r}{S_1 - D_1^2/(D_1 - D_2)} (S = \sum_1 \frac{1}{y})$$

$$b = \frac{D_1^2}{D_1 - D_2} \cdot \frac{k(1 - e^{-a})}{e^{-a}(1 - e^{ra})}$$

用上述方法估算参数应注意，数列的项数应能被3整除，时间变量 t 从1开始顺序，计算公式中的对数应取自然对数。

以上介绍了五种曲线趋势模型，除了用上述方法估计外，也可通过分析预测目标的变化规律和有关因素的影响，事先进行确定，然后对原方程加以变换，借以估算出方程的其他参数。在实际预测工作中，这种逻辑推理和历史数据估计相结合的方法，是定性预测和定量预测的结合运用，得到的预测结果更使人信服。

11.6 季节指数法

季节变动是指某些市场现象的时间序列，由于受自然气候、生产条件、生活习惯等因素的影响，在若干年中每一年随季节的变化都呈现出的周期性变动（如供应量、需求量、销售量、商品价格等的周期性变动）。

市场现象时间序列的季节变动一般表现得比较复杂，多数情况下并非表现为单纯的季节变动。有些市场现象时间序列表现为以季节变动为主，同时含有不规则变动因素；有些市场现象时间序列则表现为季节变动、长期趋势变动和不规则变动混合在一起，各种市场现象季节变动的特点也各不相同。市场现象的复杂性要求预测者根据需要，采用不同的预测模型和方法，对其进行分析研究和预测。

研究市场现象季节变动，所搜集的市场现象时间序列资料一般必须是以月（或季）为单位时间；为研究某市场现象的季节变动规律，必须具有3年或3年以上的市场现象各月（或季）的资料。

掌握商品季节变动的规律性，科学制定生产经营决策，对企业的经济效益和社会效益具有重要意义。

11.6.1 季节变动模型

所谓季节变动模型，是指反映市场现象时间序列在1年内季节变动的典型状况，也称为季节变动的代表性水平。

季节变动模型由一套指标组成，若市场现象时间序列的资料是以月为时间单位，则季节变动模型由12个指标组成；若市场现象时间序列的资料以季为时间单位，则季节变动模型由4个指标组成。季节变动模型的指标有两种：一种是以相对数表示的季节比率；一种是以绝对数表示的季节变差。

1.季节比率

季节比率也称为季节指数或季节系数，一般是以相对数形式表现的季节变动指标，通常用百分数或系数表示。

季节比率根据市场现象时间序列中所含变动规律种类的不同，其指标计算的公式也会有所不同。

对于不含长期趋势变动的市场现象时间序列的季节变动，测算季节比率的公式为：

$$\text{季节比率}=\frac{\text{各月（或季）实际观察值}}{\text{月（或季）平均值}}$$

对于既含季节变动又含长期趋势变动的市场现象时间序列季节比率的测算公式为：

$$\text{季节比率}=\frac{\text{各月（或季）实际观察值}}{\text{月（或季）趋势值}}$$

市场现象时间序列全年12个月的季节比率之和应为1 200%，4个季度的季节比率之和为400%，其全年12个月或4个季度的季节比率平均值为100%。

季节比率指标所反映的是市场现象时间序列中，各月（或各季）的实际观察值围绕季节比率平均值100%上下波动的状况。季节比率值偏离100%的程度大，说明季节变动的幅度大；季节比率值偏离100%的程度小，说明市场现象季节变动的幅度小。

2.季节变差

季节变差是以绝对数表现的季节变动指标，其计量单位与实际观察值的计量单位相同。季节变差根据市场现象时间序列中所包含变动规律的种类不同，其计算公式的表现形式也会有所不同。

对于不含长期趋势变动的市场现象时间序列的季节变动，测算季节变差的公式为：

季节变差=各月（或季）实际观察值-各月（或季）平均值

对于既含季节变动又含长期趋势变动的市场现象时间序列季节变差的计算公式为：

季节变差=各月（或季）实际观察值-各月（或季）趋势值

在实际中，当研究市场现象季节变动规律时，一般不是根据1年的月份或季度的实际观察值，而是根据3~5年的月份或季度的资料。因为只根据实际观察值1~2年的月份或季度资料，会带有很大的偶然性，不能真正体现季节变动的一般规律。若采用这样的季节变动模型对市场做预测，其结果也必然是不可靠。因此，必须根据市场现象3~5年的月份或季度资料，建立季节变动的模型，减少偶然性，客观地反映市场现象的季节变动规律。

鉴于以上原因，季节比率和季节变差的测算公式需要做进一步的修改，应用多年的月份或季度资料的计算公式。

其季节比率计算公式应为：

$$季节比率=\frac{同月（或季）实际观察值平均值}{总平均值}$$

或 $$季节比率=\frac{同月（或季）实际观察值平均值}{趋势值}$$

其季节变差计算公式应为：

季节变差=同月（或季）实际观察值平均值-总平均数

或 季节变差=同月（或季）实际观察值平均值-趋势值

在市场预测的实践中，对市场现象时间序列是以季节比率还是以季节变差来反映，或是用季节比率和季节变差指标结合来反映其季节变动，必须根据时间序列的变动特点和研究问题的需要来确定。下面分别就无趋势变动和含趋势变动的时间序列，来说明市场现象季节变动的预测过程。

11.6.2　无趋势变动的季节模型

对于不含长期趋势变动，只含季节变动的市场现象时间序列，一般采取季节水平模型对其进行预测。其预测模型为；

$$\hat{Y}=\bar{Y}\times f_t$$

式中：$\hat{Y}_t$——第t期的预测值；$\bar{Y}$——预测前一年的月份（或季度）的平均值，或已知年份所有月份（或季度）的平均值；f_t——季节比率。

利用预测模型进行预测主要有以下几个步骤：

（1）直接对市场现象时间序列中各年同月（或季）的实际观察值加以平均。

（2）将各年同月（或季）平均数与各年时间序列总平均数进行比较，即求出季节比率，或将各年同月（或季）平均数与时间序列各年总平均数相减，即求出季节变差。

（3）对市场现象的季节变动做出预测。

【例11-12】某家电企业2×06—2×09年电风扇的销售量的月份资料见表11-14，试用季节水平模型对2×10年各月的销售量进行预测。

表11-14 某家电企业2×06—2×09年各月电风扇的销售量 单位：台

月	2×06	2×07	2×08	2×09	合计	同月平均	季节指数（%）
1	23	30	18	22	93	23.25	19.1
2	33	37	20	32	122	30.5	25.1
3	69	59	92	102	322	80.5	66.2
4	91	120	139	155	505	126.25	103.7
5	192	311	324	372	1 199	299.75	246.3
6	348	334	343	324	1 349	337.25	277.1
7	254	270	271	290	1 085	271.25	222.8
8	122	122	193	153	590	147.5	121.2
9	59	70	62	77	268	67	55.1
10	34	33	27	17	111	27.75	22.8
11	19	23	17	37	96	24	19.7
12	27	16	13	46	102	25.5	20.9
合计	1 271	1425	1 519	1 627	5 842	1 460.5	1 200
平均	105.9	118.8	126.6	135.6	486.9	121.7	100

电风扇这种商品受季节变化的影响较大，从上述4年销售量数据可以很清楚地看到这一特点。另外，如图11-6所示，基本不存在增长或下降趋势，可以采用季节水平模型。

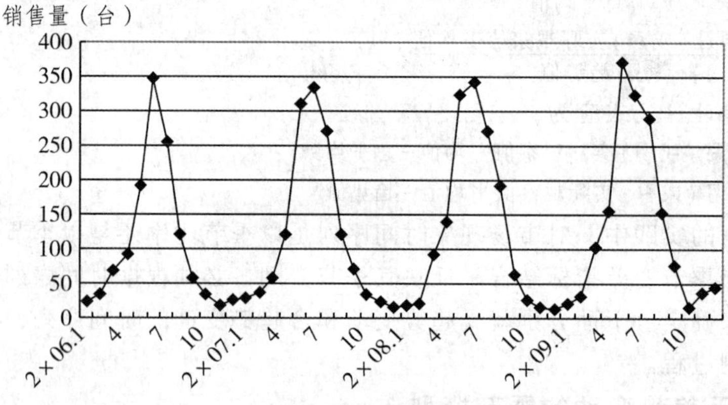

图11-6 某家电企业电风扇销售量

解：（1）求各年同月的平均数。

见表11-14，求各年同月的平均数，即将4年中各年同月份的实际销售量加以平均，采用简单算术平均方法计算即可。

（2）求时间序列4年全部数据的总平均数。

总平均数即根据4年共48个月的实际销售量资料，计算出总平均数。具体的计算结果见表11-1，本题中4年的平均销售量为121.7台。总平均数可有三种测算方法：

总平均数 = 5 842/48 = 121.7（台）

或总平均数 = 1 460.5/12 = 121.7（台）

或总平均数 = 486.9/4 = 121.7（台）

（3）计算各月的季节比率。

根据公式：

$$季节比率 = \frac{各月（或季）实际观察值}{月（或季）平均值}$$

可以计算出各月的季节比率，结果见表11-14。

（4）进行预测。

根据预测模型$\hat{Y}=\bar{Y}\times f_t$，其中，$\bar{Y}$取2×09年的月平均值即135.6台，得到2×10年各月的销售量的预测值，具体结果见表11-15。

表11-15　**2×10年各月电风扇销售量预测**　单位：台

月份	销售量	月份	销售量
1	25.90	7	302.12
2	34.04	8	164.35
3	89.77	9	74.72
4	140.62	10	30.92
5	333.98	11	26.71
6	375.75	12	28.34

11.6.3　含趋势变动的季节模型

在大量含明显季节变动的市场现象中，单纯表现为季节变动的只是少数情况，大部分市场现象的季节变动是与长期趋势变动交织在一起的。对这些市场现象在研究其季节变动的同时，还必须要考虑其长期趋势变动。也就是说，采用含趋势变动市场现象季节变动预测模型，将现象的季节变动和长期趋势变动同时加以测定，并且将市场现象的两种变动规律联系起来对其未来表现进行预测。

由于这类预测模型虽然也反映市场现象的长期趋势变动规律，但它还是以研究市场现象的季节变动为主，所以将它作为季节变动预测模型的一种形式。含趋势变动市场现象季节变动规律也是不尽相同的，在研究时采取不同的方法。

1.季节性叠加趋势预测模型

若所研究和预测的市场现象时间序列，既有季节变动又含趋势变动，其每年都出现的季节变动的变动幅度，并不随着市场现象的趋势变动而加大时，需要采取季节性叠加趋势预测模型进行研究预测。预测模型为：

$$\hat{Y}_t = a + bt + d_i$$

式中：$\hat{Y}_t$——第t期预测值；a,b——趋势方程参数；d_i——平均季节变差；t——时间序列观察期序号。

根据模型进行预测的步骤有：

（1）建立趋势直线方程。

建立趋势直线方程实际上就是估计参数a,b的值，我们可以采用最小二乘法、目估法或者经验公式来确定，这里采用经验公式来进行估计。

具体公式为：

$$\begin{cases} b = \dfrac{\bar{Y}_{(j)} - \bar{Y}_{(1)}}{t-12} \\ a = \bar{Y}_{(1)} - 6.5b \end{cases}$$

式中：$\bar{Y}_{(1)}$——时间序列第一年的平均值；$\bar{Y}_{(j)}$——时间序列最后一年的平均值；t——时间序列观察期的序号。

于是，根据建立的趋势直线方程：$F_t = a + bt$，可以计算出各期的趋势值F_t。

（2）确定季节增量d。

时间序列各月（或季）的季节增量d_t的计算公式为：

$$d_t = Y_t - F_t$$

时间序列已知年份同月（或同季）的季节增量用d_i表示，其计算公式为：

$$d_i = \frac{d_i + d_{i+T} + \cdots + d_{i+(m-1)T}}{m}$$

式中：i——1，2，3，…，12（月份资料）或1，2，3，4（季度资料）；T——时间序列数据季节周期长度；m——时间序列数据季节周期数。

（3）利用模型进行预测。

根据已知资料和预测公式进行预测。

【例11-13】某地2×12—2×15年各月社会商品零售额资料见表11-16，对2×16年各月的零售额进行预测。

表11-16 **某地2×12—2×15年各月社会商品零售额** 单位：亿元

时序（t）	时间	销售量（Y_t）	趋势值（F_t）	季节增量（d_t）	时序（t）	时间	销售量（Y_t）	趋势值（F_t）	季节增量（d_t）
1	2×12.1	168.7	136.67	32.03	25	2×14.1	215.7	167.56	48.14
2	2	158.4	137.96	20.44	26	2	156	168.85	-12.85
3	3	126.5	139.25	-12.75	27	3	165.3	170.13	-4.83
4	4	130.7	140.53	-9.83	28	4	161.8	171.42	-9.62
5	5	133.8	141.82	-8.02	29	5	163.9	172.71	-8.81
6	6	134.4	143.11	-8.71	30	6	163.2	173.99	-10.79
7	7	128.2	144.39	-16.19	31	7	152.8	175.28	-22.48
8	8	129.7	145.68	-15.98	32	8	151.1	176.57	-25.47
9	9	143.7	146.97	-3.27	33	9	167.1	177.86	-10.76
10	10	142.6	148.25	-5.65	34	10	171	179.14	-8.14
11	11	154	149.54	4.46	35	11	182.8	180.43	2.37
12	12	174.3	150.82	23.47	36	12	220	181.72	38.28
13	2×13.1	193	152.12	40.88	37	2×15.1	220.5	183.00	37.50
14	2	158.7	153.40	5.30	38	2	198.5	184.29	14.21
15	3	145.3	154.69	-9.39	39	3	181.4	185.58	-4.18
16	4	146.8	155.98	-9.18	40	4	177.4	186.86	-9.46
17	5	149.8	157.26	-7.46	41	5	179.2	188.15	-8.95
18	6	148	158.55	-10.55	42	6	177.3	189.44	-12.14
19	7	140	159.84	-19.84	43	7	165.5	190.73	-25.23
20	8	140	161.12	-21.12	44	8	167.2	192.01	-24.81
21	9	156.6	162.41	-5.81	45	9	183.4	193.30	-9.90
22	10	161	163.70	-2.70	46	10	185	194.59	-9.59
23	11	174.2	164.99	9.21	47	11	208.1	195.87	12.23
24	12	199.5	166.27	33.23	48	12	249.6	197.16	52.44

利用表11-16中的数据，将时间序列各值绘制成图观察，如图11-7所示。从图中可以看出，该现象不仅有明显的季节变动，还含有一定的上升趋势，各年季节变动的程度基

本相同，因此，需要采用季节性叠加趋势模型进行预测。

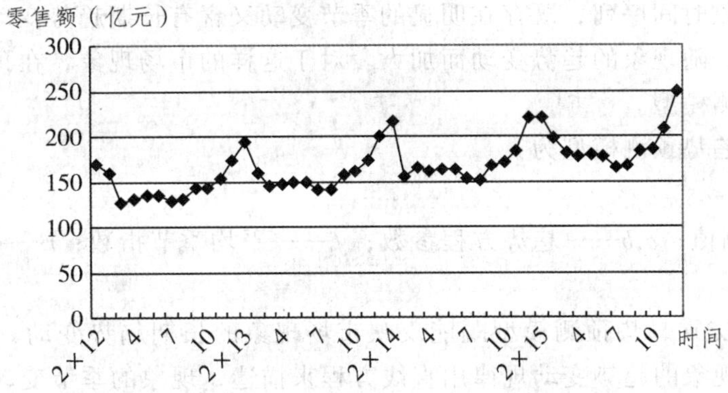

图11-7 某地各月社会商品零售额

解：（1）确定直线趋势方程。

这里采用经验公式法，计算$\bar{Y}_{(1)}$和$\bar{Y}_{(4)}$，$\bar{Y}_{(1)}=143.75$，$\bar{Y}_{(4)}=191.0917$

$$b=\frac{\bar{Y}_{(4)}-\bar{Y}_{(1)}}{48-12}=\frac{191.0917-143.75}{36}=1.287$$

$$a=\bar{Y}_1-6.5\times b=143.75-6.5\times 1.287=135.3845$$

则时间序列的趋势直线方程为：

$$F_t=a+bt=135.3845+1.287t$$

根据趋势直线方程求得各期趋势值F_t，见表11-16。

（2）确定季节增量d_i。

利用表11-16中计算得到的F_t，Y_t以及各期季节增量d_t，根据上面介绍的d_i的公式，可以确定各月季节增量d_i，结果见表11-17。

表11-17 各月社会商品零售额 单位：亿元

月份	d_i	月份	d_i
1	39.64	7	−20.94
2	6.78	8	−21.85
3	−7.79	9	−7.44
4	−9.52	10	−6.52
5	−8.31	11	7.07
6	−10.55	12	36.86

（3）进行预测。

根据建立的预测模型预测出2×16年各月社会商品零售额的数量见表11-18。

表11-18 2×16年各月社会商品零售额 单位：亿元

月份	商品零售额	月份	商品零售额
1	238.09	7	185.23
2	206.51	8	185.61
3	193.23	9	201.30
4	192.79	10	203.51
5	195.29	11	218.39
6	194.33	12	249.46

2.季节性交乘趋势模型

有些市场现象时间序列，既存在明显的季节变动又含有长期趋势变动，而且时间序列的季节变动幅度，随现象的趋势变动而加大。对于这样的市场现象，在预测时必须采用季节性交乘趋势预测模型。

季节性交乘趋势预测模型为：

$$\hat{Y}_t=(a+bt)\times f_i$$

式中：$\hat{Y}_t$——预测值；a,b——趋势方程参数；f_i——平均季节指数；t——时间序列观察期序号。

显然，季节交乘趋势预测模型既能反映市场现象的长期趋势变动，又能反映季节变动。其中，市场现象的趋势变动规律用直线方程来描述，现象的季节变动规律用平均季节比率来反映。

根据模型进行预测的步骤有：

（1）建立趋势直线方程。

趋势直线方程参数a,b的计算方法同上。

（2）确定季节指数f_i。

先用下面的公式计算样本季节指数S_t：

$$S_t=\frac{Y_t}{F_t}$$

由于这些季节指数是用样本值直接计算的，所以称为样本季节指数。它只反映季节影响给各期带来的实际波动。反映时间序列季节变动规律的是理论季节指数f_i，它通过各个周期内相应的样本季节指数平均得到，即：

$$f_i=\frac{S_i+S_{i+T}+\cdots+S_{i+(m-1)T}}{m}$$

其中：i=1，2，3，…，T

（3）利用模型进行预测。

根据已知资料和预测公式进行预测。

【例11-14】某地2×08—2×10年各月茶叶的产量资料见表11-19，则对2×11年各月的茶叶产量可进行预测。

解：利用表11-19中的数据，将时间序列各值绘制成图观察，如图11-8所示。从图可以看出，该现象不仅有明显的季节变动，还有明显的上升趋势，而且季节变动的幅度随趋势增加而加大，因此，必须采用季节交乘趋势模型对其进行预测。

（1）确定直线趋势方程。

这里采用最小二乘法，估计出参数$a=7.3063,b=0.5075$，则时间序列的趋势直线方程为：

$$F_t=a+bt=7.3063+0.5075t$$

根据趋势直线方程求得各期趋势值F_t，见表11-19。

（2）计算季节指数。

利用上面介绍的计算季节指数的公式，可以得到各期的样本季节指数，在此基础上计算出各期的理论季节指数，见表11-20。

表 11-19　某地2×08—2×10年各月茶叶产量　单位：万斤

时序（t）	时间	销售量（Y_t）	趋势值（F_t）	季节指数（S_t）
1	2×08.1	6	7.81	0.77
2	2	7	8.32	0.84
3	3	8	8.83	0.91
4	4	8	9.34	0.86
5	5	10	9.84	1.02
6	6	14	10.35	1.35
7	7	16	10.86	1.47
8	8	22	11.37	1.94
9	9	20	11.87	1.68
10	10	10	12.38	0.81
11	11	5	12.89	0.39
12	12	6	13.40	0.45
13	2×09.1	9	13.90	0.65
14	2	10	14.41	0.69
15	3	12	14.92	0.80
16	4	13	15.43	0.84
17	5	15	15.93	0.94
18	6	20	16.44	1.22
19	7	24	16.95	1.42
20	8	29	17.46	1.66
21	9	26	17.96	1.45
22	10	15	18.47	0.81
23	11	9	18.98	0.47
24	12	10	19.49	0.51
25	2×10.1	12	19.99	0.60
26	2	15	20.50	0.73
27	3	17	21.01	0.81
28	4	19	21.52	0.88
29	5	21	22.02	0.95
30	6	25	22.53	1.11
31	7	36	23.04	1.56
32	8	42	23.55	1.78
33	9	38	24.05	1.58
34	10	22	24.56	0.90
35	11	16	25.07	0.64
36	12	14	25.58	0.55

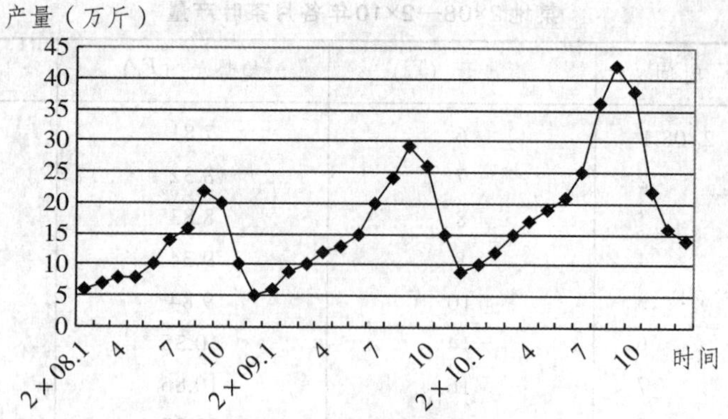

图 11-8 某地茶叶产量

表 11-20 各月的理论季节指数

月份	f_i	月份	f_i
1	0.67	7	1.49
2	0.75	8	1.79
3	0.84	9	4.57
4	0.86	10	0.83
5	0.97	11	0.5
6	1.22	12	0.5

预测模型为：

$$\hat{Y}_t = (a + bt) \times f_i = (7.3063 + 0.5075t) \times f_i$$

（3）利用模型进行预测。

根据建立的预测模型预测2×11年各月茶叶的产量，见表11-21。

表 11-21 2×11年各月茶叶产量预测值 单位：万斤

月份	商品零售额	月份	商品零售额
1	17.48	7	43.40
2	19.94	8	53.05
3	22.76	9	47.33
4	23.74	10	25.44
5	21.21	11	15.58
6	34.92	12	15.83

本章小结

本章首先介绍了时间序列分析法的基本原理及时间序列的变动形式。时间序列变动一般可以分长期趋势变动、季节性变动、循环变动和不规则变动四种形式。

在此基础上，我们重点介绍了时间预测的各种方法：简单平均法、移动平均法、趋势延伸法、指数平滑法和季节指数法。

简单平均法是在对时间序列进行分析研究的基础上，计算时间序列观察值的某种平均数，并以此平均数为基础确定预测模型或预测值的市场预测方法。这种方法简便易行，不需要复杂的模型，是最简单的定量预测方法，包括简单算术平均法、加权算术平均法和几何平均法。

移动平均法是对时间序列观察值，由远及近按一定的跨越期计算平均值的一种预测方法。随着观察值向后推移，平均值也跟着向后移动，形成一个由平均值组成的新的时间序列。对新时间序列中平均值加以一定调整后，可作为观察期内的估计值，最后一个移动平均值则是计算预测值的依据。移动平均法适合于既有趋势变动又有波动的时间序列。移动平均的具体方法有一次移动平均法、二次移动平均法和加权移动平均法。

指数平滑法是由移动平均法改进而来的，是一种特殊的加权移动平均法，也称为指数加权平均法。这种方法既有移动平均法的长处，又可以减少历史数据的数量。指数平滑法在市场预测中的应用主要有一次指数平滑法和二次指数平滑法。

趋势延伸法是根据市场发展的连续资料，寻求市场发展与时间之间的长期趋势变动规律，用恰当方法找出长期变动趋势增长规律的函数表达式，据此预测市场未来发展的可能水平，它又称趋势外推法，是一种常用的预测方法。趋势延伸法包括直线趋势延伸法和曲线趋势延伸法。

季节变动是指某些市场现象的时间序列，由于受自然气候、生产条件、生活习惯等因素的影响，在若干年中每一年随季节的变化都呈现出的周期性变动。本章我们主要对无趋势变动和含趋势变动的时间序列进行分析，来说明市场现象季节变动的预测过程。

综合训练

11.1 单项选择题

1.公式 $MAE=\frac{1}{n}\sum_{i=1}^{n}|e_i|$ 是（　　）的计算公式。

A.平均误差　　B.平均绝对误差

C.均方误差　　D.标准误差

2.时间序列研究的是预测对象（　　）。

A.与所有影响因素之间的关系　　B.与每个具体影响因素之间的关系

C.与时间因素之间的关系　　D.与其变化趋势之间的关系

3.移动平均法在统计分析中常用来（　　）。

A.修匀时间序列，揭示变动趋势　　B.计算移动平均数

C.计算时间序列的代表性值　　D.构成新的时间序列

4.已知时间序列各期观测值依次为100、240、370、530、650、810，对这一时间序列进行预测适合的模型是（　　）。

A.直线模型　　B.指数曲线模型

C.二次曲线模型　　D.龚铂茨曲线趋势模型

5.指数平滑法中，平滑系数 α 的取值范围是（　　）。

A.$0\leqslant\alpha\leqslant1$　　B.$0<\alpha<1$

C.$-1\leqslant\alpha\leqslant1$　　D.$-1\leqslant\alpha\leqslant0$

11.2 多项选择题

1.在直线趋势延伸预测模型 $\hat{Y}_t=a+bt$ 中，$\hat{Y}_t$ 代表直线趋势值，其余各符号表示（　　）。

A.a代表趋势直线的起点值

B.a值等于时间序列的最后一期的水平

C.b为趋势直线的斜率

D.b是每增加一个单位时间，预测值$\hat{Y}_t$的平均增加值

E.t代表时间变量

2.通常情况下，时间序列变动一般可以分解为（　　）形式。

A.长期趋势　　B.不规则变动

C.季节波动　　D.周期波动

E.偶然因素

3.运用移动平均法时，选择移动项数n时应注意的问题有（　　）。

A.在资料期数较多时，n值可适当取大些

B.在资料期数较少时，n值只能取小些

C.历史资料有较明显季节性或周期性变化时，跨期n应等于季节周期或循环周期

D.如果希望反映历史资料的长期变化趋势，则n应取大些

E.如果希望反映近期数据的变化趋势，则n应取小些

4.下列说法正确的是（　　）。

A.季节比率也称为季节指数

B.季节比率一般用百分数表示

C.无论时间序列是否含长期趋势，在对其进行季节变动分析时，其计算公式相同

D.季节变差是以绝对数表现的季节变动指标

E.季节比率是以相对数表现的季节变动指标

5.判断时间序列的趋势是否是直线型趋势，可以采用（　　）。

A.图解法　　B.季节比率法　　C.季节变差法

D.阶差分析法　　E.目测法

11.3 思考题

1.简述时间序列的变动形式。

2.移动平均法的特点有哪些？

3.什么是指数平滑法？它的特点有哪些？

4.试比较二次指数平滑法与直线趋势延伸法。

5.曲线趋势延伸法包括哪几种类型？

6.简述无趋势变动的季节预测的步骤。

7.简述季节型叠加趋势预测的步骤。

8.简述季节型交乘趋势预测的步骤。

11.4 实践与训练

1.某公司2×00—2×10年的产品销售额资料见表11-22。

要求：

（1）应用3年和5年移动平均法计算趋势值。

（2）应用最小二乘法配合趋势直线，并计算各年的趋势值。

表 11-22　　某公司2×00—2×10年的产品销售额

年份	时间序列 t	销售额（万元）
2×00	1	80
2×01	2	83
2×02	3	87
2×03	4	89
2×04	5	95
2×05	6	101
2×06	7	107
2×07	8	115
2×08	9	125
2×09	10	134
2×10	11	146

2. 某商场2×01—2×10年商品销售额的数据见表11-23，试用二次指数平滑法预测该商场2×11年的销售额。

表 11-23　　某商场2×01—2×10年商品销售额

年份	时间序列 t	销售额（千万元）
2×01	1	4
2×02	2	4.5
2×03	3	5.03
2×04	4	5.51
2×05	5	6.02
2×06	6	6.57
2×07	7	7.09
2×08	8	7.58
2×09	9	8.09
2×10	10	8.62

3. 我国1981—2000年油菜籽单位面积产量数据见表11-24。

表 11-24 **我国1981—2000年油菜籽单位面积产量**

年份	单位面积产量（千克/公顷）	年份	单位面积产量（千克/公顷）
1981	1 451	1991	1 215
1982	1 372	1992	1 281
1983	1 168	1993	1 309
1984	1 232	1994	1 296
1985	1 245	1995	1 416
1986	1 200	1996	1 367
1987	1 260	1997	1 479
1988	1 020	1998	1 272
1989	1 095	1999	1 469
1990	1 260	2000	1 519

（1）绘制时间序列图描述其变动趋势。

（2）选择一条适合的趋势线拟合数据，并根据趋势线预测2001年我国油菜籽单位面积产量。

4.表11-25是我国1981—2000年的原煤产量数据。

表 11-25 **我国1981—2000年的原煤产量**

年份	原煤产量（亿吨）	年份	原煤产量（亿吨）
1981	6.22	1991	10.87
1982	6.66	1992	11.16
1983	7.15	1993	11.50
1984	7.89	1994	12.40
1985	8.72	1995	13.61
1986	8.94	1996	13.97
1987	9.28	1997	13.73
1988	9.80	1998	12.50
1989	10.54	1999	10.45
1990	10.80	2000	9.98

（1）绘制时间序列图描述其变动趋势。

（2）选择一条适合的趋势线拟合数据，并根据趋势线预测2001年我国原煤的产量。

5.某旅游风景区2013—2015年各月的旅游收入资料见表11-26。

表 11-26　　某旅游风景区 2×13—2×15 年各月的旅游收入

月份	2×13 年	2×14 年	2×15 年
1	116	145	180
2	154	210	245
3	220	312	325
4	392	520	535
5	642	684	710
6	1 642	1 872	1 923
7	2 810	3 120	3 350
8	1 204	1 382	1 576
9	384	482	625
10	183	248	437
11	125	130	258
12	95	112	166

试判断是否存在季节变动，并对 2×16 年各月的旅游收入做出预测。

参考文献

［1］布拉德伯恩，萨德曼，万辛克．问卷设计手册［M］．赵峰，译．重庆：重庆大学出版社，2011.

［2］萨尔金德．爱上统计学［M］．史玲玲，译．2版．重庆：重庆大学出版社，2011.

［3］丹尼尔．当代市场调查［M］．范成秀，译．10版．北京：机械工业出版社，2019.

［4］简明，金勇进，蒋妍．市场调查方法与技术［M］．2版．北京：中国人民大学出版社，2009.

［5］简明，胡玉立．市场预测与管理决策［M］．北京：中国人民大学出版社，2009.

［6］林宏谕，姚瞻海．EXCEL数据分析与市场调查［M］．北京：中国铁道出版社，2009.

［7］马连福，张慧敏．现代市场调查与预测［M］．北京：首都经济贸易大学出版社，2009.

［8］闫秀荣．市场调查与预测［M］．上海：上海财经大学出版社，2009.

［9］赵秩．市场调查与分析［M］．北京：北京交通大学出版社，2009.

［10］李国强，苗杰．市场调查与市场分析［M］．北京：中国人民大学出版社，2010.

［11］许以洪．市场调查与预测［M］．北京：机械工业出版社，2010.

［12］殷博益．市场调查与预测［M］．北京：中国电力出版社，2010.

［13］袁岳．市场调查操作手册［M］．北京：中国经济出版社，2010.

［14］贾俊平．统计学［M］．4版．北京：中国人民大学出版社，2011.

［15］罗洪群，王青华．市场调查与预测［M］．北京：清华大学出版社，2011.

［16］杨勇．市场调查与预测［M］．北京：机械工业出版社，2016.

［17］张丽华．市场调查与预测［M］．北京：中国人民大学出版社，2017.

［18］赵轶．现代市场调查与预测：理论、实务与技能实训［M］．北京：中国人民大学出版社，2017.

［19］刘一书，等，市场调查与预测［M］．北京：清华大学出版社，2018.

［20］李昊．市场调查与预测［M］．2版．北京：中国人民大学出版社，2019.

［21］魏炳麒，陈晖．市场调查与预测［M］．大连：东北财经大学出版社，2019.

［22］王冲，等．市场预测与预测［M］．上海：复旦大学出版社，2019.

附　录

附录 1　相关系数显著性检验表

$n-2$	α				
	0.10	0.05	0.02	0.01	0.001
1	0.98769	0.99625	0.99507	0.999877	0.9999988
2	0.90000	0.95000	0.98000	0.99000	0.999900
3	0.8054	0.8783	0.93433	0.95873	0.99116
4	0.7293	0.8114	0.8822	0.91720	0.97405
5	0.6694	0.7545	0.8329	0.8745	0.95074
6	0.6215	0.7067	0.7887	0.8343	0.92493
7	0.5822	0.6664	0.7498	0.7977	0.8982
8	0.5494	0.6319	0.7155	0.7646	0.8721
9	0.5214	0.6021	0.6851	0.7348	0.8471
10	0.4973	0.5760	0.6581	0.7079	0.8233
11	0.4762	0.5529	0.6339	0.6835	0.8010
12	0.4575	0.5324	0.6120	0.6614	0.7800
13	0.4409	0.5139	0.5923	0.6411	0.7603
14	0.4259	0.4973	0.5742	0.6226	0.7429
15	0.4123	0.4821	0.5577	0.6055	0.725
16	0.4000	0.4683	0.5425	0.5897	0.7084
17	0.3887	0.4555	0.5285	0.5751	0.6932
18	0.3783	0.4438	0.5155	0.5614	0.6787
19	0.3687	0.4329	0.5134	0.5487	0.6652
20	0.3593	0.4227	0.4921	0.5368	0.6524
25	0.3233	0.3809	0.4451	0.4869	0.5974
30	0.2960	0.3494	0.4093	0.4487	0.5541
35	0.2746	0.3426	0.3810	0.4182	0.5189
40	0.2573	0.3044	0.3578	0.3932	0.4896
45	0.2428	0.2875	0.3384	0.3721	0.4648
50	0.2306	0.2732	0.3213	0.3541	0.4433
60	0.2108	0.2500	0.2044	0.3243	0.4078
70	0.1954	0.2319	0.2737	0.3017	0.2799
80	0.1829	0.2172	0.2565	0.2880	0.3558
90	0.1726	0.2050	0.2422	0.2673	0.3375
100	0.1368	0.1946	0.2301	0.2540	0.3211

注：表中数字为临界值 r（α，$n-2$）。

附录2 标准正态分布表

$$\Phi(x)=\int_{-\infty}^{x}\frac{1}{\sqrt{2\pi}}e^{-\frac{t^2}{2}}dt=P(X\leqslant x)$$

x	0	1	2	3	4	5	6	7	8	9
0.0	0.5000	0.5040	0.5080	0.5120	0.5160	0.5199	0.5239	0.5279	0.5319	0.5359
0.1	0.5398	0.5438	0.5478	0.5517	0.5557	0.5596	0.5636	0.5675	0.5714	0.5753
0.2	0.5793	0.5832	0.5871	0.5910	0.5848	0.5987	0.6026	0.6064	0.6103	0.6141
0.3	0.6179	0.6217	0.6255	0.6293	0.6331	0.6368	0.6406	0.6443	0.6480	0.6517
0.4	0.6554	0.6591	0.6628	0.6664	0.6700	0.6736	0.6772	0.6808	0.6844	0.6879
0.5	0.6915	0.6950	0.6985	0.7019	0.7054	0.7088	0.7123	0.7157	0.7190	0.7224
0.6	0.7257	0.7219	0.7324	0.7357	0.7389	0.7422	0.7454	0.7486	0.7571	0.7549
0.7	0.7580	0.7611	0.7642	0.7673	0.7703	0.7734	0.7764	0.7794	0.7823	0.7852
0.8	0.7881	0.7910	0.7939	0.7967	0.7995	0.8023	0.8051	0.8087	0.8106	0.8133
0.9	0.8159	0.8186	0.8212	0.8283	0.8264	0.8289	0.8315	0.8340	0.8365	0.8389
1.0	0.8413	0.8438	0.8461	0.8485	0.8508	0.8531	0.8554	0.8577	0.8599	0.8621
1.1	0.8643	0.8665	0.8686	0.8708	0.8729	0.8749	0.8770	0.8790	0.8810	0.8830
1.2	0.8849	0.8869	0.8888	0.8907	0.8925	0.8944	0.8962	0.8980	0.8997	0.9015
1.3	0.9023	0.9049	0.9066	0.9082	0.9099	0.9115	0.9131	0.9147	0.9162	0.9177
1.4	0.9192	0.9207	0.9222	0.9236	0.9251	0.9265	0.9278	0.9292	0.9306	0.9319
1.5	0.9332	0.9345	0.9357	0.9370	0.9382	0.9394	0.9406	0.9418	0.9430	0.9441
1.6	0.9452	0.9463	0.9474	0.9484	0.9495	0.9505	0.9515	0.9525	0.9535	0.9545
1.7	0.9554	0.9564	0.9573	0.9582	0.9591	0.9599	0.9608	0.9616	0.9625	0.9633
1.8	0.9641	0.9648	0.9656	0.9664	0.9671	0.9678	0.9686	0.9693	0.9700	0.9706
1.9	0.9713	0.9719	0.9726	0.9732	0.9738	0.9744	0.9750	0.9756	0.9762	0.9767
2.0	0.9772	0.9778	0.9783	0.9788	0.9793	0.9798	0.9803	0.9808	0.9812	0.9817
2.1	0.9821	0.9826	0.9830	0.9834	0.9838	0.9842	0.9846	0.9850	0.9854	0.9857
2.2	0.9861	0.9864	0.9868	0.9871	0.9874	0.9878	0.9881	0.9884	0.9887	0.9890
2.3	0.9893	0.9896	0.9898	0.9901	0.9904	0.9906	0.9909	0.9911	0.9913	0.9916
2.4	0.9918	0.9920	0.9922	0.9925	0.9927	0.9929	0.9931	0.9932	0.9934	0.9936
2.5	0.9938	0.9940	0.9941	0.9943	0.9945	0.9946	0.9948	0.9949	0.9951	0.9952
2.6	0.9953	0.9955	0.9956	0.9957	0.9959	0.9960	0.9961	0.9962	0.9963	0.9964
2.7	0.9965	0.9966	0.9967	0.9968	0.9969	0.9970	0.9971	0.9972	0.9973	0.9974
2.8	0.9974	0.9975	0.9976	0.9977	0.9977	0.9978	0.9979	0.9979	0.9980	0.9981
2.9	0.9981	0.9982	0.9982	0.9983	0.9984	0.9984	0.9985	0.9985	0.9986	0.9986
3.0	0.9987	0.9990	0.9993	0.9995	0.9997	0.9998	0.9998	0.9999	0.9999	1.0000

附录3 t分布表

$P\{t(n)>t_\alpha(n)\}=\alpha$

n	α=0.25	0.10	0.05	0.025	0.01	0.005
1	1.0000	3.0777	6.3138	12.7062	31.8207	63.6574
2	0.8165	1.8856	2.9200	4.3037	6.9646	9.9248
3	0.7649	1.6377	2.3534	3.1824	2.5407	5.8409
4	0.7407	1.5332	2.1318	2.7764	3.7469	4.6014
5	0.7267	1.4759	2.0150	2.5706	3.3649	4.0322
6	0.7176	1.4398	1.9432	2.4469	3.1427	3.7074
7	0.7111	1.4149	1.8946	2.3634	2.9980	3.4995
8	0.7064	1.3968	1.8595	2.3060	2.8965	3.3554
9	0.7027	1.3830	1.8331	2.2622	2.8214	3.2498
10	0.6998	1.3722	1.8125	2.2281	2.7638	3.1693
11	0.6974	1.3634	1.7959	2.2010	2.7181	3.1058
12	0.6955	1.3562	1.7823	2.1788	2.6810	3.0545
13	0.6938	1.3502	1.7709	2.1604	2.6503	3.0123
14	0.6924	1.3450	1.7613	2.1448	2.6245	2.9768
15	0.6912	1.3406	1.7531	2.1315	2.6205	2.9467
16	0.6901	1.3368	1.7459	2.1199	2..5835	2.9208
17	0.6892	1.3334	1.7396	2.1098	2.5669	2.8982
18	0.6884	1.3304	1.7341	2.1009	2.5524	2.8784
19	0.6876	1.3277	1.7291	2.0930	2.5395	2.8609
20	0.9870	1.3253	1.7247	2.0860	2.5280	2.8453
21	0.6864	1.3232	1.7207	2.0796	2.5177	2.8314
22	0.6858	1.3212	1.7171	2.0739	2.5083	2.8188
23	0.6853	1.3195	1.7139	2.0687	2.4999	2.8073
24	0.6848	1.3178	1.7109	2.0639	2.4922	2.7969
25	0.6844	1.3163	1.7108	2.0595	2.4851	2.7874
26	0.6840	1.3150	1.7056	2.0555	2.4786	2.7787
27	0.6837	1.3137	1.7033	2.0518	2.4727	2.7707
28	0.6834	1.3125	1.7011	2.0484	2.4671	2.7664
29	0.6830	1.3114	1.6991	2.0452	2.4620	2.7564
30	0.6828	1.304	1.6973	2.0423	2.4573	2.7500
31	0.6825	1.3095	1.6599	2.0395	2.4528	2.7440
32	0.6822	1.3086	1.6939	2.0369	2.4487	2.7385
33	0.6820	1.3077	1.6924	2.0345	2.4448	2.7333
34	0.6818	1.3070	1.6909	2.0322	2.4411	2.7384
35	0.6816	1.3062	1.6896	2.0301	2.4377	2.7238
36	0.6814	1.3055	1.6883	2.0281	2.4345	2.7195
37	0.6812	1.3049	1.6871	2.0262	2.4314	2.7154
38	0.6810	1.3042	1.6860	2.0244	2.4286	2.7116
39	0.6808	1.3036	1.6849	2.0227	2.4258	2.7079
40	0.6807	1.3031	1.6839	2.0211	2.4223	2.7045
41	0.6805	1.3025	1.6829	2.0195	2.4208	2.7012
42	1.6804	1.3020	1.6820	2.0181	2.4185	2.6981
43	1.6802	1.3016	1.6811	2.0167	2.4163	2.6951
44	1.6801	1.3011	1.6802	2.0154	2.4141	2.6923
45	0.6800	1.3006	1.6794	2.0141	2.4121	2.6896

附录4 *F*分布表

$P\{F(n_1,n_2) > F\alpha(n_1,n_2)\} = \alpha$

$\alpha=0.05$

n_2 \ n_1	1	2	3	4	5	6	7	8	9
1	161.4	199.5	215.7	224.6	230.2	234.0	236.8	238.9	240.5
2	18.51	19.00	19.25	19.25	19.30	19.33	19.35	19.37	19.38
3	10.13	9.55	9.12	9.12	9.90	8.94	8.89	8.85	8.81
4	7.71	6.94	6.39	6.39	6.26	6.16	6.09	6.04	6.00
5	6.61	5.79	5.41	5.19	5.05	4.95	4.88	4.82	4.77
6	5.99	5.14	4.76	4.53	4.39	4.28	4.21	1.15	4.10
7	5.59	4.74	4.35	4.12	3.97	3.87	3.79	3.73	3.68
8	5.32	4.46	4.07	3.84	3.69	3.58	3.50	3.44	3.69
9	5.12	4.26	3.86	3.63	3.48	3.37	3.29	3.23	3.18
10	4.96	4.10	3.71	3.48	3.33	3.22	3.14	3.07	3.02
11	4.84	3.98	3.59	3.36	3.20	3.09	3.01	2.95	2.90
12	4.75	3.89	3.49	3.26	3.11	3.00	2.91	2.85	2.80
13	4.67	3.81	3.41	3.18	3.03	2.92	2.83	2.77	2.71
14	4.60	3.74	3.34	3.11	2.96	2.85	2.76	2.70	2.65
15	4.54	3.68	3.29	3.06	2.90	2.79	2.71	2.64	2.59
16	4.49	3.63	3.24	3.01	2.85	2.74	2.66	2.59	2.54
17	4.45	3.59	3.20	2.96	2.81	2.70	2.61	2.55	2.49
18	4.41	3.55	3.16	2.93	2.77	2.66	2.58	2.51	2.46
19	4.38	3.52	3.13	2.90	2.74	2.63	2.54	2.48	2.42
20	4.35	3.49	3.10	2.87	2.71	2.60	2.51	2.45	2.39
21	4.32	3.47	3.07	2.84	2.68	2.57	2.49	2.42	2.37
22	4.30	3.44	3.05	2.82	2.66	2.55	2.46	2.40	2.34
23	4.28	3.42	3.03	2.80	2.64	2.53	2.44	2.37	2.32
24	4.26	3.40	3.01	2.78	2.62	2.51	2.42	2.36	2.30
25	4.24	3.39	2.99	2.76	2.60	2.49	2.40	2.34	2.28
26	4.23	3.37	2.98	2.74	2.59	2.47	2.39	2.32	2.27
27	4.21	3.35	2.96	2.73	2.57	2.46	2.37	2.31	2.25
28	4.20	3.34	2.95	2.71	2.56	2.45	2.36	2.29	2.24
29	4.18	3.33	2.93	2.70	2.55	2.43	2.35	2.28	2.22
30	4.17	3.32	2.92	2.69	2.53	2.42	2.33	2.27	2.21
40	4.08	3.23	2.84	2.61	2.45	2.34	2.25	2.18	2.12
60	4.00	3.15	2.76	2.53	2.37	2.25	2.17	2.10	2.04
120	3.92	3.07	2.68	2.45	2.29	2.17	2.09	2.02	2.96
∞	3.84	3.00	2.60	2.37	2.21	2.10	2.01	1.94	1.88

续表

n_2 \ n_1	10	12	15	20	24	30	40	60	120	∞
1	241.9	243.9	245.9	248.0	249.1	250.1	251.1	252.2	253.3	254.3
2	19.40	19.41	19.43	19.45	19.45	19.46	19.47	19.48	19.49	19.50
3	8.79	8.74	8.70	8.66	8.64	8.62	8.59	8.57	8.55	8.53
4	5.96	5.91	5.86	5.80	5.77	5.75	5.72	5.69	5.66	5.63
5	4.74	4.68	4.62	4.56	4.53	4.50	4.46	4.43	4.40	4.36
6	4.06	4.00	3.94	3.87	3.84	3.81	3.77	3.74	3.70	3.67
7	3.64	3.57	3.51	3.44	3.41	3.38	3.34	3.30	3.27	3.23
8	3.35	3.28	3.22	3.15	3.12	3.08	3.04	3.01	2.97	2.93
9	3.14	3.07	3.01	2.94	2.90	2.86	2.83	2.79	2.95	2.71
10	2.98	2.91	2.85	2.77	2.74	2.70	2.66	2.62	2.58	2.54
11	2.85	2.79	2.72	2.65	2.61	2.57	2.53	2.49	2.45	2.40
12	2.75	2.69	2.62	2.54	2.51	2.47	2.43	2.38	2.34	2.30
13	2.67	2.60	2.53	2.46	2.42	2.38	2.34	2.30	2.25	2.21
14	2.60	2.53	2.46	2.39	2.35	2.31	2.27	2.22	2.18	2.13
15	2.54	2.48	2.40	2.33	2.29	2.25	2.20	2.16	2.11	2.07
16	2.49	2.42	2.35	2.28	2.24	2.19	2.15	2.11	2.06	2.01
17	2.45	2.38	2.31	2.23	2.19	2.15	2.10	2.06	2.01	1.96
18	2.41	2.34	2.27	2.19	2.15	2.11	2.06	2.02	1.97	1.92
19	2.38	2.31	2.23	2.16	2.11	2.07	2.03	1.98	1.93	1.88
20	2.35	2.28	2.20	2.12	2.08	2.04	1.99	1.95	1.90	1.84
21	2.32	2.25	2.18	2.10	2.05	2.01	1.96	1.92	1.87	1.81
22	2.30	2.23	2.15	2.07	2.03	1.98	1.94	1.89	1.84	1.78
23	2.27	2.20	2.13	2.05	2.01	1.96	1.91	1.86	1.81	1.76
24	2.25	2.18	2.11	2.03	1.98	1.94	1.89	1.84	1.79	1.73
25	2.24	2.16	2.09	2.01	1.96	1.92	1.87	1.82	1.77	1.71
26	2.22	2.15	1.07	1.99	1.95	1.90	1.85	1.80	1.75	1.69
27	2.20	2.13	1.06	1.97	1.93	1.88	1.84	1.79	1.73	1.67
28	2.19	2.12	1.04	1.96	1.91	1.87	1.82	1.77	1.71	1.65
29	2.18	2.10	1.03	1.94	1.90	1.85	1.81	1.75	1.70	1.64
30	2.16	2.09	2.01	1.93	1.89	1.84	1.79	1.74	1.68	1.62
40	2.08	2.00	1.92	1.84	1.79	1.74	1.69	1.64	1.58	1.51
60	1.99	1.92	1.84	1.75	1.70	1.65	1.59	1.53	1.47	1.39
120	1.91	1.83	1.75	1.66	1.61	1.55	1.50	1.43	1.35	1.25
∞	1.83	1.75	1.67	1.57	1.52	1.46	1.39	1.32	1.22	1.00